한국경제의 약탈자들
- 역사적 사건을 중심으로 하여 -

William H S Lee 저

다솜출판사

감사의 말씀

　이번에 출간하는 저서는 Vancouver에서의 초기 이민 생활에 관한 내용인 "Vancouver 일기"까지 포함하면 나에게 아홉 번째 책이 되는데, 지구 반대편 Vancouver 한 모퉁이에서 살고 있는 평범한 은퇴자인 나의 저서를 출판하도록 도와준 김현수 박사님과 다솜출판사 대표이신 박중열 대표님께 진심으로 감사드리며, 나의 노후 생활의 하나인 경제학과 세계사에 대한 독서와 이에 대한 사색에 빠져들게 되었는데 내가 책을 쓰기 시작한 동기일 뿐만 아니라 글을 쓰는 작업에 힘을 주면서 격려하고 있는 사랑하는 며느리와 아들들 -Bri, Ashley, 동훈, 동호-과 아내와 세 손자, 손녀인 Benji(한국명:이인교)와 Noah(한국명:이지명), Evie(한국명:이시현), 그리고 앞으로 태어날 많은 후손들에게 고마움을 전하고 싶다.

한국경제의 약탈자들

글을 시작하기 전에

    2023년에 출간한 저서인 "한국경제의 재도약을 위하여"에서 한국경제의 발전을 위한 다양한 자료와 시각의 접근을 통해 나의 의견을 제시한 바 있다. 그러나, 이번에는 그동안 제시하지 않았던, 한국 사회에 내재하면서 한국경제의 지속적인 발전을 가로막고 있는 한국의 역사와 문화, 사회적 환경과 제도 등의 다양한 문제를 분석하여 장기적 관점에서 이러한 문제의 해결책을 제시하려고 한다.

    특히, 2000년 이후 세계 경제는 WTO 체제(1995년 1월 1일 설립)로의 개편을 통하여 세계화를 급속히 확대하면서 많은 세계인이 빈곤에서 탈출하였지만, 다른 한편으로는 한국, 미국과 영국을 비롯한 많은 선진 국가 내에서 소득불평등(자산불평등 포함)이 확대되었으며 사회적, 정치적, 경제적으로 더욱 중요한 문제로 부각하고 있다. 현재 한국을 포함한 많은 국가에서 1980년대 이후 중산층의 약화와 함께 극좌적 성향, 또는 극우적 성향을 띤 집단이 증가하면서 사회의 불안정이 야기되고 있다. 물론, 여기에 더하여 Russia, 중국, Iran 등의 독재국가들이 자국의 정치적 통제를 넘어서 국제사회에서 자신들의 영향력을 확대하기 위하여 정치적, 경제적, 사회적으로 은밀히 침투하여 제4차 산업을 이용한 여론 조작, 선거 관여 등을 통하여 세계 각국에 불안을 조장하고 있는 영향도 무시할 수 없는 것이 현실이다.

    한편, 우리가 경제사에서 배울 수 있는 것처럼 자유와 법치주의를

i

기반으로 한 경제는 많은 국민의 지지를 받으면서 지속적으로 발전할 수 있지만, 역으로 자유를 박탈하고 탈법을 일삼아 법치주의를 기반으로 하지 않는 착취형 경제는 부정부패의 늪에서 헤어 나올 수 없기에 지속적인 발전을 할 수 없다. 한국의 경제발전도 이러한 경제발전의 큰 흐름을 벗어날 수 없다. 즉, 한국도 자유와 법치주의가 보장되지 않으면 더 이상의 경제발전을 이룰 수 없는 것이다. 물론, 지속적인 경제발전을 위해서는 다른 많은 경제적, 사회적 요인들도 함께 선순환 구조를 형성하여야 하지만...

이것을 더욱 확실하게 보여주기 위하여 한국을 포함한 중국과 북한, Russia, 일본, 미국 등에 대한 "민주주의 제도 확립 여부"와 "정부 조직의 법치주의 확립 정도"를 수치로 나타낸 자료를 간단히 보여주고자 한다.

한국: 1, 8 북한: 0, (-)10 중국: 0, (-)7 Russia: 0, 4 일본: 1, 10 미국: 1, 8 여기서 "민주주의 제도 확립 여부"의 수치는 1과 0의 두 가지로 표시되는데 1은 대통령 제도와 내각책임제 등의 민주주의 제도를 의미하며 0는 독재정권을 유지하고 있는 것을 의미한다. 또한, "정부 조직의 법치주의 확립 정도"의 수치는 (-)10부터 10까지로 표시되며 법치주의 확립 정도를 보여준다. (Constitutional Economics Published by Cambridge 2020 by Stefan Voigt 107-113 page 참고)

더욱이 세계 경제가 Global 공급망 체제를 이루고 서로 밀접하게 의존하면서 발전하고 있는 현실에서 불법과 탈법이 만연하고 국민에 대한 감시와 함께 시장에 대한 과도한 국가의 개입과 국민에 대한 자유를 억압하는 국가는 결과적으로 세계인의 신뢰를 잃으면서 경제가 퇴보의 길을 걸을 수밖에 없게 된다. 현대사에서 보여준 적나라한 예가 Soviet union의 1922년 건국과 1991년의 멸망이었다. 이 국가는 제정 Russia의 무능력과 부정부패에 지친 노동자들이 국가를 무너뜨리기 위한 1917년의 10월 혁명을 시작으로 하여 결국 1922년 Soviet union을 건국하였으나 억압적이면서 중앙집권적인 독재정치 및 시장경제를 배재한 중앙집권적 통제경제와 함께 부정부패와 무능으로 인하여 1991년 스스로 멸망하고 말았다. 한편, 1953년 Stalin이 사망한 이후 Soviet union은 미국을 중심으로 한 시장경제를 기반으로 한 자유민주주의 체제와의 대결에서 승리하기 위하여 가치와 가격이론을 도입하면서 시장경제를 도입하려고 시도하였으나 국가에서 가격을 결정하고 통제하는 중앙집권적 경제체제를 근본적으로 전환하려는 시도를 하지 못한 것이다.

다른 시각에서 얘기하자면, 정치와 경제는 두 개의 수레바퀴와 같은데 정치가 과도하게 경제에 관여하여 시장을 왜곡하게 되면 경제의 활력을 잃어 쇠퇴의 길을 걷게 된다. 현재 우리가 직시하고 있는 좋은 예가 베네수엘라나와 아르헨티나이며 이에 더하여 최근에 발생하고 있는 중국에 대한 세계인의 탈중국 현상이다.

한국의 경우에는 2016년에 탄핵사태로 인하여 5년의 임기를 마무리하지 못한 채 무너진 박근혜 정권 이후의 한국경제는 문재인 정권의 Populism과 때마침 발생한 COVID-19 전염병, 인구의 노령화와 인구 감소 등으로 인하여 수십 년 동안 어렵게 일구어놓았던 경제가 활기를 차츰 잃어가고 있는데 여기서는 이러한 일반적인 현상을 넘어선, 그리고 과거에 한국경제를 언급할 때 거의 지적하지 않았던 문제점들을 제시하면서 다양한 측면에서 종합적인 시각으로 문제점을 제기하고 결과적으로 경제발전을 위한 최소한의 필요조건에 대한 몇 가지 방안을 제시하려고 한다.

다시 한번 강조하지만, 나는 한국의 좌파 또는 우파라는 어느 정파를 지지하지 않는다. 다만, 자유민주주의의 소중한 가치와 이를 위한 법치주의의 확립을 바라면서 이 글을 진행할 뿐이다.

한편, 2025년 기준으로 보면, 한국의 국방비는 61조가 넘고 전체 예산의 9.23%에 달할 정도로 한국 예산에 큰 비중을 차지하며 국군의 규모도 50만명에 이르지만 민간 부분과 달리 한국이 선진국의 반열에 들어선 이후에는 커다란 Scandal이 없었기에 여기서는 언급하지 않을 것이다.

또한, 교육, 거주 환경과 함께 국민의 절대적 평등을 확대하는 중요한 요소인 한국의 의료는 그 비용(일반의료비 기준)이 2022년 기준으로 약 209조에 달하여 GDP 기준으로 10%에 달하고 있으며 의료제도가 민간 의료제도와 공공의료를 혼합한 형태로 운영하고 있다. 따라서, 의료 부분에서도 보험회사와 공모한 각종 Scandal이 발생하고 있으며 의료인의 도덕성 수준, 의료인의 규모와 교육의 수준, 각종 수술에 대한 의료 수가의 비형평성 등에 대하여 논쟁할 부분이 많이 있을 수 있다. 그러나, 최근 윤석열 대통령의 의대 정원 확대가 사회적 문제가 되고 있는 상황에서 내가 깊이 언급함으로써 발생할 새로운 논쟁을 피하기 위하여 윤석열 대통령의 무리한 정책 진행에 대한 언급을 제외한 다른 의료 부분에 대한 언급을 최대한 자제하고자 한다.

차례

- 글을 시작하기 전에

1. 이야기를 시작하면서 ·· 1
2. 한국 문화에 대한 재조명 ·· 8
3. 한국과 미국의 과두정치(Oligarchy) 등장과 비교 ················ 33
4. 한국의 조직폭력배 ·· 49
5. 정치꾼과 정치집단 ·· 70
6. 법조계 ··· 116
7. 정부의 관료조직 ·· 132
8. 경제계 ··· 145
9. 금융권 ··· 173
10. 무기력한 언론 ·· 189
11. 국가지도자의 Populism과 무능력 ··································· 205
12. 사교육과 과도한 경쟁 ·· 239
13. 문화계와 체육계의 Scandals와 환경의 변화 ················· 250
14. 다양한 요인의 상호 작용과 악순환 ······························· 263
15. 한국경제의 약탈자를 극복하기 위하여 ························· 296

16. 이야기를 마치며 ·· 326
부 록 ·· 333
참고문헌 ·· 337

1. 이야기를 시작하면서

경제행위를 포함한 인간 행위의 대부분은 양날의 칼과 같은 의미를 내포하고 있다. 즉, 앞으로 이야기할 많은 내용이 사회의 각 집단이 어떤 상황에서, 어떤 행위를 하여, 어떤 경제적 결과를 가져올 것인가는 해당 집단에 소속하고 있는 구성원과 집합체인 각 조직의 사회에 대한 행위 또는 제도와 법적 규제, 자연환경, 문화, 국제관계 등에 의하여 결정되기 때문에 하나의 조직이 시행하는 정책이라 하더라도 각기 다른 환경에서 같은 조직에 의한 행위로 인하여 다른 효과를 가져오는 것이기에 이러한 측면을 고려하면서 이야기를 전개할 것이다. 최근에 한국에서 발생한 극단적인 사례를 보면, 지난 문재인 정권(재임: 2017년 5월 10일 -2022년 5월 9일)이 시행했던 다양한 정책이나 정치 행위들은 제도를 변경하지 않고도 어떻게 극좌적인 성향의 Populism이 가능하며, 어떻게 국가 경제가 퇴보의 길을 밟을 수 있는가를 명확하게 보여준 좋은 예가 될 수 있다.

이에 더하여, 같은 정책을 실행하더라도 서로 다른 경제 환경과 문화, 정치적 환경, 국제관계 등을 밀접하고 복잡하게, 그리고 복합적으로 고려하는 경우와 이러한 상황을 고려하지 않고 단선적, 단기적 시각으로 실행한 경우를 살펴보면 각각 성공과 실패의 극단적인 결과를 가져올 수 있다. 여기서 한국과 관련한 사례와 세계적 사례를 몇 가지 살펴보면서 정치와 경제가 국내적, 국제적으로 얼마나 밀접하게 서로 밀접하게 움직이고 있는가를 간단하게 보고자 한다.

첫째, 한국에서 1950년 625전쟁이 발생하기 전인 1950년 1월 12일 당시 미국의 국무부 장관이었던 Acheson이 미국을 위한 동북아시아에 대한 방어선으로 한국과 Taiwan 등을 제외하고 일본과 Philippine, Alutian Islands 등으로 후퇴시킨 Acheson Line을 선포함으로써 625전쟁의 한 원인을 제공한 측면이 있었다. 그러나, 이 정책으로 인하여 미국과 직접적인 영향이 없다고 생각할 수 있었던 625전쟁이 1950년 6월 25일에 발생하였는데 1950년 6월 26일 미국의 증권시장이 5.4% 하락하였다. 이러한 큰 폭의 하락 수준은 1946년과 1987년 사이에 발생한 New York 증권시장의 변동 중에 일곱 번째로 큰 폭의 변동이었다. 즉, 지금에 비하면 세계적인 공급망 수준이 매우 미흡했던 75년 전에도 세계의 정치적, 경제적 상호 관련성이 매우 복잡하게 서로 영향을 주면서 움직인 것이다. (Making Sense of Chaos Published by Yale University 2024 by J. Doyne Farmer 167 page 참고)

둘째, 지난 정권에서 주요 경제정책의 하나로 절대적인 선인 것처럼 강력하게 실행했던 "소득 주도 정책"은 과거 미국의 자동차회사인 Ford 가 1914년 자동차의 대중화를 위하여 T 모델을 출시하면서 근로자의 임금을 3배 인상하여 성공했던 이유와 배경을 고려하지 않고 표피적인 정책만 한국에 도입하여 정책의 의도와는 반대로 소득불평등이 확대하게 된 요인이 되었다.

셋째, 2009년 11월 북한은 권력 장악력의 강화와 심각한 Inflation을 타개하기 위한 방법으로 화폐개혁을 단행했다. 100원의 구화폐를 1원의 신화폐로 교환하면서 교환이 가능한 기간은 발표일로부터 단지 일주일만 가능했으며 교환 한도액은 100,000원이었다. 그러나, 반발이 예상되자 한도액의 규모를 500,000원으로 확대하였다. 당시, 암시장에서 교환하는 북한의 화폐에 대한 가치는 100,000원이 US $40에 불과할 정도로 경제상황이 심각한 상태였다. 북한 주민이 소유하고 있던 부가 국가로부터 몰수되어 일시에 사라지게 되었다. 결과적으로 화폐개혁은 실패하였으며 자살하는 사람들이 다수 발생하는 등, 사회 분위기가 매우 악화하여 국민의 반발을 무마하기 위하여 화폐개혁의 실무적인 책임자였던 조선노동당 계획재정부장이 처형되었다. 이에 반하여 프랑스의 화폐개혁은 1950년 1월에 실시되었는데 새로운 1 Frac을 구화폐 100 Francs로 교환하였다. 신화폐와 구화폐를 함께 사용하도록 하면서 2002년 1월에 Euro 화폐가 프랑스에 새로운 화폐로 도입되어 Frac화는 거래 수단으로서의 역할이 종료되었다. 화폐개혁을 통한 Inflation의 완화라는 본래의 목적을 충실히 이행하면서 커다란 혼란이 없이 원만하게 마무리된 것이다. (Why Nations Fail Published by Currency New York 2012 by Daron Acemoglu & James A. Robinson 388page 참고)

넷째, 미국의 지배를 받고 있으며 미국의 경제적 도움으로 빠르게 성장한 조그만 섬 주민들이 당파적인 행태의 정쟁과 주민들의 잘못된 선택으로 인하여 결국 2015년 6월에 부채상환을 포기하는 선언(Moratorium)을 하면서 동시에 연금도 지급할 수 없다고 선언한 미국령 섬인 Puerto Rico를 간단히 살펴보고자 한다. Puerto Rico는 1898년 미국이 Spain과의 전쟁에서 승리한 후에 1899년 Spain과 맺은 파리협약을 통하여 Guam, Philippines와 함께 미국에 귀속하게 되었으며 1946년 독립한 Philippines를 제외한 두 개의 섬은 지리적인 중요성 때문에 미국이 계속 지배하고 있다. 여기서 이 섬을 살펴보려고 하는 이유는 그 이후 Puerto Rico가 Moratorium까지 이르게 된 상황이 한국의 현실과 일면 유사한 점이 있기 때문인데 한국 국민이 다시 IMF 경제위기와 같은 상황까지 몰리지 않도록 미리 경각심을 가졌으면 하는 희망이 있기 때문이다. Moratorium을 선언한 시점의 Puerto Rico의 상황은 인구가 2,000,000명 정도 하는 매우 작은 섬인데도 불구하고 부채가 US $700억에 달했다. 참고로 Puerto Rico의 1인당 GDP는 2023년 말 현재 1인당 US $30,122.84로 선진국 수준에 들어가긴 하지만 미국에서 가장 소득인 낮은 Mississippi 주의 절반 수준이다. 이제, Puerto Rico가 이러한 상황까지 몰린 이유를 몇 가지 간단하게 언급하자면, ① 미국이 섬의 경제발전에 도움을 주기 위하여 지리적으로 매우 불리한 섬에 진출하는 기업들에게 조세 혜택을 제공하기 위한 규정으로 1976년 Section 956을 제정하였는데, 이 규정을 부정적인 시각으로 바라본 섬 지도자들의 요청으로 1996년 Clinton 대통령이 폐기함으로써 기업들이 섬에 진출할 매력이 더 이상 없어진 것이다. 구체적으로 보면, 10년 동안 440개의 기업이

157개 기업으로 감소하였다. ② Puerto Rico를 위하여 산업을 유치하기 위하여 노력했던 민간단체로서 존재했던 Operation Bootstrap이라는 조직이 더 이상 존재하지 않는다는 것이다. ③ 경제정책의 지속성을 방해하는 당파적 이익에만 집중한 양당제. ④ 1996년 이후 2회 이상 재임한 지사가 없었다는 정치적 불안정. ⑤ 전력, 도로, 수자원 등의 사회간접자본을 관장하는 공기업들의 부실화. ⑥ 1993년부터 2000년까지 급증한 과도한 국가부채. ⑦ 경제적 논리보다는 정치적 이해관계에 놀아난 정부개발은행(GDB: The Government Development Bank)이다. 이 은행은 2016년 5월 1일 US $42,200만 규모의 채권에 대한 지불이 불가능하다고 발표했다. 이상과 같은 이유가 결국 Puerto Rico가 Moratorium을 선언하여야 할 상황까지 몰린 이유다. (Boom and Bust in Puerto Rico Published by University of Notre Dame Press 2021 by A. W. Maldonado 3, 98, 115, 116, 129-130 page 참고)

다섯째, 1973년의 제4차 중동전쟁으로 인한 발생한 제1차 Oil 파동과 1979년 팔레비 왕조를 무너뜨린 Iran 혁명은 제2차 Oil 파동을 일으키면서 1970년대에 세계 경제가 심각한 Inflation을 직면하게 되었으며 이것이 한 원인이 되어 한국은 결과적으로 박정희 대통령의 암살과 유신 독재정치의 몰락을 가져오게 되었다.

이처럼 정치적, 경제적, 사회적 행위, 특히 개인이나 사기업이 아닌 국가가 시행하는 정책이나 정치 행위는 국가의 경제발전 또는 후퇴를 좌우할 정도로 매우 영향력이 강하며 하나의 경제정책이 다른 경제정책에 미치는 영향뿐만 아니라 국제경제, 정치, 사회, 문화, 교육 등의 사회의 모든 분야에 직접적, 간접적인 영향을 다층적으로 주는 것이기에 단순하게, 단견적인 시각으로 결정할 수 없는 것이다. 더욱이 세계 공급망이 복잡하게 형성되어 있으며 과거 어느 때보다도 신중하게 지정학적인 고려를 하여야 할 새로운 냉전 시대이기에 경제정책 결정에 국제적인 상황까지 고려하여야 하는 것이 필수적이다. 좋은 예가 최근 미국의 기준금리와 Israel과 팔레스타인과의 전쟁, Russia의 우크라이나 침략전쟁, Israel과 Iran의 대리 세력들인 헤즈볼라, 하마스와의 전쟁, 미중전쟁과 중국의 부동산 침체로 인한 경제 악화 등의 다양한 국제적인 상황이 한국의 물가와 기준금리 결정과 환율에 직접적, 또는 간접적인 영향을 주고 있다.

다른 예를 하나 더 이야기하자면, 최근 한국경제에서 발생하고 있는 내수 부진으로 인한 경기침체의 원인은 최대 수출시장이었던 중국의 침체, 본격적인 제4차산업의 도래로 인한 다품종, 소량화의 현상과 청년층의 Gig Job 선호 현상으로 인한 노동시장의 변화, 지식산업 위주의 산업 변화로 인한 노동 수요 감소, AI 등의 빠른 발전으로 인한 인력 수요의 감소, 다른 어느 국가보다도 빠르게 증가한 가계부채, 인구 감소와 노령화 등이 복합적으로 영향을 미치면서 경기침체로 이끌고 있기에 이러한 경기침체를 극복하기 위해서는 다양한 시각과 접근방법을 반영한 다양한 정책이 상호작용하면서 경제의 지속적인 선순환을 달성할 수 있도록 단기적, 장기적인 정책으로 조화를 이루어야 한다.

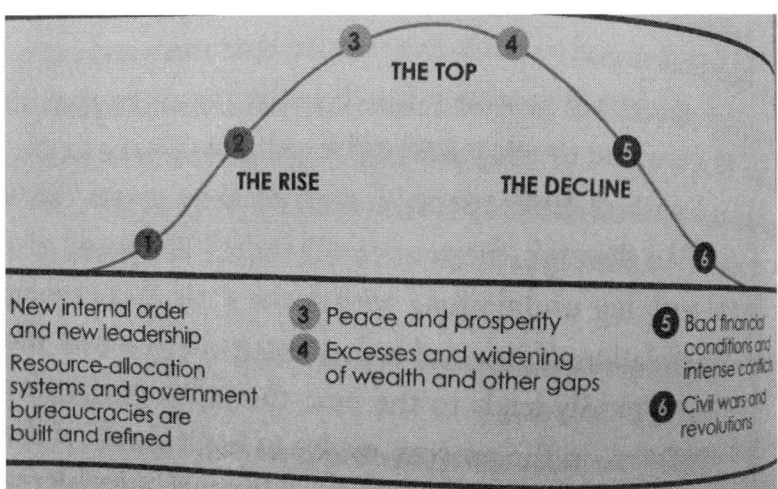

(The Changing World Order Published by Avid Reader Press 2021 by Ray Dalio 154 page 참고)

그러나, 이전의 저서에서 국가발전을 위한 조건을 거시적 시각에서 살펴보았지만, 이 글에서는 국가와 사회가 응집력과 지속성을 유지하면서 존속하기 위한 최소한의 조건들을 미시적 접근방법을 이용하여 사회를 구성하는 각 조직을 살펴보고자 하는 것이기에 국가발전보다 훨씬 좁은 범위를 주목하고자 하며, 이를 위하여 한국 사회의 각 분야에 있는 문제점을 파악하고 이러한 문제를 해결하기 위한 장, 단기적인 방안을 제안하고자 하는 것이다, 비록 한계를 가지고 있지만.

또한, 위의 Graph에서 보여주고 있는 것처럼 삼권 분립을 통한 법치주의 확립, 언론의 자유 보장, 다양한 직업의 창출, 제도와 교육, 인구구조의 선순환 등이 잘 조화를 이루어 지속적인 국가발전이 영원할 것처럼 보이지만, 인간의 한계와 탐욕으로 인하여, 또는 외부 세력의 침략으로 인하여 천년, 만년 태평성대를 누릴 수 없는 것이다. 즉, 인간의 역사는 같은 역사를 반복하지는 않지만, Rhythm에 맞추거나, 또는 불협화음이 곳곳에서 충돌하면서 흐르는, 돌아오지 않는 긴 강물과 같은 것이다.

이러한 관점에서 한국 사회를 바라보면, 이승만 대통령이 1948년 8월 15일 한국의 역사에서 전혀 경험하지 못했던, 자유민주주의를 토대로 한 국가를 건국하고 박정희 대통령이 Coup을 통하여 집권하여 1960년대 이후 꾸준한 경제발전을 달성하면서 지금은 세계가 부러운 눈초리로 한국을 바라볼 정도로 빠른 경제성장을 한 결과, 국민 1인당 국민소득 US $35,000에 달하는 선진국 그룹에 가입하게 되었다. 그런데, 위의 그림을 인용하여 한국경제를 바라보면 4번을 지나 차츰 5번을 향하여 빠르게 진행하고 있는 것으로 나타나고 있어 이러한 현상의 약화와 경제적 선순환의 굴레를 어떻게 하면 다시 이룰 수 있을까, 또는 악순환의 굴레를 멈추게 할 수 있을까를 고민하면서 이 글을 진행하고자 한다.

따라서, 이 글에서는 먼저 한국 사회를 이루고 있는 각 집단의 어떤 행태가 한국경제에 악영향을 미치고 있는 것인가를 사례 중심으로 살펴보면서 한국을 구성하는 각 조직의 불법행위와 부당한 행위 및 이기적인 행위로 인하여 한국경제의 기초가 약화하거나 한국 사회의 불신을 조장하여 결과적으로 한국경제에 좋지 않은 영향을 발생시키는 한국 특유의 원인들을 분석하여 해결 방안을 찾아보고자 한다, 비록 완벽하지는 않지만.

또한, 여기서 편의상 사회를 구성하는 각 조직을 분류하여 기술하겠지만, 각 조직에서 발생하는 각종 부정적인 사건은 사회를 구성하는 많은 조직이 다양한 형태로 상호 작용하면서 부정적인 효과를 극대화하는 것이기에 이러한 현상이나 사건들을 미시적, 그리고 거시적이고 다양한 시각으로 바라볼 필요가 있다. 물론, 자유민주주의 제도는 제도 자체로 인하여 스스로 보호하는 것이 아니라 자유민주주의 체제를 구성하는 국민이 제도와 법치와 자유의 중요성을 인식하고 이해하면서 자유민주주의 가치를 보호하여 이 체제가 번영하도록 하는 것이다. (The Crisis of Democratic Capitalism Published by Penguin Random House LLC 2023 by Martin Wolf 214 page 참고)

한편, 이 글의 후반부에 제시하는 한국경제의 약탈자를 최소화하거나 제거하는 방안은 한국경제가 발전하는 최소의 조건, 즉, 필요조건이지 충분조건은 아니며 이 방안들을 기초로 하여 한국경제의 지속적인 발전을 위한 기반을 다졌으면 하는 것이 나의 바램이다.

또한, 일부 Scandal의 경우는 중복하여 기재한 경우가 있는데-예를 들면, 정치권과 경제계의 부패, 한국 교육의 왜곡 현상과 교육의 중요성, 지도자의 무능력- 이 경우에는 대통령의 무능력 또는 의도적인 부정적 행태 등과 매우 밀접하면서도 한국에서 발생한 역사의 변곡점을 주는 커다란 사건이었기 때문에 중복하여 기재할 수밖에 없었음을 양해하길 바란다.

2. 한국 문화에 대한 재조명

1) 개관

　과거의 정통경제학은 경제 현상을 분석하고 미시적, 거시적 경제정책을 어떤 방향으로 진행하여야 할 것인가를 결정하는 과정에서 많은 한계를 노출하였으며 그 가운데에서도 각 국가에 따라 매우 다른 문화적 요인들이 직. 간접적으로 경제에 미치는 영향을 전혀 고려하지 않은 것이다. 그러나, 최근에는 행동경제학을 넘어서 Complexity 이론으로 발전하면서 국가의 역사적 배경과 함께 가시적, 무형적인 다양한 문화적 요소가 경제와 국가발전 여부에 미치는 영향이 매우 크다는 것을 인식하기 시작하였고 이에 대한 연구가 시작되고 발전하게 된 것인데 이러한 시각으로 문화의 본질과 문화가 한국경제에 어떤 효과를 가져올 수 있도록 하는가를 살펴보고자 한다.
　문화를 바람직한 방향으로 변화시키기 위한 노력은 (좋은) 교육을 통하여 형성되지만, 문화를 변화시키기 위한 국가와 사회, 기업 등 각 분야의 지도자와 지도 계층의 지도력 또한 매우 중요한 역할을 한다는 것을 역사가 우리에게 보여주고 있다. 여기서 몇 개의 국가를 간단히 언급하자면, 영국과 미국, 유럽의 각 국가, 일본의 자유와 법치주의 문화, 그리고 Taiwan, Singapore와 한국 지도자의 헌신적인 노력 등으로 문화가 혁신적으로 변화하여 국가발전을 빠른 속도로 달성한 좋은 예이다.
　그러나, 이 시점에서 문화의 혁신적인 변화를 위한 더욱 세밀한 접근을 하려면 한국에서의 "문화"란 과연 무엇이며 어떤 구성요소를 가지고 어떻게 움직이며 변화하고 있는가를 살펴보고 문화의 바람직한 방향으로의 변화를 위한 직, 간접적인 영향을 어떤 방법으로 진행하는 것이 효과적인가를 살펴보아야 할 것이다.

특히, 많은 실험을 통해서 보여주고 있는 것처럼 개인적인 능력을 통한 목표 달성과 경제발전의 시대가 차츰 사라지고 집단지성의 중요성과 상호협력을 통한 목표 달성이 훨씬 용이할 뿐만 아니라 지식을 기반으로 하면서 동시에 복잡성과 상호연관성을 특징으로 한 후기산업사회가 도래함으로써 국가의 역사에서 형성된, 그리고 발전하여야 할 바람직한 방향으로의 문화의 중요성이 더욱 부각되고 있다. (The Culture Code Published by Bantam Books 2018 by Daniel Coyle Vii 참고)

여기서 문화의 본질을 살펴보면, 문화란 사회적 동물인 인간이 소속감과 정체성을 인지하고 유지하도록 하는 것인데, 이것을 다른 측면에서 보면 사회 구성원 사이의 신뢰 상실이 곧 사회와 문화의 파괴로 이어질 수 있는 것이다. (상기의 저서 XiX 참고)

이러한 면에서 보더라도 지도자의 중요성이 더욱 명확하게 된다. 즉, 신뢰를 바탕으로 한 문화의 긍정적인 방향으로의 변화와 기술혁신, 경제발전 등에서 지도자가 앞장을 서는 것이 매우 중요한데, 세계의 많은 국가가 발전하지 못하거나 국가발전이 중도에서 멈추고 후퇴하는 것은 표피적인 경제발전에 집착하여 문화의 혁신적인 변화를 근본적으로 일으키지 못하기 때문이다. 다시 말하면, 경제가 지속적이고 안정적으로 발전하기 위해서는 그 이면에 내재하고 있는 법치주의 확립과 함께 후기산업사회에서 더욱 중요시되고 있는 관용과 배려, 부드러움 등이 문화화하여야 자연스럽게 소속감과 안정감이 작동하는 것이며 이것은 논리적이고 이성적인 것이 아닌 감정적인 요소이다.

한편, 후기산업사회를 맞이하면서 문화는 더욱 세분화하여 한 사회 내에서도 나이와 성별, 직업에 따라 다르게 형성되며, 역으로 Internet의 발달로 인하여 국가를 초월하여 문화적 동질성을 보일 때도 있다.

따라서, 한국의 문제점을 깊이 인식하고 새로운 방향으로 나가기 위해서는 이 글을 시작하면서 언급한 것처럼, 수천 년에 이르는 역사 속에서 형성된 다양한 한국 문화와 한국을 둘러싼 자연환경과 역사 등을 이해하지 않고 한국의 정치와 경제발전을 위한 올바른 길을 제시하는 것이 매우 힘들다. 그러므로, 여기서는 한국의 역사 속에서 오랜 시간 흘러내렸던 문화들 가운데 커다란 줄기인 종교와 사회, 그리고 다른 중요한 문화를 살펴보고자 한다. 이러한 방향의 전개가 한국을 구성하는 각 사회가 갖고 있는 유, 무형의 문제점을 정확히 파악하여 문제를 해결하고 정치, 경제, 사회 등의 많은 분야가 바람직한 방향으로 나갈 수 있는 새로운 선순환의 길을 모색할 수 있기를 바라면서.

고고학자들에 의하면, Homo Erectus는 약 400,000년 전에 한반도에 도착하였으며 현재의 한국인과 유사한 인간이 극동 아시아 지역에 출현한 시기는 약 40,000년 전으로 추정된다. 그리고, 오늘날의 한국인들은 BC 6,000년 경에 Siberia 남부와 Manchuria에서 파도를 타고 한반도에 도착하였으며 무속신앙(Shamanism)을 종교로 믿고 Altaic 언어를 사용했다. 이들은 BC 11c 경부터 한반도에서 국가를 수립하기 시작하였는데 단군의 후손이라고 주장하는 사람들이 고조선을 지배했다. 이 국가는 주변의 다른 도시국가들을 흡수하여 대동강부터 Liao 강까지 지배하면서 BC 4c까지 이어졌다. (Korea The Impossible Country Published by Tuttle Publishing 2012, 2018 by Daniel Tudor 13-14 page 참고)

2) 종교적 측면에서 본 한국 문화

(1) 무속신앙

무속신앙은 오늘날의 한국인들이 BC 6,000년 경에 Siberia 남부와 Manchuria에서 파도를 타고 한반도에 도착할 때부터 지금까지 내려온 한국에서 가장 오래된 종교이다. 4c에 불교가 한국에 처음 도입되면서 대승불교로서 개인의 행복과 행운을 기원하는 종교가 된 것은 한국에 도입되면서 무속신앙과 혼합되었기 때문이다.

무속신앙이 믿고 있는 신과 신도를 연결하는 사람을 무속인 또는 세속적인 용어로 무당이라고 부르기도 한다. 무속인은 무속신앙을 주도하는 사람으로서 신앙을 위한 행사인 "굿"을 직접 실행한다. 무속인은 자신의 개성과 고향에 따라서 각기 다른 신과 정신을 따르고 있으며 조사한 바에 따르면 무속인이 받들고 있는 신이 약 10,000 정도로 다양한 것으로 나타났다. 심지어 이 가운데에는 예수나 625전쟁에서 연합군을 지휘했던 Douglas MacArthur를 신으로 모시는 무속인도 있다. 무속인들이 믿는 각각의 신은 자신이 믿는 신이 최고라고 믿기 때문에 이렇게 많은 신을 통합하는 것은 매우 힘들며 무속인이 진행하는 "굿"에는 춤과 노래와 주술이 함께 어우러져 진행한다.

무속신앙은 Siberia를 근원지로 하여 4000년의 역사를 가진 한국에 깊이 내재하고 있는 종교 중의 하나다. 오늘날, 한국인들은 무속신앙이면 과거의 이야기로 느낄 수도 있지만, 기술적으로 선진화하고 경제적으로도 선진국에 오른 지금도 한국 사회에 깊이 내재하여 한국 사회에게 영향을 주고 있다.

무속신앙은 "정신이 자연 세계를 움직이고 있다."는 믿음에서부터 시작하여 자연 세계와 인간과 연결한다는 것이 핵심이다. 또한, 무속신앙은 매우 현실적이기에 무속인이 정신세계와의 대화를 통하여 각 개인이 염원하는 문제의 해결이 가능하다고 믿는 것이다.

불교와 함께 무속신앙을 강하게 억압하면서 무속인을 신분사회에서 가장 낮은 천민으로 대우했던 조선시대에도 모든 계급이 지속적으로 무속신앙에 대한 믿음을 유지해 왔는데, 대표적인 예를 들면, 조선시대 말의 왕비였던 민비는 두 명의 무속인을 자신의 고문으로 고용하고 있었다. New York Times가 한국에서 약 300,000명이 무속인으로 활동하고 있다고 보도할 정도로 지금도 무속신앙이 한국 사회에 깊이 뿌리내리고 있다. 물론, 경제적으로도 수익이 매우 높은 분야이기 때문이기도 하다. 무속인은 홍보를 하기도 하고 자신의 지휘하에 몇 명의 고용인을 고용하거나 수련생을 가르치기도 한다. 그리고, 높은 수익을 올리는 무속인은 여러 개의 부동산을 보유하고 있다.

한편, 무속인이 되는 방법은 두 가지가 있는데,

첫째, 다른 사람과 정신적으로 대화하는 능력인 "신방"을 갖고 있으며 어느 특정한 신을 믿는 것이 아니다. 그리고, 개인적인 신사도 갖고 있지 않는다. 둘째, 직감과 통찰력에 의한 방법인데 "갱신무"라고 불린다. 신과 대화하는 선천적인 능력을 소유하지 않았는데 심한 정신적인 아픔을 겪은 뒤에 "신내림"을 받은 것이며 "신병"이라고 한다. "신병"은 사람에 따라서 각기 다른 다양한 증상으로 나타나며 "신병"을 앓은 뒤에 신과 정신적 대화를 할 수 있는 능력을 소유하게 되는데 능력을 받은 당사자는 이 능력을 축복으로 생각하지 않고 신에 의한 "저주"라고 생각하며 이것을 운명으로 받아들인다.

그리고, 이러한 능력을 부여받게 된 무속인은 특별한 종류의 "굿"을 하게 되는데 이것을 "내림굿"이라고 부른다. 이 "내림굿"을 통하여 특별한 신이 무속인에게 자리를 잡고 무속인의 정신적 지도자가 된다. 또한, "내림굿"을 통하여 무속인의 아픔이 치유되고 평범한 시민에서 무속인으로 변화한다. 이때, "내림굿"을 지휘한 사람은 정신적인 아버지나 어머니가 되고 "내림굿"을 받은 무속인은 정신적인 아들이나 딸이 되어 주술과 노래와 춤 등의 무속인이 배워야 할 다양한 일을 배우게 된다. 이러한 교육은 몇 년에 걸쳐 진행하는데 무속인의 세계가 일률적이지 않기에 가르치는 사람에 따라 달라질 수 있다.

무속인은 의뢰인의 사업장이나 가정에 찾아가 행운을 위한 의식을 진행하기도 하는데 한번 "굿"을 하는데 US $7,500 또는 그 이상의 비용을 청구할 수 있다.

무속신앙의 가장 일반적인 대상은 산인데 그 이유는 한반도의 70%가 산으로 형성되어 있는 것에 기인한다. 재미있는 예를 들면, 제주도의 한라산을 등산할 때 요금이 없는 이유는 제주도 사람이 요금을 수령하면 산신이 분노하여 날씨를 좋지 않게 하거나 농작물의 수확을 저조하게 하여 제주도 사람들에게 보복한다고 믿고 있기 때문이다. 그리고 무속인이 "굿"을 하는 장소로 가장 인기가 있는 장소는 서울의 인왕산인데 인왕산의 등성이에 왕의 가족들이 안치되어 있는 국사당이 여기에 있는 것이 중요한 이유 중의 하나이다.

산신은 남성이나 여성을 구분하지 않는데 예를 들면 대전 인근에 있는 계룡산의 산신은 여성이다.

이미 언급한 것처럼, 불교가 4c 경에 한국에 처음 유입될 때부터 기존의 무속신앙과 혼합되었는데 조선시대에 들어와 무속신앙과 불교를 억압하면서 이러한 현상은 더욱 강화되었다. 한편, 신축적인 대응을 하는 무속신앙의 실용성은 대체로 한국 사회에 긍정적인 영향을 주었으며 한국 문화의 긍정적인 측면으로 작용하고 있다. 새롭게 발생한 상황에 대한 신축적이면서 신속한 적응력은 뿌리 깊이 내재하고 있는 무속신앙으로 인하여 한국이 갖게 된 행운이다. (Korea The Impossible Country Published by Tuttle Publishing 2012, 2018 by Daniel Tudor 14, 24-33 page 참고)

(2) 불교

BC 5c 경에 인도에서 부처에 의해 세워진 불교가 그 이후 약 800년이 지나 한국에 들어오게 되었다. 즉, 고구려, 백제, 신라로 형성된 삼국시대에 한반도로 들어오게 되는데 그 가운데 만주와 한반도 일부를 점령하고 있던 고구려(소수림왕 시대)가 372년경에 불교를 먼저 접하게 된 것이다. 당시 중국의 승려인 순도가 불교의 경전인 불경과 불상을 가지고 고구려에 들어왔으며 384년경에 고구려를 통하여 백제로 전파되었다. 그 이후 불교는 백제를 통하여 일본으로 전파되었다. 당시 백제와 일본은 무역을 통하여 교류하고 있었기 때문에 6c 중에 백제의 승려가 불경과 불상을 섬나라인 일본으로 전파하게 되었다. 또한, 신라도 왕의 형제인 이차돈의 순교로 인하여 국교로 받아들여졌으며 한반도 전체에 불교가 번창하게 되었다. 751년 신라 경덕왕 때 김대성이 창건하여 774년 혜공왕 때 완공한 불국사는 부처의 국가인 절이라는 뜻이다.

불교가 융성한 시대인 신라와 고려시대에 무속신앙도 함께 번창하면서 두 종교가 융합되었다. 무속신앙의 하나인 산신과 칠성당이 불교에서 자리를 잡고 두 종교가 함께 한국 사회에서 번창한 것이다.

그러나, 고려 말기에 불교의 부정부패가 정치권의 부패로 이어지면서 이성계가 반란을 일으킨 계기가 되었으며 1392년 건국한 조선은 학문 수준에 있던 중국의 유학을 국교로 격상하면서 불교와 무속신앙을 조선시대 내내 억압하였다. 조선의 왕들은 마을에 있던 절을 파괴하고 산속 깊은 곳에 건립하도록 하는 불교에 대한 고립정책을 실행하였다.

이 시대에 불교와 무속신앙은 서로가 밀접하게 영향을 주면서 더욱 융화되었다.

한편, 1485년 법체계를 구체적으로 규정한 경국대전을 공포하면서 사당에서 진행하는 무속신앙 의식이 적발되면 수백 번의 태형으로 처벌하기도 하였다.

1910년 일본이 강압적인 방법으로 조선을 합병한 후에는 불교가 다시 활발하게 번창하여 산속 깊이 있었던 절이 번화가에서 건립되기 시작하였다.

현재, 한국인의 23%가 불교를 믿고 있는 것으로 보이는데, 참고로 2005년의 인구조사에 따르면, 29.2%가 기독교 신자이며 국가 고위직에 근무하는 사람이나 사기업의 고위직에 근무하는 사람의 기독교 신자 비율은 전체 비율에 비하여 높을 것으로 추정된다. 그리고, 약 40%의 한국인은 종교를 전혀 갖고 있지 않은 것으로 나타났다.

그러나, 불교는 한국의 역사와 오랜 기간 함께 하였기에 신자의 비율 이상으로 여전히 한국 사회에 깊이 내재하고 있다.

한국의 불교는 불교에 있는 두 개의 종파-마하야나(Mahayana,대승불교)와테라와다(Theravada,상좌부불교)-중에 마하야나(Mahayana,대승불교)에 속하며 자유주의적, 보편적이며 상대적 진실을 추구한다. 이러한 상대주의와 많은 부처의 존재는 각 신자가 추구하는 것이 무엇인가에 따라 각기 다른 신을 믿게 되는 무속신앙과 불교가 개방성과 실용성을 공유, 경쟁하면서 기부의 정신, 교육과 훈련의 필요성, 인고의 정신, 신중함과 사색, 탁월한 현명함 등이 한국 사회에 내재하게 되었다.

또한, 불교는 서양과 달리 한국 사회에 상하관계를 주입하면서 집단의식을 강화하였는데 이러한 상하관계는 조선시대의 유교가 사농공상이라는 계급사회를 강화하게 되었으며 현대사회에 들어오면서 기업에도 스며들었으며 기업의 계속성을 유지하는 한 요소가 되었다. (상기의 저서 34-40 page 참고)

(3) 유교

조선시대(1392년-1910년)의 국교인 유교는 한국 사회에 500년 이상 지속되면서 신분사회를 기반으로 한 계급의식, 나이의 중요성, 남존여비 사상, 부모에 대한 공경심, 교육의 중요성 등의 깊은 문화적 발자취를 남겼다.

유교는 사회를 조화롭게 유지하기 위하여 국민이 지켜야 할 몇 개의 의무를 제시하고 있는데 첫째, 건전한 인성을 유지하면서 공동체의 다른 구성원을 존중하면서 대응하는 중요성을 강조한다. 이것은 소위 "Golden Rule"과 유사하다. 둘째, 관습과 적절한 예의를 지키면서 국가의 도덕률을 지키는 것이다. 이것은 서양 사회에서 얘기하는 "Manner를 지키라."는 것과 같으며 상, 하 계층을 포함한다. 즉, Socrates의 사상과 유사한 현명함과 정의를 내포하고 있다. 셋째, 가족과 남편, 아내, 그리고 왕과 친구에 대한 충성, 효도, 성실함 등을 포함한다.

유학이 한반도에 처음으로 유입된 시대는 불교와 비슷한 삼국시대였다. 신라는 불교를 국교로 받아들이고 682년 유학을 정신적인 교육으로 받아들였다.

고려시대(918년-1392년)에도 유학은 학문으로서 성장하였다. 즉, 조선시대보다 훨씬 전부터 불교와 유학은 서로 영향을 주고받으면서 각각 번성하였다. 신라시대의 Elite 집단인 화랑의 교육에 유학을 포함 것이 좋은 예이다. 종교로서의 불교와 공동체와 국가를 유지하기 위한 교육을 담당한 유학은 커다란 두 개의 기둥이었다.

그러나, 고려시대 말기에 불교의 부패와 함께 유학을 기반으로 한 새로운 유교 사상이 대두하면서 양자가 충돌하면서 차츰 틈이 발생하였는데 조선시대에 유교 사상을 국교로 전환하고 불교 억압 정책을 시행하면서 틈이 더욱 벌어지고 말았다. 이미 언급하였지만, 조선시대에는 유학 사상을 국교로 승격하면서 무속신앙도 불교와 함께 억압의 대상이 되었다.

한편, 조선은 유학을 종교의 영역으로 전환하여 국가의 사상적 기본 틀로 구성하면서 국교로 삼고자 하였지만 사실상 유학은 종교의 영역이 아닌 학문의 영역이었기 때문에 사람들은 정신적인 위안을 가질 수 있는 종교로서 불교와 무속신앙을 꾸준히 찾게 되었다.

또한, 삼성, 현대와 같은 좋은 보수와 복지를 제공하는 세계적인 기업이 한국에서 많은 고용을 창출하고 있지만, 사농공상이라는 조선시대의 계급문화가 지금도 여전히 한국 사회에 남아있어 많은 사람이 고위관료나 법관, 검사로 진출할 수 있는 고등고시나 변호사시험을 높은 사회적 지위나 삶의 안정을 보장하는 지름길로 생각하고 있다. 이러한 시험을 준비하기 위해 이동시간을 줄이면서 매우 작고 협소한 공간을 제공하는 "고시원"이나 이러한 장소가 밀집해 있는 "고시촌"이 있는데 이곳에서의 생활은 미래가 보장되지 않는 "어두컴컴한 삶"이다. 그러나 이러한 시험의 합격은 평생의 삶을 보장받고 존경을 받게 된다. (상기의 저서 42-53 page 참고) 현재는 법관이나 검사가 되는 길이 Law School 제도로 바뀐 상태이지만.

(4) 천주교(Catholic)와 기독교(Christian)

한때는 한국에서 천주교와 기독교를 믿는 것이 불법이었는데, 현재 아시아에서 인구 대비 기독교와 천주교를 가장 많이 믿는 국가가 되었다.

천주교가 한국에 먼저 들어왔기 때문에 천주교에 대하여 먼저 얘기하자면, 영조가 1758년 천주교를 불법화하였지만 1784년 천주교가 불법임에도 불구하고 이승훈이 아버지와 함께 북경을 방문하여 천주교를 접하고 천주교 신자로 개종하였으며 한국에서 처음으로 천주교 단체를 구성하고 스스로 "신도"라고 불렀다. 즉, 중국이나 일본에는 선교사들이 천주교를 알렸지만, 한국에는 중국에서 천주교를 알게 된 한국인이 천주교를 한국으로 들여온 것이다.

1795년 중국에 있던 주교가 신부를 한국에 파견하여 천주교 교세를 확대하면서 "신도" 수가 4,000명으로 증가하였다.

천주교의 "만인이 평등하다."는 사상은 유교를 국교로 하면서 사농공상의 계급사회와 관존민비 사상을 구축하여 왕권을 받들고 있는 조선시대의 전통과 정면으로 대치되었으며, 이에 더하여 조상을 위한 전통 의식인 제사와 차례도 거부하였다.

1870년대와 1880년대에도 천주교인들은 여전히 은밀하게 종교행사를 진행하였지만, "신도" 수는 꾸준히 증가하여 한일합병의 해인 1910년에는 73,000명이 되었다.

한편, 기독교 선교단을 이끌고 처음으로 한국에 도착한 사람은 1884년 감리교선교사인 Horace Allen이었으나, 이 무렵에 이미 기독교 신자가 있었으며 Scotland 출신인 John Ross라는 선교사가 1882년 신약성서를 한글로 번역하였다. 당시에 한국은 여전히 한자를 주로 사용하고 있었다. 이 시기에는 불교의 경전과 유교 서적들도 한자를 사용하였으나 순수한 한글로 번역한 신약성서는 많은 사람들이 쉽게 이해할 수 있는 매우 획기적인 발상이었으며 사회적 신분이 낮은 사람들에게 빠르게 전도할 수 있는 중요한 계기가 되었다.

선교사인 Allen과 Underwood, Appenzeller는 한국에 들어와 병원과 학교와 대학을 설립하여 한국이 경제적으로 발전할 수 있는 기반을 다지는 데 도움을 주었다. 1890년까지 배재고등학교와 이화여자학교, 연세대학교를 설립하였다. 이와 같이 기독교는 한국이 훌륭한 현대적 교육을 도입할 수 있는 초석을 다지게 하였으며, 이러한 이유로 인하여 기독교가 천주교에 비하여 한국에 도착한 시점은 늦었지만, 현재 한국에서 가장 많은 신자를 갖게 된 것이다.

1910년 한일합병 이후 36년은 한국인에게 치욕과 고통의 시간이었지만 기독교는 이 시기에 한국에 커다란 영향을 주면서 신도 수 100,000명에서 매우 빠른 속도로 증가하여 지금에 이른 것이다. (상기의 저서 54-57 page 참고)

(5) 천도교

1811년 초에 현재 북한의 일부인 평강도 지역에서 발생한 홍경래 난은 몰락한 양반계급이나 군인계급이었던 홍경래가 농민들을 소집하여 정부의 무능과 부패에 저항한 반란이었으며 다음 해 4월까지 계속되었다. 그는 다른 지역에서도 반란을 일으키도록 선동하였으며 결국 도화선 역할을 하였다. 그리고 홍경래 난은 1894년의 동학혁명으로 이어졌다.

1860년 최재우가 주도한 동학은 유교와 불교를 잘 융합하여 새롭게 출발한 철학으로서 "민주적 사회주의" 이념을 갖고 있다고 볼 수 있다. 그는 인간의 평등과 민주주의와 인권을 강조하면서 동학을 창설한 것이다. 따라서, 남성과 여성, 농민과 양반 등의 모든 사람이 평등하다는 사상에서 출발하여 동학을 창설하였으며 국제적 측면에서는 반외세적 국수주의자였다. 또한, 아시아지역에서 기독교가 빠르게 번창하는 것을 경계하였으며 서양의 종교가 한국에 접근하는 것을 막아 외부의 영향이 엄격하게 차단되기를 희망하였다.

1894년 조선 정부는 동학혁명군이 서울에 진격하는 것을 막기 위하여 청나라에 도움을 요청하였으며 청나라는 이에 호응하여 3,000명 규모의 군대를 파병하여 동학군의 진격을 저지하였다. 그러나, 청나라의 파병으로 인하여 이미 조선에 상당한 영향력을 행사하고 있던 일본이 분노하였으며 8,000명 규모의 군대를 파병하여 조선의 왕궁을 장악하였다. 이와 함께 조선의 최고위직 관료를 친일본 인사로 교체하였다. 이와 같은 일본과 청나라의 교착상태는 1895년 발생한 청일전쟁의 원인이 되었으며 이 전쟁에서 승리한 일본은 1905년에 강압적으로 조선과 을사조약을 맺어 조선의 외교권을 박탈하였다. 이 시기부터 조선은 실질적으로 일본의 지배를 받게 된 것이다.

한편, 1894년 11월 10일 동학혁명군은 충청남도 공주시 인근 지역에서 일본군을 만나 접전을 일으켰으나 무기의 열세를 극복하지 못하고 대패하였다. 결과적으로 1894년에 발생한 동학혁명은 일본의 조선에 대한 영향력이 강화하는 계기가 되었으며 계급사회의 붕괴를 가져온 갑오경장이 일어나게 되었다. 1894년 7월부터 1896년 2월까지로 이어진 갑오경장으로 인하여 조선 사회에 정치, 경제, 사회의 많은 부분에서 현대화가 형성되기 시작하였다. 물론, 기득권 계층의 무능과 부패로 인하여 멸망의 길을 들어서고 말았지만...

1905년 제3대 동학 교주인 손병희는 동학에 대한 종교적 혁신을 일으켜 천도교로 칭하게 되었으며 현재 천도교도는 약 100만 명으로 추정하고 있다. 천도교는 동, 서양의 모든 종교를 통합한 것으로 받아들여지고 있다. (상기의 저서 81-84 page 참고)

3) 사회적 측면에서 본 한국 문화

(1) 정

정은 한국 사회에 내재하고 있는, 사회적 측면에서 바라본 핵심적인 문화의 하나인데 따스함과 소속감을 포함하는 단어이며 개인과 집단에도 같이 적용될 수 있는 용어이다. 즉, 개인 사이의 관계나 집단에서의 소속감과 일체감을 느낄 수 있는 연결고리의 역할을 하며 집단주의로 발전하기도 한다. 따라서 정을 기반으로 하여 충성심을 요구하기도 하며, 희생과 용서를 요구하기도 한다. 쉽게 말하자면, "친구끼리는 '미안하다'는 말을 할 필요가 없다."는 것이다. 한국 사회에서 정이란 선택의 문제가 아닌 필수적인 것이다. 또한, 정을 바탕으로 한 한국 사회는 "나"라는 말보다 "우리"라는 말을 자연스럽게 사용할 정도로 집단주의가 강하다. 또 다른 예를 들면, 한국에서는 같은 고향에 살았던 과거, 같은 군부대에 근무한 경력, 같은 대학을 졸업한 선배와 후배 등으로 강한 연대감과 지지를 갖게 되면서 동시에 의무도 갖게 된다. 이러한 것들이 정에 기반을 두고 있다. 같은 교회에 다닌다는 것으로 인한 유대감도 마찬가지이다. 이명박 대통령 재임 중에 강남에 있는 소망교회 교인들이 정치적으로 중용되거나 고위공직자로 많이 배출한 것이 대표적인 예이다. 정이란 문화로 인하여 친구나 지인을 도와준다는 감정이 매우 강한 것이다. 특히 자금과 직결되는 금융업에서는 정이 매우 중요한 역할을 하고 있다. 만일 Adam Smith가 한국에서 국부론을 출간했다면 매우 다른 결론을 내렸을 것이다. 정이란 문제로 인하여 부정부패도 발생하지만, 한국의 경제발전에 중요한 역할도 하였다. 박정희 대통령 집권 시대에 정부 주도형 경제발전 Model을 실행했던 한국은 정을 바탕으로 하여 자신이 신뢰하는 현대, 삼성, 포항제철 등의 기업가를 도와주면서 국가 발전의 기틀을 형성하였다.

그러나, 정은 "우리"라는 의미를 요구하지만, 세계의 모든 사람을 포함할 수 없는 것이며, 이것은 곧, "우리"가 아닌 "남"이 있다는 것을 내포한다. 김영삼 대통령이 후보 시절에 사용했던 "우리가 남이가."라는 말이 곧 정을 바탕으로 한 한국 사회에서 무심코 할 수 있는 말이다.

이처럼 정이 깊이 내재하고 있는 한국 사회에서 2000년부터 2010년 사이에 한국에 거주하는 외국인이 7배 증가하였는데 한국인이 아닌 외국인에게 "우리나라"를 적극적으로 수용할 것인가 여부를 지켜보는 것도 흥미로운 일이 될 것이다. 또한, 1945년에서 2010년 사이에 국가 경제가 매우 빠른 속도로 발전하고 도시화가 진행되었는데 14.5%에서 83%로 변화하였으며 도시에 살고 있는 많은 한국인이 옆집에 누가 살고 있는지 모르면서 지내는 경우가 많다. 즉, 따스함과 관대함을 보여주는 한국 사회에서 가장 흥미로운 정이라는 문화가 차츰 사라져 완전히 소멸하는 시기가 도래할 것으로 예상되며 참으로 슬픈 날이 될 것이다. (상기의 저서 92-100 page 참고)

(2) 경쟁

한국에서 살아가는 것은 경쟁의 삶이다.

좋은 대학, 좋은 직업, 좋은 반려자의 선택 등, 어린 시절부터 끊임없는 경쟁 속에서 살아가고 있는데 이제는 이러한 경쟁을 시작하는 나이가 더욱 낮아져 유아원, 유치원, 초등학교, 중학교, 고등학교로 이어지고 있다.

한국은 국토의 21%만이 농작물을 키울 수 있는 토지였으며 천연자원이 거의 없는, 경제적 발전이 거의 불가능한 것으로 보이는 국가였지만 세계 경제사에서 매우 이례적으로 인구의 1/3이 집이 없는 Homeless로 전락한 625전쟁에서 70년 만에 세계 경제 대국으로 발전하였다. 이 발전의 배경에는 지도자의 의지, 교육을 통한 국민의 능력과 숙련도의 향상, 다양한 산업의 도입과 발전 등의 다양한 요인들이 서로 선순환을 하면서 경제발전을 이룩한 것이다.

구체적으로 살펴보면, 1945년에는 한국 인구의 5%만이 고등학교 이상의 학력을 소유하였으나 이승만 정부와 박정희 정부에서 정부 예산의 19%를 교육에 투자하면서 1960년대를 통하여 초등학교를 8배 확대하고 고등학교를 10배로 확대하였다. 그 이후 1980년대까지 한국은 국민 1인당 GDP가 한국과 유사한 다른 국가와 비교하여 훨씬 큰 규모의 예산을 교육에 투자하였다.

교육과 대기업 위주의 산업에 투자한 결과로 무역 규모의 확대와 GDP의 향상이 꾸준히 이어졌는데 2011년에는 무역 규모가 처음으로 US $1조를 초과하는 결과를 가져왔으며 이 가운데 최대의 무역 상대국이 미국과 중국이었다. 이들과의 무역 규모 확대로 인하여 지정학적으로 중요한 위치에 있는 한국이 중국과 미국에게 중요성을 각인시켜 주는 또 다른 역할을 하면서 안정적 성장을 가져올 수 있는 한 요인이 되었다.

한편, 빠른 경제성장 과정에서 경제 이외의 환경, 행복, 표현의 자유, 함께 잘 사는 풍요롭고 문화적인 삶 등의 다른 사회적 가치가 희생되는 부작용이 일어나게 되었다. 즉, 1957년과 1969년 사이를 Gini 계수로 측정한 한국의 불평등 계수는 평균 0.263이었는데 이 수치는 선진국 가운데서 소득불평등의 정도가 가장 낮은 Sweden과 유사한 수준이었다. 경제발전과 함께 교육 수준이 높아진 결과의 하나였다. 1980년대 중반까지만 하더라도 2/3 이상의 학생들이 상대적으로 가난한 환경에서 성장한 학생들이었다.

그러나, 현재 서울대학교 신입생 중의 50% 이상이 서울에서 상대적으로 부유한 지역인 강남구, 서초구, 송파구 등에 거주하는 학생들이다. 이들은 좋은 학교를 졸업한 후에 열심히 일을 하여 이에 대한 보상으로 재산을 축적하여 새로운 Elite 집단인 "신양반 집단"이 탄생한 것이다.

한편, "신양반 집단"에 속하지 못한 집단은 단순히 포기하는 과정을 밟지 않는다. 이들은 자신의 소득과 재산을 자식에게 투자하여 결과적으로 자식이 더욱 힘든 경쟁에 뛰어들도록 하면서 사설학원이나 개인 교습, 해외 유학 등의 많은 교육비를 자식에게 투자하게 된다. 이러한 과다한 투자는 자연스럽게 더욱 적은 아이를 낳게 된다. 한국의 출산율이 세계에서 가장 낮은 수준으로 떨어지게 된 중요한 이유가 되어 "경제적 악순환"의 고리에 얽히는 것이다. 이러한 과다한 교육은 또 다른 부정적 요인이 발생하는데 한국의 어린이들이 갖는 사회적 교제는 조사에 참여한 OECD 36개 국가 중에 가장 낮은 35위로 나타나고 있다. 1997년의 조사에 따르면, 초등학교 학생의 70%, 중고등학교 학생의 50%가 학원 등의 사설 교육을 받고 있으며 고등학교 학생의 96%가 수면이 부족한 것으로 나타났다. 이들은 평균적으로 하루 6시간 30분을 수면한다. 87.9%의 고등학교 학생은 Stress를 느끼고 있다고 조사되었다.

Stress를 느끼는 일본, 미국, 중국 학생의 비율이 50%라고 나타나는 것과 비교하면 매우 높은 수준이다. 2011년 연세대학교 사회발전연구소에서 조사한 자료에 따르면, 한국이 OECD 국가 중에 삶의 행복 수준이 가장 낮은 국가로 나타났다. 이러한 조사 결과는 사람의 자살률, 과다한 교육, 사회적 Stress 등을 고려하면 놀라운 결과가 아니다. 이러한 환경에서는 노동생산성이 낮을 가능성이 높은데, 조사에 응답한 OECD 30개 국가 중에 한국이 28에 머물러 있었다. Mexico와 Poland가 한국 바로 앞순위였다.

Leicester 대학교의 심리학 교수인 Adrian G. White에 의하여 발전된 삶의 만족도 지수(The Satisfaction With Life Index)에 의한 조사에 따르면, 조사 대상 국가 178개 국가 중에 한국은 102위이었다. 이것을 UN의 인간발전지표(UN Human Development Index)와 경제력으로 측정하는 GDP와 비교하면 놀라울 정도로 극명하게 대조되는 수치이었다.

경제적으로 놀라운 성공을 달성하였지만, 감정적인 삶의 질은 매우 부정적인 결과로 나타난 충격을 한국 사회에 안겨주었다.

한국인들은 "최고가 되려는 노력을 포기하는 것이 좋다."는 객관적인 증거를 보여주는 자료이다. (상기의 저서 101-111 page 참고)

여기서 한국의 교육제도에 대하여 간단히 언급하자면, 한국의 교육제도는 미국의 영향을 강하게 받아 단선제를 유지하고 있는데 단선제란 진학의 시스템이 하나인 것을 말하고 복선제란 진학의 시스템이 2개 이상인 것을 말한다. 미국의 정치와 함께 미국의 교육제도 역시 한국에 유입이 되어서 단선제 학제라는 진학의 제도가 한국에 뿌리를 내리게 되었다. 그런 과정에서 교육은 직업교육에서 고등교육(대학교육) 중심으로 바뀌어졌다. 이는 해방 이후 서울대의 위치가 급상승한 것으로도 알 수 있다. 즉, 일제 강점기에 시행한 독일형의 복선적 학제에서 해방 이후 미국형의 단선적인 학제로 탈바꿈한 것이다.

또한, 좋은 학교를 가기 위한 사설교육기관인 학원 제도가 있다. 그 밖에도 다양한 유형의 학벌주의 교육 기관들과 제도 등이 있다.

단선제 학제의 근본적인 모순은 인간들의 적성과 능력의 차이를 무시하고 누구나 고등교육을 받을 수 있다는 개방성을 강조한다. 이러한 사회적 환경이 한국의 경우 현실적으로는 모두가 명문대학, 또는 서울대학교에 가고 싶어 한다는 것으로 나타난다. 소득불평등의 단초가 문화와 교육제도부터 시작하는 것이다. (교육평론 2024년 7월 칼럼: 한국 교육제도 비판 참고)

교육에 대해서는 다음에 한국의 교육에 대하여 자세히 언급할 계획이 있기에 여기서 마무리하고자 한다.

(3) 체면

체면이란 문자의 의미로는 떳떳함을 의미하며 부끄러운 일을 하지 않는다는 의미이지만, 자신의 정신적 삶을 충실하게 하면서 모든 행위를 자신의 개인적인 삶과 사고를 기준으로 하지 않고 "다른 사람이 자신을 어떻게 생각하느냐."를 생각하면서 행동하는 것을 의미한다.

중국이나 일본에도 체면을 중시하는 경향이 있지만, 500년 넘게 내려온 조선 사회의 유교와 계급문화의 영향을 받아 한국의 문화인 체면문화는, 중국이나 일본과 비교하면, 훨씬 깊숙이 내재하고 있으며 한국 사회에 긍정적인 영향보다는 부정적인 영향을 주는 경우가 많은데 여기서 몇 가지 사례를 들고자 한다.

한국인은 자살률이 세계에서 두 번째로 높은 국가인데 인구 100,000명당 31명이 자살하고 있다. 일본의 24명에 비하여 높은 수치인데 그 이유 중의 하나가 체면과 깊은 관계가 있으며 결과적으로 자살을 권유하거나 미화하는 문화가 형성되고 있다. 대표적인 예가 노무현 전 대통령의 자살이다. 그가 대통령을 퇴임한 시기인 2008년의 지지율은 매우 낮았으며 재임 중의 뇌물 사건과 관련하여 검찰의 조사를 받은 시기에는 소위 "친노계"라는 정치권의 인사들도 만남을 회피하는 상황이었다. 그러나, 2009년 5월 23일 스스로 삶을 마감하는 극단적인 선택을 한 뒤에는 인기가 급상승하여 한국의 역대 대통령 중에 박정희 대통령에 이은 두 번째로 높은 인기를 누리게 되었다. 그의 죽음으로 인하여 추가적인 수사를 진행하지 않았으며 그는 자신의 죽음으로 가족들을 살린 결과를 가져왔다. 그에 더하여 한때는 정치적 생명이 끝난 것으로 생각했던 그의 추종자들이 정치적으로 재기하였으며 심지어 그의 비서였던 문재인이 그의 후광에 힘을 얻어 대통령까지 당선된 계기가 되었다. 사실상 국민이 그의 죽음으로 인하여 그에게 그를 용서한 것 이상의 커다란 보상을 준 것이다.

OECD 국가 중에 노인 빈곤율이 가장 높은 이유와 노인 자살률이 가장 높은 이유도 한국의 체면을 중시하는 문화와 매우 관계가 높다. 즉, 한국의 부모는 자신이 평생 노력하여 벌어들인 소득의 대부분을 자녀의 교육과 결혼 등을 위한 비용으로 지출하고 자신의 노후 대책이 거의 없는 상태에서 은퇴하는 경우가 많은데 국가가 실행하는 국민에 대한 은퇴 이후의 사회보장제도가 다른 선진국에 비하여 낮아 최저 생계를 유지할 수 없고 자신의 체면으로 자식이나 주위의 지인에게 도와달라는 부탁을 할 수도 없어 자살이라는 극단적인 선택을 하는 경우도 많이 있다. (상기의 저서 116 page 참고)

한국에서는 최근 직업을 갖지 않거나 직업이 없는 소위 "백수 청년"이 늘어나고 있는데 한국경제가 침체 상태에 있는 이유도 있지만 또 다른 이유로는 자신에게 제시된 직업이나 직장을 선택하면 다른 사람이 자신을 무시할 수도 있다는 생각이 앞서 자신의 체면 때문에 차라리 실업을 선택하는 경우도 많다. 또한, 한국에서 소위 명품 Brand 제품이 인구에 비하여 상대적으로 매출 규모가 큰 이유 중의 하나가 체면 때문이다. 여성의 경우 성형수술이 유행하는 것도 삶의 기준을 다른 사람이 자신을 어떻게 보느냐를 기준으로 한다는 면에서는 체면의 한 단면으로 볼 수 있다.

결과적으로 체면은 집단주의로 발전하면서 한국 사회에 정치적, 경제적으로 긍정적 또는 부정적 결과를 가져오게 된다.

(4) 한과 흥

한은 깊은 슬픔을 의미하며 흥은 순결한 기쁨을 의미하는데, 감정적 측면을 살펴보면 행복은 슬픔과 함께 있으며 슬픔은 희망과 함께 있는 것처럼 한과 흥은 한국인의 문화에 깊숙이 내재하여 서로 대치하면서 균형을 이루고 있다. 또한, 이들은 한국인의 삶과 예술 등에서 자연스럽게 표출되는데 한국의 고전음악인 판소리를 포함한 음악, 그림, 영화에서 나타나고 있다. 한을 표현한 대표적인 영화로는 2004년 개봉한 "태극기"가 있다.

음주와 가무는 한국인의 한과 흥을 표출하는 문화 중의 하나인데 이와 더불어 한국에서 고전적인 노래와 춤이 어울려진 사물놀이는 심리적으로 한을 풀면서 동시에 흥을 일으키는 것인데 사물놀이와 Drum을 두드리는 행위는 한국의 신앙에서 가장 오래된 무속신앙에 기초하면서 발전하였다.

한국인에게 한과 흥을 표출하는 문화를 나타내는 대표적인 예가 2002년 World Cup 기간에 많은 한국인이 하던 일을 멈추고 함께 노래를 부르고 춤을 추면서 한국 전역을 떠들썩하게 했던 "대한민국"이라는 구호였다.

한국이 "조용한 아침의 나라"라는 Image와는 전혀 맞지 않는 문화이다. (상기의 저서 120-127 page 참고)

한과 흥은 한국 사회의 도처에서 볼 수 있는데 신문에 실린 가수 송가인에 대한 예를 한번 더 살펴보고자 한다.

지난 6월 4일 방송된 TV조선 "아내의 맛"에서 송가인은 중앙대 음악과 동기들과 함께 신명나는 놀이판을 벌였다. 친구들은 즉석에서 구성진 가락에 노랫말을 붙여 송가인의 우승을 축하했고, 모두가 "칠갑산", "엿타령", "님과 함께" 등을 주거니 받거니 부르며 흥을 돋웠다. 조촐한 회식 자리는 어느새 공연장이 됐고 스튜디오에서 지켜보던 패널들까지 춤추게 했다.

"전라도에서 탑 찍어 불고 서울에 탑 찍으러 온" 송가인은 TV조선 "미스트롯" 첫 등장부터 시종일관 환한 미소와 정겨운 말투, 뛰어난 노래 실력으로 시청자들에게 즐거움을 선사했다. 그러나 송가인이 지금의 자리에 있기까지 늘 흥에 겹기만 했던 것은 아니다. 그가 얼핏 드러내는 과거는 현재에 이르기 전 겪어야 했던 슬픔을 짐작하게 한다. 최근 "복스럽고 예쁘다."라는 칭찬을 듣는 송가인은 앞서 "얼굴도 몸매도 안 되니까 노래로 승부해라.", "성형수술을 받아라."와 같은 폄하에 익숙해진 상태였고, "정치인도 못한 전라도-경상도 대통합을 이루었다."는 평가를 받기 전에는 전라도 출신이라는 이유만으로 입에 담지도 못할 모욕적인 악성 댓글에 시달렸다. 고된 일정에 상해버린 목에도 "소리꾼들은 다 달고 산다."라고 말하는 그는 "미스트롯" 우승자가 되기 전 대기실도 차도 없이 화장실에서 옷을 갈아입었던 8년의 무명 생활을 보냈다. 자취방 월세를 마련하기 위해 직접 무대에서 착용하는 비녀를 만들어 팔기도 했다.

만 32세에 불과한 그가 분단의 아픔을 표현한 "한 많은 대동강"을 비롯해, "단장의 미아리 고개", "용두산 엘레지" 등 절절한 슬픔을 담은 곡들을 소화할 수 있는 건 이런 한의 시간들이 있었기에 가능한 일일 것이다. 하지만 떠나버린 님과 청춘에 슬퍼한 뒤에도 "노다나 가세"라고 흥을 내는 "진도 아리랑"처럼, 송가인은 과거의 한에 매몰되지 않는다. 그는 "무당 딸"이라 놀림 받던 상처를 딛고 어느 무대에서나 자랑스럽게 어머니의 직업을 무녀라 소개했다. "미스트롯" 최종 우승자로 호명된 순간, 설움을 토해내듯 눈물을 쏟다가도 이내 "부모님 돈을 너무 많이 가져다 써서"라고 말하며 지켜보는 이들을 웃게 만들었다. JTBC2 "악플의 밤"에 출연해서는 자신을 비하하는 누리꾼들의 말을 웃으며 바로잡고, "지금 입술이 파르르 떨린다."고 지적한 MC 신동엽에게 "마그네슘이 부족해 떨린 것"이라고 응수하는 재치를 발휘했다.

송가인은 한을 표출하면서도 흥을 잃지 않았으며, 타인이 자신을 동정하도록 두지 않고 스스로 연민의 대상이 되는 것을 거부한다. 그는 감정에 휩싸이는 대신 그것들을 한과 흥으로 다뤄낸다. 송가인의 노래를 불편함 없이 즐길 수 있는 이유다. 송가인은 가슴이 미어지도록 구슬프게 노래하다가도 언제든 그가 원하는 때에 "송가인이어라."하며 정겨운 인사를 건넬 수 있다. (머니투데이 2019년 7월 3일 임현정 기자 기사 참고)

4) 역사적 측면에서 본 한국 문화

(1) 방어적 민족주의와 국가주의

지금까지 종교적으로, 그리고 사회적으로 오랫동안 한국에 뿌리내린 한국 문화의 특징들을 살펴보았으며 이러한 문화들이 바로 한국만의 독특한 역사에서 형성된 것이기에 모두 한국의 역사와 깊은 관계를 갖고 있다.

여기서 한국을 지리적 측면에서 보면 대륙의 끝자락에 있기에 이웃 국가인 일본이 섬나라라는 불리한 점을 극복하기 위하여 대륙을 정복하려는 교두보의 역할을 하였으며, 중국의 권력 변화가 있을 때는 한국이 적극적으로 대륙을 공격하여 대륙의 일부분이라도 점령한 것이 아니라 반대로 한국이 대부분 그 영향을 받아 대륙 세력으로부터도 침략을 받았기에 한국의 집단주의는 소극적이고 방어적인 국가주의의 한 단면으로 나타난 것이다. 특히, 조선시대에는 임진왜란(1592년-1598년)과 병자호란(1636년-1637년)이 대표적으로 침략을 당한 전쟁이었으며 결국 1910년에는 앞에서 언급한 것과 같은 이유로 한일합병을 당하는 고통을 겪기도 하였다.

2000년이 넘는 한국 역사에서 한일합병은 독립 국가로서의 존재감을 잃은 가장 치욕적인 사건이었으며 한국인이 일본의 식민지 시대를 극복하고 일본과 맞먹는 경제성장을 달성하기 위하여 방어적 민족주의를 강화한 국가주의가 필요하였으며 박정희 대통령은 이러한 국가주의를 자연스럽게, 또는 의도적으로 국가의 이념으로 주입하였다. 1970년부터 추진한 새마을 운동이나 1968년 발표된 국민교육헌장이 좋은 예이다.

아래에 기재할 국민교육헌장의 전문을 살펴보면 방어적 국가주의와 집단주의문화를 잘 나타내고 있다.

우리는 민족중흥의 역사적 사명을 띠고 이 땅에 태어났다. 조상의 빛난 얼을 오늘에 되살려, 안으로 자주독립의 자세를 확립하고, 밖으로 인류 공영에 이바지할 때다. 이에, 우리의 나아갈 바를 밝혀 교육의 지표로 삼는다.
성실한 마음과 튼튼한 몸으로, 학문과 기술을 배우고 익히며, 타고난 저마다의 소질을 계발하고, 우리의 처지를 약진의 발판으로 삼아, 창조의 힘과 개척의 정신을 기른다. 공익과 질서를 앞세우며 능률과 실질을 숭상하고, 경애와 신의에 뿌리박은 상부상조의 전통을 이어받아, 명랑하고 따뜻한 협동 정신을 북돋운다. 우리의 창의와 협력을 바탕으로 나라가 발전하며, 나라의 융성이 나의 발전의 근본임을 깨달아, 자유와 권리에 따르는 책임과 의무를 다하며, 스스로 국가 건설에 참여하고 봉사하는 국민정신을 드높인다.
반공 민주 정신에 투철한 애국 애족이 우리의 삶의 길이며, 자유세계의 이상을 실현하는 기반이다. 길이 후손에 물려줄 영광된 통일 조국의 앞날을 내다보며, 신념과 긍지를 지닌 근면한 국민으로서, 민족의 슬기를 모아 줄기찬 노력으로, 새 역사를 창조하자.
1968년 12월 5일
대통령 박정희

위의 내용을 구체적으로 살펴보면, 인간이 "민족중흥의 역사적 사명을 띠고 태어났다."는 서두는 문장 자체가 공산당식 전체주의 이념과 Nazism 또는 Fascism 민족주의나 일본제국의 군국주의를 선언하는 것이다. 인간이 태어났으면 자신의 인간으로서 최선의 행복을 추구하는 것이 이상이지, 어떻게 선택해서 태어난 것도 아닌 국가나 민족을 위해 태어났다고 선언할 수 있는 것인가? 이것은 국민 개인의 존재 이유나 목적을 개인의 행복과 번영에서 찾는 것이 아니고, 국가와 민족의 번영에서 찾는 것이고 이는 인간이나 국민을 목적이 아닌 민족과 국가에 종속된 수단이나 도구로 보는 극히 비인간적이고 위험한 전체주의적, 국가주의적,

민족주의적인 선언이다. 이 부분을 빼면 나머지는 오히려 크게 이념적, 철학적인 문제는 낮으면서 공감할 만한 편이다.

비록 "민족중흥의 역사적 사명"과 같은 표현이 오늘날의 언어 감각에서 보면 과도하게 Nationalistic하다는 것을 부인하기 어렵지만, 대한민국은 2007년까지 조국과 민족의 무궁한 영광을 위하여 몸과 마음을 바쳐 충성을 다할 것을 굳게 다짐하던 것이 국민의례였던 시기였는데 이에 비하면 국민교육헌장은 훨씬 절제된 표현을 사용하고 있다. 즉, 최소한 당시 국민 정서상으론 헌장의 내용 자체가 딱히 문제 있던 건 아니었다.

그 당시에는 국민교육헌장을 못 외우는 학생에게 선생들의 매질이 더해졌고, 회사원, 공무원의 경우에는 상사들에게 한 소리 듣거나 징계 조치를 당했으며, 군인의 경우에는 혹독한 기합을 받았다. 당연히 실랑이도 자주 일어났다. 심지어 이 시기에 헌장이 노래로 만들어져 음반으로 판매된 바 있었다. 이렇게 강제 암송이 이뤄졌기 때문에 1970년-80년대에 학생 시절을 보낸 중장년층에서는 지금도 이 전문을 기억하고 있는 사람도 심심치 않게 볼 수 있으며, 내용을 전부 기억하지는 못해도 처음의 "우리는 민족중흥의 역사적 사명을 띠고 이 땅에 태어났다." 정도는 대부분 기억하고 있다. (namu.wiki/w/국민교육헌장 참고)

이처럼, 자칫하면 외부 세력으로부터 희생양이 될 수 있다는 역사적 배경에서 나타난 한국의 방어적 국가주의는 독립에 대한 열망과 외세의 지배에 대항한다는 측면에서 발생하였으며 강화하여 온 것이다.

이 결과로 경제력은 꾸준히 향상되었으며 방어적 국가주의가 차츰 사라지고 이제는 다른 민족과의 결혼도 10%에 달하고 있다.

경제발전을 통한 방어적 국가주의의 극복을 언급했지만, Sports를 통한 방어적 국가주의의 극복을 살펴보면, 2002년의 World Cup 4강 진출은 한국인에게 오랫동안 내재하여 있던 방어적 국가주의가 "적극적 국가주의"로 전환된 첫 계기가 되었으며 외국인과 적극적인 교감을 갖고 함께 즐길 수 있는 획기적인 사건이었다. 당시 국가대표팀 감독이었던 Guus Hiddink는 이러한 공로로 외국인으로는 처음으로 "한국의 세계적 영웅"이라고 하면서 "명예시민권(Honorary Citizenship)"을 받았다.

또한, 이러한 지리적, 지정학적 이유와 순수한 피를 가졌다는 단일민족이라는 이유로 탄생한 또 다른 문화적 특징인 집단주의에 대하여 간단히 살펴보면, 자유민주주의 체제와는 어울리지 않는 복종, 즉 지배를 용이하게 한다.

집단주의는 한국이 경제적으로 빠른 성장을 일으키는 중요한 요인이 되기도 하였지만, 사회적으로는 강한 편견-예를 들면, 배타적 성향, 불신, 소수자에 대한 불평등과 성적인 불평등 등-을 일으키기도 한다.

1997년 아시아의 금융위기와 함께 한국도 위기를 겪게 되었지만, 다른 국가와 달리 빠른 회복이 가능했던 것은 1주일 동안에 금 1 Ton을 모을 수 있었던 강한 단결력을 보여준 "금 모이기 운동"과 같은 범국민적 단결을 하였기 때문이며 이것은 한국인의 집단주의가 보여준 긍정적인 좋은 예였다.

반면, 선전과 선동에 취약한 집단주의로 인하여 한국 사회에 커다란 정치적 사회적 변화를 주었던 사건을 예로 들면,

첫째, 2008년 4월 18일 정부가 발표한 미국산 쇠고기 수입 발표로 촉발한 광우병 사태인데 당시는 물론 현재까지도 국내에서 광우병 발생으로 인한 사망자는 한 명도 없다. 그러나 2008년 4월 이후 3개월여 동안 겪었던 사태로 큰 혼란과 사회적 비용을 치러야 했다. 그렇다면 이것은 과장된 광우병 공포가 몰고 온 불필요한 혼란일 뿐인가? 광우병은 아직도 과학적으로 명확하게 규명되지 않았을 뿐 아니라 치료제도 없다. 위험의 불확실성이 높고, 통제가 불가능하며, 경우에 따라 회피할 방법이 없을 수도 있다. 이러한 특성이 수치에 근거한 위험 정도보다 더 위험한 것으로 인식하게 할 가능성이 있다. 그렇기 때문에 공개적인 논의를 통해 어느 정도의 위험까지 받아들일 것인지 사회적 합의 과정이 필요하지만, 이러한 과정을 생략하고 정부는 전격적으로 미국산 쇠고기 수입 범위 확대를 결정했다. 광우병 위험이 충분히 통제할 수 있으며 감내할 수 있는 수준이라고 판단한 것이다. 국민은 과학적 내용을 잘 모를 것이니 정부를 믿고 이 결정에 따를 것을 요구했다. 그러나, 국민은 심각한 위협이라고 판단했기에 크게 반발했다. 정부는 광우병 위험에 대한 국민의

인식과 정서는 철저히 외면한 채, "과학적 근거"와 "국제적 기준"만을 강조했다. 협상 백지화를 요구하는 촛불시위는 100일 이상 지속됐고, 정부에 대한 불신과 다른 정책의 비판으로까지 확대됐다. 선전과 선동에 쉽게 매몰될 수 있는 한국인의 집단주의를 보여주는 좋은 예였다. (daum.net 광우병 사태 참고)

둘째, 2014년 4월 16일 발생한 청해진행운 소속의 세월호 침몰 사건으로 안산시에 있는 단원고등학교 소속 학생을 포함하여 약 300명 이상이 사망한 비극적 해상사고인데, 이 사건을 정권 획득으로 이용한 한국의 극좌적인 세력은 한국인의 단일민족이라는 특성으로 탄생한 집단주의를 교묘하게 이용하면서 박근혜 정부의 총체적 비리로 포장하면서 탄핵심판까지 성공하여 결과적으로 정권을 획득하였다.

그러나, 앞에서도 간단하게 언급하였지만, 경제적, 사회적 변화에 따라 단일민족에 기반한다는 집단주의도 차츰 변화하고 있는데, 2012년에는 필리핀에서 태어나 한국인과 결혼하여 한국인으로 귀화한 Jasmine Lee가 한국에서는 처음으로 귀화한 한국인으로서 국회의원이 되었으며 한국 국민의 다양한 민족으로의 구성이 확대될 가능성이 높다. 즉, 집단주의가 약화할 가능성이 높은 것이다.

(2) 방어적 민족주의와 국가주의의 약화

앞에서 간단하게 언급한 것처럼, 인구 노령화와 감소로 인하여 한국도 차츰 이민을 받아들이고 있는데 이러한 현상은 안국 역사에 깊이 내재하고 있던 방어적 국가주의를 차츰 변화시키고 있다.

2011년 조사에 의하면, 과거의 단일민족, 순수 혈통을 강조한 교육에서 다문화를 인정하고 수용하는 교육으로 변화하고 있는 것으로 나타났다.

1c 전만 해도 상상하기 힘들 정도로 많은 외국인이 한국에 살고 있는데 그 규모가 140만 명에 달하고 있다.

그리고, 외국인이 한국으로 이민하는 인구도 2001년의 200,000명에서 2014년에는 150만명으로 급증하였으며 그 가운데 50%는 중국인이었다. 국제결혼의 경우도 2000년에는 전체 결혼의 3.5%였는데 1980년대는 국제결혼이 매우 낮아 통계로 잡을 수가 없었다. 통계청의 자료에 따르면 국제결혼은 매우 빠른 속도로 증가하여 2008년에는 2002년과 비교하여 2.5배 증가하였으며 국제결혼의 결과로 2000년대 들어와서는 혼혈아동이 차츰 증가하였다.

사실상 단일민족이나 순수 혈통은 한국 역사의 약점을 감추고 민족적 자긍심을 돋구기 위한 상상 속에 존재한 허구였으며 정치적 수사였지만, 이제는 더 이상 정치적 수사도 할 수 없게 되었다.

한편, 국가주의가 약화하고 있는 정부의 자료를 보면, 국가를 위하여 전쟁에 참전하겠다는 비율이 중국인의 경우에는 74.8%인데 반하여 한국인은 56.3%에 불과하였다. (상기의 저서 258-271 page 참고)

3. 한국과 미국의 과두정치(Oligarchy) 등장과 비교

1) 개관

미국은 3억 5천만 명 가까운 많은 인구와 매우 다양한 민족이 모여 있는 다민족국가임에도 불구하고 미국 남부 지역을 중심으로 한 노예제도를 가지고 있었다는 역사적 한계 때문에 KKK(Ku Klux Klan)단이라는 극단적인 백인우월주의자 집단을 중심으로 하여 인종차별 문제가 부침을 거듭하면서 끊임없이 이어지고 있었는데, 1970년대 이후 발생한 미국경제의 침체와 제40대 대통령인 Reagan 대통령의 신자유주의 경제정책으로 인하여 1980년대부터 시작된 소득불평등(이 글에서는 자산의 불평등 포함하여 사용함)의 확대가 지속되었으나 정치와 경제정책의 대응이 소득불평등의 확대에 대한 적절한 대책을 내놓지 못하였다. 이러한 이유와 2008년 금융위기로 인하여 제44대 대통령인 Obama가 미국 역사에서 흑인으로서는 처음으로 대통령으로 당선되었으며 이에 대한 반작용으로 결국 극우주의 성향이면서 백인우월주의자인 Trump가 2017년 1월 20일 제45대 대통령에 취임하면서 노골적인 백인우월주의적 인종차별과 함께 자식과 측근들을 중요 직책으로 임명한 정실주의(Cronyism), 족벌주의(Nepotism)을 선보이면서 러시아와 유사한 과두정치를 미국정치에서 적용함으로써 법치주의를 앞세운 미국 사회를 불안정하게 통치하였다. 46대 대통령 선거에서 낙선한 그가 2024년 11월 5일에 치러진 제47대 대통령 선거에서 당선됨으로써 그의 과두정치 행태가 더욱 노골적으로 나타날 것으로 예상되며 만일 그가 대통령 선거 기간 중에 주장했던 것처럼 높은 관세를 부과하겠다는 정책을 현실화한다면, 결국 그를 지지했던 미국인들과 그의 당선을 지켜보았던 세계인들은 세계 경제의 심각한 침체를 경험할 것이며, 이와 함께 미국의 법치주의와 민주주의의 후퇴를 지켜보게 될 것이다.

미국에서 일어나고 있는 현상을 다른 시각에서 바라보면, 지난 2016년의 제45대 대통령 선거에서 Trump는 250년 가까운 미국 역사에서 이미 언급한 요인과 함께 대통령으로 당선되기 위하여 자신이 저지른 Hush Money Case와 같은 범죄를 포함하여 여러 가지의 부정적인 요인이 복합적으로 작용하면서 대통령으로 당선되었다. 그의 당선에는 미국의 적대국인 Russia, 중국, Iran 등의 독재국가의 선거 개입도 일정한 역할을 하였으며 Trump 대통령 시대가 출현한 후에는 노골적으로 나타난 대기업(자신과 사위인 Kushner 가문)과 기존에 있던 정치권의 기득권 세력이 중심이 되어 금권정치와 미국식의 과두정치가 선보이게 되었다.

한편, 한국의 민주주의 역사는 미국과 비교하면 70년도 안된 매우 짧은 역사이지만, 세계 역사에 없었던 매우 빠른 경제성장 과정에서 형성된 재벌을 중심으로 한 경제적 기득권층을 바탕으로 한 과두정치와 경제발전 과정에서 발생한, 정치적 독재를 저항하기 위해 형성된 소위 "민주화" 세력이라는 과두정치가 양대 세력으로 형성하고 있으며, 언론은 이러한 양대 세력을 분할하여 통제하거나 양대 세력에게 통제받으면서 여기에 신자유주의적 경제정책까지 더해져 결과적으로 소득불평등의 확대 및 고착화와 함께 정치적, 사회적, 경제적으로 양극화되어 국가의 불안정을 조장하고 있다.

물론, 한국과 미국에 비하여 상대적으로 법치주의 의식이 미흡한 Russia의 경우는 Yeltsin이 1997년 12월 31일 스스로 대통령에서 물러나면서 당시에 총리였던 Putin에게 대통령직을 이양하였는데, 그 이후 Putin은 지금까지 Oil과 Gas를 생산하는 기업에 대한 강력한 통제력과 이 기업에서 올린 수익을 바탕으로 한 자금을 활용하여 과두정치의 지배자로서 역할을 하면서 독재정권을 강화하였다, 최근 2년이 넘게 진행되고 있는 우크라이나 전쟁으로 인하여 힘이 약화하고 있지만.

강한 대통령제 아래에서 "과두정치"라는 용어가 과연 적합한가라는 반대의견을 제시할 수도 있지만, 비록 대통령제이더라도 지지하는 정치세력이 약하면 대통령도 대통령으로서의 직무수행을 하기 힘들어지면서 심지어 박근혜 대통령과 같이 탄핵당하는 상황까지 처할 수 있기에 여기서는 넓은 의미의 과두정치라고 단어를 규정한 것이다.

또한, 과두정치는 금권정치와 매우 밀접한 관계를 갖고 있으며, Populism 정치와 비교하면 자신의 권력 유지와 금전적 이익을 위하여 법치주의를 무시하거나 탈법적인 행위를 서슴없이 한다는 면에서는 유사하지만, 비폭력적이며 대중을 현혹하는 정치가 아닌, 권력을 둘러싸고 있는, 상대적으로 소수의 집단이 금전적 이익을 공유하면서 권력을 유지하거나 강화하고 소위 공공의 이익을 무시하거나 외면한다는 것이다.

그리고, 앞에서 언급한 정실주의(Cronyism), 족벌주의(Nepotism)는 외부에 나타나는 행태는 유사하지만, 정치 영역뿐만 아니라 경제, 문화, 체육 등의 사회 전반에 적용할 수 있다는 점에서 보면 보다 폭넓게 적용될 수 있는 용어이다.

여기서는 법치주의의 후퇴와 사회의 불안정을 조장하는 과두정치가 한국과 미국-특히 Trump의 재임 기간을 중심으로-에서 나타나는 행태를 살펴보면서 국가발전을 어떻게 저해하고 있는가를 간단하게 살펴보고자 한다. 물론, 앞으로 살펴볼 다른 부정적인 요인도 함께 영향을 미치는 것은 당연하지만...

2) 한국의 과두정치

(1) 과두정치에 대한 이론적 접근

민주화 시대 이전의 과두정치와 이로 인한 Cronyism은 당연한 일이었지만, 소위 민주화 시대라는 김영삼 대통령 이후부터만 살펴보더라도 민주주의와 법치주의가 안정적으로 뿌리내리지 못한 한국의 과두정치는 여, 야 모두 과두정치 행태를 보였으며 역대 정권 모두 정치적 Scandal이 발생하였다.

먼저, 한국의 과두정치를 이론적으로 접근한 자료를 살펴보면,

과두제화(oligarchization)란 사회적 약자는 물론 일반 대중이 공공성의 위기와 함께 불안정한 노동자나 실업자가 되거나, 빠져나올 수 없는 과중한 부채 상태에 처하면서, 정치를 주도하지 못하는 것은 말할 것도 없고, 정치 참여 기회도 갖지 못하게 되고 결국 상대적으로 부를 축적하고 사회적으로 특권적 지위를 점유한 Elite들에 의해 정치가 점차 과두제로 집중되어 가는 현상을 의미한다.

오늘날 Post 민주주의 차원에서 나타나는 과두제화는 "국민에 의한 통치"라는 민주주의의 전제조건인 "국민"의 정치적 주체화와 민주 공화국의 정수인 "인민주권"을 사실상 무력화한 것이고, 따라서 이것은 사람들이 자신의 공동체를 스스로 만들어 갈 힘도, 이 공동체를 공적으로 향유하고 즐길 여력도 없게 된다는 것을 의미한다. 결국 과두제화는 "국민"이 정치의 주체가 아니라 치안의 대상이 되거나, 정당정치의 희생양이 되도록 한다. 정치의 과두제화는 탈정치에 따른 협소한 정치 공간을 더욱 공고화할 뿐만 아니라, 사회경제적 불평등과 불안정 노동 현실을 해결보다는 이 과두제적 권력의 유지를 위해 우파 Populism 정책의 확산으로 이어지게 된다. Post 민주주의가 수반하는 과두제화는 공공성에 기초한 공동체 의식이 축소되면서 발생하는 정치적 결과이자 역으로, 공동체를 축소하고 공공성이 부정당하는 정치적 원인이기도 하다.

Post 민주주의를 관통하는 가장 핵심적인 현상은 투기적이면서 지대추구적인 신자유주의와 기반한 "정치의 과두제화", 즉 신자유주의 과두제의 공고화라고 할 수 있다. 그리고, 이 신자유주의 과두제에 주목해야 하는 중요한 이유 중 하나는 다양한 사회 세력과 시민들이 과두제화 때문에 정치 공간에서 배제되고, 정치 공간에서 배제된 만큼 공동체에서 자신들의 몫을 박탈당하기 때문에, 그만큼 이 과두제의 경계를 깨고 정치에 참여할 수 있는 능력과 기회가 사라지기 때문이다.

21세기 한국 정치의 신자유주의 과두제화는 기술, 행정관료 집단이 이 과두제화의 핵심적인 역할을 하면서, 정치 Elite-행정관료-대기업-지식인의 유기적이면서 공생적 협력관계가 특정 산업기반 중심의 경제

적 이익 추구로 이어지고, 정치적 의사결정 과정을 이익 추구와 연결하는 "신관료적 권위주의(neo bureaucratic authoritarianism) 체제"로 묘사될 수 있다.

신관료적 권위주의 용어는 1980년대 한국 사회과학 연구자들이 1970년대 한국 유신정권 시대를 분석하기 위해 도입한 학술 개념인 "관료적 권위주의"를 신자유주의 사회의 특징에 맞게 수정 도입하기 위해 새롭게 발전시키고 있는 개념이다. 우선, "관료적 권위주의론"은 정치학자 G. O'Donnell이 민주주의와 경제발전의 선순환 관계의 예외적인 상황, 즉 경제발전이 민주화를 촉발하는 "근대화론"과 달리, 경제발전이 오히려 권위주의 정권의 출현을 촉발할 수 있다는 것을 설명하기 위해 제시한 개념이다.

O'Donnell에 따르면, 관료적 권위주의란 일반적으로 산업화 수준이 높아짐에 따라 대중의 정치의식과 참여 수준이 향상되고, 이를 기반으로 사회운동이 활발해져, 산업화로 인하여 발생하는 여러 문제와 관련된 정치적, 사회적 갈등이 심해지는 상황에서, 이에 대응하기 위해 전통적인 권위주의 방식의 통치가 아니라, 산업화와 함께 고도화된 기술관료 집단이 지배 세력(당시에는 군부)과 연합하여 지식과 기술의 상대적 우위성으로 대중을 통치하는 방식이다.

관료적 권위주의는 독재자나 군부만이 아니라, 기술관료 집단과의 이해관계 속에서 정치권력, 기술관료, 자본가 사이 3자 동맹에 의한 지배를 의미한다. 또한 관료적 권위주의는 대중의 정치적 참여를 배제하고, 경제적 부를 불평등하게 배분하면서, 3자 동맹에 기초해서 군부를 중심으로 한정된 정치세력 사이에서 권력을 재생산하는 과두제 형태를 보인다. 이러한 과두제적 권력 재생산을 위해서는 필요할 때는 경쟁적인 선거 제도를 폐지하고, 도전적인 정당을 해체하며, 노동조합에 대해 탄압하는 반민주적 조치를 실행하기도 한다. 하지만, Fascism과 달리, 대중을 정치적으로 동원하기보다 정치적 무관심을 조성하고, 주로 경제적 대외 의존성이 높은 경제발전 정책을 취하기 때문에 민족주의를 적극적으로 고양하지 않는 특징이 있다.

IMF 위기 이후 회복기에 들어선 2000년대 초반부터 2020년대의 Pandemic 이전까지 한국은 OECD 회원국 평균보다 높은 경제성장률을 유지하고 있었다. 하지만, 한국 사회의 이러한 양적 경제성장 추이는 부의 공정한 사회적 배분으로 이어지지 못하면서, 앞서 언급한 불평등과 투기적 도시화를 초래하게 되었다. 이에 대한 시민사회 운동 진영의 저항과 대중의 불만이 높아갔지만, 한편으로 집회 및 시위에 대한 직접적인 통제, 그리고 노동자 파업 또는 시위 주동자에 대한 기업과 정부의 손해배상청구 소송 및 가압류를 중심으로 하는 처벌과 함께 다른 한편으로는 경제적 빈곤화에 따른 정치적 자원의 고갈과 정치적 피로도의 누적으로 인한 대안적 정치 운동의 쇠락이 겹치면서 대중이 새로운 정치적 주체로서 대의제 정치 공간을 확장하고, 참여할 수 있는 역량이 축소되고 정치적 기회에서 배제되어 갔다고 볼 수 있다.

한국 정치의 과두정치 세력이 정치를 점차 사유화하는 것이다. 주로 적대적 진영 논리와 반대 세력에 대한 혐오적 대상화가 주요 정치 논리인 광적 Fandom에 기반한 정치는 사실상 Fandom의 대상인 정치 지도자 혹은 집단에 대한 비판이나 교체의 가능성을 인정하지 않는다. 문제는 지도자에 대한 지지 여부가 다른 중요한 정치적 사안에 대한 비판적 판단보다 우선시 된다는 것이다. 이것은 그 지도자가 외부로부터 정치적으로 공격받지 못하도록 철저히 방어하면서 지도자를 중심으로 정치 공간을 차이와 다양성이 인정되고, 모두에게 열려있는 공적 영역이 아니라, 영토화하고 사유화하는 것으로 이어진다.

이것이 다시 폐쇄적이고 배타적인 전통적 가족이나 사적 영역에서의 친밀성으로 후퇴시키면서, 자유와 존엄성의 공동 기반인 공통 세계에서 "나"와 "타인"의 "사이"를 점점 약하게 하고, 나와 타자를 고립시켜 간다. (정의정책연구소 2024년 1월 25일 이승원 부소장 정치개혁-과두제 청산 및 국민주권 실현 개헌 자료 참고)

(2) 사례를 통한 과두정치 접근

이제 민주화 이후 과두정치의 폐해로 인하여 발생한 각 정권에서 다양한 형태로 발생한 주요 Scandal을 간단하게 언급하면서 이러한 Scandal을 통하여 한국에서 과두정치가 얼마나 뿌리 깊게 자리 잡고 있는가를 함께 느껴보려고 한다. 앞에서 인용한 과두정치 현상은 Populism과 전혀 다른 차원이라고 언급하였지만, 한국 정치에서 발생하는 다양한 정치적 사건은 Populism으로 인한 현상과 과두정치로 인한 현상이 혼재하고 있는 것으로 보인다, 최소한 나의 의견으로는. 물론, 여기서는 과두정치의 폐해로 발생한 사건에 한정하여 언급하겠지만...

김영삼 대통령 시대에 발생한 사건 중에 과두정치의 폐단으로 발생한 Scandal은 그의 차남인 김현철과 밀접한 관련이 있는 한 보 Group의 부도였다. 건설업과 부동산업을 시작으로 창업해 사업을 성장시켰으며, 전성기에는 한양 Group, 라이프 Group과 함께 "부동산 재벌 3인방"으로 불릴 정도로 잘 나갔다. 1996년까지 승승장구하며 대한민국 재계 서열 18위에 오른 대기업 Group이었다.

그러나, 1997년 1월 23일 부도가 났고 순식간에 Group이 공중 분해되면서 역사 속으로 사라져 버렸다. 이 사건은 한국경제 역사상 최대 규모의 기업 도산이었는데, 금융권의 자금 흐름을 경색시켜 다른 중상위권 재벌 기업들의 줄도산을 야기했다. 그리고, 결국 그해 말 사상 최악의 국가 부도인 1997년 외환 위기라는 한국경제 최악의 침체기를 불러오며 이 모든 붕괴의 신호탄을 쏘아올린 기업이 되고 말았다. 정치적으로도 큰 파장을 일으켜 임기 말에 접어든 김영삼 대통령의 문민정부 지지율을 나락으로 떨어뜨렸으며, 대통령의 차남인 김현철이 연루된 정치 scandal이 터져 나오는 도화선이 되기도 했다.

한보 Group의 흥망성쇠는 정경유착, 부정부패, 관치 금융, 부동산 투기, 황제 경영, 문어발식 확장 등 압축 성장의 폐해를 적나라하게 보여주는 반면교사로 지금도 회자된다. (namu.wiki/w/한보 참고)

김대중 대통령 시대의 과두정치로 인한 Scandal을 언급하자면 김대중 대통령 시절 김 대통령의 3남 홍걸씨를 등에 업고 각종 이권에 개입했던 최규선씨는 지난 2002년 김대중 전 대통령의 3남 홍걸씨와의 친분을 이용해 기업체 등에서 뒷돈을 받은 "최규선 Gate"의 장본인이다. 전

39

남 나주 출생인 최씨는 1994년 미국 Berkeley 대학 재학 시절 홍걸씨를 만나 의형제를 맺은 것으로 알려졌다. 그는 이 인연으로 1997년 대통령 선거 당시 김대중 국민회의 총재의 국제 담당 보좌역, 1998년에는 대통령직인수위원회 대통령 당선자 보좌역으로 활동했다. 당시 홍일, 홍업씨를 비롯해 홍걸씨까지 잇따라 대형 비리 사건에 연루되면서 세간에서는 이들을 이른바 "홍삼 Trio"로 풍자했다. 최씨는 해당 Gate로 2008년 대법원이 징역 2년과 추징금 4억 5,000만원을 확정했다. (서울경제 2018년 7월 11일 윤경환 기자 기사 참고)

노무현 대통령 시대의 과두정치와 관련된 Scandal을 간단히 보자면, 박연차 전 태광실업 회장의 정치인 뇌물수수 혐의가 밝혀지면서 일어난 정치 게이트. 간단하게 "박연차 Gate" 또는 "박연차 정관계 Lobby 사건"으로 불린다.

당시 세종캐피탈 홍기옥 대표는 자회사인 세종증권을 농협 중앙회에 매각하기 위해 정화삼 형제를 통해 노무현의 형인 노건평, 태광실업 회장 박연차 등을 거쳐 정대근 농협 중앙회 회장에게 2004년부터 2006년에 걸쳐 Lobby 자금을 전달하고 세종증권을 매각했다. 또 박연차는 이때 세종증권의 매각에 관여하여 획득한 이익으로 농협의 자회사 휴켐스를 헐값에 매입했다. 그리고 이를 위해 정관계 인사들에게 무차별적으로 Lobby 자금을 살포했는데 2008년 국세청의 태광실업 세무조사를 시작으로 모든 의혹이 수면 위로 올라오기 시작했다.

검찰이 계속해서 수사한 결과 박연차는 여당과 야당의 인사를 가리지 않고 금품을 정계 인사에게 살포했고 이에 친노 인사들이 대거 적발돼 구속되었다. 이 과정에서 정상문이 박연차에게 돈을 받아 노무현 대통령의 부인 권양숙에게 US $500만(한화 약 57억원)을 전달했다는 사실이 밝혀졌다. 재임 중에 부인 권양숙이 US $500만(한화 약 57억원)을 받은 것을 남편 노무현이 알았는가에 대한 조사에서 박연차는 노무현과 말을 맞추고 US $500만을 전달했다고 자백하였는데 실제로 노무현이 박연차와 말을 맞추고 사실을 숨기려 했는지에 대한 뇌물 수수 수사를 검찰이 진행했으며 국세청과 검찰의 본격적인 수사 끝에 노 전 대통령이 스스로 목숨을 끊으면서 공소권 없음을 이유로 그에 대한 수사는 종결되었다. (namu.wiki/w/박연차게이트 참고)

　이제 이명박 대통령 시대의 저축은행 사건을 살펴보면, 사건이 터지기 이전부터 심각한 경영 문제를 가지고 있었다. 임원들이 주도하여 120여 개나 되는 특수목적법인(SPC, 유동화전문회사라고도 함)을 설립하고 4조 5,000억원이 넘는 대출을 해줬다. 특수목적법인의 사장에는 임원들의 친인척을 바지사장으로 앉혔고 임원들과 임원 친인척들은 120여 개의 Paper Company에서 대량으로 월급을 받았다. 그러니까 내부에서 이미 썩어 들어가기 시작했던 것이다. Paper Company를 이용해서 해외에 투기성 투자를 했고 회수율은 10%도 되기 어려울 것으로 보인다고 한다. 무엇보다 저축은행은 제1금융권에는 들지 못해서 은행도 아니었다. 따라서, 한국은행의 최종 대부자 기능도 발동되지 않았으며 고스란히 그 피해가 예금주들에게 간 것이다. 추산되고 있는 인적 피해자만해도 무려 3만 8,000명에 달했다. Bank Run 당일부터 피해자들은 부산저축은행 사옥 앞에서 진을 치고 "내돈 돌려달라!"고 울부짖으며 호소하는 안타까운 모습을 보여주었다. 직접적인 피해자만 해도 이 정도였으며 부도로 인해 이 은행과 관련된 각종 사업 취소로 인한 건설경기 측면에서의 피해도 심각했다.

　이런 범죄가 가능했던 이유는 광주제일고등학교 동문들이 임원과 감사진을 싹쓸이한 탓이다. 자신들의 친인척들에게 7,300억원을 대출해 주었으며 6,400억원이 회수 불가능하였다.

　2013년 대법원에서 박연호 회장은 징역 7년, 김양 부회장은 징역 10년, 김민영 행장은 징역 4년의 판결이 확정되었다. 또한 부산저축은행은 정권 실세에 돈을 뿌려가며 Lobby를 벌였는데 2005년 부산저축은행에서 고문 변호사를 지냈고 2007년 이명박 대선캠프에서 법률지원단장을 맡았던 은진수 감사원 감사위원이 돈을 받고 구명 Lobby를 벌인 혐의로 구속되었다. 은진수는 특정경제범죄가중처벌법상 알선수재 혐의로 기소되었고 징역 1년 6개월을 선고받았다. (namu.wiki/w/부산저축은행 참고)

　2016년 11월에 공론화되어 2017년 3월까지 대한민국 내에 사회적 혼란을 야기한 정치적 사건으로서 당시 대한민국의 국가원수였던 박근혜 대통령과 민간인 신분의 최순실을 중심으로 발생한 국정농단 사건이다. 물론, 이 사건은 극좌적인 세력이 일부 언론과 단합하여 여론을 왜곡하면서 박근혜 대통령을 탄핵까지 몰고 갔다는 시각도 강하게 상존하고 있지만, 해당 사건으로 인하여 박근혜 대통령은 2017년 3월 10일 헌법재판소에서 탄핵 인용 결정으로 파면당했다.

박근혜 대통령 은인이라는 이른바 사이비 종교 영세교의 교주인 최태민의 딸이자 후계자이며, 정윤회의 전처 최순실이 어떠한 적법한 절차도 거치지 않고 박근혜의 비호 아래 이른바 "비선 실세"로서 대통령의 의사결정과 국정, 인사 문제 등에 광범위하게 개입하여 사익을 취하고 국정농단을 일삼았는데, 이를 문고리 3인방(안봉근, 이재만, 정호성), 김기춘, 우병우, 안종범, 김종, 문형표 등 대통령 최측근들과 청와대, 행정부 실무진 인사들이 자의 또는 타의에 의하여 묵인, 방조, 심지어 협력하면서 공직자의 권한을 부당하게 남용하고 뇌물을 받은 것이 밝혀진 사건이다. (namu.wiki/w/박근혜-최순실게이트 참고)

3) 미국의 과두정치

이미 언급한 것처럼 독재국가로 대표되는 아의 과두정치는 많은 사람들이 쉽게 이해하고 있다. 그러나, 정치 현실을 보면 한국뿐만 아니라 많은 자유민주주의 국가에서도 각 국가의 역사적, 문화적 영향을 받으면서 과두정치가 다양한 형태로 나타나고 있다. 여기서 미국의 경우를 살펴보면, 250년 가까이 내려온 민주주의 역사를 가진, 다민족으로 구성된 이민자를 중심으로 한 국가인 미국은 백인을 중심으로 하여 과두정치가 은밀하게 형성되었으며 그 결과로 "One Dollar, One Vote"가 상징적으로 보여 주고 있는 것처럼 소득불평등이 선진국 가운데 가장 위험한 수준까지 이르게 되었다. Irony하게도 이러한 과두정치의 반작용으로 출현한 미국의 제45대 대통령인 Donald Trump 대통령이 법치주의를 심각하게 훼손하면서 미국의 역사에서 가장 노골적인 과두정치를 행사하게 되었다. 그런데, 이 글을 작성하고 있는 시기인 2024년 11월 5일 제47대 대통령 선거에서 그가 당선되어 2025년 1월부터 시작되는 그의 2기 대통령 재임 기간에는 1기 재임보다 훨씬 노골적인 과두정치 행태를 보일 것으로 예상된다.

물론, Trump 대통령 이전에도 미국에서 대통령의 2명과 주지사 등을 배출한 대표적인 정치 가문인 공화당의 Bush 가문과 대통령, 상원의원, 법무부 장관 등의 많은 정치인을 배출한 민주당의 Kennedy 가문은 미국의 과두정치를 보여주었다. 물론, 법치주의의 전통을 지키려고 노력하였지만.

그러나, Trump 대통령의 재임 기간에 나타난 탈법적, 불법적인 행태는 미국의 역사에서 찾아보기 어려운 매우 이례적인 시기였으며 미국의 자유와 법치주의 전통이 심각하게 후퇴하였다. 그는 아버지로부터 상속을 받을 때도 신탁자산 제도를 이용하여 상속세를 전혀 납부하지 않고 아버지인 Fred Trump로부터 US $4억 1,300만을 물려받아 호텔, 주택임대 사업 등의 부동산 관련 사업을 확대하였으며 이 과정에서 인종차별을 노골적으로 하여 흑인들에게 임대를 하지 않았다. 즉, 1968년에 제정된 Fair Housing Act를 위반한 것이다. (American Oligarchs Published by Norton Paperback 2020 by Andrea Bernstein 63-64 page 참고)

Trump는 부동산 관련 해외 고객들의 자금과 자신의 자금 흐름을 비밀로 하기 위하여 LLC(Limited Liability Company)를 설립하였으며 New York의 부동산투자에 자주 이용하였다. 그의 고객들 가운데는 Russia, 중동국가들 등의 부정부패와 관련된 후진국 재력가 자금이 주로 포함되어 있었다. (상기의 저서 98, 200 page 참고)

또한, Giuliani가 New York 시장이었던 시절에도 그와 부산개발업자였던 Trump와 Kushner 관계가 미국 사회에 널리, 그리고 깊숙이 내재하고 있던 과두정치의 한 단면을 확연하게 표출하였다. 물론, 또 다른 좋은 예로 1991년 Bush 행정부는 미국에서 정치 후원금을 가장 많이 지원하는 금융기관들의 Lobby에 영향을 받아 Glass-Steagall Act를 폐지하였다. 이 법규는 1933년 미국의 제32대 대통령인 Roosevelt 대통령이

Banking Act를 선포하면서 고객자금을 안전하게 운용하는 상업은행과 투기적 자산을 운용하는 투자은행을 구분하는 조항의 폐지로 인하여 결과적으로 미국에서 2008년의 Subprime Mortgage로 인한 금융위기가 발생한 중용한 요인이 된 것이다. (상기의 저서 149, 155 page 참고)

Trump는 2016년 공화당의 대통령 후보로 출마하여 미국 제45대 대통령으로 당선되었으는데 재임 기간뿐만 아니라 2016년 대통령 선거 중에도 불법적인 행태를 공공연하게 보여 주었으며 2020년 대통령 선거에서 낙선한 뒤에 2021년 1월 6일 군중이 국회의사당을 난입하도록 선동한 사건은 Jack Smith가 특별검사를 맡아 지금도 그에 대한 형사사건으로 진행 중이다.

물론, 그가 제47대 대통령으로 당선되면서 그가 피고인 또는 피의자로 진행된 많은 형사사건 가운데 연방법원에 기소된 사건은 자기 사면으로 더 이상 재판이 진행되지 않을 것으로 예상되며, 각 주 법원에 기소된 사건은 무기한 연기되면서 무의미하게 될 가능성이 높겠지만 이것 또한 미국의 법치주의가 크게 손상될 또 다른 예가 될 것이다. 또는, 비록 그가 대통령으로 당선됨으로써 그의 사법적 판단이 늦어질 수 있지만, 2021년 1월 6일의 의사당 폭동 사건과 같이 아직 기소되지 않은 사건에 대해서는 그가 대통령직을 마친 뒤에 기소할 수 있기에 그가 생존하여 있는 한 실형을 선고받을 최초의 전직 대통령이 될 수도 있을 것이다. 그러나, 나의 예상과는 달리 Biden 대통령은 차기 대통령이 될 Trump에 대하여 연방정부와 관련된 모든 범죄를 사면하였다. 미국 법치주의 후퇴를 보여 준 또 다른 예이다.

한편, Trump의 변호사였던 Cohen에 따르면, "Trump는 미국이라는 국가를 위대하게 만드는 것이 목적이 아니라 자신이 소유하고 있는 부동산회사의 Brand를 선전하여 부동산 고객들에게 강력한 인상을 주는 데 목적이 있었다."면서 "그는 자신이 제45대 대통령에 대한 공화당의 예비선거뿐만 아니라 대통령 선거에서 승리할 것이다."라는 것을 전혀 예상하지 못했다."고 했다. 즉, 그는 시장에서 회사의 Brand를 알리는 것이 더 큰 목적이었다. 물론, Kushner를 비롯한 그의 측근들도 같은 목적이었다.

그의 대통령 시대에 행한 다양한 과두정치 행태를 살펴보면, 2015년 대통령 선거 기간 중에도 러시아와의 사업계획에 더 비중을 두면서 신경을 쓰고 있었다. 이러한 측면에서도 그는 국가를 위하여 수행하여야 할 중요한 직책인 미국 대통령으로서의 자질이 매우 부족한 인물이었다. 2024년 11월 5일 미국 제47대 대통령으로 다시 당선한 상태지만... (상기의 저서 93, 96 page 참고)

또한, Trump는 2015년 45대 미국 대통령 선거 기간 중에 변호사인 Michael Cohen을 통하여 자신과 성관계를 맺은 여성에게 금전을 지급하고 폭로하지 않도록 한 혐의인 Hush Money Case를 포함한 34개의 혐의로 New York 법원에 기소되어 1심에서 배심원 전원의 합의로 유죄평결을 받아 법원의 판결을 진행하는 과정에서 판사가 47대 대통령 선거 기간이라는 이유로 판결을 연기하고 있었다. 그런데 그는 47대 대통령에 당선됨으로써 New York 주 대법원에서 2025년 1월 10일 유죄판결을 하였지만 벌금형을 포함한 어느 형도 없는 것으로 한 매우 이상한 (?) 판결을 하고 사건을 종료하였다. 10일 후면 대통령으로 취임할 그에 대한 이례적인 판결을 한 것이며 미국 사법부가 가져온 또 다른 법치주의 퇴보 행태였다.

더욱이 그는 2016년 11월에 실시한 제45대 대통령 선거에서 미국의 적대국인 Russia를 이용하여 결과적으로 대통령에 당선되었으며 그의 이 적행위를 단죄하지 못한 것은 미국이 현재 직면하고 있는 사법부와 정치권이 보이고 있는 법치주의의 한계인 것이다. 즉, Trump가 사전에 알고 있었을 것으로 추정되고 있는, 선거 직전에 발생한 당시 민주당의 대통령 후보였던 Hillary Clinton의 email Scandal은 Manafort와 Russia, wikileaks 등이 공동으로 추진한 사건이었다. 또한, 결과적으로 대통령 선거 결과를 Trump의 당선으로 발표하자 Russia에 있던 Putin의 핵심 측근인 Dmitry는 "Putin이 승리했다,"고 말했다. Russia의 과두정치인들이 미국의 대통령 선거를 깊이 개입하여 여론을 조작함으로써 제45대 미국 대통령으로 Trump가 당선하도록 도와준 것이다. (상기의 저서

306, 319, 325-326 page 참고)

특히, Trump는 자신이 항상 거짓말을 하고 있다는 사실을 잘 알고 있으며 국민이 자신의 거짓말을 멈추게 할 힘이 없다는 것도 잘 알고 있다. 즉, 미국 대통령으로서는 보기 드문 선동적 정치인임에 더하여, 극우적인 성향이 매우 강한 대통령이었으며, 제47대 대통령직 수행도 같은 행태를 보일 것이다, 아니 더 심각한 법치주의의 후퇴와 더욱 노골적인 과두정치의 행태를 모일 것으로 예상된다. 80세 가까운 나이에 인성이나 정치적 성향이 변한다는 것은 천지가 개벽할 일이니까...

한편, 그의 재임 기간에 보여 주었던 불법 사례를 언급하자면, 과거의 대통령과는 달리 Trump 대통령 시대에는 이익을 획득하려는 다양한 Lobbyists의 문이 활짝 열려있었다. (상기의 저서 333, 371 page 참고)

우크라이나 대사였던 Sondland는 의회의 청문회에서 "Trump 대통령은 어떤 공적 행위에 대한 개인적인 보상을 요구했는가?"라는 질문에 대한 답변은 "예."였다.

또 다른 증인인 Romney는 "Trump 대통령의 행동이 매우 극단적이며 터무니없어 심대한 범죄행위에 해당하는가?"라는 질문에 "예, 그는 그렇게 행동하였다."라고 답변하였다. 결과적으로 탄핵을 피하기는 했지만... (상기의 저서 397 page 참고)

Trump 대통령은 재임 중에 러시아와 유사한 과두정치 행태를 보이면서 미국 정부 기관을 자신의 개인적인 이익을 위하여 움직이도록 이용하였으며 법치주의가 아닌 법을 이용한 정치(Rule by the Law, Rule in His Favor), 즉, 최고 권력자를 위하여 시민을 법으로 통치한다는 것과 그의 취향과 관심, 이익을 위하여 정치를 한 것이다. 결국, 자신 및 가족에 의한 사업과 정부와의 구별이 전혀 없었다는 것과 마찬가지이다. (상기의 저서 407 page 참고)

Trump 대통령은 재임 중에 그의 정적인 Joe Biden에게 정치적 타격을 가하기 위하여 우크라이나에 대한 US 수백만 Dollar에 달하는 군사적 지원을 지연시키면서 Joe Biden에 대한 조사를 압박하였으며 Trump 대통령의 안보 보좌관의 일원이었던 Hill은 하원의원들에게 증언하기를

"Trump의 우크라이나에 대한 압력은 국내 정치에 이용하려는 것"이라고 하였다. (상기의 저서 413 page 참고.)

2024년 대통령 선거에서 공화당 후보로 출마하여 당선한 그는 당선 여부를 떠나서 그가 대통령 임기 중에 보여 주었던 미국 대통령으로서의 자질 부족을 여실히 보여 줌으로써 미국 역사에서 보기 힘들었던 상황이 발생하였는데 공화당 출신으로 부통령까지 역임했던 Dick Cheney를 비롯한 50명 가까운 공화당 출신의 주요 인사들과 Trump의 측근이었던 인물들이 민주당 후보인 Harris를 지지하였으며 그의 가족들이 선거운동에 거의 참여하지 않고 있었다. 이에 더하여 Donald 대통령 재임 중에 비서실장을 역임했던 Kelly는 2024년의 대통령 선거에서 그가 당선된다면 미국에서 독재자가 나타날 것이라고 말하기도 했다. 또한, 그는 선거 중에 공공연하게 거짓 News를 퍼뜨렸으며 자신의 이익을 달성하기 위한 목적을 위해서는 죄의식이 전혀 없이 불법, 탈법을 자행하였다. 즉, 미국 역사에서는 매우 보기 힘든 선거 방식을 보여 주었다. 이러한 불법적, 탈법적 행위뿐만 아니라 이미 수많은 사건으로 연방정부와 주정부에서 조사한 상태에 있거나 기소 중에 있는 자가 미국 역사상 처음으로 대통령에 당선되어 미국의 제47대 대통령으로 취임하면 그의 제45대 대통령 시대에 비하여 훨씬 더 노골적인 과두정치를 미국과 전 세계에 선보일 것이다.

그는 대통령으로 당선되자 5일도 되지 않아 Russia의 Putin 대통령과의 전화 통화와 우크라이나의 젤렌스키 대통령과의 통화에서 막대한 선거자금을 뿌리면서 그의 선거를 도왔던 Elon Musk와 함께 3자 통화를 하였는데 그가 앞으로 4년 동안 얼마나 노골적으로 미국 법치주의를 무시하면서 미국의 과두정치를 보여 줄 것인가를 상징적으로 나타내는 한 단면이다. 또한 그의 장남이 Trump 정부의 인사에 깊이 관여하면서 정부 고위직 추천의 우선순위로 미국이라는 국가보다 Trump에게 충성도가 높은 사람을 대상으로 하고 있는데 새로운 Trump 정부는 과두정치와 정실 정치가 혼합된, 미국의 민주주의에 매우 부정적인 요소들이 왕성하게 활개를 펼칠 것이다. 즉, 그에게 표를 준 많은 사람이 역으로 그로 인하여 경제적 피해를 볼 것이며 미국의 소득불평등은 더욱 심화할 것으로 예상되기 때문이다.

한편, 여기서 미국의 대통령 임기 제한에 대하여 간단히 언급하자면, 미국 제32대 대통령인 Roosevelt 대통령이 1933년부터 1945년까지 3번 이상 대통령의 임기를 수행한 유일한 대통령이었다. 그 이후 집권하는 대통령이 무기한의 독재자로 변할 가능성을 금지하기 위하여 1951년에 대통령의 임기를 2회로 제한하는 수정헌법 제22조를 신설하였다.

즉, Trump 대통령은 연령으로도 너무 늙은 상태이지만, 그는 이번 임기가 마지막이며 헌법을 수정하지 않는 한, 더 이상 대통령으로 출마할 수 없게 된다.

4. 한국의 조직폭력배

1) 개관

　한 국가를 구성하는 많은 조직 가운데 백해무익한 조직이며 존재하지 말아야 할, 가장 심각한 사회적 해악을 끼치는 조직이 조직폭력이다. 이 조직은 공동체를 구성하는 기본이 되는 법치주의를 완전히 무시하며 돈과 조직의 보존과 확대를 위해서 살인과 폭력을 행사한다. 따라서, 법치주의를 확립하고 사회가 안정화의 길로 들어서는 선진국으로 갈수록 폭력배의 존재는 차츰 사라지며, 반대로 국가의 경제가 후퇴하면서 법치주의가 약화하고 소득불평등이 심화하면 폭력조직도 다시 차츰 싹을 트기 시작한다.

　여기서 조선일보 2024년 4월 9일에 실린 남아메리카 북부의 Caribbean Sea에 있는 국가인 아이티에서 폭력집단이 국정을 책임지게 된 비극적인 현실을 소개하고자 한다.

　길거리에 시신이 널브러져 있다. 다들 쳐다만 볼 뿐, 가던 길을 재촉한다. 성폭행도 만연하다. 여성들은 길거리에서 납치당해 성관계를 강요당하고, 거부하면 살해 위협을 받는다.

　Caribbean Sea의 섬나라 아이티의 안전이 갈수록 악화하고 있다. 외교부는 8일 아이티 수도 포르토프랭스에서 철수를 희망한 한국인 11명이 헬기를 타고 인접국 도미니카공화국으로 철수했다고 밝혔다.

　아이티에서 철수한 한국인은 13명으로 늘었다. 앞서 지난달 26일 철수를 희망한 2명을 헬기를 통해 같은 지역으로 이동시켰다.

　아이티에는 아직 한국인 60명이 남아있다. 대부분 오래전 수도 포르

토프랭스와 북부 카라콜 지역에 터전을 잡은 선교사와 기업가로 알려졌다.

미주 최빈국으로 꼽히는 아이티에서는 2021년 7월 조브넬 모이즈 대통령 암살 이후 혼란이 거듭되고 있다. 최근에는 갱단의 폭력 사태가 심해지면서 국가 기능이 사실상 마비됐다.

3월 초부터 국제공항이 폐쇄되어 외국인들은 헬기를 통해서만 이곳을 빠져나갈 수 있다. 지난달 12일에는 아이티 총리가 갱단 두목의 협박을 받고 해외에서 사임을 발표했다. 중무장한 갱단은 학교, 대학, 병원, 은행 등을 거의 매일 공격하면서 혼란을 가중시키고 있다. UN의 아이티 인권 최고 전문가 William O'Neil은 영국 Guardian에 "종말과 같은 상황"이라고 전했다.

UN에 따르면 올해 3월까지 아이티에서 1,500명 이상이 사망했다. 작년 한 해 동안 4,450명이 사망한 것과 비교하면 엄청난 수치다. 또 5만 3,000명 이상이 최근 몇 주 동안 수도를 탈출했다. O'Neil은 "이곳에는 사실상 국가가 존재하지 않는다."며 "적자생존이 지배하는 세계"라고 했다.

UN 인권최고대표사무소는 지난달 말 발표한 보고서에서 "갱단이 인질을 붙잡아 성폭행하고 가족에게 몸값을 요구하는 일이 속출하지만, 처벌은 거의 이뤄지지 않고 있다."고 전했다. 미성년자를 포함한 여성들은 통근 혹은 통학길에 대낮에도 무장 갱단에게 공격당할 위험에 노출돼 있다. 일부 성폭행 피해자들은 신체 일부가 절단되거나 살해됐다.

갱단은 주민들의 이동을 통제하기 위해 마을 입구마다 "검문소"를 설치했다. 물이나 전기를 이용하기 위해서는 검문소에 비공식적인 "세금"을 내야 한다.

O'Neil은 갱단의 무장 반란이 권력을 장악하기 위한 것이 아니라고 봤다. 납치, 마약 밀매, 총기를 이용한 갈취 등 갱단이 돈을 벌어들이기 위한 불법 활동을 위해서는 정부의 부재가 필수적이었다는 것이다.

O'Neil은 "갱단은 아이티 사회를 좋게 변화시키는 데 관심이 없다."며 "콜롬비아의 무장혁명군과는 다르다."고 했다. 이어 "아이티 갱단은 국가를 장악하고 이를 운영할 이데올로기가 없다."며 "그들은 매우 약한

정부를 유지해 자신들의 통제권을 유지하기를 원할 뿐"이라고 했다.

외교부는 "신속대응팀을 도미니카공화국으로 파견해 헬기로 철수한 우리 국민들을 대상으로 영사 조력을 제공하고 있다."며 "앞으로도 아이티에 체류 중인 우리 국민의 안전을 위해 다양한 안전 조치를 계속 강구해 나갈 것"이라고 했다. (조선일보 2024년 4월 9일 이가영 기자 기사 참고)

2) 한국 조직폭력배의 역사

(1) 구한말

사실 이전 시대에도 존재했을 가능성이 높지만, 해당 조직들에 대한 자료가 부실하다. 경대승 조직한 도방을 조폭의 뿌리로 보는 의견도 있다.

조선 초까지는 주로 건달, 무뢰배, 불한당, 왈패, 왈짜라고 불리었다. 이런 기둥서방인 왈짜들은 신윤복의 그림 기방 난투에 잘 묘사된다.

세조 시대의 권신이었던 홍윤성의 무리도 조폭이라고 보는 의견이 있으며, 그 외에도 임꺽정이나 장길산, 홍길동의 도적무리들도 조직화한 범죄조직이라 볼 수 있다. 광해군-인조 시기에는 평양의 대협이었다는 이충백의 일화가 있다. 채제공이 지은 번암집에 나오는 이야기다.

조선시대 후기 기록에 조폭이라고 불릴만한 검계라는 조직이 나오긴 하는데, 1세대 조폭과 연관성에 관한 기록은 없다. 검계들은 극도로 흉악하여 조선시대의 큰 사회문제였다.

또한, 흥선대원군이 조직한 천하장안, 고종이 독립협회를 무너뜨리기 위해 동원한 보부상 조직들도 조폭과 유사하거나 그 원류로 보고 있다.

또한, 김구의 백범일지에도 추설, 목단설, 북대라는 도적 조직이 나오는데 백범일지가 자서전이고, 이광수가 윤문해서 신뢰성은 높진 않지만, 완전히 꾸며냈다고 보기도 힘들어서 어느 정도 조선시대, 구한 말의 범죄조직에 대해서 엿볼 수 있다.

(2) 일제 식민시대

1930년대부터 1945년 해방 전까지의 폭력배 조직의 양상이다. 이들뿐만 아니라 시장의 무뢰배, 거지패, 소매치기 조직, 도적 떼들이 횡행했다.

일제강점기를 기점으로 야쿠자 같은 일본 조직폭력배들도 한반도에 유입되었는데, 이들에게 저항한다는 명목으로 이들의 방식을 벤치마킹하여 새로운 형태의 조직폭력배들이 이때부터 생겨났다. 주로 시장 상인들을 위협하거나 보호 명목, 즉 "잡벌레들이 시장에서 행패부리면 우리가 도와주겠다."는 식으로 금품을 강탈하는 방식으로 돈을 벌었다. 야인시대 1부에 나오는 구마적, 김두한 같은 깡패들이 이런 부류. 낭만파라고도 미화되기도 하지만, 그냥 뻥뜯는 양아치들. 김춘삼같이 거지패로서 악행과 범죄를 저지르는 자도 생겨났다.

김두한이 활약하던 시기에는 깡패나 조직폭력배라는 단어 자체가 없었으며, 김두한 본인에 따르면, 당시에 어깨나 건달이라고 불렸다고 한다.

협객이라는 표현은 이보다 한 단계 높은 것으로 일본 야쿠자의 극도와 동격의 표현이었다고 한다.

(3) 해방 직후부터 20c 중반

8.15 광복 직후부터 6.25 전쟁 이전에는 사회주의와 공산주의 진영의 좌익과 자본주의 진영의 우익이 각각 깡패나 Terror 조직을 꾸려 적색 Terror나 백색 Terror가 성행했다.
이들은 좌우 공산주의와 자본주의의 이념대립 속에서 이를 이용해 이권을 얻었다.

6.25 전쟁 이후에는 사회 혼란기를 이용해 부동산이나 UN 연합군 특히 미군의 원조물자 등으로 이권과 이익을 얻으며 세를 불리더니 정계와 재계에 연계하여 이권과 이익을 강화한 부는 이정재, 임화수, 유지광과 같은 부류의 조직폭력배가 나타났다.

당시 이승만, 이기붕, 곽영주 등의 자유당 인물들과 유착한 정치적 조직폭력 세력은 대단하여 조직규모도 크고 각종 총기로 무장하는 등 오히려 현재의 폭력조직보다 위세가 대단할 지경이었다.

경찰학자 표창원은 2013년에 작성한 칼럼에서 "이탈리아와 미국의 마피아, 일본의 야쿠자, 홍콩의 삼합회 등 뿌리 깊은 조직폭력(조폭)이 존재하는 국가에서는 늘 정치와 조폭 간의 유착 문제가 대두되고는 했다. 특히, 정치적 불안을 오랫동안 겪고 있는 우리나라의 경우는 더욱 심하다. 가장 문제가 심각했던 때는 이승만 대통령의 자유당 시절이었다."라고 썼다.

야당 인사들에 대한 암살 시도, 그들의 유세 및 연설에 깡패들을 보내 난장판을 만드는 등 온갖 사고를 쳤으나, 정부와 결탁한 깡패라는 점 때문에 경찰력도 이들과 한패였다.

결국에는 이들의 배후였던 자유당 정권이 무너지면서 세가 위축되었고, 5.16 군사정변으로 정권을 잡은 군부가 민심을 얻기 위해서 이들을 대대적으로 잡아들이면서 몰락하였다.

이들은 3번의 재판을 거치면서 사형을 언도받게 된다. 이 중 유지광만 무기징역으로 형이 감형되었고, 이정재는 면회도 없이 바로 형이 집행되었으며, 나머지는 마지막 가족 면회 후 사형이 집행되었다.

(4) 20c 후반

신상사나 조일환과 같이 기존 세력을 물려받은 조폭들이나, 1970년대 경제성장으로 새로이 생겨난 조폭들이 주를 이룬다. 주로 카지노나 빠찡코, 슬롯머신에 연계된 도박업, 건설업, 밀수업, 유흥업, 운송업, 유통업, 무역업, 연예업, 금융업 등에 손을 뻗치기 시작했다.

당시에는 21c에 비해 부정부패도 상당했으므로, 이 과정에서 생기는 검은 자금을 챙기거나 혹은 지저분한 일에 관여하여 막대한 이익을 얻었는데, 이때부터 조폭 특유의 과시 문화(?)도 생겨났다. 이는 동네 조폭들도 마찬가지로서 경제적으로 성장하자 이전에는 간소히 했던 사카즈키고토(일본조폭인 야쿠자에서 조폭에 가입할 때 갖추는 의식으로서 의형제, 충성, 화해, 계승을 맹세하는 의식을 의미함) 같은 의식들도 호화로운 행사로 탈바꿈되었다.

1970년대-1980년대를 거치면서 한정적인 이권을 먹기 위해, 혹은 감정싸움으로 조폭 간의 전쟁이 많아 죽고 다치는 사람들이 많았다. 대표적으로 사보이 호텔 사건, 속리산 카지노 사건, 워커힐 호텔 사건, 서진

룸살롱 집단 살인 사건 등이 있고, 이외에도 수많은 이권 다툼과 살인극이 발생했다.

전두환 정권이 들어서고 이러한 조직폭력 소탕을 명목으로 삼청교육대를 설립하였으나 실상 조직폭력배 등의 범죄자들보다 인권운동가나 민주열사, 장애인같은 이들을 주로 잡아가는 바람에 큰 의미는 없었고, 때문에 군사정권 시절의 엄중한 사회통제에도 불구하고 조직범죄가 격화되며, 이권 쟁탈전이 심해졌다.

이후, 노태우 정권의 10.13 특별선언으로 인해 상당한 타격을 받았다. 영화 친구와 범죄와의 전쟁: 나쁜놈들 전성시대, 게임 회색도시2가 이 시기 조폭들을 소재로 삼았다. 이른바 1970대-80년대 3대 조폭이라고 하는 양은이파 조양은, 범서방파 김태촌, OB파 이동재 등이 여기에 꼽히는데, 이들이 Media의 영향으로 이름이 널리 알려졌을 뿐 실질적인 전국구 보스들은 아니라고 주장하는 사람들도 있다. 옛 김두한, 이화룡, 이정재의 후계자들이 진짜 전국구라는 것이다. 김태촌의 경우는 신상사, 조일환, 이강환, 정종원, 이승완 등과 유사한 규모의 조직으로 꼽았다.

"징역을 너무 오래 살다 보니 고통스럽다. 보스고 건달이고 조직이고 다 지겹다. 솔직히 나나 조양은이나 무슨 두목이냐. 우리는 평생 교도소나 다니는 실패한 인생이다. 진짜 두목들은 뒤에 있다." 김태촌은 자신이 인정하는 주먹계 보스로 정종원, 신상사, 조일환, 이승완, 박종석, 정학모, 이강환 등을 꼽았다.

시간으로 따지면 40년이나 지속된 유형이므로 이 시기를 좀 더 세부적으로 구분하는 경우도 많다. 보통 신상사와 조일환이 활동했던 시기와 김태촌과 조양은 등이 활약했던 시기 사이에 중간 두목 수준인 인물들이 들어가는 경우가 일반적인데, 이 중간 시대를 세분화하는 경우도 종종 있다. 이 외에도 김태촌, 조양은과 비슷한 시대에 정치깡패로 유명했던 김용남이나 Media를 타 유명해진 안상민 등을 포함하는 경우도 있다.

(5) 2000년대

범죄와의 전쟁으로 폭처법(폭력행위 등 처벌에 관한 법률)의 범죄단체 조항이 생겨서 과거와 같은 피라미드 형태의 전형적인 조폭은 유지하기 힘들게 되었다. 따라서 점조직의 행태로 조직을 유지해 나가며 이를 바탕으로 구역과 조직에 개의치 않고 이합집산하여 합법적인 회사 및 자영업으로 위장하는 조폭들이 생겨난다. 1990년대에서 2000년대까지는 3개 정도의 조폭 도시가 형성될 정도로 그 위세가 전국적이었다고 한다.

2000년대가 되자 범죄와의 전쟁으로 감옥에 갔던 조직의 주요 인사들이 대거 복귀했고, 그들을 중심으로 조직을 재건하는 움직임이 보였다. 바다이야기나 황금성 같은 성인 오락실이 잠시나마 크게 흥하여 조폭들이 이때 돈을 많이 벌었다. 이후, 부작용이 너무 심해지자 결국 규제를 받아 이내 이 사업은 몰락하였다.

이후, 전통적인 연예계와의 친분을 살려 조폭 영화나 야인시대와 같은 Drama들에 관여하는 등 잠시나마 세간의 관심을 받기도 했다. 일부 폭력배 조직이 철거 용역 등으로 잠시 흥하기도 했으며, 2000년대 중후반에 이르러 일부 지방대학교 학생회와 연계하여 이권을 얻는 부류들이 생겨났다.

그 외에도 고전적인 형태의 조직들도 잔존하고 있다. 해외로 진출하는 모습도 보이는데, 해외 원정 도박을 알선하거나 해외에 근거지를 두고 사설 토토 서버를 운영한다거나 아니면 성매매를 알선하는 경우도 있다.

현대의 조폭들은 과거의 조직이나 구역과 같은 장소 중심에서 인물 중심의 조직으로 변하고 있다. 전국구급인 두목들은 거의 진보하여 합법적인 사업을 하는 기업의 회장이 되어 어느 한 조직이 아닌 여러 조직의 일선 두목들을 거느리고 있다. 이러한 방식으로 폭처법을 피하면서 현역 조직들의 금전적 후원자가 되어 다양한 사업을 하고 있다.

또한, 조폭 두목들 간의 친목 모임을 통해 갈등과 분쟁을 중재하고 사업을 같이 하는 모습도 보인다. 이권이 많은 해외 사설 토토 같은 경우 두목들끼리 협의를 거친 후, 여러 조직이 같이 끼어들어 이익을 나눠 갖는 모습도 보였다. 이처럼, 같이 공생하면서 벌어먹고 어느 특정 조직에서 탈피해서 그때그때 이합집산을 거듭하고 있다.

따라서 사업을 할 때는 본가 조직에 이름만 걸어놓고 점조직처럼 움직이는 경우도 허다하다. 물론 어떤 사건이 발생하면 같은 식구끼리 움직여야 할 때는 비상 연락망이 가동돼서 일시에 모이는 것이다. 이런 방식으로 움직이고 있기에 일견 체계가 없는 것처럼 보여 폭처법의 범죄단체 조항을 적용하기가 어려워졌다.

이 시기를 다룬 영화로 "비열한 거리"가 있다. "신세계"나 "달콤한 인생"과 같은 영화들도 인기를 얻었지만, 실제 조폭들의 모습과는 다소 차이가 많다는 지적이 있다.

위의 3개 세대 조폭에 비해 이름이 알려져 있는 사람이 거의 없는데 이유는 세 가지로 요약된다. 첫째로 경찰의 치안력 증대로 세력이 많이 쇠락했고, 두 번째로 부를 축적한 조폭의 경우 High Risk-Low Return 업종인 폭력배 조직을 그만두고 그동안 벌어놓은 돈을 세탁해서 합법적인 사업가로 전향했기 때문이며, 마지막으로 과거에 비해 인권 의식이 진전하고 초상권 및 실명 언급에 대한 언급 처리가 엄격해져서 아무리 거물급들이라도 어지간하면 해당 인물의 이름을 무기명으로 처리하는 경우가 많기 때문이다.

(6) 2010년대

시대는 빠르게 변하고 있다. 20c만 해도 폭력 사건이 벌어져도 신고하려면 유선전화를 찾아야 했고, 경찰이 출동한다고 하더라도 소요되는 시간도 길며, 증거를 확보하기도 힘들었기에 조폭들이 활개칠 수 있었다. 시장 상인들로부터 자릿세를 걷고, 극장과 공연 산업에 손을 뻗치기도 했으며, 도박장이나 유흥업소로 돈을 벌었다.

하지만 지금은 Smart Phone이라는 문명의 이기와 길 곳곳에 설치되어있는 방범용 CCTV, 길가 차량에도 Black Box가 있는 세상이다. 작정하고 으슥한 골목길을 찾지 않는 한, 폭력 상황이 발생하면 증거가 반드시 남는다. 협박과 위협은 녹취와 기록이 되고, 이는 빼도 박도 못하는 증거가 되는 세상이다.

지금 대부분의 큰 조폭들이 기업형 조폭으로 바뀌었다고 하는데, 이는 기업으로 위장한 조폭이 아니라 조폭으로 벌어먹느니 지금까지 번 돈으로 다른 사업을 하는 것이 더 돈이 되고 안전하다는 것을 깨닫고 업종 자체를 전환했다고 봐야 한다. 물론 조폭 출신 사업가들이 제대로 회사를 굴리기보다 배임과 횡령, 사기, 주가 조작 등 다른 범죄에 손을 대는 것은 경영자의 도덕 자체가 시궁창이기 때문에 비집고 들어갈 틈이 있기 때문이고 이들이 합리적이고 윤리적으로 기업을 경영한다면 설 자리가 없다. 게다가 기업형 범죄는 조폭 출신만 벌이는 것도 아니다.

물론 요즘도 가끔 과거의 거대 조직의 두목이 팔순 잔치를 한다거나, 그 자녀가 결혼한다는 등의 이유로 모여서 제법 세력을 과시하는 경우도 있다. 당연히 주요 손님들은 범죄자인 조폭들인데, 민주주의 국가라 조폭들이라도 행사 사전 차단까지는 못하지만, 그 자리에서 폭력이나 칼부림이 나는 순간, 즉시 경찰이 공권력을 행사하여 형사사건으로 입건하게 된다.

물론 조폭들도 그런 것을 잘 알기 때문에 행사장에서 폭력 사태는 거의 일어나지 않는다. 심지어 경찰에서 여러 차례 경고해서 참석 인원까지도 줄어들었을 정도이기 때문에 조폭 행사는 세력 과시보다는 조직원끼리 그냥 모여서 친분을 도모하며 인맥을 과시하는 경로 잔치하는 수준이라, 특별히 그걸 보고 조직폭력배의 유세를 떤다고 비난할 수도 없다. 한편, 김태촌이 사망했을 때 장례식에 조폭 500여 명이 문상을 왔는데 이 때문에 경찰이 장례식장 근처에서 비상 경비를 했을 정도였다.

다른 나라 사정을 보면 알겠지만, 대한민국은 조폭 관련 문제에서 꽤 안전한 나라다. 당장 일본만 해도 연예계에서 한두 다리만 건너도 야쿠자가 엮여 있는 경우가 많으며, 세가 큰 극우 조직은 대부분 야쿠자를 전위부대로 쓴다는 의심을 안 받은 곳이 없을 정도다. 미국에서는 좀 후진 동네다 싶으면 Gangster들이 엮이는 건 다반사다.

한국은 과거 이정재와 같은 정치깡패들의 횡포에 대한 기억이 강하게 남아서, 사회 전반에 조폭에 대한 혐오가 엄청나기에 이들이 확대되는 것을 정부나 사회가 용납하지 않는다. 국제마피아파의 경우가 예외이긴 하나, 이 경우는 성남시가 2010년에 Moratorium을 선포할 만큼 시의 재정이 매우 악화되었던 틈을 타고 현지 경찰과 유착해 성장한 것일 뿐이다. 그리고 이미 현지의 위정자와 유착한 것이 들통난 순간, 경찰의 표적이 되어 집중 단속이 되는 것은 예정된 수순이다.

거기에 검찰이나 경찰에게 조폭이란 아주 좋은 실적을 올릴 수 있는 대상인데, 그 이유는 이들이 저지르는 범죄가 마약이나 밀수, 도박, 인신매매, 협박, 살인, 폭행 같은 대형 범죄와 연관된 경우가 많기 때문이다.

또한, 과거와 달리 정치권이나 상사와 연줄도 아예 없진 않겠지만, 매우 미미하기에 긴장할 이유가 적다.

경찰 장비도 예전보다 나아졌고, 함부로 저항을 하면 폭처법이 적용되어 중형을 선고 받기 때문에, 검거 난이도 역시 상대적으로 낮다. 지능범 및 일부 강력범과 달리 범죄 사실과 증거들을 광고하고 다니니, 조사 및 기소가 쉬운 건 물론이요, 대중에게 익숙하고 각인이 쉬운 방법으로 공적을 쌓을 수 있다.

그래서 조폭 소탕이 성공한다면 이거보다 공적을 인정받기 쉬운 건 수가 없다. 광역수사대가 경찰 내 주요 요직인 이유도 조폭을 제일 많이 다루기 때문이다. 한 마디로 조폭은 훌륭한 실적 거리인 셈이다.

결국 남아있는 조폭이라는 사람들은 점점 더 소규모화되고 있고 대중과 언론에 노출을 피하고 있다. 이권 다툼으로 서로 살인까지 하던 조폭들이 요즘은 비교적 조용한 이유가 단순히 폭력으로 이권을 쟁취하는 것이 힘들어진 데다가 조폭이 먹을 만한 지속적인 이권 사업이 사실상 사양 산업(?)이 되었기 때문이다.

2012년부터 이명박 정부 치하의 경찰청에서 추진한 4대악 척결이 시작되면서 "동네 조폭"이란 말이 많이 쓰이고 있다. 사실 2015년만 하더라도 조직규모의 폭력배들을 일반 시민들이 무서워하는 것이 아니라 우리 집 근처 혹은 동네 근처에서 힘 좀 쓴다면서 난장판을 벌이는 사람들이 더 위협적이다. 쉽게 설명하자면 동네에서 술 마시고 행패 부리거나 괜히 길 가는 시민들에게 물리력을 행사한 다음 지구대에 잡혀가서 난동 좀 피우다 입건되어 징역형을 살거나 벌금형 받고 풀려나면 다시 범죄를 무한 반복하는 사람들이 동네 조폭들이라고 보면 된다. 아무리 경찰들이 검거하고 입건하고 해도 몇 년 살다가 다시 복귀하는 일이 많아지고 있다는 것이다. 이 때문에 사법부에서는 상습적으로 폭력을 일삼는 범죄자일수록 가중처벌을 하는 방식으로 대응하고 있다.

특이한 사건으로 2012년에 전두환 전 대통령의 아들 전재용을 협박해서 20억을 갈취한 사건이 있었다. 아버지가 삼청교육대에 조폭들을 수감시켰던 것을 생각하면 격세지감이다.

2018년과 2019년, 국제마피아파 사건과 더불어민주당의 은수미, 이재명 의원 등이 연루되었다는 Rumor들이 나오면서 조직폭력배가 화두가 된 적이 있었으나, 검찰 조사 결과 이재명은 관련된 바가 없어서 무혐의, 은수미는 정치자금법 관련으로 얽히면서 사그라들었다.

(7) 2020년대

최근에는 과거의 소위 나와바리 개념도 희미해지고, 큰 조직들은 중간보스들이 다 제 살림 차려 이권이 있을 때에만 마치 한철 장사처럼 이합집산하는 것이 현실이다. 예컨대 A 식구 누구네랑 B 식구 누구네가 서로 같이 사업을 한 뒤, 이익을 챙기고 분배한 다음 해산하는 것이다. 뒤에는 이런 자들을 조종하는 반건달들이 있는 경우도 있다.

이렇게 조직들이 따로 노는 데다 폭력과는 거리가 있는 범죄를 저지르니 폭처법의 범죄단체 결성으로 처벌하기가 힘들어졌다. 물론 조직의 비상 연락망이 가동되면 일시에 대규모 인원이 모이기도 하나 보통은 "조직 간 전쟁"이 아닌 "조직 내 행사"를 목적으로 소집되는 경우가 많다. 따라서 최근에는 조폭들의 모임이 사업 및 행사가 있을 때만 모였다가 일 끝나면 해산하는 형식이다.

1970년대-1980년대부터 시작된 경제성장을 바탕으로 법이 따라가지 못하는 부분에서 이득을 누려왔던 조폭들이지만, 2000년대가 지나가면서 더 이상 쓸만한 돈벌이 수단이 없어지고 있다. 상술한 업종 역시 쇠락했으며 일부 운 좋게 비집고 들어가는 경우마저도 쉽게 단속되었다. 영세화된 조폭들은 대포폰 절도 및 해외 밀수출, 가짜 양주 제조, Voice Fishing, 대출 사기, 대포차 매매, 전세 사기 등의 소규모로 구성하여 다양한 범죄로 연명하고 있다.

큰 건수가 없다는 말은 결국 이들이 할 수 없이 소규모 범죄를 저질러야 입에 풀칠할 수 있고, 이는 결국 검찰과 경찰에서 건마다 과태료, 법원에서 벌금을 때려줘도 감당을 못한다. 문신하고 가오잡고 다니다가 벌금을 못 내서 사회봉사활동 등과 같이 몸으로 때우는 수많은 조폭 출신 범죄자들을 너무 쉽게 볼 수 있다.

최근에는 전직 조폭 생활을 완전히 청산하고, 업계에 대한 현실과 실태를 증언하는 Youtube 영상이 이슈이다. 영상은 전직 조폭의 업계에 대한 지극히 현실적인 회고가 주를 이루며, "이쪽 분야에 발을 디딜 생각은 정말 하지 마라, 할 것이 못 된다."라는 주제의 영상에서 교훈적인 조언이 주목할만하다. 시청자들의 반응도 대체로 긍정적인 편이다. 이야기를 들으면 왜 저렇게까지 쌩 고생을(...) 하면서 조폭을 하려 하나 생각이 들 정도로 그 바닥 생활이 쉽지 않음을 알 수가 있다.

최근에는 어느 조폭 출신이라는 이름만 내걸고 서로 친목+품앗이를 하면서 사업을 하는 경우도 있으며, 밑에 동생들을 소집시켜도 돈이 들어가기 때문에 집단 패싸움 한번 하기도 힘들다고 한다.

다만, 이와 같은 조폭들의 영세, 잡범화가 모든 조폭의 "몰락"을 의미하는 것은 아니다. 조폭 역시 개별적으로 잘 나가고 못나가는 빈부의 격차가 있으며, 조폭의 위력을 지나치게 과장하는 것도 좋지 않지만, 조폭이 하나같이 몰락해서 별거 아니라고 깎아내리는 것 역시 그들의 위험성을 경시하는 지나치게 낙관적인 태도로 경계해야 한다.

2020년 발간된 경찰청의 자료를 보듯이 조폭의 노출이 적어지는 것은 그들이 폭처법을 피하기 위해 대규모 조직을 운영하기보다는 인물 중심의 점조직화로 Outsourcing하면서 그때그때 조직을 동원하고 이합집산하기 때문이다. 언론이나 대중의 노출을 최대한 피하면서 조용히 사업을 하는 것이 현대의 조폭이라고 할 수 있다.

2020년 발간한 경찰청 경찰백서에 따르면, 최근 조직폭력배들은 집단 폭력과 위력을 이용하는 점에서는 과거와 같으나, 조직 전체가 노출되는 대규모 집단 패싸움이나 조직 간 암투는 상대적으로 줄어들고 각종 경제적 이권에는 소규모로 개입하고 필요할 때 조직의 위세를 이용하는 형식으로 변모하고 있다. 거대 폭력조직을 결성해서 활동할 경우 폭처법에 의해 처벌 받기 때문에 조직의 노출을 막기 위해 소규모 추종 세력을 이용해 소계보를 형성해 필요할 때마다 동원, 활용하는 식으로 점차 "소규모"화 되고 있다.

조직 자금원은 유흥업소 관리 등 전통적인 방식과 달리 합법적인 사업체를 가장하며 자금원을 확보하거나 각종 공사장 이권, 불법적인 채권 추심에도 개입하는 등 건설업, 부동산업, 사채업, 주식시장 등으로 활동 분야를 다변화하고 있다. 최근에는 해외에 Server를 둔 Internet 도박 site를 운영하거나 불법 게임장을 대규모로 운영하는 경우도 빈번하게 발견되고 있다.

한편, 범죄단체를 구성하거나 조직원으로 활동하더라도 수사기관에 입증이 어렵도록 하기 위해 간접 폭행, 묵시적 협박 등 범죄 수법이 갈수록 지능화, 고도화하고 있으며, 수사 대상이 되면 자금력을 총동원하여 승소율이 높은 변호사를 선임하고, 폭행이나 협박으로 피해자나 증인에 대해 진술 번복 강요, 허위 진술을 유도하는 등 다양한 방법으로 처벌을 피해나가고 있는 실정이다.

더불어서 여전히 진행형인 라임 사태, 옵티머스 사태에도 조폭들과 조폭 출신 사업가들 그리고 정치권의 연루설이 제기되는 등 표면적으로 보이지 않는 곳 안에서 조폭들의 활동은 여전히 위험하고 왕성하다.

2019년에 있었던 국제PJ파 부두목 조규석의 살인사건도 옵티머스 사태와 관련되어 살해된 사람이 옵티머스 고문이자 양은이파 부두목 출신인 박모씨로 밝혀졌으며 옵티머스가 청와대 전 행정관과 연루되었고, 옵티머스에서 천억대 투자를 받은 대표가 17년 전 밀양의 조폭이었으며, 기업사냥꾼, 관피아, 조폭, 법조인이 복잡하게 얽힌 거대한 복마전이었음이 드러난 복잡한 사건이었다.

2021년 6월 발생한 광주광역시 동구 학동 철거 건물 붕괴 사고에도 광주 지역의 철거 이권을 두고 조폭 출신의 철거왕이 회장으로 있는 다원그룹과 전 5.18구속부상자회 문흥식 회장이 개입했다는 정황이 드러나는 등 용역깡패와 조폭 출신들의 영향력은 여전하다.

2022년, 쌍방울그룹 김성태 전 회장 최우향 부회장, KH그룹 배상윤 회장 등이 전부 조폭 출신 혹은 조폭과 매우 관계가 깊은 것으로 드러났다. 이들은 음지에서 활동하면서 영향력을 넓혀가는 기업형 조폭의 모습을 보여줌과 동시에 정계와 연결되어 거대한 Scandal의 중심에 있는 것이 논란이 되고 있다. 또한, 수원 남문파 역시 대장동 이권에 관련되었다고 한다.

일부는 노동조합을 결성해 건설사로부터 돈을 뜯기도 한다.

특이할 점은, 조폭에서 10대의 비율이 2배 늘었다는 것이다. 2023년 6월 30일, 검찰은 이른바 MZ세대의 또래 조폭 전국 모임의 존재를 공개했다.

2023년 7월 29일, 신준호 서울중앙지검 강력범죄 수사부장이 CBS에 출연해서 밝힌 것처럼, 젊은 조폭들은 조폭이 돈을 쉽게 벌고 의리있어 보이는 조직이라고 착각해 Social Media를 통해 신규 가입하게 되는데, 평상시에는 대포폰이나 중고차 사업, 고리대금업으로 각자 생활하다 조직에서 소집이 있을 때마다 모인다고 한다. 다만, 실상은 허약한 사람들이 나 좀 무서워해달라고 문신을 자랑하면서 의리는 전혀 없이 뒤통수와 배신이 난무하는 세계라는 것은 똑같다고 한다.

2023년 현재 조직폭력배는 유흥가와 마약을 다루는 경우가 줄어들었다. 유흥가는 COVID-19 전염병 때문에 많이 쇠퇴했고, 마약은 다루기도 까다로울 뿐아니라 잡히기도 쉬워서 손을 잘 대지 않는다고 한다. 다만, 돈만 된다면 어디든 끼어드는데, 요즘은 Voice Fishing, 사설 토토, 리딩방, Internet 도박 시장을 장악하고, 각종 기업/금융 범죄 쪽으로 진화하고 있다고 한다.

이렇듯 현재의 조폭은 단순 범죄에서 벗어나 사회 곳곳에 암약하면서 지능화, 고도화된 범죄에 뛰어들고 합법화된 사업을 뒤에서 조종하면서 이익을 보는 동시에, 각종 사기와 주가 조작으로 이익을 보기에 표면적으로 활동이 줄어들었다고 쉽사리 안심해서는 안되는 것이다.

조폭들의 세대교체가 이루어지면서 1990년대-2000년대생 조폭들을 중심으로 새로운 양상을 보이고 있는데, 기존의 수직적인 마피아형 체계에서 일명 "또래 모임"이라는 동년생 중심의 그룹으로 뭉친 Gangster형 수평적 동업자 관계로 점조직화하는 경향이 강해지고 있으며, 조직 간의 살벌한 전쟁과 집단 난투극은 거의 사라졌다고 한다. 실제로 2023년 6월 25일 부산에서 열린 신20세기파 두목의 결혼식은 큰 문제 없이 끝이 났다. 돈벌이 사업도 Bitcoin 같은 Coin 사기, 마약 밀매 등이 중심이 되는 등 마치 일본의 야쿠자-한구레 관계와 같은 양상을 띠는 중이다.

2023년에는 경찰이 안양에서 전국 21개 폭력조직 및 배후조직이 조직한 2002년생 전국 모임인 "전국회"의 존재를 확인해 대대적으로 검거했다. 이들은 대포통장을 유통하고, 220억 원 규모의 불법 도박 사이트를 운영해 5,700만원을 벌었으며, 이들은 매달 모임을 가졌으며, 모임이 끝난 후에는 술에 취해 폭행 등 행패를 부리기도 했다. 비슷한 시기 부산에서는 20대가 총책으로 있는 불법 도박 Site조직의 규모가 40조 원에 달하며, 수수료로 1%인 4,000억원을 범죄수익으로 챙기기도 했다. 비슷한 시기에 83년생 조직폭력배 모임 "불사파"가 서울의 한 투자사 대표의 사주를 받고 강남의 Gallery 대표를 감금, 폭행, 협박해 87억원을 받아내려 한 혐의로 체포되었다. 11월에는 울산에서 불법 도박사이트를 운영한 신흥 조직폭력배가 검거되었다. 특히 이들 중에는 조직폭력배 선배가 집합을 자주 시키고 괴롭히면서 이윤을 잘 나누어주지 않는다며 독자 세력을 형성해 선배 조폭의 차량을 부수고, 이에 화가 나 노래방으로 부르자 노래방에서 소화기를 뿌리며 난동을 피운 하극상도 포착되었다. (namu.wiki/ 참고)

3) 조직폭력배 소득 창출의 변화

한국 조직폭력배의 역사에서 조직폭력배 소득원의 변화에 대하여 간단하게 언급하였지만, 여기서는 한국 사회에서 법치주의가 차츰 확립해 가면서 경제적으로 발전하고 조직폭력배의 세력도 차츰 약화하고 있지만 자신들의 생존을 위하여 사회환경의 변화, 산업의 변화에 따라서 사업도 다양하게 변화하고 있는 것을 살펴보고자 한다.

법치주의가 확립되지 않은 한국의 건국 초기에는 주로 정치권과 결탁하여 정치권이 의뢰한 반대당을 억압하거나 폭력적으로 집회를 해산하도록 하는 등의 불법적인 행위를 하면서 소득을 얻었으나 1961년 이후 정치권에 대한 폭력배는 차츰 사라지고 있었다. 그 당시 대표적인 인물로는 김두한, 이화룡, 이정재 등이다. 물론, 1961년 폭력행위 등 처벌에 관한 법률의 제정 이후 조직폭력배의 세력이 크게 축소하기는 하였지만, 한국에서 그들을 정치적으로 이용하는 경우가 완전히 사라진 적은 없었다.

1970년대 이후 경제가 빠르게 성장하면서 조직폭력배는 수익이 높은 분야로 옮기게 되는데 유흥업, Slot Machine 등의 도박업, 무역업, 건설업, 사채, 사모펀드 등을 포함한 금융업 등으로 변화하였다.

1970년대의 빠른 경제성장의 부작용으로 나타난 사채시장, 즉, 소위 탈세 현장인 Black Money Market의 급성장과 이에 따른 기업과 서민에 대한 고금리를 해소하기 위한 결정적 사건이 1972년 8월 3일 대통령 긴급명령으로 실행된 사채동결 조치였다. 이 조치의 내용은 당시의 사채 금리였던 연 30-50% 내외의 금리를 월 금리 1.35% 및 3년 거치 5년 분할 상환으로 결정하였다. 이 조치로 인하여 사채업을 주업으로 하던 조직폭력배와 이들과 직, 간접적으로 연결된 정치권이 크게 반발하여 사회의 혼란이 예상되자 결과적으로 제4공화국의 헌법인 1972년 10월 유신헌법이 탄생하게 된 것이다. 물론, 국제적으로는 베트남전쟁 등으로 인한 재정적자의 규모가 급증하여 미국이 1971년 고정환율제로서 금본위 화폐를 기본으로 한 기축통화인 미국 Dollar 화의 기축통화 역할을 일방적으로 취소하였다. 이것을 기화로 하여 Oil 가격의 급상승과 함께 세계가 Inflation의 소용돌이 속에 휘말리면서 한국의 경제도 위기에 직면하면서 경제성장률이 급격히 하락하였으며, 이것도 유신헌법을 감행된 또 다른 이유 중의 하나였다.

또 다른 예로 노무현 정권 초기인 2004년부터 한국 사회에서 크게 문제가 된, 도박이 포함된 게임인 "바다이야기"의 경우는 조직폭력과 정치권 등이 깊이 관여하여 서민들의 삶을 피폐하게 만든 사건이었다. 비록 합법적이라고 하지만, 결코 사회에 유익한 사업이라고 할 수 없는 도박성과 중독성이 높은 게임사업이었다.

한편, 조직폭력배 사업의 핵심은 그들이 대부분 법을 두려워할 뿐이지 불법이나 탈법이 아닌 합법적인 사업만을 찾는 것은 결코 아니다. 2000년대에 들어와 그들이 사채업자와 함께 비상장기업을 인수하거나 KOSDAQ 상장기업이나 KOSPI 상장기업을 인수하는 M&A가 많이 진행되었는데 대표적인 예가 앞에서 언급한 KH Group이나 쌍방울 Group이다. 그 목적은 해당 기업의 사업을 합법적이고 정상적으로 운영하여 사업을 성장시키려는 것보다는 단시일에 기업의 자산이나 현금을 횡령하려 하거나, 여기에 더하여 상장기업일 경우에는 해당 기업의 주식을 불법적으로 시세 조종하여 일확천금을 노리려는 의도가 더욱 강하다. 즉, 폭력조직은 단지 이익만을 따라다니는 불나방과 같아 법치주의를 무시하는 속성이 있다. 또한, 주식이나 사모펀드를 이용하여 단시일에 높은 수익을 획득하고자 할 때에는 수익배분을 미끼로 하여 금융권, 감독기관 법조계, 정권의 핵심 세력을 포함한 정치권 등의 다양한 분야와 연합하여 천문학적인 수익을 확보하기도 한다. 지난 정권에서 발생한 2019년의 라임 자산운용과 2020년 발생한 옵티머스 자산운용이 대표적인데 이 사건에서 조직폭력배는 조연 역할을 하였다.

1997년 말에 발생한 IMF 금융위기 이후 한국의 역대 정권에서 발생한 큰 금융 사건은 대부분 조직폭력배가 한 부분을 개입한 것으로 추정할 수 있다.

건설업에도 조직폭력배가 개입하는 경우가 많은데 재개발이나 재건축 사업에서 필요한 철거업에는 조직폭력배가 주로 관여하고 있다.

4) 조직폭력배와 다른 사회조직과의 유착관계

이미 언급한 것처럼, 법치주의 수준이 낮았던 건국 초기에는 폭력조직과 유착관계를 가지면서 한국 사회와 경제의 비효율성, 위법과 탈법 등이 일어나고 있었다. 즉, 건국 초기에는 집권당을 중심으로 한 정치권과 밀접한 관계를 유지하면서 그들의 전위대 역할을 하여 정치인과 국민을 폭력적으로 억압하였다.

그러나, 법치주의 의식 수준이 차츰 진전하면서 조직폭력배의 정치 개입은 차츰 사라지면서 조직에 대한 자금을 지원하기 위한 합법, 탈법, 불법을 불문하고 다양한 사업에 진출하였다. 일반적으로 그들의 사업은 독단적으로 하기보다는 합법적 조직과 연계하여 진행하였으며, 이러한 경우에도 사회적 물의를 자주 일으키는데, 대표적인 예가 "바다이야기"이다. 물론, 이들이 어느 분야에 진출하느냐에 따라 어떤 합법적 조직을 이용할 것인가를 결정하는 것은 당연하다. 쉬운 예로 한때 조직폭력배가 운영하는 사업으로 한국에서 유행하였던 Room Salon은 해당 지역을 담당하는 경찰과의 밀접한 유착관계를 갖고 경영하는 경우가 많았다. 그리고, 기업과 금융업에 진출하고자 하거나 기업을 운영하고자 하면, 핵심권력 집단과 사채업자 등과 유착관계를 갖고 진행하게 된다. 많은 사건이 있지만 커다란 사건을 간단하게 언급하자면, 금융 사건과 관련해서는 지난 이명박 정권 시기의 금융 사건이었던 저축은행 사건, 이미 앞에서 언급했던 문재인 정권 시기에 발생했던 2019년의 라임 자산운용 사태와 2020년의 옵티머스 자산운용 사태 등이다. 기업 사건으로는 앞에서 언급한 쌍방울이 있다. 또한, 과거에는 영화, 가수 등과 관련한 연예 사업에 진출한 기업의 경우에는 비록 상장회사라고 하더라도 직, 간접적으로 조직폭력배와 관계를 맺고 있었다.

5) 제4차산업을 이용하는 조직폭력배의 행태

제4차산업이 출현하면서 조직폭력배의 활동 영역은 국내에만 머물지 않고 일본의 야쿠자, 중국의 흑사회 등의 조직과 연합하여 폭력조직의 세계화를 도모하고 있다. 또한, Server를 해외로 옮기고 Internet을 이용하여 도박업을 운영하거나 마약을 판매하기도 한다.

2024년 4월에 기사화한 Internet 도박 사건으로 약 5,000억원 규모의 도박 Site를 운영하다가 적발된 사건이다. 4개의 Site를 운영하였으며 회원의 규모는 15,000명이었으며 청소년을 모집원으로 고용하기도 하였다.

의정부지검 형사2부(부장검사 윤동환)는 국민체육진흥법 위반(도박개장 등) 등의 혐의로 A씨(31)와 B씨(41)를 구속기소하고 C씨(36) 등 6명을 불구속 기소했다고 22일 밝혔다.

A씨 등은 2018년 12월부터 올해 3월까지 약 5년여간 해외 사무실을 거점으로 판돈 5,000억 원대 도박 Site를 운영한 혐의다.

이들은 수사 관련 국제공조가 쉽지 않고 자금세탁 등이 수월한 두바이 등 해외에 거점을 설치한 뒤 국내외 사무실을 차려 Internet 도박 Site를 운영한 것으로 조사됐다.

또 스포츠 토토 또는 Youtube를 운영해 카카오톡 단체대화방을 안내하고 해당 대화방을 통해 도박 Site 가입자들을 모집한 것으로 드러났다.

자금총책과 관리자, 회원관리팀, 총판 등으로 체계적으로 조직을 나눠 24시간 사무실을 운영했다.

회원을 모집하는 총판의 경우 자신의 회원들이 배팅에서 잃은 금액의 30% 또는 Batting 총액의 3-4% 등으로 다양한 정산 방식으로 이익을 가져갔다.

특히 이들은 Youtube에서 실시간 Chatting 등에 총판 가입 Site를 올려 10대들도 총판에 가담시켰다.

이 사건에 가담한 청소년들은 총 12명으로, 이들 중 중학생 3명은 총판으로 활동하며 총 500명의 회원을 모집한 것으로 파악됐다. (뉴시스 2024년 4월 22일 송주현 기자 기사 참고)

또한, Internet을 이용한 마약과 관련된 사건을 살펴보면, 이 사건은 연예인과 중국의 범죄조직이 관련된 사건으로 마약류 관리에 관한 법률상 대마, 향정신성 마약 투여 혐의를 받는 이씨는 4일 오후 인천경찰청 마약범죄수사계에서 받은 2차 소환 조사에서 "유흥업소 실장 A(29·여)씨에게 속았다."는 취지의 진술을 한 것으로 알려졌다. 그러면서 "A씨가 나를 속이고 무언가를 줬다."며 "마약인 줄 몰랐다."고 주장한 것으로 알려졌다. 마약 투약 혐의를 인정하면서도 고의성은 전면 부인하는 진술이다.

이씨의 이 같은 진술을 뒷받침해 주는 정황증거가 적지 않았다. 첫째, 이씨가 지난달 자산의 마약 투약 의혹이 터져나오자 변호인을 통해

"이번 사건과 관련해 A씨에게 협박당했고 3억 5,000만원을 뜯겼다. A씨와 성명 미상의 인물 B씨를 공갈 혐의로 고소했다."는 사실을 공개했다. 이는 이씨가 사실상 마약 투약 사실을 시인하는 발언이라는 점에서 충격적으로 받아들여졌다. 경찰에 출두도 하기 전에 마약 투약 사실을 인정하는 피의자는 없었기 때문이다.

A씨는 "나와 이씨의 관계를 의심한 B씨로부터 사회관계망서비스(SNS)를 통해 나도 협박을 당했다."면서도 "협박한 인물이 정확히 누구인지는 모른다."고 주장하고 있다. 또 이씨에게 받은 돈은 3억원이고 일부 금액은 B씨에게 전달됐다는 입장이다. A씨의 진술이 사실이라면, 이씨는 거짓말로 유명인을 속여서 마약류를 투약하게 한 뒤, 이를 빌미로 협박해 거액을 뜯어내는 "신종 마약 협박 범죄"에 걸려든 셈이다.

인천경찰청 마약범죄수사계는 지난달 28일 이씨에 대한 첫 경찰 조사에서 채취한 모발 100여개에 대한 국립과학수사연구원의 정밀감정에서 "음성" 결과가 나왔다고 지난 3일 밝혔다. 경찰이 채취한 이씨의 모발 길이는 8cm-10cm이다. 모발 1cm가 자라는 데 1개월이 걸리므로, 최소 8개월 동안 이 씨는 대마나 향정을 투약한 적이 없다는 결론이 나온다.

Social 계정을 통한 "마약 협박 범죄"가 개입된 정황이 농후하다는 점도 이씨가 조직적인 범죄에 말려들었을 가능성을 배제할 수 없게 한다.

이씨는 자신의 마약 투약 의혹이 언론에 보도되자 변호인을 통해 자발적으로 A씨에게 3억 5,000만원을 갈취당했다고 고소하고 성명 미상의 B씨도 공갈 혐의로 고소하면서, A씨와 B씨가 짜고 자신을 협박했을 가능성을 제기한 것으로 알려졌다. 즉 A씨와 B씨는 공범이라는 이야기이다.

한편, 중국의 범죄조직과 관련한 국제범죄 사건을 보면, 대치동 마약 음료 협박 사건의 경우도 철저한 신종 조직범죄임이 수사 결과 드러났다. 주범인 길모(26)씨는 중국에 있는 Voice Fishing 총책 등과 함께 마약 음료를 제조한 뒤 미성년자들에게 투약하게 하고 이를 빌미로 금품을 갈취하려 했다. 김모(39)씨는 변작중계기를 사용해 중국 Internet 전화번호를 국내번호로 바꿔 협박 전화를 도운 혐의이다. 박모(36)씨는 "던지기 수법"으로 필로폰 10g을 받아 길씨가 전달하도록 한 혐의이고, Voice

Fishing 모집책으로 활동한 이모(41)씨는 범죄단체 가입 및 활동 등 혐의이다.

    이들은 마약 음료 100병을 미리 제조하여 지난 4월 서울 강남 학원가 일대에서 음료 시음회를 열고 학생들에게 "집중력 강화" 음료라며 18병을 나눠준 것으로 조사됐다. 피해자는 미성년자 13명과 학부모 6명이다. 마약 음료 1통엔 통상적인 Philopon 1회 투약분인 0.03g의 3배가 넘는 양인 0.1g이 담긴 것으로 확인됐다. (펜 N 마이크 2023년 11월 5일 양준서 기자 기사 참고)

5. 정치꾼과 정치집단

1) 개관

　정치는 사법부를 포함한 정부, 경제, 사회, 문화, 교육, 언론 등의 국가 전 분야에 걸쳐 매우 커다란 영향을 미치는데 이처럼 다양한 분야와 정치가 서로에게 영향을 미치면서 선순환, 또는 악순환의 고리를 만들고 국가를 발전, 또는 후퇴시키는 것이 현실이다. 따라서 정치는 국가의 조직에서 매우 중요한 분야이다.

　그런데, 한국의 경우에는 유럽이나 북아메리카 국가들과 같이 수백년 동안의 피를 흘리는 투쟁을 통하여 자유민주주의와 법치주의를 획득하고 소중함을 가슴 속에 깊이 느끼고 있는 국가들과는 달리 자유민주주의와 법치주의 역사가 매우 짧을 뿐만 아니라 다른 선진국들이 치열하고 긴 세월의 투쟁을 통하여 획득하였다는 것을 한국의 정치권을 포함한 국민 대부분이 뼈저리게 느끼지 못하고 있다. 같은 민족인 북한에 살고 있는 한국 민족과 이웃 국가인 중국에 살고 있는 중국인들이 자유를 포함하여 인권을 철저하게 침해당하고 있는 상황이지만...

　심지어 최근에는 중국이나 북한을 추종하는 자들이 정치권에서 영향력을 넓히고 있어 한국의 국가 정체성마저 위협을 받고 있다.

　청치권이 3류나 4류 수준에 머물면서 국가의 장기적인 발전과 다음 세대의 삶의 질을 향상하기 위한 노력을 하지 않고 단기적인 시각과 개인적인 이익을 위하여 Populism에 함몰되면 국가 전체가 혼란-->추락-->몰락의 길을 걷게 된다. 이것은 역사가 우리에게 가르쳐주고 있는 것처럼 이러한 길을 걸었거나, 걷고 있는 국가를 보면 쉽게 알 수 있다. 좋은 예로 1920년대와 1930년대의 아르헨티나는 경제가 독일경제보다도 부유한 세계 5위 내외 수준의 강력한 국가였는데 그 이후 Peronism으로 대표되는 Populism과 폐쇄적인 경제구조, 부정부패, 군사정권의 출현 등으로 몰락하여 지금은 IMF의 구제금융에 의존하고 있는 상황이다. 또한, 1991년 USSR의 붕괴, 베네수엘라의 경제 몰락 등과 같이 많은 국가에서 정치적인 무능과 단견적 안목, 법치주의와 자유민주주의의 후진성 등이 결과적으로 경제의 추락을 가져왔으며, 심한 경우에는 국가의 붕괴까지 발생하였다.

한편, 한국의 정치 현실은 철학적, 또는 경제정책 측면에서의 차이, 정치사상의 차이에서 나타나는 보수와 진보의 차이가 아니라 박정희 대통령 이후 수십 년 동안 지역을 기반으로 한 정치집단과 정치적 지도자를 중심으로 하여 이익을 차지하기 위한 패거리 집단의 성향이 강하며 지금까지 이로 인한 정치적 후진성을 극복하지 못하고 있다.

최근에는 사법부의 정치화 및 직업의식과 윤리의식, 법치주의의 하락에 따라 정치집단의 수준이 과거에 비하여 더욱 후퇴하여 범죄 혐의를 받고 있는 자가 최대의 국회의원 수를 보유하고 있는 당 대표의 지위를 차지하고 있을 뿐만 아니라 많은 국회의원이 정치인이라고 부르는 것이 부끄러울 정도의 범죄 혐의를 받고 있다. 이처럼 도덕적, 법적으로 수준이 낮은 정치인은 곧 사회 전반에 부정적인 영향을 주는 것은 당연하며 경제적으로도 치명적으로 부정적인 영향을 미치게 된다. 이러한 부정적인 요인이 쌓이면 결국 대외적인 신뢰도에도 하락의 요인이 될 수밖에 없다.

이에 더하여 미국에서 남북전쟁 이후에 출현하였던 극단적인 백인우월주의 집단인 KKK(KU KLUX KLAN)단, 독일의 Nazi 당의 전위대, 중국 문화혁명 시대에 마오쩌둥이 정치적으로 이용했던 홍위병 등과 같은 비이성적이고 극단적인 성향의 집단이 한국 정치에 출현하여 극단화와 폭력화하고 있다. 좌, 우의 정치지도자들을 지지하는 좌, 우의 정치적 성향에 따라 상대방을 강하게 비난하면서 언어적, 정신적 폭력을 가하는 행태를 보여 한국 정치가 수십 년 후퇴한 모습이다. 물론, 정치지도자들이 자신의 세력을 과시하거나 당내의 반대 집단을 위축시키기 위하여 이들을 이용하고 있지만. 소위 "이딸", "문딸", "개딸", "한딸" 등의 용어가 한국에서 이러한 극단적, 비이성적인 집단을 가리키는 용어다. 이러한 사회적 현상은 법치주의 파괴, 경제 불안과 이로 인한 소득불평등 확대 및 사회적 신분 상승의 기회 약화, 왜곡된 교육 등의 다양한 요인들이 복합적으로 부정적인 영향을 주어 나타나는 현상이다. 물론, 한국의 정치적 불안을 조장하려는 외부 세력들의 행태도 포함된 것으로 보이지만.

2) 경제적 측면에서 바라본 정치학이란?

정치가 국가에 대한 권력을 지향하는 집단과 국민과의 관계에서 나타나는 이념과 현상이라면, 먼저 다양한 사고와 경제주체, 집단의 복합체인 국가에 대한 이해가 필요하다. 따라서, 한 국가를 파악하기 위해서는 해당 국가에 대한 역사, 문화, 정치체제, 경제 Model 등의 종합적인 이해가 필요하다. 이러한 이해를 통하여 국민의 행동에 대한 보다 정확한 예측이 가능하며 국민의 행동에 대한 예측을 통하여 국제정치에 대한 방향도 더욱 합리적으로 결정할 수 있다.

또한, 많은 사회과학이 저로 밀접하게 관계를 맺고 있다는 전제하에 사회과학을 바라보지 않으면, 화석화된 학문일 수밖에 없는데, 특히 국가의 발전과 인간관계를 연구하는 학문이라는 면에서 보면 정치학과 경제학은 매우 밀접한 관계를 유지하면서 움직이기 때문에, 경제와 정치는 국가라는 수레를 정상적으로 움직이도록 하는 커다란 두 개의 바퀴라고 볼 수 있다.

즉, 정치는 국가권력을 지향하면서 의사결정 과정의 상호작용을 바라보는 것이라면, 경제는 국가권력과 민간 영역, 국제경제 등을 포괄적으로 살펴보아야 하는 것이기에 정치 영역보다 폭이 넓다고 할 수 있으나, 현대사회는 국제적, 국내적 정치와 경제가 매우 밀접하게 상호작용하면서 움직이기 때문에 경제와 정치의 영역이 중첩하는 경우가 많을 수밖에 없다. 단지 경제활동과 관련해서는 경제적 측면을 중심으로 하여 살펴보아야 한다는 면에서 차이가 있을 뿐이다.

한편, 사회 구성원 사이의 이해관계와 의사결정 과정을 포괄하는 것이 정치라고 하지만, 이러한 이해관계와 의사결정의 중심에는 "돈"과 관련된 "경제"가 있는 것이기에 경제를 필수적으로 고려하여야 하는 것이다.

따라서, 정치는 사회적 문제와 경제적 문제를 함께 해결하고 이것을 통하여 지속 가능한 국가발전을 달성할 수 있도록 하는 것이다. 예를 들면, 경제발전에 따른 국민에 대한 적절한 배분이 함께 이행되지 않으면 사회 안정과 지속적인 국가발전을 이룰 수 없는 것이다.

여기서 정치적 이념을 간단히 살펴보면, 경제를 어떤 시각으로 바라보고 경제정책을 어떻게 펼쳐 나갈 것인가에 따라 자유주의, 사회주의, 보수주의, 진보주의 등으로 나눌 수 있으며 이러한 이념을 정치적 목표와 가치에 잘 부합하도록 정치적 행동을 하는 것이다. 이와 관련한 역사적 사례를 들면, 미국이 18c 중후반에 영국과의 독립전쟁을 통하여 입법, 사법, 행정의 삼권 분립과 언론의 자유를 강력하게 보장하는 것은 정치에 내재하는 인간에 대한 철학적 바탕이 이성과 탐욕이며 이것을 상호 견제하기 위한 제도적, 법적 장치이었다.

또한, 국제정치를 살펴보면, 현대정치에서 국제정치의 역동성과 다양성, 상호 연관성 등은 국제경제와 함께 매우 다양한 방향으로 빠르게 변화하고 있는데, 미중전쟁과 유럽과 미, 중과의 관계, 남중국해에서의 분쟁 가능성, Israel과 팔레스타인과의 전쟁, 우크라이나와 Russia의 전쟁과 이와 관련한 화폐, 금융에 대한 주도권 경쟁 등으로 인하여 정치적, 경제적으로 매우 복잡하게 전개되고 있다. (naver.com politics: storychlyeoe.com 등의 자료 참고)

제2차세계대전 이후 세계가 냉전체제로 유지되다가 1991년 USSR이 멸망하고 1995년 WTO가 설립되면서 세계화가 빠르게 진행되었으며 2001년 중국이 WTO에 가입한 후에는 세계 공급망에 더욱 확고하게 진행되었다. 이런 과정에서 국내의 정치, 경제는 국제적 정치 및 경제와 매우 밀접하게 영향을 주고받으면서 국내의 정치와 경제에 국제정치의 중요성이 더욱 부각하였다. 예를 들면, 한국의 경우에는 국제정치의 중요성을 제대로 이해하지 못한 것이 1997년 IMF 금융위기를 맞이하게 된 이유 중의 하나였다.

특히, 2018년 미중전쟁이 시작하고 2022년 Russia의 우크라이나 침략전쟁, 2023년 Israel과 팔레스타인의 전쟁 등이 진행하면서 세계는 제2의 냉전시대가 폭넓게, 그리고 다양한 형태로 진행되고 있는데 이러한 상황에서 국제정치를 어떻게 하는가는 국가발전에 매우 중요한 요소로 작용하고 있다. 여기에 더하여 세계적으로 중요한 문제로 대두되고 있는 기후변화와 환경오염 등의 환경문제, Terrorist, COVID-19과 같은 전염병 대응 등은 한 국가의 힘으로 해결하기 어려운 국제적 문제이다. 즉, 국내문제의 해결과 함께 국제정치의 중요성이 정치, 경제, 사회, 환경 등의 국가 전 분야로 확대하고 있는 것이다. 따라서, World Bank, UN, WTO, WHO 등의 국제기구에 대한 적극적인 참여와 협조가 과거에 비하여 매우 중요하게 된 것이다.

3) 혁명을 통한 사회의 혁신적 변화에 관한 사례

(1) 개관

인간의 역사를 보면, 기존 지배계층의 부정부패와 무능력, 이기주의, 그리고 20c 중반에 이르기까지 세계 대부분의 국가에서 거의 존재하지 않았던 중산층의 부재 등으로 인하여 국가의 지배계층에 대한 국민의 반항은 지속적으로 있었다. 그러한 과정을 거쳐 반항 세력이 기존의 지배계층을 폭력, 또는 비폭력적으로 붕괴시키고 새로운 지배계층이 탄생하게 되어 결과적으로 제도와 문화에 커다란 변화가 일어나게 되는 것을 혁명이라고 한다. 그러나, "지배계층의 변화가 사회의 성공적인 변화를 의미하는 것이 아니다."라는 것을 역사가 알려주고 있는데 Russia의 Proletarian 혁명이나 French 혁명에서 보여준 것과 같이 혁명의 성공이 곧 국민에게 새롭고 희망찬 삶을 제공하지는 않는다.

여기서 근대사와 현대사에 걸쳐 인간의 역사에서 커다란 변화를 일으켰던 혁명에 관한 사례를 간단히 보고자 한다.

(2) 영국의 명예혁명

1215년 6월 영국 국왕의 권한을 제한하기 위하여 국민의 지지를 받던 귀족과 기사가 국왕을 압박하여 당시의 국왕이었던 John이 서명한 Magna Carta가 차츰 그 효력을 잃게 되어 결과적으로 1688년 명예혁명이 발생하였다. 이 사건으로 Catholic 교도였던 James 2세가 퇴위하고 기독교 신도였던 William 3세와 Mary가 집권하여 공동정부를 구성하게 되었다. 이 명예혁명이 영국의 역사에서 큰 의미를 갖는 것은 1689년 권리장전을 통하여 국왕의 권한이 의회의 견제를 통하여 법적인 제한을 받으면서 법치주의가 실질적으로 진행되었으며, 특히 국민에 대한 조세규정을 의회가 갖도록 하였다. 비록 지금의 법치주의와 입법, 사법, 행정이라는 삼권 분립 기준과 비교하면 매우 미약하지만, 자유민주주의를 기반으로 한 현대 국가로의 전환점이 된 것이다. 또한, 19c의 France의 French 혁명과 Napoleon 전쟁으로 인하여 유럽이 큰 피해를 겪었으며 제2차세계대전을 앞둔 시기에는 전 세계가 극좌세력인 공산주의와 극우세력인 Fascism과 Nazism이 유행하였지만, 영국은 권리장전을 기반으로 한 자유와 법치주의를 점진적으로 발전시킴으로써 피의 혁명을 피할 수 있었다.

(3) French 혁명과 Napoleon 전쟁

French 혁명(1789년 5월 5일-1799년 11월 9일)은 France에서 일어난 시민 혁명이다. French 혁명은 엄밀히 말해 1830년 7월 혁명과 1848년 2월 혁명도 함께 일컫는 말이지만, 대개는 1789년의 혁명만을 가리킨다. 또한, 1789년의 혁명을 다른 두 번의 혁명과 비교하여 France 대혁명이라고 부르기도 한다. French 혁명 기념일은 매년 7월 14일로 국경일이자 공휴일이다. French 혁명의 발단이 된 바스티유 감옥 습격이 발생한 1789년 7월 14일을 기리기 위해서 이듬해 1790년 7월 14일에 진행된 혁명 기념 축제가 그 기원이다.

18세기에 대부분의 선진국에서 나타난 일반적인 특징처럼 France 사회는 절대왕정이 지배하던 앙시앵 레짐(구체제) 하에서 새로운 자본가

계급이 부상하고 있었다. 또한 미국 독립혁명의 영향으로 자유 의식이 고취되어 있었다. 이런 가운데 발생한 심각한 경제불황은 인구의 절대다수(98%)를 차지하던 평민들의 불만을 가중시켰으며 마침내 흉작이 발생한 1789년에 봉기하게 되었다. 시민과 농민의 개입으로 민중혁명의 단계로 변화된 이 혁명은 3년간에 걸쳐 모든 체제를 전복시켰다. 혁명 소식을 접한 피지배 계층이 자유와 독립 쟁취 의식에 고취되자 여러 민족을 거느린 유럽의 군주들은 불안감을 느꼈다.

French 혁명이 앙시앵 레짐(구체제)을 무너뜨린 후 80년간 공화정, 군주정으로 국가 체제가 바뀌면서 불안한 정치 상황이 지속되었지만, 뒤이어 이어진 Napoleon 전쟁과 함께 결국 유럽에 민족주의, 자유주의를 널리 퍼뜨리는 역할을 하였다. 또한 크게 보면 유럽과 세계사에서, 정치권력이 왕족과 귀족에서 자본가 계급으로 옮겨지는, 역사적으로 완전히 새로운 시기를 열어 놓을 만큼 뚜렷이 구분되는 전환점이 되는 사건이다. 자본주의의 발전기에 있어서 시민 계급이 절대왕정에 저항하여 봉건적 특권 계급과 투쟁해서 승리를 쟁취했으며 새로운 정부와 새로운 사회를 건설해 낸 최초의 사회 혁명이라 할 수 있다.

France는 18세기에 들어와서 혁명 전야까지 Spain 왕위 계승 전쟁(1701년-1714년), 미국 독립 전쟁 (1775년-1783년)을 비롯한 여섯 차례의 큰 전쟁에 참여했다. 참전의 결과는 France의 국익에 도움이 되지 못하고 재정만 낭비하는 결과를 초래했다. 루이 14세(재위 1643년-1715년)의 말년에 국가 재정은 위기 양상을 나타내기 시작했는데, 그 후 더욱 심각해지고 만성화되어 갔다. 또한 루이 14세의 낭트 칙령의 폐지(1685년)와 위그노 추방은 France 산업 발전에 심각한 악재로 작용했다.

France에서 부르주아의 발전은 영국과 비교하면 지지부진했으나, 18c 후반에는 중농주의자의 주장으로 대표되는 곡물 거래의 자유, 인클로저의 자유를 요구하는 세력이 대두되고 있었다. 공업에서도 면직물 공업이 18c 초부터 부상하기 시작해서 재래의 모직물, 린네르 공업과 경합하게 되었다. 18세기 후반, Guild의 규제는 여전히 강했으나, 자본주의식 공장제 수공업(manufacture)이 각지에서 증가하고 있었다.

1774년 중농주의자인 재무총감은 부르주아의 발전을 저지하던 영주와 국가의 통제를 없애버리려 했다. 1776년에는 "여섯 가지 칙령"이 공포되었는데, 이것은 농민을 노예 수준의 부담에서 해방하고, 공업에 있어서 Guild 제를 폐지하며, 농업과 노동에 대한 자유를 보장하는 것을 목적으로 한 것이다. 이것은 부르주아의 이해와 대립하는 봉건 귀족과 그들에 기생하던 특권 상인의 세력을 약화시키는 것이 불가피한 과제가 되었다는 것을 보여주었다.

집권 기간에 France의 재정을 안정화하고 체계적인 군대를 확립한 Napoleon은 Austria 제국과 Russia 제국과 같은 유럽 열강들과의 전쟁에서 크게 선전하고 프로이센 왕국을 상대로도 승리하며 전 유럽을 장악해 나갔다. 그러나, 영국이 트라팔가르 해전에서 Spain-France 연합 함대를 격파함에 따라 영국 침공 계획은 좌절되었다.

이 전쟁에서 가장 유명한 사건 중 하나는 바로 대륙 봉쇄령이었는데 이 명령은 바다 넘어 영국의 경제력을 약화시키기 위한 목적으로 France에 의해 시행되었으며 이를 실현하기 위해 Napoleon은 Spain을 점령하고, 대륙 봉쇄령에 따르지 않는 Russia까지 침공하다가 Russia 군대에 의해 뼈아픈 패배를 당하고 도리어 몰락을 자초하게 되었다.

Austria 제국과 프로이센, Russia 제국이 약화된 Napoleon 군대를 라이프치히 전투에서 결정적으로 패퇴시키고, 이어서 영국이 합류한 연합군이 France를 침공해 Paris를 함락시켜 Napoleon을 Elba 섬으로 유폐시켰으나, Napoleon이 Elba 섬을 탈출한 뒤 France를 다시 장악하는 일이 벌어졌으며 이에 제7차 대 France 동맹이 결성되어 1815년 6월 18일 Waterloo 전투에서 Napoleon을 최종적으로 격파하고 그를 Saint Helena 섬으로 유배하였다.

Napoleon 전쟁은 근대 유럽의 근대사에서 가장 큰 영향을 남긴 사건 중 하나로 평가된다. Napoleon의 유배 이후 유럽에서 개최된 Vienna 회의를 통해 세워진 Vienna 체제는 유럽에 새로운 국경을 구성한 결과를 가져왔다. 또한, 민족주의와 자유주의는 전 세계로 퍼져나갔고 Latin America에서는 Spain 제국에 맞서 Latin America 독립전쟁이 발발했으며 독일과 Italy는 각각 통일을 위한 기반을 마련하게 되었다. 그리고 영국은 이 전쟁 이후 해가 지지 않는 나라라는 세계적인 초강대국으로 발돋움하게 되었다.

이 시기의 유럽 경제는 제1차산업혁명으로 인하여 영국의 증기기관차와 면직업에 대한 새로운 기계의 발명으로 인하여 발생한 실업의 증가와 오랜 전쟁으로 인한 높은 Inflation 등이 이중, 삼중으로 겹치면서 매우 피폐해졌으며 법과 제도가 매우 미흡한 상태에서 과거 왕정 시대나 봉건시대의 농민에 대한 착취와 유사한 형태의 착취로서 새로운 계급인 자본가에 의한 노동자에 대한 착취가 관심을 끌게 되었다. 이 결과로 독일의 철학자이자 정치경제학자인 Karl Marx가 1867년 Capital이라는 저서를 출간하게 되었다. (namu.wiki. 및 The Armor of Light Published by Viking by Ken Follett 2023 참고)

French 혁명은 봉건제도를 무너뜨리고 유럽대륙에 새로운 정치집단과 정치체제를 가져왔지만, Napoleon이라는 새로운 독재자의 탄생과 10년이 넘는 오랜 Napoleon 전쟁(1803년-1815년)으로 인하여 경제적으로는 단기적으로 극심한 경제침체를 맞이하게 되었다. 물론, 장기적으로는 유럽에서 봉건제도가 무너지고 현대적 개념의 자유를 포함한 인권과 법치주의가 차츰 확립됨으로써 제1차 세계대전과 제2차세계대전이라는 커다란 홍역을 거치면서도 미국과 함께 세계의 정치와 경제를 선도하고 있다.

(4) Russia의 Proletarian 혁명

1917년 3월 8일(율리우스력 2월 23일) "세계 여성의 날"을 맞아 비보르크의 방직공업 여성 노동자들과 푸틸로프 공장의 노동자들이 "전제타도", "빵을 달라", "전쟁 반대" 등의 Slogan을 내걸고 파업을 시작했고 10일(25일)에는 페트로그라드 전 도시에서 총파업이 발생하여 군경과 시위대의 충돌이 본격화되었다. 12일(27일)과 13일(28일)에는 볼린스키 연대 등 진압을 명령받은 모든 병사가 혁명 세력 편에 가담하여 Russia 제국은 결국 무너졌다.

타협파, 또는 타협파 사회주의라는 단어는 Kerensky와 임시정부를 지지한 Mensheviks 우파 및 사회혁명당 좌파를 제외한 나머지 사회혁명당을 이르는 말이다.

　세상이 바뀌었지만, 민중들이 보기에 근본적인 문제점은 해결되지 않았다. 전쟁은 계속되고 있었으며 굶주림과 기아는 여전했다. 노동자는 여전히 착취당했고 토지는 지주들이 소유하고 있었으며 소수민족들에 대한 탄압도 여전했다. 이를 해결해야 하는 것은 자유주의자들로 구성된 임시정부였지만 이들은 이 문제를 해결할 의사가 없었다. 그들의 입장을 보면, 계속되는 전쟁이 임시정부의 자본가에게 오히려 이득을 보는 상황이었고 군의 위계질서를 확립해 반란을 방지할 수 있었으며 전후 세계질서 재편을 고려하여 서유럽과 연대하여 전쟁을 승리로 이끄는 것이 더욱 유리했다. 결국 임시정부는 제국 정부가 협상국과 맺은 모든 조약을 인정하고 "최후의 승리까지 전쟁을!"이라는 Slogan을 내걸기까지 이르게 되었다.

　노동자들은 점차 미온적인 모습을 보이는 임시정부와 Soviet에서 멀어졌고, 다시 그들만의 군위원회와 노동조합 공장위원회, 농민위원회를 만들었다.

　3개의 사회주의 정당 중 가장 소수였던 Bolsheviks만이 이러한 도시인들의 불만을 간파했다. 그들은 임시정부와의 협력에 반대하고, 전쟁 반대와 평화조약 체결, 공산주의 혁명을 주장했다. 그러던 중 Swizerland에서 망명 중이던 Vladimir Renin이 Russia 후방 전선의 교란을 목적으로 한 독일의 지원으로 4월 16일(4월 3일) 귀국했다. Renin의 실질적 의중은 독일의 의도와는 정반대에 있었다. Renin은 독일의 의도를 알고 있었지만, 독일이 제공한 열차에 탑승한다. 하지만, 독일의 의도는 분명했기에 사회혁명당과 Bolsheviks는 Renin을 독일의 첩자라며 공격했다.

　그러나, Renin은 페트로그라드 Poland 역에서 민중의 환호를 받으며 연설했다.

　혁명은 성공했지만, 권력을 잡은 Soviet 정부의 기반은 취약했다. 농촌에서는 농민 대다수가 아직도 사회혁명당을 따르고 있었고 도시에서는 적지 않은 민중들이 Soviet가 정부의 역할까지 맡는다는 것에 생소함을 느끼고 있었다. 도망친 Kerensky와 타협파 정당들은 즉각 반격을 개시했다. Kerensky는 반혁명파 카자크 부대를 이끌고 수도로 진격했다. 사회혁명당 우파와 Mensheviks는 사관생도들을 선동하여 반란을 일으켰다. 그러나 이들은 혁명의 성공으로 사기가 충만한 Bolsheviks에게 12월 초(11월 말)에 모두 패배하였다.

결과적으로 Soviet 정부는 노동자와 빈농, 병사들의 지지를 받으며 사회의 공산주의적 개조에 착수했다. 공산주의적 생산과 인민경제 관리를 위해 인민위원회 산하에 "최고인민경제회의"가 창설되었고, 지방에서도 각급 국민경제회의가 만들어졌다. 남아있던 봉건제의 유물도 일소하였다. 지주 소유의 토지가 사라졌으며, 신분과 호칭이 완전히 폐지되고 모든 러시아 주민이 "인민"이 되었다. 학교는 교회에서, 교회는 국가에서 분리되었다. 여성은 사회활동에서 남성과 동등한 권리를 행사했다, 11월 15일(11월 2일) 공포된 "Russia 내 모든 민족의 권리선언"은 Russia 안에 있는 모든 민족의 평등권을 법령으로 확립했다.

Soviet 정부는 인민의 경제, 문화적 욕구를 충족시키는 데도 힘을 쏟았다. 노동자들에게 식량이 우선 공급되었고, 그들은 지하실과 가건물에서 나와 부르주아와 지주 소유였던 좋은 집으로 몇 가족씩 합쳐 이주했다. 8시간 노동제가 확립되었고 노동조건도 개선되었으며, 산업재해와 실업에 대한 보험법도 발표되었다. 학교 교육과 의료서비스도 모두 무료로 제공되었다. 황제의 궁전과 부호의 대저택은 인민의 집회장, 요양소, 박물관이 되었다.

또한 Soviet 정부는 임시정부가 예전에 약속한 제헌의회 설립을 예정대로 이행하기로 결정했다. 10월 혁명 이후에도 제헌의회 설립은 여전히 민중, 특히 농민들에게 인기가 있었고 Soviet 정부는 이들의 요구를 수용해 신생 Soviet 정부에 대한 지지도를 확보하려고 노력했다. 민중들에게 의회제도가 얼마나 비효율적인지 직접 체험하게 하려는 것도 이들의 의도였다. 11월 25일(11월 12일), 20세 이상 모든 남녀가 자유로운 분위기에서 보통, 평등, 비밀, 직접의 원칙에 따라 제헌의회 선거에 참여했다. 그 결과 사회혁명당이 40% 득표로 제1당, 볼세비키가 24%로 제2당이 되었고 나머지 표는 기타 정당이 나누어 가졌다. Bolsheviks는 대도시, 공업 중심지, 군 주둔지에서 지지를 얻었고 사회혁명당은 농촌지역에서 폭 넓은 지지를 받았다. 하지만 선거 과정에서 큰 논란이 발생하였는데, 정상적으로 의회가 구성되었다면 사회혁명당 좌파와 친 Bolsheviks 세력이 과반수를 얻을 수 있던 상황에서 반 Bolsheviks 정당 중 가장 큰 세력이었던 사회혁명당 우파가 좌파에 대한 공천 학살과 사실상의 선거 조작을 하게 되자 큰 논란이 일어나게 된다.

결과적으로 과반수를 차지하게 된 반 Soviet 세력은 제헌의회를 통해 다시 한번 설욕전을 준비하려 하였다. 사회혁명당 우파의 Chernov를 대표로 하는 제헌의회 지도자들은 제헌의회를 Soviet 권력과 대치시켜 "모든 권력을 제헌의회로!"라는 Slogan을 내놓았다. 이에 대해 Soviet는 의원의 소환권을 도입하고, 제헌의회에 Soviet 권력을 인정할 것을 강력히 요구했다. 제헌의회를 둘러싸고 Bolsheviks 내부에서도 이견이 표출되었다. Kamenev와 Zinoviev는 Bolsheviks가 지배하는 Soviet를 혁명의 기둥으로 삼아 제헌의회를 견인하여 혁명 과업을 이루어가자고 주장했다. 그러나 Renin은 "Soviet가 제헌의회보다 백배 천배 민주적인 제도"라며 제헌의회가 결코 오래 가지 못할 것임을 천명했다.

결과적으로 2018년 1월 18일(1월 5일) 17시간의 토론 후 의회는 휴회했지만 중앙집행위가 Soviet의 이름으로 제헌의회의 해산을 명령함으로서 제헌의회는 단 하루만에 사라지게 되었다. 대부분의 대중들은(고작 2개월 존재한) 의회해산에 무덤덤하게 반응했지만, 의회의 활동을 기대했던 시민과 지식인들은 Bolsheviks의 조치에 수긍하지 못했다. 사회혁명당 좌파를 제외한 모든 사회주의 정당들은 Bolsheviks에 등을 돌렸으며 Russia 내전 때 Bolsheviks와 적대적인 관계를 유지하기도 했다.

제헌의회 해산 직후 열린 제3차 노동자 병사 Soviet, 농민 Soviet 통합대회는 제헌의회에 대한 정부의 정책과 "피착취 근로인민의 권리선언"을 승인하여 마침내 Bolsheviks가 권력을 확고하게 잡게 되었다.

이러한 과정을 통하여 1922년 12월 30일 Soviet Union을 건국한 것이다. (namu.wiki/ 및 The Winter of The World 역사소설 Published by New American Library 2013 by ken Follett 참고)

　Proletariat 혁명은 그들이 내세운 노동자의 권리 보장, 인간의 기본 권인 자유와 평등을 보장하기 위한 법치주의와 권력의 균형과 견제를 위한 삼권 분립 및 언론의 자유를 무시하였으며, 약간의 변화를 위한 시도는 있었지만, 비효율적인 중앙집권적 경제정책을 계속 유지하였다. 결과적으로 이러한 영향으로 인하여 부정부패가 만연하면서 경제적 비효율성과 소득불평등이 지속적으로 확대되었으며 1991년 12월 26일 스스로 Soviet Union을 해체하는 길을 걸은 것이다.

　즉, Russia의 Proletariat 혁명은 제정 Russia의 왕정 독재정권 대신 새로운 독재정권의 탄생을 달성한 것이지 국민의 자유와 경제성장을 이룬 것은 없었으며 유럽의 다른 국가들과 비교하여 경제적, 정치적, 사회적으로 국민의 삶이 개선된 것은 거의 없었다.

(5) Iran 혁명

　1978년-1979년에 미국의 강력한 동맹인 Palebi 왕조를 붕괴하고 Iran에 Islam 근본주의 색채가 강한 신정국가를 건국하기 위한 혁명으로서 Pahlavi 왕조의 부정부패, 무능, 부에 대한 불평등한 분배와 SAVAK(비밀경찰)의 활동에 기반한 억압적인 정치 행태 등이 국민의 분노를 일으켜 하층계급, 시아파 성직자, 시장 상인, 학생들 사이에 불만이 널리 퍼지면서 1978년에는 아야톨라에 대한 지지가 커졌으며 1979년 1월 16일, 샤는 Iran을 떠났고, 호메이니가 통치권을 잡았다. 그리하여 1979년 4월 1일 Iran에 이슬람 공화국(Islamic Republic)이 선포되었다.

　1979년, Iran 무장 세력이 Tehran에 있는 미국 대사관을 점거하고 55명의 미국 외교관을 인질로 잡은 뒤, 인질을 석방하는 대가로 Pahlavi 왕조의 마지막 왕인 샤의 인도를 요구했다. 인도는 거부되었지만, 샤는 나중에 Panama로 떠났고, 카이로로 갔으며, 그곳에서 대통령으로부터 망명을 허가받았다.

　미국은 Iran에 이슬람 공화국이 설립된 이후 Iran에 대한 경제제재를 지속적으로 실시하였는데 미국의 각각 다른 정권이 소위 4개의 경제제재

물결을 실시하였다. 이 경제제재를 연도별로 구분하면, 제1차는 1979년-1995년, 제2차는 1996년-2006년, 제3차는 2006년-2016년, 제4차는 2018년-현재까지이다.

미국의 지속적인 경제제재는 미국의 의도와는 달리 Iran의 저항경제를 성장, 강화하여 다양한 산업을 발전시켰으며 결과적으로 Oil에 대한 국가경제의존도를 대폭 낮추는 역할을 하여 소위 "Dutch Disease"가 발생하지 않은 긍정적인 효과를 가져왔지만, 소득불평등 악화와 경제성장률 저하, 중산층의 약화 및 극빈자 계층의 증가 등으로 인하여 Iran 사회를 지속적인 불안정 상태로 만들고 있다.

삶의 수준을 측정하는 방법의 하나인 Engel 지수(Engel's Coefficient)를 이용하여 Iran 국민의 삶을 살펴보면, 2010년의 29.9%에서 2020년에는 32.7%로 상승하였다. 즉, 삶의 수준이 10년 사이에 더욱 악화한 것이며 경제제재의 영향이 큰 것으로 파악할 수 있다. 이 수치는 1980년부터 시작된 Iraq와의 전쟁이 끝난 시기인 1988년의 Engel 지수 약 45%와 비교하여도 거의 개선되지 않은 것이다. (How Sactions Work Published by Stanford University Press 2024 by Narges Bajoghli and Vali Nasr and Djavad Salehi-Isfahani and Ali Vaez 51, 55, 95 page 참고)

Iranian의 삶의 수준을 이해하기 쉽도록 한국인의 Engel 지수와 비교하면, 한국 국민의 Engel 지수는 COVID-19 전염병 직전인 2019년 11.4%에서 2021년에는 12.8%이었다. (한국경제인협회 2023년 2월 16일 자료 참고)

이처럼 Iran 혁명도 앞에서 언급한 다른 혁명들과 마찬가지로 혁명의 성공이 새로운 정치체제와 경제 제도를 가져오는 것은 맞지만, 이것이 곧 국민에게 더 나은 삶을 보장하는 것이 아니라는 것을 보여주고 있다. 즉, 혁명이 성공하여 지배 세력의 혁신적 변화를 가져왔지만, 정치체제가 독재정권을 유지하고 있는 한, 국민의 삶이 개선되는 것과 국가발전을 달성할 수 있는 것은 한계가 있으며 국민의 부단한 노력을 통하여 법치주의와 자유민주주의 제도가 자연스럽게 정착하고 부정부패가 차츰 약화하면서 규제적 시장경제가 보장되어야 경제가 성장할 수 있는 최소의 조건이 되는 것이다.

참고로, 신정 독재국가 체제인 Iran의 국가 청렴도 수준을 살펴보면, 2023년 UN 산하단체인 Transparency가 조사한 세계 각국의 청렴도 순위에서 149위에 머물고 있으며 국가발전의 한계가 있을 수밖에 없는 것이 현재 Iran이 직면하고 있는 현실이다.

(6) 한국의 4.19혁명과 부마민주항쟁, 5.18 광주민주화운동, 6월 항쟁 등

한국의 현대사에는 사실상 혁명이라고 부를 수 있는 사건은 없었다. 흔히들 1960년에 일어난 4.19를 "4.19혁명"이라고 부르지만, 정확한 용어로는 기존정치 체제와 제도를 혁신적으로 변화시키기 위한 혁명이 아니라 부정선거에 대한 항의이기 때문에 4.19사태라고 부르는 것이 맞다.

즉, 4.19의 부정선거에 의한 항의는 대통령을 포함한 기존의 권력층 일부가 권력에서 물러난 것이며 이로 인하여 헌법이 의원내각제로 바뀌었지만, French 혁명이나 Russia 혁명과 같이 총체적인 지배계층과 지배구조의 변화는 없었다. 그러나, 여기서는 용어의 문제로 논쟁하는 것이 아니기 때문에 기존의 용어를 그대로 사용하고자 한다.

(가) 4.19혁명

1960년 3월 15일, 대대적인 부정선거가 발생했다. 선거 당시 발생한 폭력과 부정은 가히 상상을 초월하는 것이었다. 먼저 경찰과 정부 당국은 선거 전에 이미 투표함에 30%-40%의 투표지를 미리 넣어놓았다. 물론 이 투표지는 대부분 이승만과 이기붕으로 투표한 표였다. 대리투표는 기본이었고 물품을 뿌려 자유당 투표를 독려하는가 하면 투표를 도와준다는 명목으로 3인조나 5인조로 묶어서 투표를 하기도 했다. 3인조와 5인조로 투표할 경우에는 조장에게 투표지를 확인받아야 했다. 당연히 조장은 자유당 지지자였다. 심지어는 완장부대와 정치깡패를 동원하여 공포 분위기를 형성해 투표하는 시민들에게 위압감을 주었고 야당 참관인에게는 위협, 폭행 등 무력을 가하거나 투표소 시계를 조작해서 선거가 종료되지도 않았는데 투표 끝났다며 선거장 밖으로 쫓아내기도 했다. 이런 부정선거를 견디지 못하고 선거가 끝나기 전인 오후 4시 30분, 민주당 중앙당은 "3.15 선거는 불법 무효다."라고 발표했다.

선거 결과는 당연하게도 이승만과 이기붕의 압승이었다. 조작이 너무 완벽해서 양 후보의 득표율이 90%를 넘자, 당황한 정부가 임의로 득표율을 낮춰 이승만이 전체의 88.7%, 이기붕은 전체의 79%의 득표율을 기록했다고 발표했다. 자유당 간부의 증언에 따르면 장면의 압도적인 우세가 예상되었던 대구에서 "이기붕 5,000표에 장면 32표"라는 충격적인 결과가 나왔다고 한다.

이런 어이없는 상황이 전개되자 투표권을 우롱당한 국민들이 항의하기 시작했다. 당장 투표 당일인 1960년 3월 15일 오후 12시 45분에 광주 금남로에서 최초로 시위가 일어났으며(광주 3.15 의거), 시민과 학생들이 모여 "민주주의 장송곡"이라는 기치를 내걸고 시위를 벌이다 진압 과정에서 10여명이 부상하였다. 한편 마산에서는 아침부터 장군동 제1투표소에서 민주당 참관인과 자유당원 사이에 실랑이가 벌어졌는데, 참관인이 투표함을 엎어버리자 투표함에서 미리 기표해 둔 용지가 우르르 쏟아지며 부정선거가 적발되었고 이에 민주당 도의원이던 정남규 등은 10시 30분경 "선거 포기"를 선언하기에 이른다. 뒤이어 부정선거에 폭발한 시민들이 오후 3시 42분부터 오동동 민주당 경남도당사와 불종거리 등에서 들고 일어났다가 경찰에게 강제 진압당했고, 투표가 종료된 그날 저녁에는 마산시청(현 마산세무서)와 자유당 당사가 있던 자산동 일대에 3,000여 명이 모여 시위를 벌였다. (제1차 마산 의거) 이때 경찰의 집단 발포로 김주열 열사를 포함해 9명이 사망하고 80여 명이 부상하는 참극이 벌어졌다.

한편 김주열 열사의 경우 밤 10시쯤 최루탄에 눈을 관통당하여 사망하였는데 3월 15일 당시에는 실종자로 처리되었다가 4월 11일 시신이 마산 앞바다에 떠오르며 제2차 마산 의거의 도화선이 되었으며 이 4.11 의거는 전국적으로 번져나가 4.19혁명의 불씨가 되었다.

이 상황은 이승만 대통령에게 명백히 불리하게 돌아가고 있었다. 26일 아침 김정렬 국방부 장관이 강경하게 이 대통령에게 하야를 진언했고 부인 Franziska 여사도 귀에 대고 결심을 재촉했으며 4월 25일 외무부 장관으로 입각한 허정도 하야를 권유했다. 김정렬 회고록에 따르면 이미 이때 이승만 대통령은 하야로 가닥을 잡고 있었다. 이승만 대통령은 박찬일 비서관을 불러 성명서를 쓸 것을 지시했다. 초안에는 대통령 하야, 내각책임제, 재선거 등이 적혀있었지만 이승만 대통령은 "그렇게 쓰면 안된다."고 하면서 다시 작성하도록 했다. 그리하여 송요찬의 건의로 이기붕 부통령의 공직 사퇴 내용도 첨가되었다.

그때 송요찬 계엄사령관이 시민 대표, 설송웅 등 학생 대표 5명과 이승만 대통령의 면담을 주선했다. 고려대 정치학과 유일나 등이 경무대 후원에서 이승만과 면담했다. 유일나가 "각하께서 하야하시는 길만이 나라를 구하는 길입니다."라고 직언했고 이승만이 "뭘 하라고?"라고 알아듣지 못하자 옆에서 곽영주가 "step down"이라고 속삭였다. 이승만은 "나에게 저 Hawaii나 외국에 가서 살란 말인가?"라고 물었고 유일나는 "국민이 원합니다."라고 대답했다. 이때 미국 대사 McConaughey가 도착했다. 이승만 대통령은 대사를 기다리게 한 다음에 "그러면 앞으로 어떻게 해야 한다고 생각하는가?"라고 물었다. 유일나는 Egypt Nasser의 예를 들며 북한과 대치 중이니 2년간 군정을 한 다음에 민정으로 이양하는 것이 좋을 것이라고 했다. 허정이 옆에서 반대의 뜻을 밝혔고 이승만 대통령은 그게 송요찬의 지시로 한 말인 줄 알고 한국과 Egypt는 상황이 다르다고 반대했다. 결국 이승만 대통령은 시민 대표와의 면담을 받아들였다.

10시 20분경 드디어 이승만 대통령이 시민들의 요구에 굴복하여 사임할 것을 발표했다. 비슷한 시간인 9시 45분경 파고다공원에 몰려든 군중이 이승만 대통령 동상의 목에 철사 줄을 걸어 쓰러뜨렸다. 현재는 그 자리에 백범 김구 선생의 동상이 세워져 있다. 10시 40분에 이승만 대통령은 McConaughey 대사와 면담했는데 미국의 사퇴 압박을 전하려던 대사는 사퇴 성명서를 듣고 성명 지지 의사를 전달했다.

짐작하겠지만 "국민이 원한다면"이라는 표현이 논란의 여지가 있었는데 이에 수석국무위원 허정은 기자들에게 "이는 단지 문구상 표현에 불과하고 사실상 하야하는 것"이라고 확인해 주었다.

시민들은 방송을 듣고 경무대 앞에서 만세를 부르며 승리를 환호하였다. 시민들은 새로이 "질서를 지킵시다." Placard를 만들어 들고 다니며 사회를 안정시키고자 하였으며 길거리를 자발적으로 청소하는 학생들도 적지 않았다.

이승만 대통령이 물러나면서 자유당 정권과 이승만 추종자들은 저항할 여지도 없이 힘을 잃었으며 집이 무너진 이기붕 부통령은 이화장으로 도망친 28일 장남 이강석의 총격 자살로 일가족이 모두 동반 자살하는 비참한 최후를 맞았다. 그리고 이승만 대통령은 망명지인 Hawaii에서 1965년 7월 19일에 사망하였다.

그래도 시간이 지나면서 시국이 안정되고 나라가 정상적으로 발전할 것이라는 희망이 생겼다고 하는데 정치권은 민주당 신파인 장면 총리와 구파인 윤보선 대통령 사이에 권력다툼으로 여전히 혼란스러웠고 그 틈을 타서 1961년 5월 16일 박정희 장군는 군사 정변을 일으켰다(5.16 군사 Coup D'etat). 장면 총리는 Carmelites 수녀원으로 도망가서 나오지 않았고 윤보선 대통령은 기민하게 대처하지 못해 정변은 성공하게 되었다. (namu.wiki/ 참고)

(나) 부마민주항쟁

1979년 10월 16일부터 10월 20일까지 부산과 경상남도 마산시 등의 지역에서 일어난 대한민국의 민주화 운동을 일컫는다.
박정희 대통령의 제4공화국 유신체제에 대한 민중의 불만이 폭발한 사건으로 YH 사건과 함께 유신정권을 무너뜨린 결정적인 계기가 된 사건으로 평가받는다.

먼저, 부산의 시위에 대하여 알아보면,

그 시작은 항쟁 하루 전인 10월 15일이었다. 이날 공대생 이진걸이 "민주선언문"을, 법대생 신재식이 "민주투쟁선언문"을 각각 뿌리면서 오전 10시에 도서관에 모일 것을 호소하였다. 하지만 시간이 되도록 학생들이 모이지 않자 주동자들은 실패한 것으로 단정하고 해산하였고, 정작 10시 40분쯤 되어서 모인 수백 명의 학생들은 주동자가 나타나지 않았기에 흐지부지 해산하고야 말았다. 이에 큰 좌절감이 교정을 휩쓸었으나 그럼에도 교내의 각 동아리와 학생들은 시위 준비를 멈추지 않았다. 이 중 상대생 정광민이 나서서 "선언문"을 작성하고 16일 인문대 학생들에게 유인물을 뿌리며 "저 유신독재정권에 맞서 우리 모두 피 흘려 투쟁하자."고 선동하였다. 이에 수십 명의 학생들이 호응하였다.

정광민이 인솔하는 시위대는 도서관 앞에 이르자 수백 명으로 불어났고 곧 시위가 벌어지기 시작했다. 교직원들이 시위대를 말리려고 했지만 시위대의 숫자는 점점 늘어나기만 했다. 2,000여 명 정도로 불어난 시위대는 운동장을 한 바퀴 돈 뒤에 교문으로 나아가 시내 진출을 시도하였다. 전경은 최루탄을 쏘며 교내로 진입했는데 여기에 분노하여 교내의 다른 학생들까지도 시위대에 합류하였다. 오전 11시경 약 5,000명의 학생들은 세 갈래로 나뉘어 각각 대학 담벼락을 무너뜨리고 진압부대를 격파하여 마침내 시내로 진출하였다.

학생들은 일제히 부산 중심가인 남포동과 부산시청 앞, 광복동에 집결해 "유신 철폐"와 "독재 타도"를 부르짖었다.

오후 3시부터는 부산대 학생들의 소식을 들은 고신대학교와 동아대학교 학생들의 합류로 더욱 시위 규모가 커지기 시작했다. 시위 대열은 부산 국제시장 일대에서 Guerrilla 식으로 전개되었다. 바둑판 같은 골목길에 수십명 단위로 시위대가 돌아다니자 경찰들은 당황했다. 시위대 한 무리를 해산시키면 예상하지 못한 곳에서 시위대가 튀어나오곤 하였던 것이다. 여기에 시민들이 적극적으로 학생들을 응원해 주었다. 시민들은 응원하고 경찰의 진압 작전을 방해하며 쫓기는 학생을 숨겨주는가 하면 빵이나 김밥, 청량음료, 맥주 같은 먹을거리와 담배, 물수건 등을 던져주며 열렬히 호응하고 시위대를 격려했다. 퇴근 시간에 가까운 오후 6시부터는 회사원, 노동자, 상인들도 시위에 합류했다.

저녁 7시 5-7만여 명의 인파가 부영극장 앞 간선도로를 꽉 메운 채

시위의 물결을 이루었다. 시위의 주역인 대학생들 무리에 퇴근길의 회사원과 재수생, 교복 입은 고등학생, 심지어 상인과 노동자, 접객업소 종업원들까지 가세하였다. 이 시점부터 시위는 단순한 학생 시위를 넘어 도시 하층민까지 포괄하는 민중항쟁의 성격을 띠었다.

시민들은 "유신 철폐", "독재 타도", "언론 자유", "김영삼 총재 제명 철회" 등을 외치며 부산 시내를 쏘다녔다. 밤이 깊을수록 시위는 민중의 격렬한 저항으로 바뀌었다. 시위대는 새벽까지 부산 시내 곳곳을 돌아다니면서 보이는 파출소마다 공격하여 남포, 부평, 보수, 중앙 등 총 11곳의 파출소가 파괴되었고, 파출소마다 걸려 있던 박정희 사진도 철거되어 태워졌다. 시위대는 이를 보며 함성을 지르고 박수를 쳤으며 애국가를 부르기도 했다.

10월 17일, 이날부터 부산대는 임시휴교에 들어갔지만 시위를 멈추지 않았다. 부산대 교정에서 다시 수천 명의 시위대가 경찰과 충돌하다가 시내로 진출했다. 저녁이 되자 전날과 똑같은 양상으로 시위가 펼쳐졌다. 어제의 실패를 되풀이하지 않으려는 듯 경찰은 최루탄과 곤봉을 마구잡이로 썼지만, 시위대는 끈질기게 저항했다. 이날의 시위로 중구, 서구, 동구 지역 내의 거의 모든 파출소, 경찰서, 공공기관이 공격당했다.

이틀 동안의 격렬한 시위로 경찰 차량 6대가 전소되고 12대가 파손되었으며 21개소의 파출소가 불타거나 파괴되었다. 언론사와 경남도청도 공격당했고, TBC-TV 취재 차량이 투석당하고 피해를 입었다. 그럼에도 경찰은 시위를 제대로 진압하지 못하였다.

한편, 당시 부산에서 집계한 자료에는 부상자는 16일 하루 동안에만 학생 5명, 일반 시민 10명, 경찰 95명 등 총 110명으로서 그 가운데 중상자는 18명이었다. 그러나 시민들로선 자진 신고를 기피할 수밖에 없었던 당시 상황을 감안할 때 실제 피해는 그보다 훨씬 컸을 것으로 추정된다. 아울러 고문 피해자들도 양산되었던 것은 말할 나위가 없다. 부산의 시위 확산을 막기 위해서 박정희 정권은 18일 새벽 0시를 기해 이 지역에 계엄령을 선포하였다.

그리고, 마산의 시위에 대하여 살펴보면, 부산에 육군 특전사의

2,000여 명의 병력이 투입되었지만, 시위는 오히려 부산을 넘어서 마산까지 번졌다. 10월 18일 경남대학교 학생 1,000여 명이 기동 경찰 300여 명과 대치하다 투석전을 벌였고 3·15 의거탑에서 1,000여 명이 Scrum을 짜서 유신 철폐와 독재 타도 및 언론 자유를 요구하는 시위를 전개하는 등 시내 곳곳에서 대규모 시위가 전개되었다. 그날 저녁부터는 학생들과 시민 수천 명이 시내 중심가를 메우고 경찰과 투석전을 하는 대규모 군중 시위를 전개하였다.

마산 시위는 한층 더 격화되면서 민주공화당의 당사, 파출소, 방송국이 불타고 파괴되었다. 이에 인근의 창원출장소, 진해시, 함안군 등지에서 경찰병력이 넘어오고 2개 중대의 군인까지 투입되어 시위대를 진압하였다. 경남대학교는 18일부터 무기한 휴교에 들어갔으나 19일 학생들과 시민들의 경찰 차량 방화, 파출소, 언론기관, 관공서가 불타는 등 공권력에 대한 저항이 계속되었다. 이 시위는 대학생과 일부 고교생은 물론, 노동자, 폭력배, 구두닦이, 접객업소 종업원 등 도시 하층민들이 대거 가세하여 경찰, 군인과 충돌하면서 시위 강도는 한층 격해지고 있었다. 그리하여 마산의 항쟁이 수출 자유 지역 노동자와 고교생까지 합세하여 더욱 확산될 조짐을 보이자 정부는 10월 20일 0시를 기해 마산시와 창원출장소 일원에 위수령을 발동하였다. 육군과 경찰뿐 아니라, 대한민국 해군의 주요 기지와 부대들이 위치한 진해 지역에선 해군 육상 지원부대 근무자들까지 유사시를 대비해 시위 진압 등의 훈련을 급하게 하기도 했다. 해군사관학교에서 근무하던 어느 예비역 수병은 전역을 앞두고 있었는데 난데없이 샘브레이와 당가리 대신 잔뜩 실어와 던져준 민무늬 작업복 입고 힘든 시위 진압 훈련을 며칠 동안 하느라고 날벼락을 맞았다고 증언했다.

금은방 직원 전○○(당시 29세)은 시위에 참여하던 도중 시위대가 계엄군을 향해 투석하자 계엄군들이 시위대에게 달려들어 총 개머리판으로 무자비하게 구타했으며, 그때 군용차량 뒤편으로 피신하다가 6-7명의 계엄군에게 포위당한 후 총 개머리판에 머리, 얼굴, 팔, 다리 등 전신을 구타당하여 실신하였다. 그 뒤 두개골함몰분쇄골절로 인해 한독병원 응

급실로 후송되었으나 한독병원에서는 치료가 불가능하다고 하여 인근에 있는 한○○ 신경외과 의원으로 재차 후송되어 대수술을 받았다. 골절된 뼈를 제거하는 수술을 한 지 한 달 뒤에도 인공뼈를 심는 두개골 성형수술을 하였다.

부산 소재 동광섬유 직원 신○○(당시 37세)도 1979년 10월 18일 부산시 남포동 시위에 참여하였다가, 시청 부근에서 진압군에게 곤봉과 총 개머리판으로 머리 등을 구타당하여 뇌 손상, 뇌경막 손상의 상해를 입었다.

한국방송공사에서 제작한 "KBS영상실록" 2005년 9월 25일 방송분에는 "Beret를 쓰고 집총을 한 군인이 군용차량으로 이동하는 영상에는 한 군인이 총 개머리판으로 적색 상의를 입은 청년을 구타하고 옆에 있던 군인들도 함께 발로 차는 모습이 촬영되어 있고 이는 외신기자가 기록한 18일 부산의 모습이다."고 설명하고 있다.

마산경찰서 전투경찰(일경) 서○○는 진실, 화해를 위한 과거사정리위원회 조사에서 "나는 시위대를 구타한 사실은 없지만 낙하산 마크가 부착된 군인과 일반 군인들이 마산 시내에서 돌아다니면서 시민들에게 불심검문을 요구하고 이에 불응하여 도망가는 시민들을 잡아서 무자비하게 구타하는 장면을 본 기억은 있다. 당시 그 장면을 보고 무서워서 불안했던 기억이 지금도 선명하다."고 진술하였다.

국제신문 취재기자 조갑제의 취재 내용에 따르면 데모 군중에게 곤봉을 쓸 때는 어깨 밑을 때리는 것이 상식으로 되어 있지만 군인들은 데모 군중도 아니고 아무런 위협도 주지 않은 양민들의 머리를 주로 때렸다고 한다. 또 넥타이를 매지 않고 장발했거나 젊어보이는 남자들 중에 까닭 없이 붙들려가 견딜 수 없는 수모를 당한 사람들도 많았다고 한다.

이런 무자비한 진압 때문에 사망한 것으로 의심되는 사망자까지 나왔다. 사망자 신원은 마산 완월동에 살던 건설노무자 유치준(당시 51세)으로 그는 마산에서 항쟁이 발생한 10월 18일에 노무 일을 나갔다가 죽은 채로 발견됐다. 10월 19일에 작성된 마산경찰의 "마산 경남대 소요사건 1차 발생 보고서"에는 "변사자 발생, 목림여관 앞 도로변에서 50여

세로 보이는 노동자풍에 작업복 차림의 남자가 왼쪽 눈에 멍이 들고 퉁퉁 부은 채(코와 입에서 피를 흘린 채) 죽어 있었음. 민방위 모자, 얼굴 둥근 편, 키 160cm 정도", "정황으로 판단, **타살체가 분명**"이라 적혀있었다. 그의 신원은 소지품으로 들고 온 도시락 속의 주민등록증으로 확인되었는데, 경찰은 그의 신원을 확인했음에도 가족들에게 알리지 않고 부검과 가매장을 실시했다. 가족들은 그를 수소문했으나 찾지 못하던 차에 보름이 지난 11월 초에야 소식을 들을 수 있었다.

부마항쟁은 학생 운동이나 소수 명망가들에게 국한되어 있던 70년대의 그 어떤 반독재 민주화 운동보다 정권에게 치명적인 타격을 가했다. 단순히 소수 명망가와 지식인적인 학생들의 참여를 넘어 대중들이 광범위하게 개입하는 거대 사건이었다. 이는 부마항쟁의 주 참여층이 하층 도시민, 이를테면 중국집 배달원, 술집 종업원, 노동자, 구두닦이였고 수출지역의 노동자들의 참여하였다는 점에서 그 의미를 가진다. 이로써 답보 상태에 처해있던 70년대 학생 및 재야 중심 민주화운동의 한계를 단숨에 뛰어넘어 노동자와 시민 참여라는 커다란 의의를 가진 운동이다. 이는 4.19혁명에 이어 민주주의 성취를 위한 대규모 항쟁이었으며, 이러한 항쟁의 역사는 후에 5.18 광주민주화운동과 6월 항쟁으로 이어진다. (namu.wiki/ 참고)

(다) 5.18 광주민주화운동

1980년 5월 18일에 발생한 광주사태는 최근 한국 사회에서 광주민주화운동 또는 5.18 민주화운동, 또는 광주사태 등으로 다양하게 불리는데 그만큼 광주민주화운동을 바라보는 시각이 정치적 이해관계, 지역적 기반에 따라 매우 차이가 일어나는 극단적인 해석이 발생하고 있다. 그러나, 여기서는 이 글 주제의 극히 일부분이며 논리를 전개하는 과정에서 간단하게 언급하는 것이며, 이러한 논쟁에 가담할 의사도 없기에 최대한 중립적인 입장을 견지하면서 밝혀진 사실에 기반으로 하여 언급하고자 한다.

1980년 5월 18일부터 5월 28일까지 광주시민과 전라남도민이 중심이 되어, 조속한 민주 정부 수립, 전두환 보안사령관을 비롯한 신군부 세력의 퇴진 및 계엄령 철폐 등을 요구하며 전개한 대한민국의 민주화 운동이다.

당시 광주시민은 신군부 세력이 집권 시나리오에 따라 실행한 5·17 비상계엄 전국 확대 조치로 인해 발생한 헌정 파괴와 민주화 역행에 항거했으며, 신군부는 사전에 시위 진압 훈련을 받은 공수부대를 투입해 이를 폭력적으로 진압하여 수많은 시민이 희생되었다. 이후 무장한 시민군과 계엄군 사이에 지속적인 교전이 벌어져 다수의 사상자가 발생하였다. 대한민국 내의 언론 통제로 독일 제1공영방송 ARD의 위르겐 힌츠페터 기자가 5·18 광주 민주화 운동과 그 참상을 세계에 처음으로 알렸다.

1995년 "5·18민주화운동 등에 관한 특별법" 제정으로 희생자에게 하는 보상 및 희생자 묘역 성역화가 이뤄졌고, 1997년에 "5.18민주화운동"을 국가기념일로 제정해 1997년부터 대한민국 정부 주관 기념행사가 열렸다. 조선민주주의인민공화국에서도 본 사건을 "광주인민봉기"로 부르며 해마다 기념하고 있다. 왜 북한에서 광주민주화운동을 기념하고 있을까?

이 사건을 Motive로 하여 만들어진 대표적인 영화로 꽃잎, 화려한 휴가, 26년, 택시 운전사 등이 있으며, 2011년 5월에는 5·18 광주 민주화 운동 관련 기록물이 유네스코 세계기록유산에 정식으로 등재되었다.

1979년 10.26 사건으로 인해 박정희 대통령이 사망한 뒤, 같은 해 전두환 등 하나회를 중심으로 한 신군부는 12.12 군사 반란을 일으켜 군부를 장악하였고 전두환이 정권의 실권자로 떠올랐다. 1980년 초부터 보안사령관 전두환은 K-공작 계획을 실행하여 언론을 조종, 통제하기 시작했다. 전두환은 같은 해 4월 14일에 중앙정보부장 서리로 임명되어 대한민국 내의 정보기관을 모두 장악했다.

1980년 5월부터 정치 관여 의도를 드러내는 신군부의 움직임에 대한 반발로 "전두환 퇴진"을 요구하는 학생 시위가 발생했다. 같은 달 국회에서는 계엄 해제와 개헌 논의를 비롯한 정치 현안에 대한 논의를 본격적으로 진행하기 시작했다. 하지만 신군부는 정국 운영에 방해가 되는 세력들을 제거하기 위해 집권 Scenario에 따라 5월 17일 24시에 비상계엄을 전국으로 확대하였고, 계엄 포고령 10호를 선포하여 정치활동 금지령, 휴교령과 언론 보도 검열 강화 같은 조치를 단행했다. 신군부는 김대중, 김영삼, 김종필 등을 포함한 정치인과 재야인사들 수천 명을 감금하고 군 병력으로 국회를 봉쇄했다. 광주 지역 대학생들은 5월 18일에 "김대중 석방", "전두환 퇴진", "비상계엄 해제" 등의 구호를 외치며 시위를 일으켰다. 신군부는 부마민주항쟁 때처럼 광주의 민주화 요구 시위도 강경 진압하면 잠잠해질 것으로 판단하였고, 공수부대와 같은 계엄군을 동원해 진압했다. 신군부는 1980년 3월부터 5월 18일 직전까지 공수부대에 충정훈련을 실시했고, 5월 초부터 군을 사전 이동 배치하고 신군부에 반발하는 시위를 진압할 준비를 마친 상태였다.

 5월 18일 16시 이후로 광주 시내에 투입된 공수부대원이 운동권 대학생뿐만 아니라 시위에 참여하지 않은 무고한 시민까지 닥치는 대로 살상, 폭행하는 것을 목격한 광주시민들은 두려움을 넘어 분노를 느꼈고, 그 결과 중장년층뿐만 아니라 10대 청소년까지 거리로 나서 시위에 참여하면서 5.18 광주 민주화 운동은 걷잡을 수 없이 번졌다. 광주시민들의 격렬한 저항에 부딪힌 계엄군은 5월 21일 13시경에 전남대학교와 전남도청 앞에서 집단 발포를 한 다음에 철수했다. 이날 저녁 광주시 외곽으로 철수한 계엄군은 광주 외곽도로 봉쇄 작전을 펼쳤으며, 이 과정에서 차량 통행자나 지역 주민들의 희생이 발생했다. 5월 27일 0시를 기해 계엄군은 상무충정작전을 실시해 무력으로 전남도청을 점령했다.

 10일에 걸친 광주 민주화 운동 결과 사망자 166명, 행방불명자 54명, 상이 후유증 사망자 376명, 부상자 3,139명 등에 달하는 인명피해가 발생했다. 이후 호남 전역에서 전두환과 신군부에 대한 반감이 극도로 높아졌다. 당시 신군부는 언론 사전 검열을 실시하고 관제 보도를 의무화하도록 해 언론을 장악하고 조종했는데, 주한미국대사관과 주한미군 사령관 등 관련자들의 항의에도 불구하고, 당시 대한민국 내 언론이 미국이 신군부의 쿠데타로 5.18 민주화운동 진압을 승인했다는 보도를 쏟아내자 학생 운동권 내 미국에 대한 반감이 높아졌다. 이는 부산 미국문화원 방화 사건과 강원대학교 성조기 소각 사건을 비롯하여 1980년대부터 2000년대까지 발생한 각종 민주화 혹은 반미 집회와 시위의 도화선이 됐다.

신군부 인사를 주축으로 한 제5공화국 정부는 5.18민주화운동을 불순분자 또는 김대중의 사주로 인해 발생한 사건으로 왜곡했다. 1988년 제5공화국 비리 청산 분위기와 맞물려 열린 국회 광주진상특위에서 5.18민주화운동의 진상 조사가 이루어졌다. 1993년 문민정부 출범 이후로 1993년 5월 13일, 김영삼 당시 대한민국 대통령이 5.13 담화에서 "문민정부는 5.18 광주민주화운동의 연장선상에 있는 정부"라고 선언하면서 재평가가 가시화되었으며, 1996년 검찰의 수사에 의해 신군부 인사의 Coup를 통한 집권 의도와 5.18민주화운동 유혈진압 책임이 구체적으로 밝혀졌다. 대법원이 1997년에 5.18, 12.12 진압 관련자를 처벌하면서 공식적으로 광주민주화운동으로 재평가됐다. 대법원은 5.18 광주 민주화운동에 "피고인(신군부)의 국헌문란행위에 항의한 광주시민들은 주권자인 국민이 헌법수호를 위하여 결집을 이룬 것"이라고 규정했다. 대법원은 전두환, 정호용, 이희성, 황영시, 주영복 등을 5.18 민주화운동의 진압 책임자로 판시했다. (ko.wikipedia.org 참고)

(라) 6월 항쟁과 헌법 개정

1987년 6월 10일부터 7월 9일까지 직선제로의 개헌을 요구하는 시위가 한국 전역에서 발생한 전 국민적 투쟁이었다.

서울대학교 언어학과 3학년에 재학 중이던 박종철은 1987년 1월 13일 자정 무렵 하숙집에서 치안본부(현재의 경찰청) 대공분실 수사관 6명에게 연행되었다.

"대학문화연구회" 선배이자 "민주화추진위원회" 지도위원으로 수배를 받고 있었던 박종운을 체포하기 위해 연행한 것이었다. 취조실로 연행한 공안 당국은 박종철에게 박종운의 소재를 물었으나, 박종철은 순순히 대답하지 않았다. 이에 경찰은 잔혹한 폭행과 전기 고문, 물고문 등을 가하였고, 박종철은 끝내 1987년 1월 14일 치안본부 대공수사단 남영동 분실 509호 조사실에서 사망했다. 11시 45분 무렵에 중앙대 용산병원으로 옮겨졌는데 의사가 검진했을 당시 이미 숨져 있었다.

그러나, 당시 정부는 고문으로 사망했다는 사실을 은폐하기 위해 "책상을 탁 치니 억하고 쓰러졌다."라고 사망원인을 발표하였다.

2월 7일 전국 주요 도시에서 "박종철군 범국민추도식" 및 도심 시위가 열렸고, 이어 3월 3일에는 "박종철군 49재와 고문추방 국민대행진"과 함께 또 다른 시위가 열렸다. 이후 4월 2일 서울대학교 학생들의 학부모 130여 명이 건국대학교 사태 등 시국 관련 구속 학생의 징계 철회를 요구하며 철야 농성을 벌였다.

뒤이어 1987년 4월 13일, 그는 "대통령 특별담화"를 발표하여 개헌 논의를 유보하겠다고 밝혔다.

1987년 6월 10일 잠실체육관에서 민주정의당 제4차 전당대회 및 대통령 후보 지명대회 개회가 열렸고, 노태우는 이 대회에서 민정당의 제13대 대통령 후보로 선출되었다.

그러나, 같은 날 전국에서 반정부 민주화 시위가 일어났다. "민주헌법쟁취국민운동본부"의 주최로 대한성공회 서울교구 서울주교좌대성당에서 "박종철군 고문치사 조작, 은폐 규탄 및 호헌철폐 국민대회"를 개최하였다. 이를 대한성공회 서울교구 서울주교좌대성당에서는 "6월 민주항쟁 발생지" 기념비를 만들어 기억하고 있다. 민주헌법쟁취국민운동본부는 오후 6시를 기해 전두환 독재정권에 대한 민중항쟁의 뜻으로 차를 세워서 경적을 울려줄 것 또는 흰 손수건을 흔들어 달라고 지침을 내리어 택시운전노동자들의 경적소리와 시내버스에서 흰 손수건을 흔드는 시민들이 줄을 이었다.

여고생들은 민중항쟁 참여자에게 마실 물과 도시락을 가져다주는 등의 적극적인 참여와 지원을 하여 서울 도심에서 민중항쟁이 진행될 수 있었고, 특히 명동성당 농성 당시 성당 옆 계성여고 등에서 도시락과 물 등의 적극적인 지원으로 농성이 진행될 수 있었다. 당시 성공회 서울주교좌대성당에서는 감사성찬례(성공회 미사) 때 피아노를 연주할 전례 봉사자가 필요하다는 명분으로 민주헌법쟁취국민운동본부 관계자가 경찰의 감시를 피해 성공회 대성당 안에 들어올 수 있도록 하였다.

부산에서는 좌천동 고가도로에서 당시 27살이던 이태춘이 경찰의 최루탄을 직격으로 맞아 다리 아래로 떨어져 남구 대연동에 있는 병원으로 옮겨졌다가 병원의 시설 미비로 인해 오전 12시 봉생병원으로 옮겨져 치료 중 24일 밤 숨을 거두었다.

파출소 29곳, 경찰서 2곳, 민정당사 4곳이 불탔다. 민주헌법쟁취 국민운동본부는 이날의 평화대행진에 6.10 대회 때의 3배가 넘는 100만 명이 참여했다고 추산했다. 특히 회사원들인 넥타이 부대들의 시위 참여로 6월 항쟁은 학생 항쟁에서 시민 항쟁으로 변화했다는 평가를 받았다. 경찰력은 명백히 한계를 드러냈고, 국민들의 행진을 막을 수 있는 물리력은 계엄군밖에 없었다. 6월 항쟁은 고립된 한 도시에서가 아니라, 전국 동시다발로 진행되었다. 일선을 비워둔 채 전군을 시위 진압에 투입하지 않는 한 6월의 행진을 제압할 방안은 없었다.

민정당 대선 후보였던 노태우는 전두환에게 직선제 개헌안을 수용할 것을 건의하여 허락을 받아냈다. 이후 노태우는 대통령 선거 직선제 개헌, 김대중 사면과 복권 및 구속자 석방, 사면, 감형 등과 함께 야당과 재야 세력이 주장해 온 헌법 개헌 등의 한국의 민주화를 위한 요구를 대폭 수용하고 직선제 형태의 대통령 선거를 골자로 하는 내용의 8개항의 시국수습방안(6.29 선언)을 발표했다. 제5공화국 헌법을 직선제로 개헌하고 새 헌법에 의한 대통령 선거를 통해서 1988년 2월 평화적인 정부 이양을 실행하도록 했다.

노태우 민주정의당 대표의 6·29 수습 선언 이후 전두환이 몰락하게 됨과 동시에 직선제 개헌이 본격적으로 추진되었고, 제6공화국 새 헌법 개정을 위한 국민투표를 거쳐 1987년 10월 대통령 직선제 개헌이 이루어졌다.

6월 항쟁은 군사적 독재 정치가 종식을 고하는 계기가 되었다. 형식적으로는 노태우 정권의 출범으로 귀결돼 군사주의가 완전히 끝났다고 보기는 어렵지만 정치, 사회, 문화적으로 민주주의의 이념과 제도가 뿌리내리는 결정적 계기가 되었고, 각계각층의 민주적인 시민 운동이 비약적으로 발전하는 계기가 되었다. 6월 항쟁은 노동자, 학생, 시민, 빈민, 농민 등이 사회 전반에 걸쳐 전 지역적으로 전개한 투쟁이었고 항쟁의 전 과정은 바로 이렇게 참여한 모든 사람들이 각성하고 조직적 힘을 발하는 계기가 되었다. 특히, 노조를 통해 조직화하여 나타난 7월과 8월, 9월의 노동자 대투쟁은 향후 노동자의 사회적 위상을 급격하게 드높이는 결과를 가져왔고 사회적으로 주목할 만한 현상이 되었다. (ko.wikipedia.org 참고)

(6) Karl Marx의 저서 Capital에 대한 비판적 시각

1700년대 후반과 1800년대 초에 영국에서 시작한 증기를 기반으로 하여 방직기계와 선박의 발전을 시작으로 한 제1차산업혁명이 차츰 유럽으로 확대하고 있었으며, 정치적 측면에서는 French 혁명에 이어서 1800년대에 들어와 Napoleon이 기존의 계급 체제를 무너뜨리고 France의 새로운 독재자로 등극하여 유럽 전역을 전쟁터로 만들었다. Napoleon 전쟁(1803년-1815년)은 경제적 측면에서 자본가라는 새로운 지배 세력의 출현과 함께 정치적 측면에서의 기존 왕권 정치체제의 붕괴 및 자유민주주의 제도가 유럽 전역으로 확대한 계기가 되었다.

산업혁명 이전에는 Guild를 기반으로 한 기능인 위주이면서 수공업 형태를 유지하였으며 자신의 노동에 대한 보상이 대부분 자신에게 귀속되었는데 1700년대 후반부터 증기의 이용으로 시작한 제1차산업혁명은 새로운 계급인 자본가가 출현하였으며 기존의 노동 형태가 빠르게 변화하면서 노동에 대한 보상, 즉 교환가치도 노동자와 분리됨으로써 교환가치에 내재하는 원자재의 가치와 노동 가치를 포함한 사용 가치와 교환가치(가격)에서 발생하는 초과수익 가치를 자본가에게 귀속(착취)하는 현상이 발생하였다. 1867년 출간한 독일의 철학자이면서 경제학자였던 Karl Marx의 자본론(Capital)은 이러한 사회적, 경제적 변화를 매우 예리하게 파악하고 있었다.

Marx는 제1차산업혁명 이전의 농경사회가 주를 이루었던 시대에는 농업의 착취자로서 왕과 귀족, 종교집단이었으나 산업혁명이 출현하면서 나타난 새로운 계층인 자본가 계층과 노동자 계층 구조에서는 자본가가

노동자의 노동을 착취하는 대결구조로 산업사회를 본 것이다. 노동에 대하여 Marx가 파악한 또 다른 중요한 점은 제1차산업혁명으로 인하여 산업구조가 혁신적으로 변하면서 공장(Factory)가 출현하였으며 노동의 구조도 함께 변화하는 과정에서 협동을 통한 집단노동의 생산성이 각 개인이 독립적으로 수행하는 노동의 생산성보다 기하급수적으로 빠르게 상승한다는 것이다.

그러나, 제1차산업혁명이 처음 시작한 영국에서는 극좌적인 세력인 공산주의가 주도한 혁명이 일어나지 않고 당시에도 유럽에서 산업의 발전이 가장 늦었던 Russia에서 공산주의 사상을 기반으로 한 폭력적인 혁명이 일어난 것은 단순한 산업의 변화뿐만 아니라 당시 각 국가에 따라 나타난 다양한 사회적 문제와 문화적 차이 등을 복합적으로 살펴보아야 하는 것이다. 즉, 아직도 현존하고 있는, 극좌세력이 지배하는 국가인 중국과 북한, 쿠바와 같은 국가들은 Marx의 이론을 따르는 것이 아니라 자신들의 집권을 위하여 당시의 유럽 사회 현상을 깊숙하게 살펴보면서 노동의 가치에 대한 예리한 분석을 잘 반영한 Marx의 이론을 이용하고 있을 뿐이다.

또한, 제1차산업혁명이 태동한 시점에는 산업과 관련된 법뿐만 아니라 사회 전반에 법치주의가 겨우 싹을 뿌리는 시점이기에 탐욕의 결정체인 인간의 행동을 견제할 장치가 매우 미흡한 시기였다. 제1차산업혁명 이후 제4차산업혁명이 일어나고 있는 21c까지의 자본주의가 발전한 역사를 보면, 법적, 제도적 보완과 정부 역할의 변화와 확대, 교육의 질적 향상과 양적 확대 등을 통하여 결과적으로 Working Class로 대비되는 두터운 중산층이 탄생하였으며 Marx의 예상과는 다른 방향으로 세계가 발전하고 있는 것을 살펴보면 알 수 있다. 물론, 한국, 미국, 영국과 같은 몇몇 선진국은 1980년대 이후의 신자유주의 경제이론을 정책에 적용하면서 중산층이 약화하고 사회가 양극화하는 새로운 현상이 나타나고 있지만.

한편, 1866년 8월 16일 미국은 Baltimore 의회에서 법 제정을 통하여 노동자의 자본가에 의한 노예 상태를 해방하였으며 노동조합의 노력을 통하여 하루 8시간의 노동시간을 달성하였다. 즉, 대서양을 사이에 두고 두 대륙의 국가들이 노동시간의 제한과 다양한 근무조건에 대한 법적인 규정을 통하여 제도화함으로써 사회개혁을 점진적으로 진행하였다.

여기서 Marx의 Capital에 대한 오류를 간단하게 언급하자면,

첫째, 법적, 제도적 장치가 제대로 마련되지 않는 시기에 나타난 인간의 탐욕이 새로운 계급인 자본가에게 나타난 것이며 자본가 계급이 권력을 이용하여 착취하였다고 보는 시각보다는 자신의 노동과 자본, 불확실성의 Risk를 감내한 투자에 대한 투자의 보상이며 단순히 노동력에 대한 보상보다는 높을 수밖에 없다는 것이다.

둘째, 자본가 계급이 존재하지 않았던 시대에도 여전히 계급이 존재하였으며 노예제도를 이용한 인간의 착취, 왕족과 귀족, 종교집단 등의 하위계층에 대한 착취는 인간의 역사에서 지속적으로 존재하였다.

셋째, 가장 중요한 오류는 견제 세력이나 법적, 제도적 견제 장치가 존재하지 않는 Russia와 중국, 북한 등과 같이 독재정권을 유지하고 있는 국가는 자본가의 착취보다 훨씬 심각한 착취 행위가 여전히 다양한 형태로 발생하고 있다. 즉, 삼권 분립과 법치주의 확립이 미약한 국가나 (좋은) 교육이 이루어지지 못한 국가에서는 인간의 탐욕으로 인한 착취가 여전히 존재하고 있다. (Capital Published 2010 by Pacific Publishing Studio by Karl Marx 참고) (이 책은 Karl Marx의 원본 (1867년 독일어 출판)을 영어로 번역하여 재출간한 저서임)

3) 한국 정치의 후진성으로 인한 사건들

앞에서 언급한 한국의 4.19혁명, 5.16 군사 Coup D'etat, 부마민주항쟁, 5.18 광주민주화운동, 6월항쟁 등은 당연히 한국 정치의 후진성때문에 발생한 민중운동과 사건이었지만, 여기서 언급하려고 하는 것은 커다란 정치적 전환점을 가져온 민중운동 등을 언급하려는 것이 아닌, 법치주의가 확립되고 도덕성이 높은 국가에서는 발생할 가능성이 매우 낮은 Scandal 성향의 금전적, 정치적 사건을 언급하려는 것이다. 특히, 한국이

선진국을 향하여 질주했던 한국의 1인당 GDP US $20,000이 초과하는 2006년 이후의 사건들에 대하여 살펴보려고 한다. 즉, 노무현 대통령 재임 기간 이후에도 계속 발생하고 있는 권력을 이용하여 불법적으로 경제적 이득을 취득한 사건들을 주로 언급하고자 한다. 다만, 1997년 김영삼 대통령 시대에 발생했던 한국에서 발생했던 IMF 외환 위기를 제외하고.

(1) 노무현 대통령 재임 기간의 Scandal

노무현 대통령의 형인 노건평은 세종캐피탈이라는 회사로부터 30여 억원을 받고 농협이 세종증권(현 NH농협증권)을 인수할 수 있도록 청탁을 받은 혐의가 드러나 최종적으로 징역 2년 6월을 선고받았다.

이 사건의 2심 판결문에서 판사는 노건평에게 "평범한 세무공무원이 동생의 대통령 당선 이후로 Royal Family가 되었지만, Noblesse Oblige 에는 애초 관심이 없었다."며 강하게 질타했으며 그리고 이어서 "'내가 키웠다."고 자랑하던 동생이 자살했고, 이제는 해가 떨어지면 동네 어귀에서 술을 마시며 신세 한탄을 하는 초라한 시골 늙은이의 외양을 하고 있다."고 꼬집었다. 마지막으로 감형을 해주면서도 끝까지 비판을 가했다. 통상 판결문에는 최대한 감정을 배제하고 작성하는 것을 감안하면 판사 입장에게도 그의 행적은 도저히 눈뜨고는 못봐줄 상황이었던 것이다.

그는 2010년에 광복절 특사로 사면됐다. 노무현 대통령이 사망한 다음 해임에도 특사로 출소일 문을 나서는 노건평에게 길바닥에서 큰 절을 하는 사람을 웃으며 지나치는 모습에서 그 위세를 여실하게 볼 수 있다.

2015년 성완종 자살 사건으로 성완종 리스트가 드러나면서 다시 한 번 이름이 오르내렸다. 성완종의 청탁을 받고, 대통령 특사를 알선한 대가로 금품 5억 원을 수수한 것으로 알려졌으나, 이미 공소시효가 지나 법적으로 처벌받지는 않았다.

2000년대 일어난 박연차 Scandal로 곤욕을 치르기도 했으며 그가 여야를 망라하고 수많은 정치인들에게 뇌물을 뿌린 혐의로 검찰 수사를 받으면서 터진 이 사건에 노건평이 연루되어 다른 뇌물 사건으로 확대되었으며 동생인 노무현 대통령까지 검찰에 출두하게 되었고 결국 노무현 대통령의 수사 중 자살이라는 비극적인 상황에 이르게 되었다. 전직 대통령의 자살이라는 유례 없는 상황을 만들게 하는데 중요한 역할을 한 것이다.

이에 대해 노무현 대통령을 비난했던 사람들은 박연차의 뇌물을 받지 않았다면 노무현 대통령이 살아 있었을 것이라며 비판하기도 한다. 박연차는 당시 노무현 전 대통령에게 협의를 마치고 US $500만 달러를 줬다고 진술했지만 노무현 대통령은 이를 강하게 부정하며 사실이 아닌 것을 이야기하고있다고 반박했다. 노무현 대통령이 사망한 후 수사가 종료되었기 때문에 진실은 미궁 속에 남게 되었다. (namu.wiki/ 참고)

(2) 이명박 대통령 재임 기간의 저축은행 Scandal

2011년 발생한 저축은행 부실로 인한 영업정지 사건의 주된 원인은 부동산 개발 등의 Risk가 큰 사업들에 대해 제대로 된 심사 과정 없이 투자했기 때문이었다. 예를 들면, 캄보디아 개발사업(캄코시티) 등에 Project Finance의 형태로 무분별하게 불법적인 대출을 제공하고, 이로 인한 부실채권을 떠안은 저축은행의 사업 운용이 어려워졌기 때문이다.

이명박 정부는 영업 정지된 부실저축은행에 대한 전면적인 구조조정을 단행했다. 2011년 4월 예금자보호법을 개정하여서 "상호저축은행 구조조정 특별계정"을 신설했다. 2026년 12월 31일까지 한시적으로 운영하고 재원은 정부출연금 및 예금보험기금채권 발행, 보험료 수입의 45%, 외부 차입금으로 마련했다.

2023년 3월 예금보험공사가 작성한 상호저축은행 구조조정 특별계정 관리 백서에 따르면, 2011년 1월-2022년 12월 말까지 약 27조 1,717억원을 투입했으나, 가교저축은행 지분매각 및 파산배당금 수령 등을 통해서 13조 8,185억원을 회수하였다.

2013년 7월 2일 국회 본회의에서 "상호저축은행법 일부개정법률안"이 의결되었다. 개정안 내용은 저축은행 창구를 통한 후순위채권의 직접 판매를 금지하고, 저축은행 상품 판매 시 설명의무 부여 및 광고규제 신설하였다. 그리고 대주주 불법행위 혐의 시 해당 대주주에 대해 금감원이 직접 검사를 실시할 수 있도록 하고, 과징금 도입 등 제재를 강화하였다. (ko.wikipedia.org 참고)

(3) 박근혜 재임 기간의 Scandal과 심각한 법치주의 위협

(가) 세월호 사건과 최순실 Scandal을 이용한 정치 선동

먼저 2014년 4월 14일 인천에서 제주를 왕복하는 여객선인 세월호가 전라남도 진도군 관매도 부근 해상에서 확인을 할 수 없는 원인으로 침몰하면서 승객 중 299명이 사망하고 5명이 영구 실종된 대한민국의 해상사고다.

이 사고로 대한민국에는 엄청난 후폭풍이 닥치게 되었고, 대한민국 현대사에도 큰 영향을 끼치게 된다. 국민들은 참사가 일어난 것에 애통하며 함께 울었다.

이 사건은 안전불감증에 빠져 있던 한국의 안전 관리 실태와 혼란스러운 사회의 극치를 보여준 비극적인 사건으로 평가된다. 이 참사로 인해 당시 출범 2년차였던 박근혜 정부는 물론 대한민국 사회계, 정치계 모두 엄청난 후폭풍과 침체 그리고 공황에 시달렸다.

결과적으로 21세기의 대한민국 사회에서 매우 큰 사회적 파장과 영향을 준 사건 중 하나이기도 하다. 한국의 해상 사건 사고 중 다섯 번째로 많은 사상자를 냈고 1995년 6월 29일 서울 서초구 서초동에서 발생한 502명이 사망한 삼풍백화점 붕괴 사고와 330명이 사망한 1953년 1월 9일 부산시 다대포 앞바다에서 침몰한 창경호 침몰 사고, 1970년 12월 14일 제주도 서귀포와 부산을 왕복하던 326명이 사망한 남영호 침몰 사고 이후 4번째로 많은 인명피해를 낸 재난 사고이다. 20세기에 일어난 위의 사건들과 달리 21세기에 일어난 대형 참사이기에 국민들의 충격이 그만큼 컸다. 이 사고는 전 국민들에게 안전의 중요성을 결정적으로 깨닫게 했다.

또한, 이 사건은 최순실 Scandal과 함께 결과적으로 한국에 은밀하게 숨어있던 극좌적인 세력의 정치적인 이용까지 더해지면서 2017년 3월 10일 헌법재판소에서 박근혜 대통령의 탄핵 심판의 인용까지 이어지고

한국의 정치사에서 커다란 후퇴를 가져온 사회적, 정치적으로 악몽과 같은 사건이었다.

2016년 10월에 발생한 최순실 사건은

시작은 2016년 9월 20일 한겨레가 미르재단과 K스포츠재단 이사에 취임한 최순실이란 의문의 인물을 보도하면서 시작되었다. 이를 계기로 한국에서 가장 강력한 경제단체 가운데 하나인 전국경제인연합회가 800억 원에 달하는 거액을 특정 재단에 무상으로 기부한 것과 그 재단이 설립된 과정이 이례적으로 일사천리로 이루어진 것에 언론이 주목하면서 최순실을 국정감사 증인으로 채택해야 한다는 여론이 일었다. 이때부터 스멀스멀 올라오는 거대한 권력 비리의 냄새에 정치권뿐만 아니라 일반 국민들 또한 조금씩 주목하기 시작했다. 단순한 권력형 비리에서 초유의 국정농단 사건으로 비화되었고, 이 사건 자체가 모든 이슈를 집어삼키는 Black Hole이 되어 버린다. Black Hole이라 불리던 10차 개헌 논의조차 하루도 지나지 않아 이 사건에 밀려 사라진 것은 물론이고 세월호 참사와 함께 탄핵 사유로 몰고 가게 된 것이었다.

박근혜 대통령의 정치적 미숙함과 불법행위, 극단적인 세력과 언론을 중심으로 한 여론 동원과 여권의 분열 등의 복합적인 요인으로 인하여 악순환이 가속화하면서 2017년 3월 10일 탄핵 인용까지 간 것이다. (namu.wiki/ 참고)

(나) 박근혜 대통령의 탄핵

앞에서 몇 차례 탄핵에 대하여 언급하였지만, 여기서는 박근혜 대통령에 대한 탄핵을 법적 측면과 함께 정치적 측면을 최대한 객관적으로 살펴보고자 한다. 물론, 이 사건은 한 걸음씩 겨우, 겨우 앞으로 향하던 한국 정치를 엄청나게 후퇴시키면서 극단적인 대결로 향하게 만든 비극적인 사건이라는 나의 시각에는 변함이 없지만...

(A) 탄핵소추

헌법 제65조 ①대통령·국무총리·국무위원·행정 각부의 장·헌법재판소재판관·법관·중앙선거관리위원회 위원·감사원장·감사위원 기타 법률이 정한 공무원이 그 직무집행에 있어서 헌법이나 법률을 위배한 때에는 국회는 탄핵의 소추를 의결할 수 있다.

②제1항의 탄핵소추는 국회재적의원 3분의1 이상의 발의가 있어야 하며, 그 의결은 국회재적의원 과반수의 찬성이 있어야 한다. 다만, 대통령에 대한 탄핵소추는 국회재적의원 과반수의 발의와 국회재적의원 3분의2 이상의 찬성이 있어야 한다.

③탄핵소추의 의결을 받은 자는 탄핵심판이 있을 때까지 그 권한 행사가 정지된다.

④탄핵결정은 공직으로부터 파면함에 그친다. 그러나, 이에 의하여 민사상이나 형사상의 책임이 면제되지는 아니한다.

2016년 12월 3일 오전 4시 10분, 더불어민주당, 국민의당, 정의당과 무소속 의원 171명이 헌법과 법률 위반을 이유로 "대통령(박근혜) 탄핵소추안"을 국회에서 발의했다. 우상호 더불어민주당 원내대표, 박지원 국민의당 원내대표, 노회찬 정의당 원내대표가 대표 발의했으며, 구체적인 사유로는 헌법과 법률 위반이 제시되었다. 헌법 위반 행위로는 최서원을 비롯한 측근들이 정책에 개입하고 국무회의에 영향력을 행사토록 했다는 점에서 대의민주주의 의무를 위배했으며, 이들이 인사에 개입하여 직업공무원제 위반, 사기업에 금품 출연을 강요하고 뇌물을 수수했다는 점에서 국민 재산권 보장, 시장경제질서 및 헌법수호 의무를 위반했다고 지적했다. 또한 2014년 4월 16일에 발생한 세월호 침몰 사고에 대한 대응 실패로 헌법 제10조인 "생명권 보장"을 위반했으며, 국민의 생명과 안전을 보호하기 위한 적극적 조치를 취하지 않아 직무 유기에 가깝다고 적시했다. 법률 위반 행위로는 재단법인 미르와 재단법인 케이스포츠에 삼성과 SK, 롯데 등의 기업이 출연한 360억 원을 뇌물로 판단했고, 롯데가 70억원을 추가 출연한 것 등에 대해 뇌물죄와 직권남용, 강요죄를 적용했다.

국회는 2016년 12월 8일 대통령(박근혜) 탄핵소추안을 본회의에 보고하였다. 그리고 다음날(12월 9일) 표결에 들어갔다. 이 투표에서 투표자 299명 중 가 234표, 부 56표, 기권 2표, 무효 7표로 탄핵소추안-불참가 1인(새누리당의 최경환 의원)-이 가결되었다. 이날 국회 방청석 중 더불어민주당은 당에게 할당된 의석을 세월호 침몰 사고 유가족에게 방청석을 배정했다. 표결을 참관한 세월호 유가족들은 탄핵소추가 가결되자 눈물을 흘렸다.

이로써 박근혜 대통령은 탄핵소추안이 청와대에 도착한 때부터 헌법재판소의 선고가 있을 때까지 직무가 정지되었는데, 12월 9일 오후 7시 3분부터 임기가 정지되었다.

박근혜 대통령 탄핵소추안의 가결로 인해 황교안 국무총리가 대통령 권한을 대행하게 되었다.

(B) 탄핵심판
헌법 제111조
①헌법재판소는 다음 사항을 관장한다.
1. 법원의 제청에 의한 법률의 위헌여부 심판
2. 탄핵의 심판
3. 정당의 해산 심판
4. 국가기관 상호간, 국가기관과 지방자치단체간 및 지방자치단체 상호간의
권한쟁의에 관한 심판
5. 법률이 정하는 헌법소원에 관한 심판
②헌법재판소는 법관의 자격을 가진 9인의 재판관으로 구성하며, 재판관은 대통령이 임명한다.
③제2항의 재판관 중 3인은 국회에서 선출하는 자를, 3인은 대법원장이 지명하는 자를 임명한다.
④헌법재판소의 장은 국회의 동의를 얻어 재판관중에서 대통령이 임명한다.
제113조
①헌법재판소에서 법률의 위헌결정, 탄핵의 결정, 정당해산의 결정

또는 헌법소원에 관한 인용결정을 할 때에는 재판관 6인 이상의 찬성이 있어야 한다.

②헌법재판소는 법률에 저촉되지 아니하는 범위 안에서 심판에 관한 절차, 내부 규율과 사무처리에 관한 규칙을 제정할 수 있다.

③헌법재판소의 조직과 운영 기타 필요한 사항은 법률로 정한다.

헌법재판소법

제53조(결정의 내용)

① 탄핵심판 청구가 이유 있는 경우에는 헌법재판소는 피청구인을 해당 공직에서 파면하는 결정을 선고한다.

② 피청구인이 결정 선고 전에 해당 공직에서 파면되었을 때에는 헌법재판소는 심판청구를 기각하여야 한다.

제54조(결정의 효력)

① 탄핵결정은 피청구인의 민사상 또는 형사상의 책임을 면제하지 아니한다.

② 탄핵결정에 의하여 파면된 사람은 결정 선고가 있은 날부터 5년이 지나지 아니하면 공무원이 될 수 없다.

12월 9일 탄핵소추안이 헌법재판소에 전달되어 탄핵 심판이 개시되었다(사건번호: 2016헌나1). 탄핵소추위원은 새누리당 3명, 민주당 3명, 국민의당 2명, 정의당 1명이고 소추위원장은 새누리당 권성동 국회 법제사법위원장이다.

헌법재판소는 12월 9일 소추서를 접수받은 즉시 답변을 12월 16일까지 제출하라는 답변요구서를 인편으로 피청구인측에 송달하였다. 주심은 강일원 헌법재판관이 배당되었고 주심인 강 재판관과 김이수 재판관을 제외한 7명은 접수 당일 회의를 열었다.

12월 12일 김이수 재판관을 제외한 8인이 회의를 열었다. 헌재는 소추 사유를 선별 심리해 탄핵 사유로 인정되면 나머지 사유를 판단하지 않을지, 결과와 상관 없이 모두 심리할지에 대해 "법률상 선별 심리가 불가능하다."며 모두 심리한다고 밝혔다. 12월 14일, 변론 준비절차를 주재하는 수명재판관에 강일원 재판관(주심)과 이정미 재판관, 이진성 재판관이 지명됐다. 2016년 12월 16일 박근혜 대통령 측은 탄핵이 부당하다는 답변서를 제출했다.

헌법재판소는 12월 22일 1차 변론 준비 절차에서 박근혜 대통령의 헌법과 법률 위배 혐의 소추 사유를 5가지 유형으로 압축시켰다. 5가지 유형은 1. 비선조직 운영으로 국민주권주의와 법치주의 위배 2. 대통령 권한 남용 3. 언론 자유 침해 4. 세월호 참사 관련 생명권 보호 의무 위반 5. 뇌물 수수와 관련한 각종 위배 행위이다. 12월 27일 2차 준비절차에서 1차 변론을 2017년 1월 3일 오후 2시, 2차 변론은 1월 5일 오후 2시에 열기로 결정했다. 첫 변론은 피청구인 박근혜 측의 불참으로 9분 만에 끝났고, 2차 변론에서는 양측이 공방을 벌였다.

헌법재판소는 2017년 3월 10일 대심판정에서 피청구인 박근혜 대통령을 대통령직에서 파면시키기로 재판관 8명 전원일치로 결정하였다. 헌법재판소는 세계일보 사장 인사 개입, 문화체육관광부 간부 좌천에 대통령이 개입하였는지 확인하기 어렵고 세월호 침몰 사고 당시 대통령이 국가원수와 행정부 수반과 최고 군 통치자로서 전반적인 능동적인 작위적 행위로 헌법상 생명권을 보호할 의무가 있으나 명백한 생명권 보호 침해를 규정할 증거가 없다고 말했다. 하지만 최순실의 국정 개입을 통해 사익을 도모하도록 한 것은 헌법과 법률을 위배한 중대한 법 위반이라고 판단하여 박근혜 대통령을 대통령직에서 파면하도록 결정하였다.

재판관 김이수와 이진성은 세월호 참사와 관련해서는 피청구인(박근혜)은 생명권 보호 의무를 위반하지는 않았으나, 헌법상 성실한 직책 수행 의무 및 국가공무원법상 성실 의무를 위반했다고 볼 수 있다고 기술하였지만 성실 의무 위반 자체를 탄핵할 사유로는 충분치 않다는 보충의견을 내었다. 재판관 안창호는 보수, 진보라는 이념의 문제를 떠나서 정치적 폐습을 청산하기 위한 조치로서 파면해야 한다는 요지의 보충 의견을 내었다. (ko.wikipedia.org 참고)

(4) 문재인 대통령 재임 기간의 Scandals

문재인 대통령 재임 기간에 다양한 사건들이 발생하였지만, 여기서는 여러 국가기관이 관련되어 고의로 모른 척한 해양수산부 공무원 피격 사건과 청와대 핵심부가 부정선거에 깊이 관여한 사건만 간단하게 기술하기로 한다. 사실 이 두 사건만 가지고도 독자들은 박근혜 전 대통령에 대한 탄핵과 같은 기준으로 바라보면, 얼마나 차이가 있는가를 자연스럽게 느낄 수 있을 것이다.

(가) 해양수산부 공무원 피격 사건

2022년 6월 16일, 국가안보실과 해경, 국방부는 사건 관련 정보를 집중 검토한 내용을 공개했다. 국방부는 2020년 9월 발생한 해상 공무원 이대준씨 의 북한군 피살사건에 대한 조사에서 "실종 공무원의 자진 월북을 입증할 증거는 없다."며 "오직 북한군이 우리 국민을 충격으로 살해하고 시신을 불태운 정황만 있다는 것을 명확하게 말씀드린다."고 말했다. 해경도 "북한군에게 살해된 공무원의 월북 여부를 수사했으나 북한 해역까지 이동한 경위와 월북 의도를 발견하지 못했다."며 애초 발표를 번복했고, 국가안보실에서는 "우리 국민이 북한군에게 살해되었음에도 불구하고, 보안을 핑계로 유족에게 사망 경위도 알리지 않은 과거의 부당한 조치를 시정하고, 국민의 알 권리를 충족하기 위해 노력하겠다."고 밝혔다.

윤석열 정부는 이러한 내용을 토대로 "해당 공무원이 자진 월북했다고 단정하기 어렵다."는 취지로 문재인 정부와는 다른 반응을 보였다.

다만, 이날 발표에서는 공무원 이씨가 탔던 어업지도선의 참고인 조사 내용과 초기조사 내용을 공개할 예정이라 밝히기만 하였을 뿐, 2년 전 발표에서 월북 가능성을 제기하며 내놓은 근거들을 부정하거나 기존과 다른 결과를 내놓은 새로운 근거를 제시하지는 않았다. "국방부 감청 자료를 통해 실종자가 월북 의사를 표현했다고 하지 않았느냐?"는 취재진의 질문에 김대한 인천해경 수사과장은 "당시에는 그 자료가 중요한 내용이었지만 더 이상 추가 증거를 발견하지 못했다."며 모호한 대답을 내놨다. "2년 전 근거 자료에 관한 해석을 바꾼 것인가?"라는 질문에 대해서도 김성구 국방부 정책기획차장은 "당시에도 이씨가 월북 의사를 표명한 정황이 있다는 식으로 말했고, 단정적으로 말하지 않았다."며 명확한 답변을 회피했다.

이에 대해 문재인 정부의 국정기획상황실장을 지낸 윤건영 더불어민주당 의원은 페이스북을 통해 "해경을 포함한 우리 정부는 다각도로 분석과 수사를 벌여 월북으로 판단했다."라며 해경의 발표를 반박했다. 최재성 전 청와대 정무수석 역시 TBS라디오 "신장식의 신장개업"에 출연해 "당시 군의 여러 자료를 통해서 월북으로 판단된다고 발표를 한 것"이라며 "국방위에서 여야가 근거 자료 열람도 했고, 열람 이후 야당 의원들이 아무 문제 제기를 안 했다. 해경이 알아서 번복할 이유가 없고, 윤석열 대통령이 지시해서 발표를 뒤집은 셈", "권력에 의해 음모론을 기획한 것"이라고 비판했다.

6월 17일, 권성동 국민의힘 원내대표는 진상규명 Task Force(TF)를 구성해 서해 공무원 피살사건 진상을 철저히 규명할 것이라고 밝혔다. 감사원은 이날 서해 공무원 피격 사건과 관련 최초 보고 과정과 절차, 업무 처리의 적법성과 적정성 등에 대해서 해양경찰청과 국방부 등을 대상으로 특별조사국 소속 감사인력을 투입해 정밀 점검할 예정이라고 밝혔다.

피살 이틀 후 국방부는 북한이 만행을 저질렀다는 입장을 밝혔지만, 다음날 북한이 "총격은 있었다. 그러나, 시신을 태우진 않았으며 부유물을 태웠다."고 주장하자, 갑자기 정확한 사실 확인이 필요하다며 발언을 번복했다. 이에 국방부 관계자들은 당시 북한 통지문을 받은 국가안보실이 국방부 고위 관계자에게 정보가 부정확한데 만행과 같은 표현은 너무 나간 것 아니냐고 질타했다고 말했으며, 북한이 민감해 할 만한 사안이 생기면 합참 정보와 작전본부 보고서를 국방부가 안보실에 올려 최종 결론을 받는 구조였다며 사실상 당시 청와대가 입장 변경을 지시한 것이라고 말했다.

그리고 조선일보는 해당 사건을 두고 해양경찰청이 사건 7일 만에 자진 월북이라는 중간 수사 결과를 발표한 배경에는 당시 청와대 민정수석실 지침이 있었다고 보도했다. 당시 문재인 청와대 민정수석실의 A 행정관이 해경 지휘부에 자진 월북에 방점을 두고 수사하라는 지침을 전달했다는 것이다. 국방부는 "2020년 9월 27일 문재인 청와대 국가안보실로부터 사건 관련 주요쟁점 답변 지침을 하달 받았다."고 밝혔는데, 그동안 자진 월북의 가능성을 배제할 수 없다고 했다가(24일) 자진 월북으로 판단된다고 발표를 바꾼(29일) 해경 역시 비슷한 시점에 유사한 지침을 받았던 것으로 알려졌다. 이에 대해 김 전 청장은 "민정수석실 행정관으로부터 전화를 받은 사실이 없다."고 부인했다.

6월 28일. 해경이 2년 전 내렸던 월북 결론을 번복하는 과정에서 2년 전의 "국방부 자료"를 비롯하여 관련 자료를 다시 확인한 것은 없었다고 JTBC가 단독 보도했다.

더불어민주당 서해 공무원 사망사건 TF 위원장인 김병주 의원은 이날 국방부를 방문한 뒤 기자들과 만나 "국방부에 최종 입장을 물었더니 차관을 비롯한 국방부 측은 2년 전 정보 판단에서 나오는 월북 추정은 현재도 유효하다고 답변했다."고 주장했다. 그러면서 "(국방부는) 단지 6월 16일 발표는 해경이 수사 종결 발표를 하니 어쩔 수 없이 따라서 발표한 것이라고 답했다."고 주장했다.

김 의원은 "현 윤석열 정부 국가안보실과 국방부 장관, 차관으로 이어지는 "Top Down" 식으로 이뤄졌다는 것을 재확인했다."며 "지난 5월 24일 국가안전보장회의(NSC) 실무조정회의를 했고, 국방차관이 참석했으며 국가안보실 1차장이 주관했다."면서 "정보공개 소송과 관련된 내용들을 토의했고, 5월 26일 국방부 장관이 참석하고, 국가안보실장이 주관하여 관련 토의가 있었던 것으로 확인했다."고 설명했다.

특히 6월 16일 최종 수사 결과 발표와 연계해 국방부가 발표 문안을 작성했는데, 이 과정에서 국방부 차관과 장관에게 수차례에 걸쳐 보고되고 서로 지침을 주고받는 등의 소통이 이뤄진 정황도 포착됐다고 주장했다.

김 의원은 "지난 6월 16일 기자회견문에서 국방부가 최종 수사 종결 내용을 발표할 때 가장 문제가 되는 대목은 "다시 분석한 결과 실종 공무원의 자진 월북을 입증할 수 없었다."라는 문구"라면서 "국방부가 "사고 관련 분석을 했다."고 했지만 합참은 "분석한 적이 없다."는 것이 확인됐다."고 강조했다. 다시 분석하려면 합참 정보본부가 이를 수행해야 하는데, 그런 과정 없이 수사 결과가 바뀌었다는 것이다.

한편 군 당국이 2020년 9월 서해 공무원 피살 사건과 관련해 수집한 초기 기밀정보 일부가 군 정보 유통망에서 삭제됐다는 의혹도 제기됐다. 이에 박 전 원장은 자료를 삭제하거나 삭제를 지시한 사실이 없다며 의혹을 부인했다. 군 또한 "정보의 원본이 삭제된 것은 아니지만 군사정보 통합체계에 탑재된 민감한 정보가 직접적인 업무와 관계없는 부대까지 전파되지 않도록 필요한 조치를 한 것"이라며 문제가 없다고 반박했다.

10월 3일, 감사원은 사건에 대한 감사 과정에서 문재인 정부에서 행해진 새로운 범죄 혐의를 포착하여 검찰에 수사를 의뢰할 방침인 것으로 알려졌다.

13일, 검찰이 서욱 전 국방부 장관을 소환하였다. 검찰, 서욱 전 국방부장관 소환 또한 감사원은 서해 공무원 피살 사건과 관련하여 문재인 정부가 해당사건을 왜곡하고 은폐한 정황이 밝혀졌으며, 감사원은 "문정부 서해 피격 알고도 은폐"했으며, 피살당한 해양수산부 공무원 이대준 씨를 월북몰이 했다는 결론을 내렸다.

14일, 감사원은 피살된 공무원이 북한 함정에 발견되기 전에 중국 어선에 구조되었던 정황이 있었음을 확인하였다. 북한 함정이 발견한 당시 해당 공무원은 한자가 적힌 구명조끼를 입고 붕대를 감고 있었다는 것이고, 문재인 정부가 해당 첩보를 묵살했다는 것이다. 다만 실종자가 구조 후에 다시 바다에 빠지게 된 구체적인 경위와 사유는 아직 공개되지 않았다.

이후 감사원은 서해 공무원 피살사건 관련 점검 수사 요청에 따른 보도자료를 냈다.

문재인 정권을 지지하는 측에서는 감사원의 유병호 사무처가 언론 Play를 한다는 비판이 나왔다. 민변 사법센터는 법과 법률이 부여한 감사원의 권한과 역할, 적법절차에 따르지 않았던 부분을 강력하게 지적했다.

국정원은 "SI 첩보"로 파악된 정보에 월북단어가 들어가 있는 것으로 발표하였는데 서해 공무원 피격 당시 중국 어선의 유무는 파악하지 못했다고 밝혔다. 또 감사원이 이 씨의 표류 상황을 국정원이 합참보다 먼저 입수했다고 밝힌 것도 국정원은 사실이 아니라고 밝혔다.

한편 김규현 국가정보원장은 이 씨가 입고 있던 구명조끼에 중국어(간체자)가 적혀 있다는 사안에 대해 "국내에는 그와 같은 구명조끼를 쓰지 않는 것으로 안다."고 밝혔다. 또 국정원은 박지원 전 국정원장이 재직하기 이전까지만 해도 국정원장이 첩보 삭제 지시를 내린 사례는 없다고 밝혀 박지원 국정원장이 삭제 지시를 내렸다는 의혹에 대해선 긍정도 부정도 아닌 모호하게 대답했다. 이에 대해 박지원은 "국정원 측이 고의적으로 교묘하게 말장난을 한다."며 반발했다.

경향신문은 감사원이 해경에 28건의 공문을 보내 자료 제출과 출석 요구를 압박하는가 하면, "출석 조사에 협조하지 않으면 징역형에 처해질 수 있다."는 식으로 협박했다고 보도했다.

검찰 조사에서 김홍희 전 해양경찰청장은 "문재인 정부 당시 청와대 국가안보실의 지시로 자진 월북으로 발표했다."고 진술했다. 그리고 군 관계자들은 서욱 전 국방부장관이 "자진 월북 정황과 배치되는 정보를 삭제하라."는 지시를 내렸다고 진술했다.

2023년 12월 7일, 감사원은 "서해 공무원 피살사건 관련 점검 주요 감사 결과" 자료를 공개했다. (namu.wiki/ 참고)

(나) 울산 광역시장 선거 개입

2018년 지방선거를 앞두고 김기현 전 울산시장에 대한 경찰 수사가 진행되었는데, 그 최초 제보자가 민주당 송철호 현 울산시장의 최측근이자 현재 울산시 경제부시장인 송병기였고, 이에 문재인 정부의 청와대 민정수석실이 수사에 개입했다는 의혹이다. 송철호 울산시장 항목에서 볼 수 있듯이, 2018년 지방선거 국면에서 민주당은 내심 부울경 지역 광역단체장 석권을 기대하고 있었고, 문재인 대통령과 인연이 깊은 후보가 출마해 관심을 받았다.

동아일보의 "청와대선거개입 의혹" 사건 공소장으로 보도된 검찰의 공소장에 따르면 더불어민주당 송철호는 기존 선거에 8번 낙선하고 한번도 당선된 전력이 없으며, 울산 지역 출신도 아니었다. 또한, 수차례 당적을 바꾸어 가며 출마해서 당내 입지도가 취약했던, 경쟁력이 없는 후보였으며 언론에서는 송철호가 경쟁력이 없는 후보라고 일관되게 서술하고 있었다.

그러나, 송철호의 측근인 송병기는 경쟁자이자 당시 울산시장이었던 자유한국당 김기현을 낙선시키기 위해서 청와대 민정수석실에 비위 혐의를 제보했고, 이에 문제인 정부 청와대가 호응해 망신주기식 경찰 수사가 이루어졌다고 보고 기소했다. 아울러 검찰은 송철호의 공약인 공공병원 설립을 계획하고 김기현 시장도 임기 중에 산재모병원 설립을 추진했으나 김기현의 산재모병원 예비타당성조사 실패 발표를 늦춰서 의도적으로 선거 열흘 전에 발표했고, 당내 경선 경쟁자인 임동호에게는 고베 총영사직이나 다른 공사직을 제안해서 매수하여 울산시장 경선을 포기하게 하는 등 선거에 청와대가 조직적으로 개입했다는 혐의가 있다고 보고 기소하였다.

2018년 지방선거를 앞두고 김기현 울산시장이 수사를 받았으며 김기현 후보는 낙선했지만, 2019년 3월 검찰에서는 김 전 시장의 측근 3명에 대해 증거 부족으로 무혐의 처리한 바 있다.

김기현 수사를 맡았던 울산지방검찰청은 95쪽에 달하는 불기소 결정문을 통해 "수사 공정성과 정치적 중립성, 수사권 남용의 논란을 야기한 수사"라며 이례적으로 경찰 수사를 지적한 바 있다. 또한 송인택 전 울산지방검찰청 검사장은 "누구를 죽이기 위한 수사를 한 것으로 의심받을 수 있다. 자기 출세와 정치적 목적을 위해 선거를 망치고 국가의 기본을 무너뜨렸다."고 경찰의 행태를 비판했다.

이러한 경찰의 무리한 수사 행태의 배후에 청와대 민정수석비서관실이 있는지가 주요 쟁점이었다. 조국의 민정수석실에서 송철호 후보의 당선을 위해 경찰에 수사를 지시한 게 아니냐는 의혹이었다.

박형철 전 반부패비서관은 "지방선거를 전후해 현직 선출직 공직자와 관련한 비리 첩보가 이런 경로로 전달된 것은 김 전 시장의 사례가 유일했다. 똑똑히 기억한다."고 검찰에서 진술한 것으로 알려졌으며, 김태우 전 특감반원은 "(지난해) 특감반에서 김기현 (당시) 울산시장에 대한 문서를 봤다."며 "조국 당시 민정수석과 황운하(당시 울산경찰청장)가 등장하는 수사 동향 보고서였다."고 주장했다.

청와대에서는 통상적인 업무 처리라고 주장하고 있지만, 친여 성향의 시민단체인 참여연대는 "청와대의 통상적인 업무 처리라고 보기에는 석연치 않은 부분이 있다."며 "지방자치단체장은 청와대 감찰반의 감찰 대상이 아님에도 불구하고 해당 첩보가 청와대에 전달되었고, 압수수색 등 경찰 수사가 지방선거 직전에 진행된 것도 석연치 않은데 청와대가 울산지방경찰청에 넘긴 수사 과정을 보고받은 정황도 있어 엄정한 자체 조사가 필요하다."고 논평했다.

경찰 수사의 피해자인 김기현 전 울산시장은 "하명을 내린 이유는 뻔하지 않느냐. 대통령 친구를 당선시켜야 했기 때문"이라며 "민간인 사찰"이라고 주장했다.

결국 당시 울산지방경찰청장이었던 황운하 당시 대전지방경찰청장은 직권남용 등으로 고소당해, 서울중앙지방검찰청에서 수사에 착수했다.

그러나, 황운하는 기소된 상태임에도 21대 총선에서 대전 중구에 출마했다.

한편, 2024년 1월 18일, 검찰이 조국, 임종석, 이광철 등에 대한 재기수사를 명령했다. 서울 고검이 기존 수사 기록, 공판 기록과 최근 법원 판결 등을 검토한 결과 추가 수사가 필요하다고 판단했다.
검찰은 이 사건을 서울중앙지검 공공수사2부(정원두 부장검사)에 배당했다. 제1심 재판부가 본 건에 적용된 법조의 공소시효를 10년으로 판단했기 때문에 위 인물들의 선거 개입이 사실이라면, 수사 상 제한은 없다. (namu.wiki/ 참고)

6. 법조계

1) 법조계 관련 Scandals

사회나 국가는 공동체를 유지하기 위하여 국민과 구성원 모두가 함께 지켜야 할 법과 규칙이 있는데, 이에 대한 해석과 집행, 판단 등의 법과 규칙에 대한 전문인, 즉 변호사 자격이 있는 자들로 구성된 조직을 총칭한 것이 법조계이다.

따라서, 판사, 검사, 변호사 등으로 구성된 사회조직이며 국가와 사회의 유지와 발전을 위한 매우 중요한 집단인데도 불구하고 한국 사회에서 발생하는 대부분의 대형 범죄 관련 사건에는 법조인이 포함되어 있다. 이것은 법치국가의 중요한 일원으로서의 도덕성과 법치의 중요성을 무시하고 전문지식과 사회적 인맥을 이용한 탐욕스러운 행태가 한국에 만연하고 있다는 후진국의 한 단면을 보여주는 한국 사회의 씁쓸한 모습이다.

(1) 정운호 법조 Scandal

2014년 7월과 2015년 2월 정운호 대표는 도박 혐의로 조사를 받았으나 검찰로부터 무혐의 처분을 받았다. 이 과정에서 검사장 출신 홍만표 변호사의 개입이 있었다.

검찰은 해외 원정 도박을 알선한 범서방파 잔당 등의 조직을 수사하다가 2015년 11월 동남아에서 정운호 대표가 100억 원대의 도박을 했다는 정황을 확인했다. 이 돈이 회사 자금이라는 의혹이 있었으나 횡령 혐의를 조사하지 않고 도박만 조사했다. 정운호 대표는 원정도박 혐의로 1심에서 징역 1년을 선고받는다.

그런데 이 사건이 수상쩍은 구석이 있었다. 이때 담당 검사는 정운호

씨에게 상습도박 혐의로 징역 3년을 구형하는데, 실제 판결문의 내용에는 원래 상습도박죄라면 육하원칙에 따라 누구와 언제 어디서 어떤 형식의 불법도박을 얼마의 판돈으로 왜 상습적으로 했는지가 나와야 하는데, 이 판결문에는 해당 사실은 없고 정운호가 네이처 리퍼블릭의 100억원대 자금을 도박 판돈으로 썼다는 사실이 판결문에 기재되어 있었다. 사실이라면 이는 업무상 횡령이며 그 금액이 50억이 넘어가므로 "특정경제범죄 가중처벌 등에 관한 법률"에 적용되는 중죄이므로 5년 이상의 징역(집행유예 불가)에 해당하는 중죄다. 이 내용이 있다는 것은 공소장에도 이 사실이 기록되어있다는 것이다. 그런데 기소는 업무상 횡령이 아닌 2번 무혐의를 받은 적이 있어 상습도 아니었던 상습도박죄를 초범 형량도 아닌 법정 최고형인 3년을 구형한 것이다. 법조인들이 이 공소장을 보고 "검사가 이렇게 기소하는 게 말이 되나."라는 문제가 제기되었다.

결국 지난 2번의 무혐의 처분과 다르게 정운호 씨가 징역 1년을 선고받자 이에 불복하여 항소하였다. 여기서부터 본격적인 정운호 게이트가 시작되었다. 항소심에서 부장판사 출신인 최유정 변호사를 선임해서 보석 신청을 했는데 검찰 측에서도 거부하지 않았다. 이에 최 변호사는 보석이 받아들여질 거라고 판단해서 정운호 대표로부터 50억을 받는다. 하지만 보석 신청이 기각됐다. 이에 최 변호사는 받은 50억 중에서 30억을 정운호 대표에게 돌려준다. 결국 20억을 받은 셈. 하지만 정운호는 50억 전부가 성공보수라며 석방이 안 됐으니 나머지 20억도 돌려달라고 주장한다. 당연히 최 변호사는 20억을 착수금으로 받은 거라며 거부했다.

이 일로 싸움이 발생하면서 구치소에서 두 사람 간의 다툼이 생겼다. 최 변호사가 정 대표에게 폭행당했다고 주장한 것이다. 그리고 상해 고소장을 최 변호사의 남편을 자처하는 브로커 이동찬이 제출했다.

최 변호사는 문제의 20억 원을 다른 변호사를 고용하는 데 썼다고 주장했지만, 실제로 다른 변호사 고용에 든 비용은 5천만 원에 불과했다. 그렇다면 나머지 19억 5천만 원은 어디로 갔을까? 참고로 최유정 변호사의 주장에 따르면 자신의 몫은 6,800만 원이었으며 그 중 서류 복사비 1,400만 원, 2개월간 서울 구치소로 접견을 가기 위한 교통비 2,400

만 원을 제외하고 수익은 3,000만 원에 불과하다고 한다.
　　결국 최 변호사는 입원을 핑계로 전주의 모 정형외과에 있다가 체포되어 변호사법 위반 혐의로 구속됐다. 참고로, 한때 사법 정의를 실현하다던 판사의 지위에 있었건만, 체포 과정에서 정당한 공무수행을 하는 경찰관을 할퀴고 물어뜯는 추태를 보였다.
　　하지만 이것은 시작에 불과하였다. 즉, 네이처 리퍼블릭이 사장 정운호의 횡령은 물론 롯데 면세점에도 입점 로비가 있었던 것 아니냐는 의혹이 일면서, 이제 불길이 롯데가까지 번졌다. 롯데 비자금 조성 의혹 사건과 신영자 롯데 장학재단 이사장에 대한 의혹이 보도되었다. 그렇게 확대된 정운호의 뇌물과 부정 청탁 꼬리가 밟히면서 드러나는 추가 수사 결과는 Hell Scandal Open의 시작이었다.
　　2018년 사법농단 의혹 수사 과정에서 당시 검찰 수사 기록을 행정처가 보고받았다는 사실이 드러나 이 사건이 다시 수면 위로 떠올랐다. 이때 행정처에 수사 기밀을 유출한 부장판사가 신광렬이었다.
　　2019년 3월 검찰의 사법농단 수사 발표에서 정운호 Scandal에 연루된 법관 비리 수사가 확대되는 것을 막으려고 양승태 행정처가 전면적으로 개입하여 검찰 수사를 방해했다는 것이다. 실제로 사건 조사 당시 영장 무더기 기각에 의문을 제기한 일각의 여론이 있었는데, 드디어 진실이 드러난 것이다. 노컷뉴스에 따르면, 결국 위에 언급된 신광렬을 포함하여 조의연, 성창호 전　영장전담판사들이 한꺼번에 기소됐다. (namu.wiki/ 참고)

(2) 명동 사채왕과 최민호 판사 Scandal
　　이른바 "명동사채왕"으로부터 금품을 수수한 혐의로 구속된 현직 판사가 재판에 넘겨졌다. 서울중앙지검 강력부(부장검사 강해운)는 5일 사채업자로부터 2억원대 금품을 수수한 혐의(특정범죄가중처벌법상 알선수재)로 최민호수원지법 판사를 구속 기소했다.
　　검찰에 따르면 최 판사는 지난 2009년 2월부터 2011년 12월까지 동향 출신의 사채업자 최모(61세 수감)로부터 5차례에 걸쳐 모두 2억

6,864만원을 수수한 혐의를 받고 있다.

최 판사는 2009년 2월 사채업자 최씨의 친형한테서 대여한 3억원 가운데 1억 5,000만원을 무이자로 차용하였고, 같은 해 9월 100만원 수표로 400만원을 받은데 이어 차용금 반환 후 금전을 요구하며 현금으로 1억 5,000만원을 건네받은 것으로 검찰 수사로 밝혀졌다.

최 판사는 또 2010년 3월 충북의 한 대학병원에 입원했을 당시 병문안을 온 사채업자로부터 현금 1,000만원을 받았고, 이듬해 12월에는 사채업자에 대한 진정 사건 무마 명목으로 현금 1억원을 받은 것으로 조사됐다.

검사 출신인 최 판사는 2008년 지방의 모 검찰청에서 근무하다 작은아버지의 소개로 다른 지청에서 마약 혐의로 수사받던 최씨를 소개받아 친분을 맺었다.

최씨는 당시 인천지검 부천지청에서 변호사법 위반 혐의로 입건됐다가 마약 혐의로 추가로 검찰의 수사를 받게 되자, 사건무마 청탁을 위해 주임검사의 대학 동문이자 사법연수원 동기인 최 판사에게 의도적으로 접근한 것으로 파악됐다. 최 판사는 사채업자의 부탁으로 마약 사건을 담당하던 주임검사에게 사건처리와 관련해 의견을 묻기도 했으며 판사로 임명된 뒤에는 최씨로부터 사건기록 복사본을 넘겨받아 법리 검토까지 해준 사실이 드러났다.

결국 최씨는 마약 혐의로 기소됐으나 법원에서 무죄를 선고받았고, 이후 최씨는 주변 사람들에게 최 판사를 자신의 친동생처럼 소개하며 친분을 과시했다.

최씨는 이자만 받고 대여금을 주지 않아 거래 상대방이 국민신문고와 청주지법에 최 판사의 실명을 거론하며 진정서를 접수하자, 진정 사건 등을 무마할 것을 부탁하며 미안한 마음에 돈을 건네기도 했다.

최 판사는 주로 사채업자에게 뒷돈을 먼저 요구해 현금과 수표로만 받았으며, 대부분의 돈을 생활비나 아파트 전세자금, 주식투자 등에 사용한 것으로 알려졌다.

검찰은 마약 사건을 수사했던 김모 검사에 대해서는 최 판사나 사채업자로부터 부정한 청탁이나 금품을 받은 정황이 없는 것으로 결론 냈다. (뉴시스 2015년 2월 5일 박준호 기자 기사 참고)

(3) 윤상림 법조계 Scandal

윤상림 비리 의혹 사건이 세간에 회자된 지도 4개월이 지났다. 윤씨는 지난해 11월20일 김포공항에서 골프채를 든 채 체포됐다. 윤씨는 구속됐을 당시만 해도 단순 공갈범 정도로 여겨졌다. 비록 현대건설에서 9억원을 뜯어낸 혐의를 받고 있었지만, "그저 그런" 브로커로 보였던 게 사실이다.

매일, 매일 쏟아지는 의혹으로 분위기는 반전됐다. 급기야 "단군 이래 최대 브로커" 또는 "거물 법조 브로커"라고 하는 수식어가 그의 이름 앞에 붙기 시작했다.

그동안 밝혀진 것만도 윤씨의 활약상(?)은 대단했다. 청와대와 총리실이 들썩거렸다. 경찰에선 총책임자(최광식 당시 경찰청 차장)가 물러났고 그의 수행비서는 자살로 생을 마감했다. 현직 판사 한 명도 옷을 벗었다. 행정부, 입법부, 사법부, 군대 심지어 검찰 등 권부의 어느 하나도 윤씨로부터 자유로운 정부 기관이 없을 정도다.

"호남 출신 윤상림씨는 김대중 정부 때도 동향 권력자들과 친분을 쌓으며 영향력을 행사했다. 주로 청와대, 검찰, 경찰, 군 등 사정기관 관련 인사들이었다. 그러나 정권이 바뀌자 김대중 정부 때의 호남 실세 인사 대부분이 공직에서 물러나거나 힘이 급격히 빠졌다."

그러나 2002년 대선 당시 윤씨의 행적이 자칫 한나라당에 짐으로 작용할 수도 있었다. "전국구 브로커"인 윤씨가 한나라당 이회창 후보 선거캠프였던 일명 "부국팀"에서 "일정한 역할"을 했다는 의혹 때문이다.

당시 윤씨가 이회창 후보 측 인사들과 가까웠다는 사실은 윤씨 주변 인사들을 통해 확인되었다. 윤씨의 한 측근 인사는 "지난 대선 때 윤씨에게 전화를 걸면 "안녕하세요. 기호 1번 이회창입니다."라는 통화연결음이 나왔다. 내가 이상해서 "왜 그쪽 일을 하냐?"고 물었더니 윤씨가 "아무래도 이회창 후보가 당선될 것 같아 미리 보험을 들어놨다."고 말한 기억이 난다."고 했다. 그는 또 "당시 윤씨가 이 후보의 부국팀 핵심 Member들과 같이 다니면서 여러 일을 한 것으로 안다. 그러나 구체적으로 어떤 일을 했는지는 모른다."고 덧붙였다.

윤상림씨 주변 인사 수십 명과 면담을 했는데 이들이 전하는 윤씨의 행적은 한 편의 영화를 방불케 한다. 윤씨가 관리해 온 실세 인맥은 상상 이상이었다. 오랫동안 그와 동업했던 한 인사는 윤씨에 대해 "도박을 좋아했다."고 말했다. 또 다른 인사는 윤씨의 돈세탁을 도와주고 사례금을 받았다고 했다. 이들 중에는 군 장성 출신, 검사장 출신 변호사, 전직 국회의원도 있다.

지방경찰청장을 지낸 한 인사도 윤씨와 가까웠다고 윤씨 측 인사들은 말한다. 서재필 목사는 당시를 회상하며 "세운상가에서 사업을 하다 보니 경찰 간부들과 어울릴 일이 많아 서로 돕곤 했다. 이후 그들이 높은 자리로 가면서 윤씨가 함께 성장했다고 보면 된다. 당시 우리와 친했던 사람 중에서 경찰청장도 여럿 나왔고, 웬만한 고위직은 셀 수도 없을 정도"라고 전했다.

그가 지속적으로 100명-200명의 판.검사를 "관리"한 셈이었다. 그 가운데 그와 특히 친하게 지낸 인사로는 고검장을 지낸 L 변호사, 차관을 지낸 K 변호사, 검사장 출신 Y 변호사, 최모 현직 판사, 이모 판사, 홍모 판사 등이 있다. 그밖에 윤씨로부터 주기적으로 장학금을 받은 법조인도 많다고 한다. 검찰 관계자도 "조사하기가 무서울 정도"라고 했다.

윤씨는 30대 후반-40대 초반의 단독판사들에게 노력을 많이 기울인 것으로 알려지고 있다. (신동아 2006년 3월 3일 한상진 일요신문 기사 참고)

(4) 김홍수 법조계 Scandal

90년대 초 초등학교 동창인 법조인 친구를 통해 서울지방법원에서 근무하던 A모 판사를 소개받아 법조인과 경찰들과 친분을 쌓아가며 인맥을 넓혀 판사와 검사들의 술자리에 나가 술값을 대신 계산하거나 인사 때는 최고 300만원의 전별금을 주고 휴가비를 챙겨주었던 이란산 Capet 수입업자인 법조 브로커 김홍수가 2006년에 폭로하여 유발된 사건이다.

조관행 당시 서울고법 부장판사와 김영광 검사, 현직 경찰서장인 민오기 총경 등이 김홍수로부터 돈을 받고 재판이나 사건 처리 과정에 도움을 준 혐의로 구속돼 실형 또는 집행유예를 선고받았다.

2006년 7월 13일 서울중앙지검 특수1부 김현웅 검사는 2005년 7월 변호사법 위반 혐의로 기소돼 같은 해 12월 서울중앙지법에서 징역 1년 6월을 선고받고 복역 중인 법조 브로커 김홍수가 2002년-2005년 사이에 서울고등법원 부장판사 조관행과 전직 검사 김영광, 현직 경찰서장 민오기 총경 등 10여명에게 사건청탁과 관련하여 수백만-수천만원씩의 금품과 고급 Capet 등을 전별금 명목으로 제공했다는 진술을 확보했다. (ko.wikipedia.org 참고)

2) 사법부의 독립성 포기와 정치화

한국 사회가 경제적으로 뿐만 아니라 사회적으로 선진국으로 인정받기 위해서는 국가 System의 중요한 한 축을 맡고 있는 사법부의 판결에 대한 법치주의 및 독립성 확립과 정치적 독립성, 그리고, 구성원, 즉 판사, 검사, 변호사 등의 사회적 책임감과 도덕성이 매우 중요하다. 그러나, 1948년 8월 15일 합법적이고 자유민주주의 국가로서 수립한 이후 지금까지 사법부가 다양한 정치적 사건에 대한 사법적 판단을 진정으로 정치권이나 사회적 압력(여론) 등으로부터 독립하여 판단한 경우가 매우 드물었다.

즉, 건국 초기인 이승만 정권, 박정희 정권부터 시작하여 최근까지 각 정권에서 커다란 사회적 파장을 일으키는 사건에 대한 사법부의 판단은 법적인 판단보다는 집단의, 또는 개인의 이해관계에 따라서 기울어진 판결을 한 경우가 다반사였다. 과거 박정희 정권이나 전두환 정권과 같은 독재정권의 시기뿐만 아니라 여기서 살펴보고 있는 노무현 정권 이후 (1인당 GDP US $20,000 이상의 시대)의 사법부의 판결도 여전히 정권의 입장에 맞는 판결이나 권력을 실질적으로 장학하고 있는 집단을 위한 판결이 주류를 이루었으며 더 나아가 박근혜 정권 이후에는 여론의 향방에 맞추어 판결하기에 바쁜 것으로 보였다. 즉, 법치국가로서의 후진성을 보여준 것이다.

비록 시각의 차이는 있지만, 여기서는 사법부의 독립성 포기에 대한 최근의 사례를 살펴보고자 한다.

이른바 "사법농단" 혐의로 기소된 양승태 전 대법원장이 1심에서 무죄를 선고받은 것과 관련하여 진보와 보수 성향 변호사 단체들이 상반된 입장을 내놓았다.

진보 성향 민주사회를 위한 변호사모임(민변)은 29일 성명을 내고 "사법부의 독립성을 중대하게 훼손한 법관들에게 면죄부가 주어졌다."며 "사법부 내 권력 남용에 대해 사법행정권자의 법적 책임을 물을 수 없다며 법원이 스스로 사법의 독립을 포기하겠다고 선언한 것"이라고 밝혔다. 또 "대법원은 수사, 감사를 지시하거나 관여한 고위 공무원에게 일반적 직무권한을 인정해 왔다."며 "그럼에도 고위 법관들에게만 일반적 직무권한을 인정하지 않은 해석은 납득하기 어렵다."고 말했다. 고위 법관들이 재판에 관여할 수 있는 권한이 없다고 판단한 것이 잘못됐다는 것이다. 민변은 "법관 사찰, Black List 등 재판의 독립을 침해한 직권 행사가 존재했음을 인정했음에도 책임을 물을 수 없다고 판단했다."며 "구체적 정의에 반하는 판결"이라고 강조했다.

반면 보수 성향인 한반도 인권과 통일을 위한 변호사 모임(한변)은 같은 날 성명에서 "양 전 대법원장에 대한 무죄 판결문은 문재인 전 대통령과 김명수 전 대법원장에 대한 공소장"이라며 "검찰은 문 전 대통령과 김 전 대법원장의 권한 남용에 대해 즉시 수사에 착수하고, 사법농단 사건 전체에 대한 항소를 완전히 포기해야 한다."고 주장했다.

한변은 "대법원의 3차에 걸친 자체 조사에서 범죄로 볼 만한 직권남용이 없음이 확인됐는데도 문 전 대통령은 사법농단 의혹을 규명하라고 주문했고, 김 전 대법원장은 수사에 협조하겠다고 했다."고 말했다. 이어 "김 전 대법원장이 검찰에 모든 자료를 자발적으로 넘기며 자기 식구들을 수사 의뢰하면서 사법부의 위신과 권위가 치명적 상처를 입었다."며 "5년에 가까운 재판 과정은 사법부의 독립을 온전히 지키는 것이 얼마나 지난한 일인지를 극명히 보여준 시간이었다."고 덧붙였다. (문화일보 2024년 1월 29일 이현웅 기자 기사 참고)

앞에서 언급한 Scandals에 더하여 사법부가 스스로 독립성을 포기하면서 사회의 관심이 집중된 중요한 사건들이 개인적인 정치적 성향에 따라 재판 결과가 상식적인 범위를 크게 벗어나거나 재판이 매우 편향적으로 진행되는 것을 국민이 목도하여 소위 "Rule of The Law"가 아닌, "Rule by The Law"를 인식하게 되면 국민의 사법부에 대한 불신이 확대하게 되어 심하면 국민적 저항을 받게 될 가능성도 있다. 이미 언급한 울산시장 선거에 대한 사건이나 앞으로 언급할 윤석열 대통령의 탄핵 사건 등이 좋은 예이다.

또 다른 예로 현재 거대 야당 대표로 있는 이재명 대표는 여러 가지의 사건과 관련되어 소송을 진행 중이며 그 가운데 일부는 1심에서 유죄판결을 받고 진행 중에 있지만, 한번도 긴급 체포되거나 구속된 적이 없으며 심지어는 피고인 측의 재판 연기 요청이 없었지만, 담당 재판부가 미리 재판을 연기하기도 한 우스꽝스러운(?) 모습이 연출되기도 하였다.

한편, 2025년 1월 19일, 윤석열 대통령을 체포, 구속하는 과정에서 법원과 고위공직자범죄수사처가 보여준 불법적인 행태는 청년들의 분노를 일으켜 서울서부지방법원을 난입한 불행한 결과를 가져왔는데 이것은 곧 공권력이 스스로 법을 어기면서 불법과 폭력을 자행한다면 국민이 어떻게 반응할 수 있는가를 보여준 것이다. 또한, 윤석열 대통령이 헌법재판소에서의 탄핵 심판 과정에서 비상계엄을 선포한 이유가 부정선거를 확인하기 위한 한 방법이라면서 비상계엄을 통하여 확보한 부정선거에 대한 증거물을 제시하겠다는 요청을 거부한 것도 편파적이고 일방적인 심판 진행 과정이라고 할 수 있으며 헌법재판관들 스스로가 다양한 이유로 이해충돌을 일으키고 있다.

3) 법치주의 수준과 사법부와 선거관리위원회와의 이해충돌

한국의 현대사를 보면, 과거 독재정권 시대에도 꾸준히 Analogue 방식에 의한 부정선거에 대한 의혹과 시비는 지속적으로 있었지만, 여기서 언급하고자 하는 것은 지난 2020년에 실시된 21대 국회의원 선거와 2024년에 실시된 22대 국회의원 선거인데, 과거와 달리 주로 Digital 방식이 상용된 부정선거였으며 보조적으로 Analogue 방식을 사용하였기 때문에 일반 국민이 이해하기가 상대적으로 어려운 부정선거 방식이었다.

한국의 경우에는 다른 국가와 달리 1963년 1월 21일 중앙선거관리위원회라는 정부 조직이 독립된 헌법기관으로 설립되어 선거관리를 전담하는데 이 기관이 설립된 이유는 1960년 4.19혁명이 촉발된 원인이 부정선거였기에 중립적인 헌법기관을 설립하여 선거의 공정성을 확보하기 위한 목적이었다.

조직의 최고 직책은 주로 대법관이 맡게 된 비상근직인 중앙선거관리위원장과 상근직인 사무총장이 있지만, 실질적으로는 상근직인 사무총장이 모든 업무를 총괄하며 중앙선거관리위원장은 형식적인 역할을 하는 수준이었다.

그런데, 문재인 정권이 집권하면서 입법, 사법, 행정의 삼권이 실질적으로 장악되었으며 중앙선거관리위원회 사무총장도, 선거관리의 공정성이 문제가 된다는 야당의 반대에도 불구하고, 자신의 선거를 도와준 인물을 사무총장으로 임명하였다.

또한, 헌법으로 보장된 독립 기관이라는 이름으로 선거관리 업무에 대한 감사원의 감사를 받지 않으면서 이 기관을 견제하고 감시할 장치가 전혀 작동하지 않고 있는데 최근에 밝혀진 직원 채용에 대한 다양한 비리가 밝혀진 것처럼 인간과 인간의 집단으로 구성된 조직을 운영하면서 감시와 견제가 작동하지 않으면 부패할 수밖에 없다. 우스꽝스러운 일이지만, 부정선거를 방지하기 위하여 설치된 기관이 부정선거를 주도하게 된 역사적 Irony의 한 단면을 보고 있다. 조직에 대한 감시와 견제를 받지 않고 피고인이 재판하는 이해충돌의 금지를 위반하였기 때문에...

결과적으로, 2020년 4월 15일 실시한 21대 국회의원 선거와 2024년 4월 10일에 실시한 22대 국회의원 선거에서 전국적으로 부정선거 문제가 발생하여 국민들의 의혹이 확대되고 있는데 한국의 선거관리 제도는 선거관리와 사무를 총괄하는 중앙선거관리위원회가 하급 기관인 지방선거관리위원회와 함께 선거관리를 책임지고 있다. 여기서 문제가 되는 것은 사법부의 부장판사 또는 지방법원장, 대법원판사 등이 중앙선거관리위원장을 포함한 각급 선거관리위원장을 비상근으로 근무하고 있다는 것이다.

즉, 이미 언급한 것처럼, 지금과 같이 선거관리에 대한 의문을 제기하고 있는 상황에서는 각급 선거관리위원회가 피고인이 될 수밖에 없는데 재판을 주관하는 법원과 피고인으로서의 선거관리위원회가 중첩할 수 있어 이해충돌이 되는 것이다. 판사가 곧 피고인이 되는 상황에서 정당한 재판이 가능하겠는가? 선거의 공정성이 침해되고 있는 현실에서 공정한 재판이 진행될 수 없을 경우에는 자유민주주의가 심각하게 위협받게 되는 상황이 한국에 온 것이다.

좋은 예로 21대 선거에서 비례 대표에 대한 선거무효 소송을 맡게 된 대법원 판사는 선거소송을 심리하기도 전에 "이 소송을 내가 맡을 수 없다."고 선언하면서 재판정을 도망치듯 나가버렸다. 그리고 1년이 훨씬 지난 뒤에 비례 대표 소송을 포함하여 소송이 제기된 모든 선거 관련 소송을 일괄 기각하는 우스꽝스러운 사태가 일어난 것이다. 한국 사법제도의 후진성과 이해충돌 금지를 심각하게 위반한 제도의 문제점이 나타난 것이다. (참고로 한국의 공직선거법에는 6개월 이내에 마무리하도록 강행 규정으로 되어있으나 이를 위반했을 시의 벌칙조항이 없다. 대법관들이 위반했을 시의 벌 규정이 없음을 악용한 것이다.)

또한, 선거소송에 대해서는 사법부뿐만 아니라 수십 건이 제기된 선거에 대해서도 형사소송에 대한 검찰의 태도는 매우 의문스러운 것이다. 즉, 제기된 사건에 대한 조사를 전혀 하지 않았다.

2024년 4월 10일 실시된 제22대 국회의원 선거에 대하여 부정선거에 대한 의혹과 시위가 전국적으로 진행되고 있는데 지난 4년 동안의 사법부와 검찰의 태도를 보면 4.19혁명과 같은 엄청난 국민적 분노가 폭발하지 않는다면, 특별한 변화가 없을 것으로 보인다. 그 사이 사법부와 검찰의 도덕적 수준과 법치주의적 수준이 크게 바뀐 것이 아니니까. 최근, 윤석열 대통령이 비상계엄을 선포하면서 그 주된 이유로 부정선거를 언급하면서 많은 국민들이 부정선거에 대한 인식을 새롭게 하고 있다.

참고로 유럽 국가나 이웃의 일본이나 Taiwan 북미국가들의 선거에 대한 자세를 보면, 첫째, 투표권 행사에 대한 Hacking의 가능성 때문에 Digital System을 전혀 이용하지 않고 수 개표를 준수하고 있다. 둘째, 단 한 표라도 의심이 되는 경우가 있으면 전체의 투표를 무효로 하면서 재선거를 실시하는 경우가 있다. 이처럼 자유민주주의 국가에서 선거의 공정성은 선거의 신속성보다 훨씬 중요한 것이다.

그러나, 한국의 경우는 앞에서 언급한 두 가지 모두를 무시하면서 선거를 진행하고 있다. 예를 하나 언급하자면, 부정선거로 의심이 되는 수많은 투표가 개표 또는 재판에서의 검표 과정에서 출현했음에도 불구하고 당선에 영향을 줄 만큼의 수치가 아니라는 이유로 선거무효 소송을 기각하였다. 사법부의 법치주의의 의식 수준 차이와 함께 앞에서 언급한 피고인이면서 재판을 주관한다는 이해충돌이 발생한 것이다.

한편, 극히 일부이지만, 21대 국회의원 선거에서는 선거 무효소송 과정에서 재검표를 실시하여 많은 비정상적인 투표를 밝혔지만, 22대 국회의원 선거 무효소송은 모두 기각하면서 재검표를 전혀 실시하지 않았다. 그러나, 부정선거를 의심하는 세력은 더욱 확대되었다. 예를 들면, 비례대표 국회의원만 출마한 정당이 전국을 조사하여 자신의 당원들이 당 비례 대표를 투표한 수치와 해당 지역의 선거관리위원회에서 발표한 투표 수치의 차이를 조사한 결과 의심되는 결과가 나오면서 현재 부정선거를 강하게 주장하는 상황이다. 또한, 제22대 국회의원 선거를 감시한 "부방대"라는 단체에서는 다양한 부정선거 사례를 수집하였으며 대통령 관저가 있는 용산에서 대통령에게 부정선거 수사를 촉구하고 있다. 자유민주주의 국가에서 권력의 중심축이 이동하는 결과를 가져오는 매우 중요한 정치 행위인 선거와 관련된 국가기관-선거관리위원회, 법원, 검찰 등-들이 무너지고 있는 것이며 국민의 불신이 확대하고 있다.

4) 전관예우의 관행

사실, 이 문제는 한국 사회 전반에 잠재하여 있는 문제이다. 즉, 법치주의 확립이 아직도 미흡한 상황에서 "인정에 끌리는 경향이 많은" 한국이 극복하여야 할 문제인데 여기서는 법조계의 전관예우 때문에 발생한 사건과 관련하여 언급하고자 한다.

전관예우가 발생하는 요건은 흔히 다음과 같다.

첫째, 진입 장벽이 높고 업계의 전문성이 높아서, 법조계의 경우 한 번 업계에 들어오면 각종 제약에도 불구하고 은퇴 후에도 관련 계통의 일을 할 수밖에 없는 구조이다. 진입 장벽이 반대로 작용하면서 다른 일을 못 하는 장벽으로 작용하는 것이다.

둘째, 조직의 구조가 폐쇄적이고 권위적이라 외부의 개입 및 감시가 어렵고, 내부의 인맥이 엄청나게 중요하며, 필요에 따라서는 조직의 보전을 위해 자체적으로 인력을 쳐내는 경우가 잦다. 법조계가 특히 심한데, 사법연수원 기수에 따른 서열이 엄격하여 하위 기수가 높은 직책에 오르면 상위 기수가 일괄적으로 물러나는 것이 암묵적인 Rule이다. 당연히 조직에서는 후배의 성장과 조직의 기강을 유지하기 위해 자리를 양보한 선배에게 예우하지 않으면 안되는 압력을 받게 된다. 이걸 무시하면 윗선에서 압력이 들어오게 된다. 이런 환경에서는 실제 업무능력보다는 윗선의 인맥과 정치에 결과가 휘둘릴 가능성이 크다. 이 때문에 많은 Law Firm이 퇴직한 고위 법관이나 검사장들에게 높은 보수를 지급하면서 고용하여 이들에게 사건을 위임한다.

셋째, 법조계는 국가 내에서 독점적인 업무 및 권리를 가지고 있어서 외부인이 이 업무를 관여할 경우 현관 또는 전관을 불문하고 이들을 거쳐야 하는데, 소송은 이 사람들이 아니면 진행하는 것이 난감하기에 소송에서 이기려면 유능한 법조인을 고용해야 되는데, 이 "유능하다."는 기준이 실력이 아니라 법조계 인맥과 정치력일 가능성이 더 크다. 특히나 한번 실패하면 빨간 줄이 평생 가는 형사사건은 기소독점권을 가진 검사가 절대 "갑"의 위치에 있기 때문에 고위 검사 출신 변호사라면 검사 인맥을 이용한 전관예우가 매우 크게 작용하게 된다. 박근혜-최순실 Scandal의 나비효과로 지목된 전관예우 변호사들의 공통점이 바로 전직 고위 검사 출신인 것이 절대 우연이 아니다.

법조계에서는 "전직 판사 또는 검사(특히 부장 이상, 지청장 및 지원장 포함)가 퇴직한 뒤 변호사를 수행할 경우 현직 판, 검사가 재판이나 수사에서 전관 출신 변호사에게 특혜를 주는 것"을 말한다. 현직 변호사를 대상으로 한 설문조사 결과에 의하면 응답자의 91%가 "전관예우가 존재한다."고 답변한 바 있다. "돈 들어도 전관변호사 써라"…판, 검사도 실토한 "전관예우"같은 기사도 있다.

　그러나 현직 변호사들이 "전관예우"를 뚜렷한 실체 없이 일종의 수임 수단으로 사용하는 경우도 있음을 부인하기도 어렵다. 즉 전관 출신 변호사들이 사건을 수임하기 위해 자신의 영향력을 과장하는 것이다. 당연하지만 이러한 방법을 전관만 사용하는 것은 아니다. 전관이 아닌 변호사들도 해당 사건을 담당하는 판사들과 개인적인 인맥이 있음을 강조하면서 사건을 수임하거나, 심지어 의뢰인에게 판사와의 회식비를 요구하는 경우도 있다. 물론 이런 전관예우나 법조계의 인간관계 등이 실제 판결에 절대적인 영향을 미치는지는 확신할 수 없지만, 법조계가 워낙 좁은 상황이기에 사실상 모든 변호사가 어떤 통로로든 검사, 판사와 인맥이 있다고 볼 수 있다. 고등학교나 대학교 선후배 관계, 연수원 동기, 법원이나 Law Firm 등 같은 직장에서 근무한 경력 등등. 제 아무런 연고가 없는 변호사라 할 지라도 이런 통로 외에는 법조계에 발목을 들일 수가 없는 상황이기에 연수원 동기든 Law School 동기든 누구와 엮일 수밖에 없다. 그러나 그런 종류의 인맥이 그렇듯 동기나 선후배 관계라고 해서 꼭 깊은 관계인 건 아니고 얼굴만 아는 사이인 경우도 많다.

　물론, 전관예우를 굉장히 경계하고 부정적으로 보는 전관 출신 변호사들도 당연히 있다. 문제는 이 변호사들이 전관예우를 혐오하더라도 결국 판결을 내리는 것은 변호사가 아닌 판사이다. 판사가 전관예우를 해버리면 그만이다. 혹시 전관예우 아니냐고 따져도 증거가 남는 행동이 아니므로 일단은 법정에서는 판사가 결정권을 쥐고 있기 때문에 의미가 없는 행동이 되어버린다. 그렇다고 그 변호사라는 직업이 싫어서 변호사를 그만두는 것은 당장 생계를 포기하는 것이기 때문에 쉽지 않다. 즉, 단순히 개인이 해결할 수 없는 문제라는 것이다.

2015년 3월 대한변호사협회는 차한성 전 대법관의 변호사 개업 신고를 거부, 법조계의 고질적인 전관예우에 대해 강경한 반대의견을 보였다. 하지만 이에 "직업선택의 자유"를 침해한다는 지적이 있었고, 4월 법무부는 차한성 전 대법관의 신청을 받아 진행한 유권해석에서 대한변호사협회의 변호사 개업 신고 거부가 적절한 법적 근거 없이 반려되었음을 이유로 반려는 부당하다는 의견을 내었다. 참고로 여기서 유권해석은 법적인 해석을 한 것으로 법무부가 법적인 판결을 내린 것은 아니다. 오해를 피하기 위해 추가 서술을 하자면, 본 글은 차한성 전 대법관이 "전관예우를 했다."는 말을 하는게 아니라, 대한변호사협회가 그러한 우려를 가지고 취했던 행동에 대한 사실을 기술한 것이다. 차한성 대법관이 변호사가 되더라도 그 자체로는 전관예우라고 할 수 없다.

전관예우 문화를 근절하기 위해 판사나, 검사로 있다가 퇴직한 자는 1년간 마지막 근무지에서 변호사 개업을 못 하고, 현직에 있었던 시절 자신이 맡았던 사건을 수임하지 못하게 하는 등의 제한이 변호사법이나 변호사업 관련 윤리규정에 정해져 있다. 또한 고위 공직자의 전관예우 문제도 계속 사회적 문제가 되고 있어, 이 문제는 갈수록 규제가 강화되리라 예상된다.

결국 사태의 심각성을 인지한 대한변호사협회는 2016년 6월 27일 "변호사업무광고규정"을 개정하여 "수임 제한의 해제 광고"를 금지하기에 이르렀다.

전관예우의 대표적인 예로, 전직 대법관이 상고심을 대리한 사건은 일반 변호사의 경우에 비해 심리불속행 기각(상고심절차에 관한 특례법에 나온다.)에 당하는 비율이 1/6밖에 안 된다. 이는 아무리 대법관 출신이 실력이 좋다고 해도 상식적으로 이해하기 어려운 비율이다. 그래서 심리불속행을 면하기 위한 "도장값"을 대법관 출신 변호사에게 주고 소송위임장에 그의 "이름만 얹어서" 상고이유서를 제출하는 예들이 실제로 존재한다고 알려져 있다.

우병우가 민정수석이 되기 전 변호사를 할 때 "전관예우"로 거액의 수임료를 챙긴 것으로 드러났다. 심지어 우병우가 맡은 사건마다 우병우가 사건 수임 시 장담한 것처럼 몇 개월 되지 않아 검찰의 무혐의 처분이 나왔다고 한다. 그런데 전관예우를 충분히 의심할 만한 사안이지만 이를 입증할 증거가 부족하다는 이유로 변호사법 위반으로만 입건되었다.

기업 재판에서 호화 변호인단을 꾸려 판결을 받아내는 것 역시 입증된 전관예우의 방증이다. 태광그룹 황제 보석 사건에선 구속 집행마저 방어하는 전관예우 변호인단의 저력을 보여주었다. 최근에는 재계에서 아예 내부에 준법 조직을 꾸려 법무팀과 별도로 전관 고위직을 영입하기도 한다. 전관의 지속적인 내부 관리로 잠재적 사법 Risk를 줄이겠다는 전략적 접근이다.

이재명 의원도 경기도지사 시절 상고심 재판과 관련하여 전직 고위 판검사들로 구성된 "호화 변호인단"을 꾸렸는데, 이에 대해 전관예우를 통해 재판을 유리하게 이끌려 한다는 비판이 나오고 있다. 수원지방검찰청 공안부장 출신인 이태형 변호사, 이상훈 전 대법관, 이홍훈 전 대법관과 송두환 전 헌법재판관이 이재명 지사의 변호인단에 속해 있다. 게다가 이재명은 과거 2017년 더불어민주당 대선 경선에서 법조계 전관예우를 뿌리 뽑겠다고 공약한 바 있다.

송영길도 2016년에 소위 전관예우금지법(변호사법 일부개정법률안)을 발의했으나(해당 법안은 임기 만료로 폐기), 자신이 더불어민주당 전당대회 돈 봉투 의혹 사건으로 구속 기소되자 전관들이 포함된 매머드급 변호인단을 선임했다.

사법정책연구원은 2020년 1월 16일 "해외의 전관예우 규제 사례와 국내 규제 방안 모색"이라는 보고서를 발간했다. "국내 전관예우로 인한 사법 불신이 심각한 상태"라며 "전관 변호사의 개업 소득을 줄이는 방안을 우선적으로 고려해야 한다."는 내용이다. 즉, 이 보고서를 통하여 사법부가 전관예우가 있다는 것을 인정한 것이다. 보고서는 "법관들이 변호사로 개업하는 가장 큰 동기는 개업 후 얻을 소득과 종전 법관 보수와의 막대한 격차" 때문이라고 분석했다. 그 연장선상에서 근본적인 해결책으로 "개업 후 얻을 소득을 줄여야 한다."는 점을 제시했다. 보고서는 전관 변호사들의 개업을 막거나, 개업을 막지 못한다면 특정 사건을 수임하지 못하도록 해야 한다고 제안했다. (namu.wiki/ 참고)

7. 정부의 관료조직

1) 개관

앞에서 언급한 판사조직이나 검사조직의 신분을 강력하게 보장하는 이유와 마찬가지로 정부의 또 다른 집단인 관료조직도 법을 집행하면서 국가의 존립을 위한 중요한 축이기 때문에 강력하게 신분을 보장하여 불법 또는 부정한 윗선의 지시를 거부할 의무가 있다. 특히, 21c에 들어와 제4차산업이 본격화하면서 기존의 산업사회에서 후기산업사회로 변화하면서 기존의 틀에 얽매인 관료조직도 혁신적인 변화를 요구받는 환경으로 변화하게 되어 경직된 계층 구조로서의 관료조직도 신축적이고 상대적으로 단순한 조직구조로 변화하는 과정에 있다.

물론, 정부의 관료조직이 다양한 형태로 변화하더라도 국가의 발전 초기, 발전의 성숙단계뿐만 아니라 지금과 같은 후기산업사회로 변화하는 과정에서 산업의 변화에 대한 신속한 대응, 사회구조의 다양화로 인한 새로운 사회적 문제에 대한 신속한 대응 등이 민간 분야와의 보완 관계를 유지하면서 변화하여야 한다.

그런데, 앞에서 언급했던, 그리고 앞으로 언급할 문제의 대부분은 중앙정부와 지방정부 공무원이 법을 지켜야 한다는 법치주의 정신과 윤리의식, 국가에 대한 책임 의식보다 사적 이익을 우선하기 때문에 발생하는 것이다.

또한, 여기서 언급하고자 하는 것은 정부 조직에 한정하는데 역대 정권에서 발생한 많은 문제 가운데 커다란 Scandals는 정권의 핵심부 또는 정권의 핵심부와 밀착한 공무원 집단이 관련된 것이 이러한 이유이다.

이러한 문제는 한국뿐만 아니라 세계 대부분의 국가에서 발생하며 법치주의 의식과 국가에 대한 자부심이 약한 국가에 속한 공무원일수록 관료집단의 문제점이 더욱 노골적으로 나타난다. 후진국으로 갈수록 이런 문제가 더욱 심한 이유인데 결과적으로 국가의 경쟁력이 낮을 수밖에 없으며 산업의 경쟁력이 낮아지고 새로운 산업과 다양한 사업이 활발하게 탄생하지 않는 것이다.

또한, 커다란 Scandal은 일어나지 않지만, 관료 집단의 폐쇄성과 Cronyism 등으로 인하여 Silo Effect가 출현하여 산업의 활성화를 위하여 긍정적인 효과를 가져와야 할 조직이 오히려 비효율성을 발생하면서 다양한 산업에서 경쟁력이 하락하는 결과를 가져오게 된다.

여기에 더하여 한국은 역사적, 문화적으로 사농공상문화가 500년 넘게 지속되었기에 아직도 그 잔재가 여전히 존재하며, 5.16 군사 Coup 이후 계급 문화까지 더해져 국민에 대한 책임과 봉사 의식이 다른 선진국가에 비하여 약한 상태다. 물론, 제도의 확립과 운용이 매우 중요한 요소이지만, 이러한 제도를 실질적으로 운영하여야 할 공무원이 가져야 할 제도의 중요성과 합리성, 법치주의 중요성 인식 등에 대한 이해가 부족할 경우 제도 자체가 유명무실해질 가능성은 항상 상존하고 있다.

특히, 최근의 한국 정치에서 극단적인 대립이 지속되고 있는데, 정치적으로 민감한 사건과 관련해서는 정파적 이해관계로 인하여 해당 사건의 제보자에 대한 공익성을 인정하지 않아 공무원의 정치적 편향성이 발생하면서 결과적으로 부정부패로 이어질 가능성이 높다.

2) 정부 관료의 역할

현대 한국 사회에서 도입된 정치, 경제, 사회적 조직의 모습은 일본의 관료제 문화이다. 일본과 같은 형식의 관료제가 도입된 것은 70년대 초반부터 일본경제의 고속 성장을 목격하면서 그것을 그대로 Benchmark 한 것에 기인한다.

관료제의 기본 틀을 정의할 수 있게 한 것은 일본의 근현대사와 고

속성장기에 그 뿌리를 두고 있다.

규정된 절차를 글자 그대로 따를 것을 강요하는 System 하에서 시간을 지나치게 소요하여 원활한 업무수행 및 의사결정을 방해하는 공식화된 규칙을 강제하는 현상이 나타난다. 이것을 "레드 테이프"(Red Tape)라고 한다.

상의하달의 지휘명령 계통을 가지고 Pyramid의 형태로 서열화되어 있다. 책임자의 위치에 있는 사람은 의사결정의 폭이 넓고 책임성도 크며, 책임자의 위치 아래에 있는 사람들을 통제하고 관리한다.

일정한 자격과 자질을 가진 사람을 채용하고, 조직에 대한 공헌도에 따라 지위, 보상이 주어진다. 따라서 관료주의는 연공주의보다는 능력주의에 가깝다.

직무가 전문적으로 분화되어 각 부문이 협력해 조직을 운영해 나가는 분업의 형태를 취한다.

이것으로 인하여 할거주의 및 부서 이기주의가 발생한다. 자기 소속 기관, 국, 과만을 생각하고 타 기관이나 국, 과에 대해서는 전혀 고려하지 않으려는 현상이다. 극심한 비효율과 책임 전가로 이어진다.

따라서 파벌주의가 발생하기도 한다. 즉, 관료제의 직위가 실무보다는 집단의 이기심을 위해 기능한다. 검증된 책임 유무보다는 집단의 주도권을 중시하는 풍조이다. 특정한 직위를 중심으로 다양한 세력이 연대하며 파벌이 형성된다. 집단을 이루어 개인의 정당한 권한을 억압하고 직위를 초법적으로 악용하게 된다. 집단성으로 인하여 검증된 책임 유무를 초월하기 때문에 폭력성을 보이기도 한다. 할거주의의 확장선으로 그와 다른 점은 책임 전가를 훨씬 뛰어넘어 이기적이며 연대를 통한 조직적인 집단행동이 특징이다.

복지부동 현상으로 관료들이 실무에 적극적으로 나서는 것이 아니라, 딱 상부에서 지시받은 만큼만 일하려는 것을 의미한다. 관료제 아래에서는 책임소재가 명확하여 신상필벌이 확실하다는 장점이 이렇게 책임분배의 비효율 등 단점으로도 작용한다. 관료제로 인한 무사안일주의의 한 사례이다.

어떤 Program이나 Project가 궁극적으로 지향하는 가치를 망각하고 관료제적 형식이라는 수단이 최종적 목표를 대치해 버리는 현상으로 "형식주의"가 나타난다. 인간관계에서의 이익 및 연공서열을 중심으로 다양한 형태의 착취나 행정적 낭비가 이루어지며, 전시행정이 대표적인 예이다.

일본의 관료제 문화는 절대 유일 천황제 아래 형성된 조직적, 집단적 단체행동 질서를 엄격하게 준수하도록 강요한 집단적 규율문화와 큰 연관성을 갖고 있다.

관료제에 대한 시각도 연구하는 학자들의 시각에 따라서 다양한 견해를 보여주고 있는데 여기서 몇 대표적인 몇 사람의 의견을 간단하게 소개하고자 한다.

첫째, 1800년대 독일의 철학자이자 정치경제학자인 Karl Marx의 견해는 1843년에 출판된 그의 이론인 "Hegel의 법철학 비판"에서 관료제의 역할과 기능에 대하여 설명하였다. Hegel은 "관료제"라는 용어를 사용하지는 않았지만 전문 관료의 역할을 긍정적으로 보았다. 반면 Marx는 관료제를 부정적으로 보았다. 그는 정부의 관료제와 민간 기업의 관료제를 비슷한 축으로 보았다. Marx는 기업의 관료제와 정부의 관료제가 상반되는 것처럼 보이지만, 이 둘은 존재하기 위해 상호의존한다고 주장하였다.

둘째, 1800년대 영국의 철학자이자 정치경제학자인 John Stuart Mill의 견해는 성공적인 군주제는 관료제의 구축에 달렸으며 중국과 러시아 그리고 유럽 여러 나라의 사례를 근거로 제시하였다. Mill은 관료제를 대의 민주주의와는 분리된 별개의 형태로 언급했다. 관료제의 장점은 업무 처리 과정에서의 경험 축적이라고 주장하였다. Mill은 관료제를 선출직보다는 임명직을 선호하는 특징을 통해 대의제 정부와 비교되는 또 하나의 지배 형태로 보았다. Mill은 관료제는 결국 "창의성"을 제한하고, 소수의 권력자에 의해 주도될 위험이 있다고 주장하였다.

셋째, 1800년대 후반에 태어나 1900년대 초반까지 왕성한 학문적 연구를 했던 사회학자인 Max Weber의 견해는 "관료제의 본질과 발달"이라는 논문에서 공공 행정과 정부, 기업의 다양한 형태를 설명하였다.

Weber는 관료제를 집중적으로 연구하면서 관료제라는 용어를 처음으로 사용한 사람이다. 현대의 행정학 연구는 결국 Weber로 거슬러 올라가게 된다. Weber는 가장 효율적이고 합리적인 조직으로서 관료제의 열쇠는 합리적이고 합법적인 권한에 있으며 이는 서구 사회의 합리성이 자리 잡을 수 있었던 핵심 과정으로 보았다. Weber는 관료제의 숭배자는 아니지만 관료제는 인간이 만든 조직 중에서 가장 효율적이고 합리적이며 현대사회에 필수적이라고 주장하였다. (ko.wikipedia.org 참고)

3) 정부 관료 집단의 부패 및 견제 장치

(1) 공무원이 저지른 각종 Scandals

한국에서 발생한 공무원과 관련한 불미스러운 일들이 많이 있지만, 여기서는 최근에 발생한 몇 가지 사례를 간단하게 언급하려고 한다.

첫째, 검찰이 퇴직 후 취업을 보장받기로 하고 태양광 발전사업 관련 편의를 봐준 전직 공무원을 재판에 넘겼다.

서울북부지검 국가재정범죄합수단(단장 이일규 부장검사)은 충남 태안군 소속 공무원이었던 A씨를 뇌물수수 등의 혐의로 구속 기소했다고 7일 밝혔다.

검찰에 따르면 A씨는 공무원 재직 시절 태안군 태양광 발전사업 실무를 총괄했다. A씨는 태양광발전업체 사업자인 B씨에게 편의를 제공해주는 대신 퇴직 후 B씨 회사에 취업해 연봉 5,500만원과 차량, 법인카드를 받기로 약속받은 혐의를 받았다.

또 A씨는 B씨에게 변호사 시험에 합격한 딸이 Law Firm에서 연수를 받을 수 있도록 요구한 것으로 조사됐다. 검찰은 연수 기간 Law Firm에서 지급해야 하는 급여를 B씨가 Law Firm에 지급하는 식으로 뇌물수수가 이뤄졌다고 보고 있다.

A씨는 당시 태안군수와 담당 공무원 등이 자연훼손 등을 이유로 태양광 사업에 반대했음에도 B씨가 군수를 만날 수 있도록 주선해 준 것으로 조사됐다. 또한 B씨에게 유리하게 법령해석을 하도록 후배 공무원

에게 영향력을 행사한 것으로 파악됐다. (CBS노컷뉴스 2024년 6월 7일 주보배 기자 기사 참고)

둘째, 이정근 전 더불어민주당 서초갑 후보가 사업가 박우식으로부터 10억여원의 불법 정치자금을 받은 혐의를 수사하던 도중, 서울중앙지검 반부패수사2부(김영철 부장검사)는 사업가 박우식이 노웅래 의원에게도 6,000만원을 전달한 혐의를 포착했다.

2022년 11월 16일, 서울중앙지검 반부패수사2부(김영철 부장검사)는 뇌물수수 혐의로 자택과 의원실을 압수 수색했다. 그리고 자택에서 약 3억원의 현금이 발견되었다.

압수수색 영장에 제기된 5차례에 걸쳐 6,000만원을 수수한 혐의에 대한 내용은 다음과 같다. 2020년 2월경 국회 인근 음식점에서 사업가 박모씨의 아내 조모씨를 통해 "발전소 납품 사업"을 도와달라며 현금 2,000만원을 받았다. 2020년 3월에는 지역구 사무실에서 조모씨로부터 "용인 물류단지 개발사업의 국토교통부 실수요 검증 절차 지연 해결"을 도와달라며 현금 1,000만원을 받았다. 2020년 8월에는 태양광 사업을 위해 한국철도공사의 부지를 빌릴 수 있게 해달라며 1,000만원을 받았다. 또한 2020년 말에는 중부지방국세청장과 한국동서발전 임원 인사 청탁으로 각각 1,000만원을 받았다.

노웅래 의원은 사업가 박 씨는 모르는 사람이고, 태양광 사업은 자신이 활동했던 환경노동위원회의 소관 분야가 아니며, 현금 3억원은 부의금과 출판기념회를 통해 받은 돈을 보관한 것이라고 해명하면서 결백을 주장했다. 사업가 박씨는 뇌물을 줬으나 일부 돌려받았다고 증언했다.

출국 금지되었다고 알려졌다.

12월 12일, 서울중앙지검 반부패수사2부(김영철 부장검사)가 노웅래 의원에 대한 구속영장을 청구했다. 국회의원에 대한 구속영장이 발부되기 위해서는 국회 본회의에서 체포동의안이 가결되어야 한다. 또한 한국은행 띠지로 묶인 돈다발들이라 노 의원 주장대로 여러명이 소액으로 후원한 금액인 것과, 21년 은행 띠지도 발견된 것으로 보아 2020년까지 후원금을 모아두었다는 주장이 사실이라 보기는 어렵다는 분석도 나왔다.

박지원 전 국정원장은 노웅래 의원에게 정치적 조언을 한 것으로 알려졌다. 과거 자신의 경험을 상기시키며 "검찰이 소환 통보를 하면 응하지 말라. 검찰과는 맞서 싸워야지 출석해서 "내가 돈 받은 게 아니다." "고 부인한다고 될 일이 아니다."라고 말했다고 한다. 이 조언 이후 노웅래 의원은 여당의 권성동 의원을 찾아가 도와달라며 손을 잡는 등의 행보를 보였는데, 여기에도 박지원의 조언이 있었던 것으로 알려졌다. (namu.wiki/ 참고)

셋째, 주광덕 남양주시장은 시청 간부 공무원의 뇌물 수수 사건에 대해 "74만 시민을 실망시킨 점을 깊이 사과드린다."며 고개를 숙였다.

15일 남양주시에 따르면 전임 시장 시절 발생했던 사건이지만 시정의 책임자로서 말할 수 없이 참담한 심정이라면서, "향후 같은 종류의 유사한 사례가 발생하지 않도록 직원 교육을 철저히 하고 직무 기강을 바로잡을 것이며, 지위 고하를 막론하고 공무수행의 공정성과 청렴성을 훼손할 경우 엄중 조치하겠다."고 밝혔다.

지난 13일 의정부지방법원(제13형사부)은 뇌물수수 혐의로 기소된 남양주시 4급 공무원에 대해 징역 6개월에 집행유예 2년, 벌금 6백만 원을 선고했다.

해당 간부 공무원은 14일 직위해제 조치됐다. (브릿지경제 2022년 7월 15일 최달수 기자 기사 참고)

넷째, 감사원 3급 공무원 뇌물 수수 사건이 검찰과 고위공직자범죄수사처 간 신경전 탓에 한 달째 표류하고 있다. 이 사건은 공수처가 수사해 검찰에 넘겼는데, 검찰이 추가 수사가 필요하다며 공수처에 사건을 반송하려 했다가 거부당한 상태다.

법조계에 따르면, 검찰과 공수처 모두 이 사건에 대해 "상대 기관이 수사해야 한다."는 입장을 고집하고 있다. 현재 검찰이 사건기록을 보관 중이지만 공수처에 다시 이송할 가능성이 큰 것으로 전해졌다. 공수처는 검찰이 사건을 보내도 접수를 거부한다는 입장이다.

이 사건은 감사원 3급 간부 김모씨가 2013년 전기공사 업체를 차명으로 설립해 운영하면서 건설 및 토목 기업으로부터 전기공사 하도급 대금 명목으로 15억 8,000여만원의 뇌물을 받아 사적으로 유용했다는 내용이다. 공수처가 2021년 10월 감사원 의뢰로 수사에 착수하며 시작됐다.

공수처는 지난해 11월 김씨에 대해 구속영장을 청구했지만, 법원은 "김씨가 (공사 계약 등에) 개입했음을 인정할 수 있는 직접 증거가 충분히 확보됐다고 보기 어렵고, 반대 신문권의 보장이 필요하다."며 구속영장을 기각했다.

그러자 공수처는 같은 달 김씨 등에 대한 공소 제기를 요구하며 사건을 서울중앙지검에 이송했다. 공수처법에 따르면, 공수처는 3급 이상 공무원의 뇌물 수수 혐의를 수사할 수 있지만 기소권은 검찰에만 있다.

서울중앙지검은 지난달 12일 "추가 수사가 필요하다".는 취지로 공수처에 사건을 반송하려 했다. 공수처 수사 결과만으로는 기소 여부를 결정하기 충분하지 않기 때문에 공수처가 사건을 보완해달라는 취지다. 그러자 공수처는 "(사건 반송은) 법률적 근거 없는 조치"라고 반발하며 사건 접수를 거부했다. 사건기록을 보관 중인 검찰은 이후 한달 동안 사건 처리 방향을 논의했지만 진전이 없는 것으로 전해졌다.

검찰은 여전히 공수처가 이 사건을 보완해야 한다고 보고 있다. 수사권과 기소권은 불가분의 관계인 만큼, 검찰이 기소권을 가진 사건에서는 검사가 수사기관에게 보완 수사를 요구할 권리가 필연적으로 보장돼야 한다는 것이 검찰 판단이다. 또 공수처가 검찰에 공소 제기 요구를 하면서 보완 수사를 검찰에 미루는 것은 "검찰 견제"라는 공수처 설립 취지에도 맞지 않는다는 것이다. 한 검찰 관계자는 "사건을 검찰에 보내는 순간 공수처 일은 끝났으니 검찰이 알아서 기소, 불기소 처분을 하면 된다."는 공수처 주장은 자신들의 존재 이유를 부정하는 것"이라고 했다.

반면 공수처는 검찰이 사건을 다시 돌려보내더라도 접수를 거부하겠다는 입장이다. 한 공수처 관계자는 "공수처법 어디에도 공수처가 이미 공소 제기 요구한 사건을 다시 보완해야 한다는 조항이 없다."고 했다. 또 검찰이 사건을 공수처로 돌려보내기 전 아무런 의사 조율 과정도 없었다는 것이 공수처 주장이다.

법조계에선 "검찰과 공수처가 자존심 싸움을 벌이고 있다."는 지적이

나온다. 한 법조인은 "공수처는 검찰의 반송 요구를 받아들이면 앞으로 검찰이 자신들을 사법경찰 취급할 것이라고 보고 있고, 검찰도 "공수처가 허술하게 수사한 사건의 뒤치다꺼리를 검찰이 도맡을 수는 없다."는 생각"이라면서 "지난 정부 공수처법이 졸속 입법된 탓에 이런 상황에 대한 규정이 없어 단기간 내 해결은 요원하다."고 했다.

한편 두 기관 간 신경전이 벌어진 탓에 사건 수사는 사실상 멈춘 상태다. (조선일보 2024년 2월 11일 유종헌 기자 기사 참고)

(2) 공익제보자에 대한 보호 제도

(가) 미국의 공익제보자 보호 제도

매부고발자에 대한 공익제보자 보호 및 포상 제도는 권력기관을 포함한 행정부의 부정부패와 권력의 오용과 남용 및 불법 행위를 방지하기 위하여 필요한 제도인데 미국의 경우에는 1972년 Watergate 사건 때 결정적인 정보를 제공한 사람이 공익제보자였으며 결과적으로 Nixon 대통령이 사퇴하게 된 사건이었다. 연방정부 공직자들의 내부고발 권리를 최초로 성문화한 연방공무원제도개혁법은 부정행위를 감소시키고, 내부고발의 빈도를 증가시키는 유의미한 영향을 주고 있다고 주장한다. 다만, 동시에 내부고발자들에 대한 조직적 보복을 보다 심화시켰다는 점에서 큰 한계가 있음을 시사하고 있다. 내부고발자 보호증진법의 전신인 내부고발자 보호법은 그 효과에 있어 부분적인 성공을 거둔 것으로 평가된다. 실증연구에 의하면 내부고발자 보호법 통과 10년 후 조직의 부정행위에 대한 공직자들의 인식이 감소하였으며, 공직자들의 내부고발 의향이 향상된 것으로 나타난다. 그러나, 동시에 내부고발자 보호법이 내부고발자들을 노출시켰기에 이들에 대한 보복 역시 늘어났고, 이에 익명이라는 선택지를 택할 수밖에 없게 되었다는 점에 그 한계가 있다. (post.naver.com 참고)

(나) 한국의 공익신고자 보호제도

2022년 9월 30일이면 "공익신고자 보호법"이 제정되어 시행된 지만 11년이 된다. 공익침해행위를 신고한 신고자를 보호하고자 2011년에 시행된 "공익신고자 보호법"은 지난 11년의 세월 동안 9번의 개정을 통해 점점 더 많은 신고자를 더 잘 보호할 수 있도록 보완해 왔다. 공익제보에 대한 인식이 개선되고 신고 방법이 간편해지면서 더 많은 이들이 쉽게 공익제보를 할 수 있게 되었다.

많은 경우 국민권익위의 보호조치 결정이 인정되지만, 몇몇 사건은 법원이 공익제보자 보호제도의 취지를 충분히 고려하지 않고 국민권익위원회의 보호조치 결정을 취소하는 판결을 내리기도 한다. 신고자들 사이에선 행정법원의 어떤 재판부로 배정되었는지를 보고 판결 결과를 예측하기도 할 정도로 재판부에 따라 신고자 보호를 해석하는 관점 차이가 존재한다.

공익신고가 증가함에 따라 신고자에 대한 불이익 조치 역시 증가했다. 국민권익위에 접수된 신고자 보호조치 신청은 매년 증가해 법 제정 첫해에 2건에서 10년이 지난 2021년 한해 63건으로 증가했다.

많은 경우 국민권익위의 보호조치 결정이 인정되지만, 몇몇 사건은 법원이 공익제보자 보호제도의 취지를 충분히 고려하지 않고 국민권익위원회의 보호조치 결정을 취소하는 판결을 내리기도 한다. 신고자들 사이에선 행정법원의 어떤 재판부로 배정되었는지를 보고 판결 결과를 예측하기도 할 정도로 재판부에 따라 신고자 보호를 해석하는 관점 차이가 존재한다.

이 법에서 매우 중요한 점은 공익신고자 보호법이 법 시행 초기부터 불이익 조치 추정 규정을 두고 있다는 것이다. 공익신고자가 공익신고 등이 있은 후 2년 이내에 불이익 조치를 받는 경우에는 해당 공익신고 등을 이유로 불이익 조치를 받은 것으로 추정되므로, 오히려 불이익 조치를 한 자가 자신의 조치가 신고로 인한 불이익 조치가 아님을 적극적으로 입증해야 한다.

공익신고자 보호법 제5조는 다른 법률과의 관계를 규정하고 있다. "다른 법률의 적용이 경합하는 경우에는 공익신고자 보호법을 적용하되, 다른 법률을 적용하는 것이 공익신고자 등에게 유리한 경우 해당 법을

적용한다."고 규정되어 있다. (ohmynews.com 2022년 9월 7일 기사 참고)

(3) 한국의 옴부즈만(Ombudsman) 제도

옴부즈만(Ombudsman)은 스웨덴어로 "남의 일을 대신해서 실행하는 대리인(agent)"이라는 뜻인데, 오늘날에는 "국민의 대리인으로 행정에 대한 시민의 고충을 접수하여 중립적인 입장에서 이를 조사, 필요한 경우 시정조치를 권고함으로써 시민과 행정기관 양자 간에 발생하는 문제를 신속하게 해결하기 위해 임명된 사람"을 지칭한다.

1993년 문민정부가 출범한 직후 대통령 자문기구인 행정쇄신위원회에서 옴부즈만 제도의 도입을 기획과제로 선정해 정부 입법으로 법안을 마련, "행정규제 및 민원사무 기본법"을 제정 공포했다. 이에 따라 국무총리 소속의 행정부형 옴부즈만 제도로서 1994년 4월 8일 "국민고충처리위원회"가 발족했다.

한국은 현재 권익위의 권고에 대한 수용률이 90퍼센트 이상으로 선진국에 비해 결코 낮지 않다. 수용률을 더 높이기 위해 법에서 주어진 언론공표권과 감사요구권, 대통령 및 국회 특별보고권 등을 적절히 행사하는 것이 필요하다고 본다.

참고로 각국에서 옴부즈만 제도를 시행하고 있는 공통점은 다음과 같다.

첫째, 행정부 및 입법부로부터의 독립과 정치적 중립성을 갖는다. 둘째, 옴부즈만에게 고발할 수 있는 행위는 명백한 불법 행위부터 부당행위, 부작위, 과실, 신청에 대한 무응답, 응답의 지연 등 다양하다. 셋째, 옴부즈만은 행정기관의 처분과 달라 행정작용을 직접 취소하거나 변경할 수 있는 권한을 가지고 있지 않으며 단지 취소 및 변경을 관계기관에 요청 또는 권고할 수 있다. 넷째, 행정소송과 행정심판 등에 비해 신속하게 처리할 수 있는 접근 용이성을 가지고 있다. (koreablogkorea.kr 참고)

(4) 국민(주민)소환제

선거를 통해 선출된 대표를 선거권자들이 투표로 파직할 수 있도록 하는 제도를 말한다.

권력을 갖지만, 여러 이유로 인해 국민에게서 선출되지 않는 존재들은 자신들에게 주어진 권력을 남용해 유권자들의 기대를 저버릴 가능성이 크다. 이때 국민소환제는 국민이 과도한 정보습득 부담을 안지 않고도 판사나 경찰청장, 검사, 기타 공무원의 등 선출되지 않은 권력을 견제할 수 있다는 장점이 있다.

국민소환제를 실시하면 국회의원이든 대통령이든 자리에 공백이 생기니 필연적으로 정치에 혼란을 가져올 수 있다. 국민소환을 한다면 대통령이나 국회의원 등 대표들의 파면을 국민투표 또는 주민투표로 정해야 할 텐데, 어느 정도의 투표율, 찬성률을 기준으로 쫓아낼지가 상당히 애매하기 때문이다. 너무 찬성률이 높게 잡혀있거나 기준이 까다로우면 현실적으로 무의미한 법이 되고, 반대로 너무 기준이 넓으면 조금만 인기가 식어도 쫓아버리기 쉬워서 정치적 악용 가능성이 높다.

또한 국민소환제를 실시하려는 사람들이 있더라도 절차상 여론을 모으고 전달하는 과정에서 시간이나 돈의 한계로 인해 제대로 여론을 모으지 못하고 실패해버리는 반면, 오히려 이 제도의 주요한 Target이 되는 기득권층이나 소수 이익집단이 이를 역이용해 자신들의 의지를 따르지 않는 지도자를 소환하는 사례가 일어날 위험이 존재한다.

한편, 국민소환제가 다수결 원리가 지배하는 의회에서 정치적 타협과 조정이 이뤄지지 않는 경우 소수파가 다수파를 압박하기 위한 수단으로 사용될 수 있다는 문제도 있다. 소수파의 의사를 무시하고 전략적 정책결정을 시도하는 다수파의 핵심 세력에 대해 소수파를 지지하는 국민을 내세워 소환 운동을 펼칠 수 있다. 이는 정치적 타협과 조정을 어렵게 하여 대화와 토론을 토대로 하는 정치를 실종시키고, 대의정치를 불가능하게 할 가능성이 있다는 것이다.

한국의 경우에는 지방자치단체의 장과 지역구 지방의회의원, 교육감을 소환할 수 있다. 이는 헌법에 위배되지 않는다. 헌법의 지방자치 관련 조문에서 임기를 언급하고 있지 않기 때문이다. 그래서 지방자치법은 주민소환제도를 제정할 수 있다.

2020년 공직선거법 개정으로 국회의원 및 대통령 선거권이 만 19세에서 18세로 하향된 반면에, 주민소환법은 별도로 개정되지 않아 주민소환투표일 기준 만 19세 이상인 주민이어야 투표권을 가진다.

참고로 헌법 조문(제118조)만 보면 지방의회를 두는 것만 의무화되어 있고, 나머지는 모두 법률 위임으로 되어있기는 하지만, 헌법재판소의 결정을 통해 지자체장을 직선제 선거로 뽑아야 한다는 것까지 헌법상의 권리로서 인정받았다. (namu.wiki/ 참고)

8. 경제계

1) 개관

　2023년 10월부터 무역 거래를 중국의 위안화로 결재하는 System을 도입한 브라질을 선두로 하여 Latin America의 많은 국가가 중국과 우호적인 관계를 유지하면서 미국과의 무역을 최대한 줄이는 방향으로 진행하였는데 여기서는 부정부패의 늪에 빠져 결국은 중국이라는 독재국가의 경제적 종속국으로 전락한 Latin America의 작은 국가인 에콰도르의 슬픈 이야기로 시작하고자 한다. 정치와 경제는 불가분의 두 개의 수레바퀴와 같은 관계이니까...

　경제학박사이면서 정치인인 에콰도르의 코레아(Correa) 대통령은 2006년 11월에 대통령으로 당선되어 에콰도르의 경제를 자원의존형 경제에서 산업화로 탈바꿈하기 위하여 시도했던 인물이다. 그는 미국과의 무역을 최대한 줄이면서 World Bank에 대한 부채 US $300억을 독재자에게 지급한 불법적인 자금이라고 규정하고 상환을 거부하였다. 이러한 이유로 세계적인 신용평가회사인 Standard and Poor's와 Fitch는 에콰도르의 신용을 대폭 낮춰 에콰도르는 국제 금융기관으로부터 대출을 받을 수 없게 되었다. 이 시기에 중국이 관여하여, 에콰도르는 중국으로부터 US $10억을 대출하게 되었으며 이어서 추가로 US $10억을 대출받았다.

　코레아는 신자유주의 경제정책과 미국과의 합의를 거절하고 중국을 이용하여 에콰도르의 경제발전을 이룰 수 있을 것으로 생각했다. 사실, 그가 대통령으로 취임하기 전에는 10년 동안 7명의 대통령이 바뀔 정도로 정치환경이 불안하였으며 정상적인 경제정책을 실행할 수가 없었다.

코레아의 취임과 중국의 재정적 도움을 받으면서 그가 시행한 경제정책으로 국제신용평가 등급은 향상되었으며 성공적으로 진행되고 있는 것처럼 보였다. 구체적으로 살펴보면, 그의 지도력으로 100만 명 이상의 국민이 극빈 계층을 벗어났으며 최저임금이 2배 이상 상승하고 Latin America 지역에서 가장 빨리 성장하는 국가로 변신하였다.

그러나, 문제는 Hong Kong, Uyghurs, Taiwan, South China Sea 등에 대한 중국의 약탈적 행위와 언론의 자유에 대한 억압, 낮은 수준의 남녀평등, 인권 문제 등에 대한 의구심을 품으면서 "과연 중국인을 믿을 수 있을까?"였다. 코레아 대통령 스스로 이 문제를 반복하면서 생각하였지만, 2015년 중국으로부터 US $60억의 차관을 추가로 받았다. 이 차관은 에콰도르 전체 부채의 30%에 달하게 되었다. 에콰도르는 이 자금으로 국민의 생활 개선과 산업 발전을 위한 기반을 다지려고 수력 발전을 가동하기 위하여 중국이 주도한 Dam 건설을 진행하였지만, 약한 지반과 부실한 공사로 인하여 Dam 건설은 중도에 포기하였으며 중국으로부터 받은 차관은 이자에 이자가 더해지면서 부채가 눈덩이처럼 불어나고 회복이 불가능한 상황까지 몰리게 되었다.

Christmas 전날 미국의 New York Times는 "Latin America의 작은 국가인 에콰도르는 가난에서 벗어나기 위하여 중국으로부터 차관을 받아 Dam을 건설하려고 시도하였지만, 부정부패, 높은 부채비율과 중국의 의도가 결합하여 결국 탈출하기 힘든 중국의 종속 국가가 되고 말았다."고 안타까움을 나타냈다.

물론, 코레아 대통령 자신도 높은 산에서 바닥을 모르는 깊은 Crevasse로 추락하였다. 결국 국가지도자와 그를 따르는 정치집단, 공무원 집단 등의 잘못된 경제정책이 중국의 약탈적 경제행위에 당한 것이다. 한국을 포함한, 세계를 상대로 한 중국의 약탈적 경제행위는 지금도 계속되고 있지만...

코레아 자신을 포함한 많은 정치적, 경제적 관계자와 공무원 등이 부패 혐의 등으로 인하여 법적 심판을 받은 것은 당연한 수순이었다. (Confessions of an Economic Hit Man 3rd edition Published by

Berrett-Koehlers Publishers Inc. 2023 by John Perkins 14-17 page 참고)

참고로 2022년 현재 에콰도르 인구는 약 1,800명이며 World Bank 자료에 따른 1인당 GDP는 US $6,391.28이였다.

이처럼 부실한 경제계획과 낮은 수준의 산업 및 교육 수준, 부정부패, 지도자의 무능 등은 국민의 삶을 피폐하게 하면서 다음 세대에게도 커다란 짐을 줄 가능성이 매우 높기에 이러한 요소들은 정치와 경제의 법치주의 정신과 인본주의, 박애 정신 등과 함께 국가발전의 지속성을 위하여 매우 중요한 요소들이다.

이제 한국 경제계에서 일어난 수많은 Scandal 가운데 두 가지 사례를 살펴보겠지만, 이러한 사례들은 미국을 포함하여 선진국에서도 발생하는 사건들이며 경제계의 Scandal은 정치적 사건과 마찬가지로 많은 국민에게 박탈감과 허탈감, 그리고 국가에 대한 배신감으로 인하여 국가의 결속력을 약화시키는 부정적 효과가 매우 크면서 이러한 Scandal을 치유하는 과정이 또 다른 힘든 여정이기에 법적 권한을 가진 기관뿐만 아니라 모든 국민이 함께 공동체의 일원이라는 자세와 공동체를 보호해야 한다는 자세로 이러한 사건이 재발하지 않도록 노력하여야 한다.

물론, 기업과 관련한 사건도 다른 사례와 마찬가지로 기업이 중심이 되어 일어난 사건이지만 정치권, 법조계 등과 복잡하게 얽혀있는 것은 당연한 귀결이며 중소기업, 대기업을 불문하고 기업의 파산은 금융기관 못지않게 실업자의 양산, 소득불평등 가속화, 중산층의 약화 등의 많은 사회적 문제를 가져오게 된다. 한편, 기업이 관련되었지만, 금융기관을 주도적으로 이용한 각종 사건과 관련해서는 금융계를 살펴볼 때 언급하기로 한다.

또한, 한국의 경제발전 과정에서 커다란 기반을 형성하였지만, 거의 맨손으로 시작한, 박정희 대통령이 실행한 정책은 대기업을 성장의 중심으로 한 정책이었으며 결과적으로 국민 전체에게 혜택이 돌아갈 것이라는 그의 경제적 사고로 인하여 발생한, 경제 분야 내에서 상대적으로 소외되었던 노동계에 대해서도 간단히 언급하고자 한다. 최근에는 이에 대한 반작용으로 인하여 노동조합이 근로자의 노동조건보다는 정치적 구호와 선동에 집중하면서 결과적으로 노동조합의 세력이 약화하고 있지만…

2) 경제계의 Scandals와 포식성

(1) 한보 사태

이 글에서는 한국의 1인당 GDP US $20,000 이상의 시기인 노무현 대통령 집권 이후의 사태를 위주로 하여 기술하고 있으나, 한국의 IMF 사태는 한국의 경제발전 과정에서 매우 중요한 사건이기에 한국의 IMF 사태의 단초가 된 한보 사태를 살펴보기로 한다.

1997년 새해 벽두 터진 "한보 사태"는 한국 경제의 최대 위기로 불리는 국제통화기금(IMF) 구제금융의 전조와 같은 사건이었다. 직전 10년 (1987년-1996년)간 연평균 9.1% 실질성장률을 기록했던 한국 경제는 재계 14위 한보그룹 부도를 시작으로 기아(재계 순위 8위), 진로(19위), 해태(24위), 삼미(26위) 등 굴지의 대기업들이 공중분해 또는 해체되며 초유의 위기를 겪어야만 했다.

한보 사태의 중심에는 창업주인 정태수 총회장이 있었다. 세무공무원이던 그는 1974년 한보상사를 창업하며 경제계에 입문했고 76년 한보주택을 만들어 3년 후 서울 강남구 대치동에 은마아파트를 건설했다. 이어 80년 한보철강을 창업하며 한보그룹을 명실상부한 대기업 반열에 올렸다. 김상조 청와대 정책실장이 한성대 교수 시절 발표한 논문에 따르면, 한보의 대표기업인 한보철강은 91년 개별 기업 순위에서 111위를 기록했으나 5년 뒤인 96년엔 15위로 급성장했다. 당시 한보철강은 삼성물산 (16위), LG화학(20위), 한진해운(38위)보다 더 큰 기업이었다.

그룹의 규모를 확대하는 과정에서 정 전 회장은 한국 재벌의 문제점으로 지적되어 온 문어발 확장, 정경유착, 황제경영 등 각종 부조리를 일삼았다. 그는 91년 노태우 정부 최대 비리 사건으로 기록된 "수서 비리" 당시 청와대 관계자 및 유력 국회의원들에게 뇌물을 제공한 혐의로 구속되며 잠시 주춤했지만, 1990년대 중반에는 국내 건설 일변도에서 벗어나 Russia 시베리아 Gas 개발이나 영상 제작업 등으로 사업 범위를 확장하며 Group의 규모를 확장했다.

그러나 한보철강에 집착하던 정 전 회장의 과욕 탓에 유동성 부족 사태를 겪게 됐고, 1997년 1월 23일 어음 50억원을 막지 못해 최종 부도를 맞았다. 당시 한보그룹이 은행권 등에서 받은 부실 대출 규모는 5조원에 달했다. 이 과정에서 정 전 회장이 정치권, 관료계와 금융권에 뇌물이나 뒷돈을 주고 각종 이권이나 대규모 대출을 얻어낸 사실이 밝혀져 당시 장관, 국회의원, 은행장 등이 줄줄이 구속되면서 검찰 수사를 받았다. 김우석 내무장관과 권노갑, 홍인길, 정재철 의원, 전직 은행장 3명이 구속자 명단에 올랐고 김영삼 당시 대통령의 차남 현철씨도 구속을 피하지 못했다.

정 전 회장은 이 사건으로 징역 15년을 선고받고 복역하다 2002년 10월 협심증 진단을 받고 병보석으로 풀려났다. 그러나, 며느리가 학장으로 일하던 강릉영동대학 교비 72억원을 횡령한 혐의로 다시 재판을 받고 2006년 2월 1심에서 징역 3년의 실형을 받았다. 당시 재판부는 83세인 정 전 회장의 나이와 병력을 고려해 법정 구속을 하지 않았는데, 정 전 회장은 이듬해 5월 병 치료를 이유로 일본에 출국한 뒤 잠적했다. (한국일보 2019년 6월 23일 이형창 기자 기사 참고)

(2) 대선조선 사태

위기에 봉착했던 부산 지역 향토기업 대선조선이 채권단과 함께 Work Out(기업개선작업) 개시와 경영관리단 파견 등 본격적인 경영정상화 작업을 시작했다.

인건비 상승과 숙련된 인력의 부족, 일본 조선업 통폐합 등에 따른 대내외 여건 악화로 위기를 겪는 중형 조선사들에게 조선업 호황은 독이 된 상황이었다.

이에 산업은행 중심의 채권단은 대선조선에 선제적 구조조정을 주문하면서 Work Out 신청 이후 차분하게 준비해 본격적인 정상화를 추진했다.

대선조선은 오는 23일부터 채권단과 합의하여 공동으로 구성한 경영

관리단 파견과 본격적인 활동을 시작한다고 22일 밝혔다.

인력난과 자잿값 상승 등 총체적 위기를 겪으며 수익성이 악화된 대선조선은 주채권은행인 한국수출입은행과 재무구조개선 약정을 맺은 뒤 구조조정 작업을 벌일 예정이었으며 신규 대출 형식으로 총 1,700억원의 자금을 순차적으로 조달할 예정이었다.

대선조선은 향후 18척의 수주 선박에 대한 건조 완료와 인도 등으로 사업 정상화를 진행하며 Work Out으로 기존 채무 상환의 유예와 비용 절감, 영도지역 토지 매각 등 자체적으로 재무구조 개선 방안을 마련해 추진할 예정이었다.

이를 위해 임원진 교체 등 생산 부분 역량 강화와 향후 수익성 위주 사업 구조로의 재편, 조직 Slimming 등 체질 개선을 준비 중이었다.

향후 영도지역 토지 등을 매각해 차입금 상환과 다대 부지로 이전, 신조선 사업에 대한 새로운 접근과 다른 중형조선사와 협력 강화 등 다각도의 사업 혁신 방안도 전개할 예정이다.

대선조선 관계자는 "채권단과의 긴밀한 협의, 협조로 부산 지역의 조선 대표기업 중 하나인 대선조선의 새로운 미래를 전개해 나갈 것"이라고 전했다. (아시아경제 2023년 11월 22일 황두열 기자 기사 참고)

(3) 카카오 Group의 포식성

"카카오식 혁신"이 시험대에 올랐다. 5,000만 국민이 활용하는 카카오톡이라는 압도적 Platform을 앞세워 다양한 산업군으로 공격적 확장에 나서는 가운데 곳곳에서 파열음이 나온다. 이른바 "갑카오" 논란이다. 카카오 Mobiliy의 유료화에 택시업계가 반발하는 게 대표적이다. 금융권에서도 카카오페이, 카카오뱅크 등이 기존 금융계와 충돌하고 있다. 혁신기업으로 주목 받아온 카카오가 본격적인 포식성을 드러냈다는 평가와 함께 카카오 경계령도 커졌다.

카카오톡으로 시작해 은행, 택시, 엔터테인먼트까지 카카오의 "무한확장"은 일상 곳곳을 파고들고 있다. 그 사이 카카오는 국내 기업 가운데 계열사가 두번째로 많은 기업이 됐다. 계열사 확장은 최근 5년 사이에 두드러졌다. 이와 같은 공격적 행보는 카카오 성장의 원동력이 됐다는 평가와 동시에 문어발 확장, 기존 재벌경영의 답습이라는 비판도 나온다.

지난해 말 기준 카카오 사업보고서에 따르면 카카오 국내 계열사는 총 105개였다. 공시 이후 카카오페이지와 카카오M이 카카오엔터테인먼트로 합병하는 등 일부 변동이 있지만, 여전히 국내에서 카카오보다 계열사가 많은 곳은 SK그룹(144개)뿐이다.

카카오톡 출시 10여년 만에 명실상부한 대기업 그룹의 반열에 올라선 것이다. 시가총액은 액면분할을 위해 거래가 정지된 지난 12일 기준 49조 5,291억원에 달한다. 성장 배경에는 "100인의 최고경영자를 양성하겠다."는 김범수 카카오 이사회 의장의 경영 철학이 담겨있다. 작지만 가능성 있는 기업을 인수해 카카오와 함께 성장해 간다는 구상이다.

하지만 카카오의 계열사 면면을 살펴보면 문어발 확장이라는 비판도 제기된다. Mobility 분야에서 "콜 몰아주기" 논란이 일기도 한 가맹 택시 운영 계열사가 11개, 단순 연예인의 Management를 하는 업종도 11개에 달한다. Stylist 한혜연의 "메종드바하" 인수 후에는 뒷광고 논란에 휘말리기도 했다.

골프와 영어교육 사업 등 기존 카카오의 강점과 Synergy를 내기 어려운 분야에도 손을 뻗쳤다. 월간 활성 이용자만 4,500만명에 달하는 카카오톡을 기반으로 한 확장은 수월하게 할 수 있겠지만, 서비스 혁신 측면에서는 "카카오스러움"을 보여주는지는 의문이다. 카카오의 신사업이 대체로 국내 사업에 치중돼 있다는 점에서 뒷말도 나온다.

한국에서 제4차산업의 대표기업으로 나타난 네이버와 카카오의 기업 행태가 몸집 부풀리기에 열중했던 과거 재벌들과 차이가 없다는 지적이다. 지난해 중소기업 콜게이트와 사이에서 벌어진 갈등이 대표적이다.

한 Mobile 업계 관계자는 "카카오는 비대면 열풍 속에서 카카오톡이라는 Platform의 영향력과 막대한 자금력을 결합해 마치 세포분열 하듯 세를 키우고 있다."면서 "인재를 빨아들이고 공격적인 인수합병과 신사업에 진출하는 과정을 보면서 카카오와 경쟁하거나 잠재적 경쟁사들은 카카오의 포식성에 대한 경계심과 공포감이 상당하다."고 말했다. 그는 이어 "카카오만의 혁신성이 엿보이는 사업 Model도 있지만 최근 자회사들의 행보는 카카오가 강조해 온 비전이나 사회적 가치보다는 덩치부터 키우려는 듯한 모습"이라고 지적했다.

최경진 가천대 법학과 교수는 "카카오의 비즈니스 모델은 강제성이 있어서 시장에 안 들어갈 수도 없고 들어와서는 돈을 안 낼 수도 없는 독점의 폐해로 이어질 수 있다."며 "우리도 Amazon처럼 큰 기업이 나와야 할 필요성은 있지만, 소비자 보호나 중소사업자와의 상생도 굉장히 중요하다고 본다."고 말했다. (머니투데이 2021년 4월 16일 이동우 기자 기사 참고)

3) 독과점 문제

(가) 개관

자본주의 사회에서 경제의 규모가 커지면서 함께 문제가 되는 것은 경제력의 집중으로 인한 독과점 문제가 발생하면서 시장의 공정성을 해치고 소득불평등이 확대하게 된다. 물론, 전기, 철도, 가스, 공항, 항만 등의 사회간접자본의 경우에는 강한 공공성을 갖고 있기에 일정 부분 독점성을 인정하여 국가가 소유하고 관리하는 경우가 많으며, 높은 기술과 연구, 많은 시간과 자금을 투자한 결과물로 나온 상품이나 서비스의 경우에는 일정 기간의 특허권을 보장하여 독점력을 주면서 수익을 보장하는 것이 결과적으로 국가와 사회에 혜택을 줄 수 있는 것이다. 즉, 독과점이 경제적 측면에서 절대적인 악이 아니라는 것이기에 신축적인 판단이 필요하다. "창조적 파괴"를 주장한 오스트리아의 정치경제학자인 Joseph zschumpeter도 이러한 측면에서 독점을 옹호한 사람이었다.

한편, 한국의 경우에는 자유시장을 왜곡하는 독과점 문제에 대응하기 위하여 1980년 12월 31일 "독점규제 및 공정거래에 관한 법"을 제정하고 정부의 소관부서로는 공정거래위원회에서 담당하고 있다. 실무적으로는 독과점을 판단하는 기준을 1개 사의 시장점유율이 50% 이상이거나 상위 3개 사의 시장점유율 합계가 75% 이상의 경우를 독과점으로 판단한다.

구체적인 시행 사항은 아래와 같다.

첫째, 시장지배적 사업자의 부당한 가격결정, 출고조절, 경쟁사업자의 참가 제한 등 남용 행위와 가격의 동조적 인상 행위를 규제할 수 있도록 함.

둘째, 독과점화를 억제하기 위하여 경쟁을 실질적으로 제한하는 회사의 합병, 주식취득, 임원 겸임, 영업 양수 등을 통한 기업결합을 금지하되, 산업합리화나 국제경쟁력 강화를 위하여 이를 인정하고, 일정한 기준에 해당하는 기업결합에 대하여는 이를 신고하도록 함.

셋째, 부당한 공동행위나 불공정거래행위를 내용으로 한 차관, 합작투자 및 기술도입계약 등의 국제계약은 이를 규제할 수 있도록 함.

넷째, 경쟁 제한적인 내용의 법령을 제정하거나 개정할 때는 경제기획원 장관과 사전협의를 하도록 함.

다섯째, 시장지배적 사업자가 가격인하명령에 불응하는 경우에는 가격 인상 차액으로 얻은 수입의 100퍼센트를 과징금으로 징수할 수 있도록 함.

참고로 신고전학파 시각에서 보는 독과점시장과 완전경쟁시장에서의 가격 차이를 아래의 Graph를 이용하여 간단히 소개하고자 한다.

아래의 Graph에서 보여주고 있는 것처럼 독과점시장은 완전경쟁시장보다 가격이 높을 수밖에 없지만, 경제발전의 핵심 중의 하나인 과학과 기술의 발전을 위하여 일정 기간 시장의 효율성을 제한하면서 독과점을 인정하고 있다. 여기서 시장의 효율성이란 의미를 간단하게 언급하자면, 분배의 효율성과 정보의 효율성이라는 두 가지의 요건을 포함하고 있다. (Making Sense of Chaos Published by Yale University 2024 by J. Doyne Farmer 147-148 page 참고)

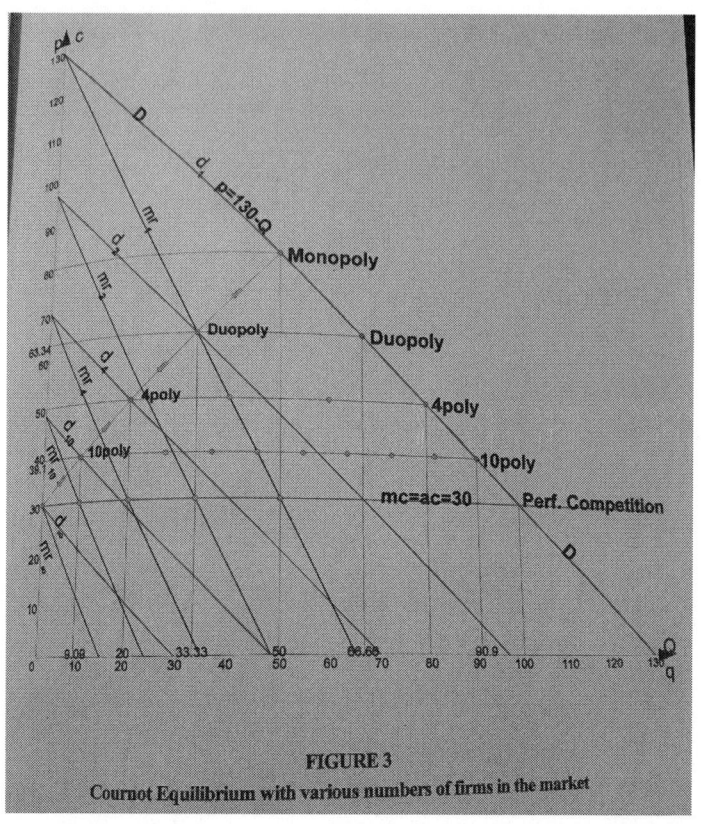

FIGURE 3
Cournot Equilibrium with various numbers of firms in the market

(Radical Reformation Of Neoclassical Economics Published by Generis 2020 by Dimitrios And Nomidis 15 page 참고)

(나) Platform 기업의 독과점

이미 카카오에 대해서 부분적으로 언급하였지만, 한국에서 네이버와 카카오의 두 Internet Platform 회사의 위상은 세계적인 회사인 Google, Apple, Amazon을 넘어설 정도이다. 그러나, 이 두 기업은 한국경제에 미치는 영향력이 커진 만큼, 드리우는 그늘도 커졌다.

두 회사의 시장 영향력은 Mobil Messenger(카카오)와 Internet 검색(네이버)을 기반으로 쇼핑, 택시 호출, 부동산 정보, 미디어 등 수많은 영역으로 확대하고 있고, 이것으로 인하여 중소기업과 소상공인이 이들의 Service에 종속되어 간다는 비판이 나온다. 뉴스와 댓글, Internet Cafe와 게시판 Service 등이 여론에 미치는 영향 때문에 정치적 논란에서도 자유롭지 못하다. 결국 네이버와 카카오에 대한 제도적 규제를 강화하려는 시도가 끊임없이 이어지면서 두 회사의 주가와 미래 가치에까지 영향을 주는 상황이 됐다. 투자자가 고려해야 할 사회적, 정치적 Risk가 커졌다는 의미다.

네이버, 카카오 양사의 실적 자료를 뜯어보면 이러한 현상이 극명히 드러난다. 네이버는 2021년 1분기 매출이 1조 4,991억원으로 전년 대비 29.8% 상승했다. 주력인 검색(Internet Platform) Service 매출이 7,527억원으로 전체의 50.2%를 차지했고, hopping과 결제가 각각 3,244억원(21.6%), 2,095억원(13.7%)을 기록했다. Webtoon과 V Live 등 Contents 분야 매출이 1,308억원(8.7%)으로 뒤를 이었다. 국내 시장 점유율 54%인 검색 사업을 바탕으로 쇼핑, Fintech, Contents로 사업 영역이 확대된 구조다. 각 사업 분야의 매출성장률은 검색 16.8%, 쇼핑 40.3%, Fintech 52.2%에 달했다. 후발 사업일수록 성장 속도가 더욱 가속화하는 모습이다. IT(정보, 기술) 업계에서는 "핵심 사업의 독과점적 시장 지배력이 다른 사업 분야로 전이되는 현상(시장 지배력 전이)이 나타난다."는 말이 나온다.

2021년 1분기 실적을 발표한 카카오도 동일한 모습을 보이고 있다. 이 회사의 2020년 4분기 실적은 1조 2,351억원으로 전년 대비 46% 성장했다. 국내 시장의 99% 이상을 장악하고 있는 Messenger 부문에서 Chatting 창을 통한 광고 사업 매출이 2019년보다 63%나 증가한 3,603억원을 기록했다. 카카오톡 Web과 연동해 쓸 수 있는 카카오페이 등 신사업 부문의 매출은 1,740억원으로, 1년 새 97%나 증가했다. 김창권 미래에셋대우 Analyst는 "카카오와 네이버의 최근 실적은 (한국에서도) Big Tech가 산업을 주도하고 시장을 지배하고 있다는 사실을 확인시켜 준 사례"라고 했다.

시장 지배력 전이가 발생하는 이유는 이른바 "록인(Lock in) 효과"

때문이다. 하나의 서비스가 이용자를 붙잡아 다른 서비스까지 쓰게 하는 것이다. 카카오톡 사용자는 카카오택시와 카카오대리, 카카오헤어숍을 이용하고, 카카오페이까지 쓰게 된다. 네이버 검색창에서 사고 싶은 물건을 검색하면 네이버 Shopping을 이용할 가능성이 크고, 결제도 네이버페이로 하게 된다. 카카오는 올해 카카오페이를 앞세워 Digital 보험업에, 네이버는 네이버페이를 통한 소액 후불 결제 사업에 추가 진출할 전망이다. (조선일보 2023년 2월 24일 이태동 기자 기사 참고)

4) 기술 탈취

(1) 개관

2018년부터 미국이 중국의 불법, 탈법, 미국에 대한 과도한 무역흑자 등으로 전쟁을 시작하면서 전 세계에 제2의 냉전 시대가 돌입하였는데 제1차 냉전 시대와는 달리 매우 복잡하게 진행하고 있다. 즉, 우크라이나 침략전쟁으로 인한 국지전에 더하여 미국이 진행하는 중국에 대한 고난도 기술의 세계 공급망에서의 배제와 미국을 중심으로 한 Lithium, Nickel, Cobalt 등의 희토류에 대한 새로운 공급망 강화, 제4차산업의 핵심의 하나인 반도체 공급망에서의 중국 배제, 중국의 Taiwan에 대한 공격 가능성 언급, 남태평양에 대한 중국의 장악력 강화 등이 복잡하게 얽히면서 COVID-19 전염병 이후의 국제정치와 세계 경제가 더욱 첨예한 대립을 일으키고 있다.

이러한 상황에서 상대적으로 기술 수준이 낮은 중국은 미국의 압박에서 벗어나 생존하기 위하여 기술과 정보의 Hacking을 포함한, 금전 지급을 통한 매수와 협박, 회유 등의 다양한 방법으로 고난도의 기술을 탈취하기 위한 노력을 하고 있다.

물론, 국내 기업 간에서도 경쟁사 사이의 기술력을 탈취하기 위한 관련 기술 인력의 채용 행태 등이 전개되고 있다.

많은 시간과 자금을 투자하여 개발한 기술이 제대로 보호받지 못하면 결과적으로 개발자의 개발 의욕이 저하하면서 사회 전체가 경제발전의 혜택을 받지 못할 수 있으며 국가의 경쟁력이 약화할 가능성이 높을 뿐만 아니라, AI와 반도체 개발 등과 같이 군사력과 밀접한 관련이 있는 기술의 경우에는 국가안보와 직결된다.

(2) 신기술의 해외 유출 사례들
   (가) LG 핵심 기술 탈취 사례

디스플레이 발광 기술인 아몰레드(AMOLED) 등 국가 핵심 기술을 중국 경쟁사로 유출하려던 LG디스플레이의 전 팀장이 징역형을 확정받았다.

10일 법조계에 따르면 대법원 2부(주심 이동원 대법관)는 산업기술보호법 위반과 업무상 배임 혐의로 기소된 A씨에게 징역 1년6개월과 벌금 1,000만 원을 선고한 원심을 지난달 17일 확정했다. 대법원은 "원심 판단이 자유심증주의의 한계를 벗어나거나 법리 오해 등 잘못이 없다."고 판결했다.

A씨는 2021년 1월27일-2월3일 LG디스플레이의 아몰레드 설계 및 공정, 제조 기술, 생산공장 도면 등 국가 핵심 기술 자료 총 68건을 열람하고 촬영한 1,065장의 사진을 자신의 휴대전화에 저장한 혐의로 재판에 넘겨졌다.

앞서 A씨는 LG디스플레이에서 20년간 근무하며 대형 OLED 패널 생산 Line의 구축 및 관리 업무를 맡아왔다. 2012년부터 중국 주재원으로 근무하다가 2021년 COVID-19 전염병 여파로 자가 격리 중 재택근무를 하던 중 퇴직 의사를 밝혔다.

회사는 이후 보안 점검을 통해 A씨가 자가 격리 기간 중 서버에 접속해 자료를 유출한 흔적을 발견했다. 이는 회사의 보안 규정을 위반한 행위로, 이 자료들은 국내외 시장에서 기술적, 경제적 가치가 높아 해외로 유출될 경우 국가의 안전보장 및 국민경제에 중대한 악영향을 미칠 수 있는 기술이었다.

검찰 조사 결과 A씨는 기밀을 촬영하기 전부터 퇴직 후에도 적극적으로 경쟁사인 중국 회사 Q사에 이직을 시도한 것으로 조사됐다.

2심 재판부는 A씨가 촬영 당시 Notebook 카메라를 귤껍질로 가리거나 보안 프로그램이 설치돼 있지 않은 아들의 휴대전화기로 촬영하는 등 촬영 행위를 은폐하려 한 정황이 있었다고 판단했다.
    "이런 범죄를 가볍게 처벌하면 기업들이 오랜 시간과 많은 비용을 들여 기술 개발에 매진할 동기가 없어진다."며 "해외 경쟁업체가 인재 영입을 빙자해 우리나라 기업이 쌓은 기술력을 손쉽게 탈취하는 것을 방치하는 결과가 될 것"이라고 밝혔다. (머니투데이 2024년 6월 10일 양윤우 기자 기사 참고).

    (나) 자율주행차 기술 탈취 사건
    중국 정부의 해외인력 유치계획의 하나인 "천인계획"에 선정된 외국인 전문가인 한국의 KAIST 대학교수는 중국에 자율주행차의 핵심 기술인 Radar 자료와 이와 관련된 기록 및 기술을 중국에 넘겨주고 그에 대한 대가로 약 33억원을 수령하였다. Radar는 자율주행차의 핵심 Sensor로서 주변 환경을 인식하기 위하여 사용되는 기술이다. 그는 이에 대한 벌로 2년 형을 선고받고 대법원에서 확정판결을 받았다. 앞의 사례에서도 보여주고 있는 것처럼, 한국에서 중국으로의 기술 유출에 대한 주의가 꾸준히 요청되는 하나의 예이다. (n.news.naver.com 참고)

(3) 대기업의 협력사 기술 탈취
    SK텔레콤이 협력업체의 핵심 인력을 유출하고 디자인권을 침해하는 등 불공정행위를 일삼았다는 국회 지적에 사과했다. 문제를 일으킨 직원에 대해선 회사 차원에서 고발 조치하는 동시에, 협력업체가 다시 제품을 공급할 수 있도록 돕겠다고 약속했다.
    황운하 더불어민주당 의원은 7일 오후 국회 산업통상자원중소벤처기업위원회(산자중기위) 국정감사에서 "대기업 SKT가 구멍가게 중소기업의 기술과 인력을 어떻게 탈취하고, 이익을 침해했는지 드러났다."며 "협력사 대표님은 한강철교까지 가려고 했다. 이런 식으로까지 했어야 회사 유지가 되는 것이었냐?"고 지적했다.

황 의원에 따르면 판게아솔루션은 안전사고 위험에 노출된 근로자가 비상 시에 탈출이 용이하도록 만든 "Smart Tag"를 2018년부터 SK하이닉스에 납품해 왔다.

문제는 SKT가 공급망 다변화를 명분으로 A사와 B사에 각각 입찰제안요청서를 보냈는데, 최초로 낙찰된 A사가 SKT의 한 책임 직원이 관계사의 직원을 종용해 만든 회사라는 의혹이 제기면서 불거졌다.

또 판게아 유용덕 대표가 이를 문제를 삼자 최종 낙찰된 B사는 SKT가 지분을 보유한 특수관계 회사임이 드러났다. 판게아는 B사의 제품이 판게아가 기존에 납품하던 제품과 디자인이 똑같다며 지적재산권 침해를 주장했다.

참고인으로 출석한 유용덕 판게아 대표는 "문제가 확산되자 SKT는 판게아와 합의서를 작성했다."며 "하지만 ADT캡스에 이관한 뒤 소관이 아니라며 이행하지 않았다. 회사는 이번 달이면 폐업할 상황"이라고 눈물로 호소했다.

황 의원은 "벼룩의 간을 빼먹는 것 아니냐. 형사적으로도 문제가 될 것"이라고 목소리를 높였다.

증인으로 참석한 최일규 SKT 부사장은 "직원이 협력사와 관계에서 물의를 일으킨 점에 대해서 죄송스럽다."며 "외부기관 조사에 성실히 임하고 법적책임을 응당하게 질 것"이라고 밝혔다.

그는 이어 "외부기관 조사와 별개로 당사에서도 해당 연루 의혹 있는 직원에 고발 조치할 계획"이라며 "협력사가 억울함이 없도록 노력을 병행할 것을 약속한다. 판게아가 제품공급을 재개할 수 있도록 관련 회사들과 조속히 협의체를 구성하여 노력하겠다."고 약속했다. (이데일리 2021년 10월 7일 노재웅 기자 기사 참고)

5) Zombie 기업

지난해 번 돈으로 이자도 갚지 못하는 소위 "Zombie 기업" 비중이 40%를 넘으며 2013년 통계작성 이후 최대를 기록했다.

한국은행이 12일 발표한 "2023년 기업경영분석 결과(속보)"에 따르면 지난해 이자보상비율 100% 미만인 기업의 비중이 40.1%로 증가했다. 전년의 34.6% 대비 해당 기업의 비중이 확대된 것으로 2013년 통계작성 이후 최대를 기록했다. 성장성도 악화하였으며, 수익성도 부진해 지난해에는 1,000원어치 팔면 40원도 못 남기는 것으로 나타났다.

이자보상비율은 영업이익을 이자 비용으로 나눠 100을 곱한 비율로 100% 이상이면 운영하여 남긴 수익으로 이자를 감당할 수 있다는 것을 나타낸다. 반대로 100% 이하면 수익으로 이자를 감당하지 못한다는 것을 의미하며, "Zombie 기업"으로 부르기도 한다.

이번 조사는 국내 비금융 영리법인기업 3만 2,032개(제조업 1만 2,779개+비제조업 1만 9,253개)를 대상으로 했다.

또한, 지난해 대표적인 성장성 지표인 국내 외감기업의 매출액증가율은 직전년 16.9%에서 -2.0%로 마이너스 전환했다. 2020년(-3.2%) 이후 세번째로 낮은 수준이다.

이자보상비율은 영업이익 감소와 이자 비용 증가가 맞물리며 크게 줄었다. 2021년 654.0%였던 이자보상비율은 2022년 443.7%로 줄었고, 지난해에는 219.5%로 더 크게 하락했다. 관련 통계작성을 시작한 2013년 이후 최저치다.

"이자보상비율 500% 이상 기업 비중이 줄어든 것은 그동안 상당히 수익성이 좋았던 기업들도 지난해에는 업황이 워낙 좋지 않은 영향을 받았다."면서 "다만 올해는 전반적으로 금리 부담이 완화되고 반도체를 중심으로 수출이 개선되며 성장성과 수익성이 개선될 것"이라고 봤다. (조선일보, 뉴시스 2024년 6월 12일 전종헌, 남주현 기자 기사 참고)

이 기사에서 Zombie 기업에 대한 언급을 하면서 단지 1년 동안의 적자 기업에 대하여 언급하였지만, 매우 빠르고 복잡하게 움직이면서 예측하는 것이 매우 힘든 현대 경제에서는 1년 또는 2년 정도의 적자가 발생할 수 있는 상황은 언제든지 발생할 수 있기에 KOSDAQ 상장폐지 요건의 하나인 "5년 연속 영업손실"을 원용하여 3년 이상의 지속적인 영업손실이 발생한 기업을 Zombie 기업으로 지정하는 것이 더 합리적이라고 본다.

6) 신자유주의 경제정책과 환경문제, 소득불평등의 확대

20c에 들어와 화석연료를 바탕으로 한 "대량생산, 대량 고용"의 산업이 시작되었으며 제2차세계대전 이후 미국과 유럽, 일본을 본거지로 하여 차츰 세계로 확대되었다. 여기에 한국, Taiwan에 이어서 중국까지 가세하면서 더욱 가속화하였으며 1995년 1월 1일 WTO가 설립되고 2001년 11월 10일 미국의 도움을 받아 중국이 WTO에 조건부 가입함으로써 세계 경제가 지속적인 확대의 길을 달렸다, 비록 1990년대 후반 한국을 포함한 Russia의 경제위기, 2000년대 초반의 .com Bubble, 2008년 미국의 Subprime Mortgage, 2018년부터 시작한 미중전쟁, 2020년 초반부터 세계로 번지기 시작한 COVID-19 전염병 위기 등으로 인한 부침은 있었지만.

한편, 정치권에서는 1980년대 미국의 Ronald Reagan 대통령(재임: 1981년 1월 20일-1989년 1월 20일)과 영국의 Margaret Thatcher 수상(재임: 1979년 5월 4일-1990년 11월 28일)과 경제학계에서는 Milton Friedman과 Friedrich Hayek로 대표되는 신자유주의가 주류로 나타나면서 세계 경제를 휩쓸었다.

이로 인한 영향으로 정부 정책은 시장의 자율성을 중시하고 복지정책이 오히려 시장을 왜곡할 뿐만 아니라 근로 의욕을 감퇴시킨다는 논리로 감세정책을 추진하였으며 결과적으로 미국의 정책은 국방력 강화와 복지정책의 감소로 이어졌으며, 영국의 경우에는 노동조합의 영향력 약화와 복지정책의 축소로 이어졌다. 결국 소득과 자산의 불평등이 확대되는 시발점이 되었다.

그리고, 민간 부분으로 대표되는 기업에서는 기업과 주주의 단기적 이익 극대화로 연결되면서 환경악화를 사회적 비용으로 전가함으로써 오늘날의 환경악화와 지구온난화의 한 요인이 된 것이다.

다행스럽게도, 미흡하기는 하지만, 그 이후 심각한 환경악화에 대한 경종이 세계로 확대되면서, 많은 국가가 환경 보호를 위한 국제적인 공동 노력을 하고 있다.

한편, 친환경산업으로 전환하는 과정에서도 구리, Lithium, Cobalt 등을 채굴하면서 새로운 환경문제가 발생하기도 하여 더욱 Upgrade된 다양한 친환경 기술의 발전이 새롭게 대두되고 있다.

물론, 제2차세계대전 이후 미국이 유럽의 경제 부흥을 돕기 위한 Marshall Plan에 근거하여 1944년 결성한 Bretton Woods System과 이를 바탕으로 하여 설립한 IMF, 국제부흥개발은행(IBRD) 등을 설립하면서 1971년 8월 15일 미국이 일방적으로 Bretton Woods System 폐기를 선언하기까지 미국 주도의 자유세계 질서를 편성하였다. 즉, 미국 Dollar를 금 본위의 기축통화(고정환율 제도)로 구축하여 세계 금융을 장악한 것이다.

그런데, 신자유주의는 미국의 기축통화 포기 및 이어서 발생한 미국을 비롯한 세계적 Inflation 현상과 1970년대에 OPEC(The Organization of The Petroleum Exporting Countries)이 주도한 세계적인 Oil Shock, 미국의 Vietnam 전쟁에서의 패배, 이란이 구속하고 있던 미국인 구출 작전 실패 등으로 인한 미국인들의 상실감을 극복하고 강한 미국으로 다시 태어나기를 바라는 정치적, 경제적 상황과 소위 "영국병"의 해결을 간절히 바라는 국민의 바람을 반영하기 위한 영국의 정치적 결단 등을 반영한 정책의 획기적 전환이었다. 비록 환경문제와 소득불평등 문제를 유발하기는 했지만...

여기서 첨언하자면, 환경악화는 저개발국가와 저소득층 국민이 환경악화의 요인을 제공하는 비율은 낮지만, 이에 대한 부정적 영향을 훨씬 심각하게 받게 된다. 즉, 환경악화가 소득불평등의 악화의 또다른 요인으로 작용하고 있다.

물론, 신자유주의에 입각한 기업의 경영 행태가 세계적 시각에서 보면 소득불평등의 악화를 가져왔기에 100% 잘못되었다고 하는 것은 아니다. 예를 들면, 1975년 4월 Vietnam 전쟁이 미국의 패배로 마무리되면서 미국은 동남아 지역을 포함한 아시아 지역의 많은 국가들이 공산화될

지도 모른다는 미국의 걱정과 근심이 Silicon Valley를 중심으로 한 반도체 산업의 세계화를 가져오면서 미국과의 동맹을 더욱 강화하여 아시아권의 공산화 Domino를 저지한 중요한 한 축이 되었다. 구체적으로 살펴보면, 1977년 미국의 TI(Texas Instruments)사는 생산비의 절감-특히, 인건비-을 위하여 Taiwan에 반도체 조립시설을 건설하였으며 지금까지 이 공장을 운영하고 있다. 결과적으로 Taiwan은 미국의 Silicon Valley와 떨어질 수 없는 반도체 산업의 동반자가 된 것이다. 이것은 미국이 "중국의 Taiwan에 대한 침략을 저지하겠다."는 약속을 지키는 핵심 요소가 된 것이다. 당시의 최저임금을 비교해 보면, 1960년대와 1970년대 중반까지 미국의 최저임금은 시간당 US $1에서 US $2미만이었으며 이 시기에 Hong Kong의 최저임금은 시간당 US 25 Cents, 60년대 중반 Taiwan의 최저임금은 US 19 Cents, 말레이시아의 최저임금 US 15 Cents, Singapore의 최저임금 US 11Cents, 한국 US 10 Cents였다. 결과적으로 10년 이내에 미국의 반도체 생산공장은 모두 해외로 이전하고 말았다. (Chip War Published by Scribner An Imprint of Simon & Schuster Inc. 2022 by Cristopher Miller 64, 66 page 참고)

미국은 Vietnam 전쟁에서 패배했지만, 반도체 산업을 통하여 한국, 일본, Singapore, Taiwan 등으로 이어지는 커다란 "반도체 산업 공급망"을 형성함으로써 세계평화를 획득하였다.

한편, 전 세계가 반도체 산업을 통하여 미국의 혁신적 산업망으로 촘촘히 연결됨으로써 "반도체를 이용한 미래의 전쟁에 어떻게 대응할 것인가?"를 검토하면서 새로운 무기 System을 구체화한 것이다. 즉, 현재 전 세계는 Silicon Valley의 성공에 의존하게 되었다. (상기의 저서 78 page 참고)

한국도 정권의 변화와 무관하게 깊은 고민도 없이 신자유주의 경제정책을 시행함으로써 고득불평등이 확대하였지만, 한국을 포함한 아시아 지역의 산업이 미국 기업의 세계화, 즉 신자유주의적 기업의 유행으로 인하여 혜택을 받은 기업인데 그 대표적인 한국 기업이 삼성전자이며 그 가운데에서도 DRAM 산업이다. 물론, 미국의 반도체 산업을 잠식하는 일본을 견제하기 위한 "나의 적의 적은 나의 친구이다."라는 단순한 접근이었지만.

삼성그룹의 창업주인 이병철 회장은 한국에 농업 이외에는 산업이 전혀 없었던 시대에 건어물과 채소 판매부터 시작하여 설탕, 섬유, 비료, 건설, 은행, 보험 등으로 사업 영역을 확대하면서 성장하였다. 그리하여 1960년대에 한국에서 가장 돈이 많은 갑부가 되었다.

1970년대 말과 1980년대 초가 되면서 일본의 Toshiba와 Fujitsu와 같은 일본기업들이 DRAM 시장에 진입하여 상당한 점유율을 차지하면서 미국을 강력하게 압박하자, 1966년 미국 정부는 한국이 한국과학기술원(KIST: Korea Institute of Science and Technology)을 설립하도록 자금을 지원하였으며 미국의 Top Class 대학교를 졸업한 한국인들이 차츰 한국에 귀국하여 대학교에서 학생을 가르치기도 하고 KIST와 같은 연구소에서 연구에 몰두하기도 하였다. 이러한 학문적 기반에 이병철 회장이 단행한 새로운 산업환경의 변화에 대한 과감한 도전, 한국 정부의 지원, 한국을 잠재적 Partner로 본 미국 Silicon Valley의 지원 등이 서로 상승효과를 발휘하여 막대한 자금을 투자한 삼성전자의 DRAM 산업이 성공하였다. 이러한 결과로 Silicon Valley는 R&D에 집중할 수 있었다. 삼성전자가 현대산업의 핵심인 DRAM을 생산하면서 일본의 DRAM 산업은 한국과의 경쟁에서 차츰 밀리고 말았다.

즉, 주주와 기업의 이익 극대화를 추구하는 민간 기업의 신자유주의 경제에 의한 미국과 일본과의 경쟁에서 한국이 막대한 이익을 본 것이다. (상기의 저서 129-133 page 참고)

7) 한국의 재벌(Chaebol) 문제

1997년 한국의 IMF 금융위기에서 경제성장의 부정적인 한 단면이 노출되었지만, 기업 경영의 불투명성과 정부와 재벌이 주도하는 성장 정책, 과도한 부채에 기반한 기업 경영 등은 자본과 천연자원이 거의 없었던 박정희 대통령 시대의 경제정책 선택이 당시의 시각으로 보면 "불가피했을 것"이라는 시각도 있으나 단계적인 선순환 구조로의 전환이 늦은 탓에 결과적으로 IMF 금융위기를 맞게 된 한 이유가 되었다.

또한, 한국의 재벌 위주의 성장은 소득불평등의 부작용을 유발하게 되었는데 이러한 정책의 결과로 인하여 1974년에는 10개 재벌이 차지하는 국가 GNP의 비율이 15%였는데 1984년에는 67%로 확대하였다. 또한, 이 과정에서 시장에 의한 가격결정이 아닌, 정부가 개입한 가격결정 구조가 주도하였으며 부정부패가 개입할 가능성이 매우 높은 구조였다. 예를 들면, 정부가 대주주인 포항제철(POSCO)은 다양한 산업을 충실히 지원하기 위하여 정부의 역할을 대신하면서 결과적으로 기술의 발전이 천연자원의 부족을 극복하는데 결정적인 역할을 하였다. 즉, "공, 과"가 극명하게 나타난 것이다.

아시아의 금융위기에 1998년 IMF가 한국에 대한 지원을 위하여 경제를 조사하면서 한국경제 현실에 대하여 "Crony Capitalism"이라고 한 마디로 표현하였다. 그러나, 이러한 비판에도 불구하고 오늘날 한국은 세계적으로 빠른 경제성장을 이룬 국가 중의 하나로 지목하게 되었다. (The Economic Government Of The World Published by Farrar, Straus and Giroux 2023 by Martin Daunton 364 page 참고)

8) 한국의 노동계

(1) 개관

노동을 억압하면서 발전하였던 경제발전 과정에서 그 결과로 인하여 상대적으로 극좌적인 성향을 강하게 띠는 노동조합이 출현하도록 만들었으며 심지어는 정치적으로 중립적이면서 다양한 사고를 갖도록 하여야 할 초, 중, 고등학교 선생들까지 전국교직원조합을 결정하여 극좌적인 교육을 가르치는 결과까지 낳게 되었다. 즉, 노동조합 문제는 단순히 기업가와 노동자의 문제가 아닌 다양한 사회적, 경제적, 정치적 문제들이 서로 복잡하게 영향을 주면서 기업과 노동자집단, 정부와의 수많은 갈등과 사건이 있었던 것이다. 이에 더하여 최근에는 한국과 적대관계에 있는 중국, 북한 등의 외부 세력까지 한국 문제에 깊이 관여하고 있는 것으로 보여 빠르게 변화하고 있는 경제환경과 함께 노동문제의 해결을 더욱 어렵게 하고 있다.

경제발전 초기였던 1960년대 이후부터 IMF 금융위기를 겪게 될 때까지는 재벌 위주의 국가 주도형 불균형 경제발전을 하면서 경제발전과 함께 소득불평등이 악화하는 과정이었으며 1997년의 IMF 금융위기 이후에는 IMF가 주도한 신자유주의 경제이론이 한국경제를 이끌어 왔다. 이에 더하여 최근에는 제4차산업의 발전과 함께 소득불평등이 더욱 악화하고 있다. 물론, 다른 다양한 원인도 함께 있지만…

(2) 재벌과 정부

1960년대 이후 박정희 대통령이 주도한 경제발전 과정에서 재벌의 힘이 강해지고 노동조합의 힘은 상대적으로 약화하였는데 1979년 정치권력의 변화를 가져왔는데도 불구하고 이러한 현상은 크게 변하지 않았다. 즉, 한국의 발전은 정부와 기업과의 독특한 관계와 강력한 노동력의 통제, 인건비 상승의 억제, 근로조건 향상 도외시 등을 통하여 발전하여 왔으며 1980년대 중반까지는 노동자의 임금 상승 억제가 정부의 중요 업무의 하나였다.

그러나, 1987년 이후 정치 민주화의 물결을 타고 정부의 노동자에 대한 억압적인 정책에 항의함으로써 파업과 이에 대한 억압적 진압이 자주 발생하였으며 결과적으로 도동자의 권리가 확대하게 되었으나 노동자의 정부와 기업가에 대한 적대적 감정이 쌓이게 되었다. (The South Korean Economy Published by Agenda Publishing 2022 by Sunil Kim and Jonson Porteux 64, 65 page 참고)

한편, 한국의 노동조합 역사와 사건을 간단하게 언급하자면, 1946년 대한독립촉성노동총연맹라는 명칭으로 설립된 노동단체는 1960년 한국노동조합총연맹으로 개칭하여 지금에 이르렀는데 정치적 성향이 우익단체를 강하게 보임에 따라 1995년 전국민주노동조합총연맹이라는 좌익성향의 조합단체가 설립되었으며, 현재 양대 노동조합총연맹으로 유지되고 있다.

정치적 성향을 띠는 것은 좋지만, 극좌적인 성향이나 극우적인 성향을 보이면서 한국이라는 국가의 정체성을 부정하거나 적대 세력과 연결하여 국가를 전복하려는 극단적인 정치 성향을 표출하는 것은 노동운동을 하는 당사자뿐만 아니라 순수한 노동운동을 지지하는 단체까지도 외면하게 되고 결국에는 노동자가 자신의 권리가 위축당하는 상황까지 직면할 수 있다.

여기서 좋은 예를 들면, 2022년 3월 22일 수원지검 공공수사부(부장검사 정원두)는 민주노총 조직쟁의국장 A씨 등 4명에 대해 국가정보원과 국가수사본부가 국가보안법 위반 혐의로 구속영장을 청구했다.

2022년 3월 27일 수원지법 차진석 영장 전담 부장판사는 영장실질심사 이후 이달 22일 국가보안법 위반 혐의로 구속영장이 청구된 민주노총 조직국장 A 씨 등 4명에 대해 구속영장을 발부했다. 차 부장판사는 "증거인멸이나 도주 우려 등 구속 사유가 있다."면서 "범죄혐의에 대한 소명이 있고 범죄의 중대성도 인정된다."고 영장 발부 사유를 설명했다. "국가보안법 위반" 혐의로 민주노총 전현직 간부 4명 구속했다.

국정원은 다음 날 오전 언론사 공지문을 통해 "수원지방법원은 국정원과 경찰(국가수사본부)이 수원지방검찰청(공공수사부)을 통해 청구한 구속영장을 발부했다."고 밝혔다. 수원지법 차진석 영장 전담 부장판사는 "범죄혐의가 소명되고 증거인멸 및 도주 우려 등 구속 사유가 있다. 범죄의 중대성도 인정된다."고 발부 사유를 밝혔다. (namu.wiki/ 참고)

(3) 박정희 대통령 몰락의 시작

재벌로 대표되는 대기업을 중심으로 환 성장정책과 근로자에 대한 임금 억제 및 근로조건의 개선을 상대적으로 등한시하면서 한국경제는 꾸준히 발전하였으며 그 기반 위에 지금까지 발전을 이어왔지만, 이에 대한 반작용으로 인하여 박정희 대통령의 몰락은 노동운동에서 시작하였다. 물론, 이란 혁명에서 시작한 제2차 Oil 위기로 인한 요인 등도 함께 작용하였지만.

사회적으로 커다란 반향을 일으키며 박정희 정권의 몰락을 가져온 이때 발생한 노동운동은 약 1,000명의 경찰이 투입된 1979년의 YH 사건이었다. 이 사건으로 인하여 한 명의 여성 근로자가 사망하였으며 노동운동의 진압에 투입된 경찰을 포함하여 수십 명의 부상자가 발생하였다. 이 사건은 노동조건 및 인권과 관련하여 한국 정부에게 국내외적인 압박을 가해지게 하였으며 결과적으로 1979년 10월 26일 박정희 대통령의 암살 사건까지 이어진 것이다. (상기의 저서 66, 67 page 참고)

(4) 1997년 IMF 외환위기 이전의 노동운동

새로운 독재정권인 제4공화국의 전두환 대통령이 출발하면서 노동운동의 형태는 일시적으로 은밀한 방향으로 변화하였지만, 1984년 이후 다시 공개적으로, 그리고 활발하게 활동하였다. 이러한 결과로 1987년 "위대한 노동자의 투쟁(The Great Workes' Struggle)"이 탄생하였다. 이 시기에 파업을 참가한 노동자의 수는 1986년 47,000명에서 1987년 262,000명으로 급증하였다. 결국, 1987년 독재정권의 성격이 강한 전두환 대통령이 국내적, 국제적 압력에 굴복하여 1987년 6월 29일 민주적 선거 절차를 진행하겠다고 선포하였으며 한국은 더욱 민주화의 과정을 밟게 되었다. 이 과정에서 7월과 8월 사이에만 파업이 3,337건이 발생하였다. 1987년 한해에 발생한 노동쟁의는 1,749건이었으며 전두환 대통령 6년 동안의 재임 기간에 연평균 171건과 비교하면 20배 이상 폭증한 것이다. 1987년 이후 2년 동안 2,000개의 새로운 노동조합이 설립되었으며 소위 White Collar 노동조합을 포함하여 15%에서 23%가 증가하였다.

한편, 노동조합의 수치가 대폭 증가한 것과는 달리 전체 조합원 수는 큰 증가를 보이지 않았는데 그 이유는 국영기업의 직원들이 독재정권의 영향을 강하게 받았기 때문일 것으로 보인다. 즉, 전체 근로자 가운데 노동조합에 가입한 근로자의 비율이 1979년의 24.4%에서 1987년 18.5%로 오히려 감소한 것이다. 참고로 IMF 이후인 신자유주의 경제정책이 진행하고 제4차산업이 본격화한 2009년에는 10.1%까지 감소하였다. (상기의 저서 68 page 참고)

민주화 시대에 들어선 1980년대 후반부터는 노동자들의 쟁의에 대한 정부의 직접적인 공권력 행사는 급격히 줄어들었지만, 기업들은 여전히 노동조합의 설립을 방해하거나 기업에게 유화적인 자세를 취하는 "황색" 노동조합(또는 어용노동조합)의 설립을 시도하였다. 또는 "구사대"라는 사적 경호회사를 이용하여 노동조합이나 근로자를 강압적이고 폭력적으로 억압하기도 하였다.

한국에서는 정치권도 그렇지만 기업계에서도 협상의 문화가 안정정으로 자리를 잡지 못한 탓이며 민주주의에 대한 교육이 매우 미흡한 이유와 민주주의에 대한 경험 부족, 민주주의의 중요성에 대한 인식 부족. 소득불평등의 확대 등이 중요한 이유이다. (상기의 저서 73 page 참고)

(5) IMF 외환위기 이후

한국에서 IMF 외환위기는 경제적인 전쟁을 겪은 것과 같은 매우 중요한 사건이었으며 이 사건은 한국이 금융, 기업에 대한 국제기준을 준수하도록 강요당한 사건이었다. 그리고, 당시 경제적 주류사상으로 자리매김하고 있던 정부의 민간 분야에 대한 간섭의 최소화와 기업의 이윤 극대화로 요약할 수 있는 신자유주의적 경제가 정부정책과 기업에게 폭넓게 영향을 주었으며 정권의 변화와 무관하게 지금까지 이어지고 있다. 한편, 사회적으로도 기업에 대한 평생직장이라는 애사심도 차츰 사라지고 한국인의 일반적인 삶도 불안정해지면서 지금 문제가 되고 있는 인구 노령화와 감소, 소득불평등 등의 다양한 부작용의 중요한 원인이 되고 있다.

이와 함께 21c에 들어서면서 제4차산업이 본격화함에 따라 Gig Job으로 대표되는 비정규직 노동자의 급증, 산업의 변화에 따른 사회보장제도 대응의 부족 등이 이러한 현상을 더욱 부채질하고 있는 상황이다.

Irony하게도 근로자 친화적인 정권이라고 하는 노무현 대통령 시대와 문재인 대통령 시대에 비정규직이 더욱 확대되고 있는 것은 신자유주의 사상의 Humanism 사상으로의 전환 및 제4차산업으로의 변화에 따른 새로운 정책을 적절하게 제시하지 못하고 있었기 때문이다.

또한, 이미 여러 차례에 걸쳐 언급한 것처럼, 한국의 경제발전은 근로자의 권리를 억압하면서 이루었던 측면을 부인할 수 없기에 같은 수준의 국가에 비하여 근로자의 권리가 상대적으로 낮은 상태이며, 매우 빠른 속도로 성장, 발전을 달성한 한국은 세계적인 노동기구인 ILO(International Labor Organization)를 1991년 12월 9일 가입하였지만, 노동자 보호를 위한 협약을 지금도 인준하지 않은 국가 중의 하나이다. (상기의 저서 174 page참고)

한국 노동시장은 극명하게 구별되는 두 개의 Group이 있는데 한 Group은 충분한 보상을 받고 안정적인 삶을 누릴 수 있는 노동시장이며 다른 Group은 노동에 대한 보호를 받지 못하고 노동에 대한 보상도 매우 낮은 비정규직 시장이라고 불리는 Group이다. 한국에서 재벌의 존재, 사교육의 번창과 공교육의 부실화로 인한 불평등, 사농공상이라는 계급문화의 잔재 등은 신자유주의 사상에 따른 정부정책과 경제계의 이익 극대화 전략 이외에 불평등이 악화하고 있는 또 다른 이유들이다. (상기의 저서 82 page 참고)

9) Venture 기업

IMF 경제위기 직후인 1998년 2월 25일 한국의 제15대 대통령으로 취임한 김대중 대통령(98년 2월 25일-2003년 2월 24일)은 IMF도 인정한 것처럼 한국의 IMF 경제위기를 전례가 없을 정도로 매우 빠르게 극복하였다.

한국이 IMF로부터 구제금융을 받고 이 금액을 상환한 시기는 1997년 12월 3일부터 2001년 8월 23일까지였으며 규모는 US $550억이었다. IMF는 구제금융을 한국에 지원하면서 자신들의 경제이론을 따르도록 한 것이 신자유주의적 경제정책이었는데 김대중 대통령은 이 경제이론을 받아들이면서 IMF 외환위기 이전까지 한국의 경제발전을 주도했던 재벌중심의 경제발전 구조를 지식 기반의 중소기업을 중심으로 새로운 산업군을 형성하는 Venture 기업 위주의 경제발전 구조로의 대전환을 시도하였다.

그리고, 직접금융시장에서의 자금조달이 용이하도록 Venture 기업 위주의 KODAQ 시장을 개설하고 주식 거래를 활성화하였다. 그 결과, 1998년부터 2001년 사이에 한국에서 최초의 Venture Boom이 일어났다. 구체적인 창업의 숫자를 살펴보면, 1998년 2,042개에서 2001년의 11,392로 급격하게 증가하였다.

그러나, 과도한 Bubble로 인하여 2002년 미국의 Dot-com 기업의 폭락과 함께 한국의 KOSDAQ 주가지수도 1,259에서 676.6으로 폭락하여 많은 투자자가 손실을 안게 되었다. Venture 기업은 글자 그대로 투자의 위험성이 매우 높은 기업이기에 투자자의 사려깊은 투자가 필요한 것이며 이러한 상황을 실증적으로 보여준 예이다. 즉, 당시에 정부의 조사에 따르면, Venture 기업으로서 10년 이상 기업의 계속성을 유지하고 있는 기업은 17.9%에 불과하였다.

이러한 우여곡절을 겪으면서도 1997년 이후 Venture 기업의 창업은 꾸준히 증가하여 고용 창출과 기술의 발전에 커다란 도움이 되었다. 좋은 예로 미국과 일본, 독일 등 기술 강대국들이 포기한 광통신 기술을 한국이 발명에 성공하였으며 지금은 전 세계가 그 혜택을 보고 있다. 김대중 대통령의 기술을 기반으로 한 중소기업 위주의 새로운 산업생태계를 만들었지만, 신자유주의 경제이론을 정책에 반영함으로써 IMF 경제위기와 함께 소득불평등이 더욱 심화한 것 또한 사실이다.

참고로 한국의 Venture 기업 수는 1999년의 4,934개에서 2019년의 36,503개로 9배 이상 급증하였다. 1997년의 IMF 경제위기 이후 한국경제 발전의 한 축이 된 것이다. (상기의 저서 161, 162 page 참고)

10) 과열된 자영업

IMF 경제위기 이후 지식을 기반으로 한 Venture 기업 장려 정책으로 한국의 산업 구조는 재벌 위주의 사업구조에 비하여 다양한 산업이 출현하였으나 다른 한편으로는 IMF 경제위기로 인하여 많은 직장인들이 타의에 의하여 퇴직한 후 재취업이 힘들어지면서 자영업에 뛰어든 규모가 확대하였다. 구체적으로 살펴보면, 1996년 570만 명, 1997년 590만 명, 2002년 620만 명을 정점으로 하여 2018년에는 560만 명으로 줄어들었으나 전체 노동인구 대비 21%였으며 2019년에는 자영업 비율이 24.6%로 다시 확대되었다.

자영업자와 관련하여 다른 국가와 비교해 보면, 한국의 중산층이 매우 불안정한 상태라는 것을 여실히 보여주고 있다. 일본의 경우에는 30년 가까운 긴 장기 불황임에도 불구하고 자영업자의 비율이 10%에 불과하다. 미국의 경우에는 일본보다 더욱 낮아 6.1%이다.

2021년을 기준으로 하여 OECD에 속하는 38개 국가들 가운데 자영업자의 비율이 한국보다 높은 국가는 Colombia, Mexico, Greece, Turkey, Chile 등 한국보다 1인당 GDP가 매우 낮은 5개국에 지나지 않고 있다. 이러한 이유에 대해서는 여전히 논쟁 중에 있지만, 재취업이 힘들다는 것, 문화적으로 채용 시 나이에 대한 고려를 비중 있게 다룬다는 것, 취약한 재취업을 위한 교육 Program, 신자유주의적 정책으로 인한 해고 용이 등을 제시할 수 있다. (상기의 저서 113, 114 page 참고)

9. 금융권

1) 개관

2008년 미국의 Subprime 금융위기, 2018년부터 시작한 미중전쟁, 2019년 말부터 시작된 COVID-19 전염병, 2022년부터 전 면전으로 확대된 Russia의 우크라이나 침략전쟁, 2023년 10월 7일부터 시작된 Israel과 하마스의 전쟁 등의 다양한 국제적 요인이 국내 경제에 악영향을 미치면서 한국을 포함한 세계 대부분의 국가에서 부채가 빠르게 증가하고 있다. 한편, 미국의 경우에는 Subprime 금융위기 이후에도 2014년 Citicorp와 Morgan Chase & Co., Barclays PLC, Royal Bank of Scotland 등이 공모하여 외환거래 때의 가격 조작에 대한 협의를 인정하고 US $50억 이상의 벌금을 지급하였다. 이 금융기관들 중의 일부는 2008년의 Subprime Mortgage 금융위기에도 관여된 금융기관이었다. 이처럼, 끊임없는 감독과 감시 속에서도 인간의 탐욕은 음모를 도모하고 조그마한 틈이라도 이용하여 사익을 추구하고자 하며, 이러한 행위는 갈수록 교묘해지고 뻔뻔해지며 수치와 부끄러움을 모르고 있다. 단지, 발각된 것에 대한 불운을 탓할 뿐이지... (Confessions of an Economic Hit Man 3rd edition Published by Berrett-Koehlers Publishers Inc. 2023 by John Perkins 206-207 pages 참고)

이런 상황을 역으로 바라보면, 그 어느 때보다도 금융업의 건전성, 도덕성, 윤리의식, 법치주의 등의 중요성을 인지하여야 할 시기라는 것이다.

특히 21c에 들어와 제4차산업이 빠르게 발전하면서 금융업을 포함한 산업 전반이 빠르게 변화하고 있는데, 금융업에서도 Internet을 기반으로 한 분야에서 Bitcoin을 포함한 암호화폐의 출현, AI의 발전, 새로운 금융 형태인 DeFi의 출현 등으로 인하여 새로운 법규와 제도가 필요한 상황이 되었다.

산업의 혈관과도 같은 금융업에 대한 법규에 규정한 행동을 넘어서는 지나친 정부의 개입, 정치권 등을 포함한 부정부패, 낮은 수준의 도덕성, 암호화폐에 대한 적절한 대응의 부재 등이 복합적으로 작용하면서 앞으로 언급할 Scandal이 발생하였으며, 한국의 경제 규모를 생각하면 과거에는 상상하기 힘들 정도의 규모로 세계를 흔드는 Luna 사태와 같은 거대한 금융 사건이 발생한 것이다. 물론, 국내에 한정하여 발생한 라임과 옵티머스와 같은 금융 Scandal도 과거의 금융 사건과는 비교하기 힘들 정도의 사회적 파장이 매우 큰 사건이었다.

제조업의 발전과 유사하게 금융업에서도 사회적, 정치적으로 경제와 관련된 커다란 사건이 발생하면서 이러한 사건의 재발을 방지하기 위하여 제도와 법규, 기술의 변화를 통하여 꾸준히 발전하였는데 미국의 경우에는 1900년대에 발생한 미국의 대공황으로 인하여 향후의 또 다른 위기를 대비하기 위하여 1913년 12월 23일 연방의회에서 연방준비법이 통과하여 이 법을 근거로 하면서 이듬해에 탄생한 연방준비은행(Fed), 1930년대의 대공황과 Fed 역할의 변화 및 1933년 사업은행과 투자은행의 법적 규제를 위한 1933년 Glass-Steagall Act 제정, 2008년의 Subprime Mortgage를 유발한 단초가 된 1999년의 Glass-Steagall Act 개정을 통한 상업은행과 투자은행의 투자 영역 규제 해제, COVID-19 전염병의 발생, Bitcoin과 같은 새로운 암호화폐의 출현, 금융과 관련한 기술의 발전 등으로 금융환경의 커다란 변곡점을 맞이한 것처럼, 한국의 금융환경도 1997년의 IMF 금융위기-물론 제조업에도 커다란 변혁을 가져온 것은 당연하지만-및 COVID-19 전염병, 새로운 화폐의 출현, 금융 관련 기술의 발전 등으로 인하여 빠르게 변화하는 상황이다.

한편, 금융업은 타인의 자금 관리와 관련된 매우 중요한 산업이기에 은행법, 보험업법, 자본시장통합법 등의 법적 근거에 설립하여야 하는데 여기서는 앞으로 자본시장통합법과 은행법에 대해서만 간단하게 언급하고자 한다.

이처럼 산업의 새로운 변화에 맞춰 법규와 기술을 적용하지만, 완벽하지 않은 것은 당연하며 이에 더하여 법규와 기술의 약점을 이용하는 다양한 세력이 항상 존재하는 것이기에 여기서는 이러한 부분에 집중하여 살펴보면서 이 저서의 마지막 부분에서 이러한 집단을 극복할 수 있는 장기적, 단기적 방법을 생각하려고 하는 것이다. 즉, 차입 또는 투자를 요청하기 위하여 자료를 제출할 때 기업이 홀로 불법적으로 금융기관에 왜곡된 자료를 제출하거나, 또는 정치권이나 금융기관의 담당자, 또는 금융 감독기관과 공모하여 왜곡된 자료를 제출하여 결과적으로 금융기관의 부실이나 심한 경우-예를 들면 IMF 금융위기-에는 국민의 세금과 국고에 손실을 일으킬 뿐만 아니라 국가 경제의 후퇴까지도 감수할 상황이 도래한다. 또한, 탈세의 온상이 되는 사채시장에서 법정 규모를 넘어선 이자를 받으면서 대출하고 상환이 곤란한 상황이 발생할 경우 불법추심업자를 동원하거나 심하면 조직폭력배까지 동원하여 채무자의 삶을 황폐화시키거나 자살이라는 극단적인 상황까지 발생하면서 경제적 불평등에 더하여 사회적 극단화를 야기하는 촉발제가 될 수도 있다.

물론, 정부도 이러한 문제를 충분히 알고 있어 이자제한법 등을 통하여 사채업을 양성화하면서 동시에 세금도 징수하려고 하지만 한계가 있을 수밖에 없는 것이 현실이다.

2) 금융기관을 이용한 Scandals

(1) 암호화폐를 이용한 대형 금융 사건

암호화폐를 화폐로서의 기능을 가진 대상으로 보지 않고 투기 대상으로 간주하면서 발생한 사건이며, 이 사건으로 인하여 암호화폐에 대한 신뢰성을 회복하려면 많은 시간이 소요될 것으로 예상된다.

국내 거래소 업비트의 BTC를 기준으로 5월 5일 종가는 223,962사토시였으나, 5월 12일 오후 2시 30분부터는 1-2사토시의 시세로 추락하였다. 1사토시는 1억분의 1 BTC(5월 13일 기준 약 0.4원)를 의미하는

데, 업비트에서는 매도할 수 있는 최소 거래 단위가 1사토시이므로 이보다 더 떨어지는 것은 합병 외에는 불가능하다. 즉, 말 그대로 바닥을 찍었다고 할 수 있으며, 사실상 거래소 화면에만 떠있을 뿐, 시장에서 퇴출된 것이나 다름없게 되었다. 심지어 업비트 이외의 다른 Market에서는 1사토시보다도 더 낮은 단위로도 거래가 가능하여, 5월 13일 17시에는 김치 Premium Alarm이 700%에서 2,300%까지 뜨기도 했다. 해외 시세로는 1 Luna가 1/7사토시(약 0.057원)-1/20 사토시(약 0.02원) 정도에 거래된다는 것으로 Luna 2만 2650-6만 4,500개를 모아야 겨우 1 Dollar(5월 13일 원화 대비 Dollar 환율 1,290원 기준)로 교환 가능하다는 말이다. 150만분의 1토막이 난 수준인데 국내 거래소의 대처가 늦어지는 와중에 해외 주요 거래소가 선제적으로 거래를 중단시키면서 그 티끌만한 교환 가치마저도 소멸되었다.

처음부터 사기 범죄 목적으로 만들어진 Scam Coin보다도 추락 폭이 더 심할 지경이다. 전형적인 Ponzi 사기 행태를 보인 Allot Coin의 경우도 -98.43%인 것을 생각해 본다면, Binance 기준 시총 9위, Upbit 기준 시총 4위에 언론에서까지 활약하여 그나마 신뢰할 수 있는 편에 속하는 Coin조차 이러한 사태가 벌어졌으니 여러 방면으로 큰 파급이 미칠 것이 예상되는 상황이다.

결국 Luna는 일주일만에 무려 -99.99999%라는 암호화폐 사상 전무후무한 기록을 세우게 되었다. 비유하자면 만약 10억원을 5월 5일 종가에 투자했을 경우에는 일주일 후의 금액은 단 4,460원으로 폭락한 것이 된다. 시가총액이 크고 워낙 투자자가 많았으며, 수억 정도 투자한 일반인뿐만 아니라 나름 Coin 투자 경험이 있는 많은 Coin 부자까지 Luna에 수십, 수백억씩 집어넣었다가 재산이 말 그대로 사라져 말 그대로 벼락 거지로 전락하는 비극을 낳았다.

사실 Terra 소유자들은 Terra를 US $1로 바꿀 수 있는 권리가 Terra 폼랩스에 의해 보장되어 있으나, 자세히 따져보면 교환할 때 1US $1에 상응하는 Luna로 바꿀 수 있는 권리를 가진다. 이게 US $1과 뭐가 다른가 하고 생각할 수 있는데, 문제는 Luna 역시 실시간으로 가치가 바뀌는 Coin이라는 것이다. Terra를 Luna로 바꾼 이후 Luna를 팔 때까지의 시간 안에 Luna의 시세가 방어되지 않고 실시간으로 동반 추락할 경우 결국 US $1의 가치 보장은 실패하고, Terra가 US $1 가치를 보장하지 못하는 순간 신용이 무너져 Bank Run 사태와 유사한 소위 "뭇지마 팔자" 사태를 막지 못하게 된다. 예컨대 폭락장에서는 그날 정오에 "1Terra = 0.7 Luna = US $1"이란 공식이 성립했다고 해도, 이미 신뢰를 잃어버린 상태에서 소위 "Bank Run" 사태가 발생하면서 너, 나, 할 것 없이 Luna를 투매하면서 오후 3시쯤에는 70 Luna로도 US $1을 못 구하는 상황이 발생하였다. (namu.wiki/ 참고)

(2) 자산운용회사 옵티머스와 라임 사건

첫째, 옵티머스자산운용의 경우는 자산운용사인 옵티머스자산운용은 원래 2009년 6월 15일 이혁진 전 대표가 설립한 에스크베리타스자산운용이 전신이며, 2015년 6월 30일 에이브이자산운용으로 사명을 변경하였고, 2017년 6월 30일 옵티머스자산운용으로 다시 사명을 변경하면서 김재현 대표가 취임하였다.

문제가 된 옵티머스자산운용의 사모펀드들은 2017년 12월부터 운용하여 판매되기 시작하였으며, 옵티머스사는 공공기관 매출채권에 투자하여 연 3%의 수익을 보장하는 안전한 상품이라고 허위로 소개하였고 NH투자증권, 하이투자증권, 한국투자증권 등 판매사로 역할을 담당하는 증권사들은 이를 믿고 법인 고객을 대상으로 판매하였다.

그러나, 공공기관에 투자한다는 말은 모두 거짓이었고 실상은 옵티머스사의 2대 주주 이동열(조직폭력배 출신)이 대표로 있는 씨피엔에스, 아트리파라다이스, 라피크, 대부디케이에이엠씨 등 비상장기업들의 사모사채를 매입는데 사용하였으며, 이들은 사실상 Paper Company들이었다. 이 회사들은 투자금을 부동산 Project Financing(PF), 비상장 주식, 코스닥 상장사 인수합병 등 위험자산에 투자해 왔고 펀드 돌려막기에도 이용했으며 심지어 김재현 옵티머스 대표는 자신의 증권 계좌로 수백억 원을 횡령한 정황이 금감원에 포착되기도 하였다.

옵티머스사는 수탁기관과 사무관리기관, 판매사가 모두 분리되어 업무정보가 공유되지 않는다는 점을 악용하여 수탁기관인 하나은행에게 비상장기업인 아트리파라다이스의 사모사채를 사들이도록 하는 한편, 사무관리기관인 한국예탁결제원에는 사모사채가 아닌 부산광역시매출채권 등이 편입된 것으로 이름을 변경해줄 것을 요구했고, 그 다음에는 판매사인 증권사들에게 자신들의 사모펀드가 공공기관 매출채권에 투자한다고 속이면서 투자자들은 이를 믿고 옵티머스 사모펀드에 투자하였다.

결국 2020년 6월 17일 옵티머스사는 환매 중단을 선언하였고, 6월 25일 서울중앙지검에서 압수수색을 진행하였으며, 6월 30일에는 금융위원회에서 옵티머스사를 상대로 영업정지 조치가 이루어졌다. 7월 7일에는 김재현 대표, 이동열 대표이사, 감사인 윤석호 변호사 등 옵티머스사 관계자들을 구속하였다.

하지만 운용사인 옵티머스사가 사실상 공중 분해된 상태이기 때문에 개인 982명을 포함한 투자자 1,166명의 투자금 5,151억 원은 대부분 돌려받기 힘들게 되었다.

그러나, 7월 14일 한국투자증권에서는 투자 원금 70%를 보상하기로 결정하였으며, 사모펀드를 80% 가까이 판매한 NH투자증권은 보상금액이 천문학적이기 때문에 정기 이사회에서 보상 비율을 논의하였고 8월 27일 가입 규모에 따라 최소 30%에서 최대 70%까지 보상하는 방안을 확정하였다가 2021년 5월 25일 임시 이사회에서 일반 투자자 831명이 투자한 2,780억 원에 대하여 원금 100% 지급하는 것으로 결정하였다. 이후 6월 16일에는 한국투자증권도 옵티머스 판매액 287억 원에 대해 원금 100% 지급하기로 결정하였다.

둘째, 라임자산운용의 경우에는 라임 사태는 2019년 7월 라임자산운용이 코스닥 기업들의 전환사채(CB) 등을 편법 거래하면서 부정하게 수익률을 관리하고 있다는 의혹에서 시작되어, 10월 라임자산운용이 운용하던 펀드에 들어있던 주식 가격이 하락하면서 Bank Run과 유사한 Fund Run 위기에 몰리자 결국 환매 중단을 선택한 사건이다.

라임자산운용 자산의 상당 부분이 대신증권 반포지점을 통해 투자되었다. 이 때문에 환매 중단 사태 때 대신증권 측과 라임자산운용 간의 부적절한 통화가 2020년 2월 10일 SBS를 통해 공개되었다.

2020년 2월, 금융감독원과 채권단, 투자자들의 조사 결과 2020년 2월 14일 라임자산운용의 모펀드는 반토막이 발생하였고 자펀드 중 일부는 -100%를 초과하는 전액 손실을 냈다. 피해 규모가 무려 1조 이상이고 라임자산운용의 인공지능 펀드는 -100%를 초과하는 손실을 내서 돈을 한 푼도 돌려줄 수 없었다. 투자자들은 라임자산운용과 라임의 펀드를 팔고 투자자들을 안심시켜 왔던 대신증권을 비난하였다.

2020년 3월부터 금융감독원과 투자자, 채권단에 의한 현장실사가 진행되었으며 사태 발생 이후 6개월이 지난 후에야 실사에 들어가는 것이었다.

라임자산운용이 기업사냥꾼 세력과 결탁했다는 의혹이 제기되었다.

2020년 2월 19일, 검찰에서 라임자산운용과 신한금융투자에 대해 압수 수색했다.

우리은행이 라임자산운용 펀드에 투자 여부를 고민하던 투자자들의 투자성향을 조작한 뒤에 라임자산운용 펀드에 투자토록 하였다고 했다.

2020년 3월 10일, 라임 관련 회사가 특정 상조회의 인수를 시도했다는 보도가 나왔다.

3월 15일, 대검찰청에서는 라임자산운용 핵심 인사에 대한 특별 체포팀을 구성해서 검거에 나섰다.

3월 19일 중앙일보 보도에 따르면 라임운용 인수단의 명단이 있다고 했다.

3월 26일, 라임자산운용이 리드에 투자하는 과정에서 임모 전 신한금융투자 프라임브로커리지서비스(PBS) 본부장이 별도로 투자자문사를 차려 억대의 수수료를 챙긴 정황을 검찰이 포착했다. 이날 서울남부지방검찰청은 임 모 전 신한금투 PBS 본부장에 대한 구속영장을 청구했다.

2020년 3월 27일, 서울남부지방법원은 1억 6,500만원의 수수료를 챙기고 펀드 투자자들을 속여 480억원을 편취한 혐의를 받는 임모 전 신한금투 PBS 본부장에 대한 구속영장을 발부했다. 재판부는 "증거를 인멸할 염려 및 도망할 염려가 있으며 사안이 매우 엄중하다."고 발부 이유를 설명했다. 라임 사태의 핵심 용의자들이 잠적한 가운데 주요 피의자에 대한 첫 구속영장이 발부된 것이다.

2020년 4월 23일 오후 9시경, 이종필 전 라임 부사장과 김봉현 전 스타모빌리티 회장이 서울 성북구 빌라 근처에서 체포되었다. 이후 25일, 서울남부지방법원은 코스닥 상장사 "리드"에 라임의 자금을 투자하고 리드 경영진으로부터 금품을 받은 혐의로 이종필 전 부사장에 대한 구속영장을 발부했으며, 26일, 수원지방법원도 수원여객의 241억 원을 횡령한 혐의로 김봉현 전 회장에 대한 구속영장을 발부했다.

2020년 5월 1일, "수원여객 횡령 사건"을 수사하는 경기도 남부경찰청 지능범죄수사대는 김봉현 전 스타모빌리티 회장을 검찰에 송치하면서 지금까지 압수한 60억 3,000만원도 함께 송치했다. 김 전 회장은 이종필 전 라임 부사장과 함께 은신해 있던 서울 성북구 빌라에 현금 5억 3,000만 원을, 서울의 한 물품보관소에 나머지 55억 원을 보관했는데, 김 전 회장은 "55억원이 담긴 캐리어 가방 3개를 운반하다가 너무 무거워 허리를 다쳤다."고 경찰에 진술한 것으로 알려져 있다.

2020년 6월 19일, 김봉현 스타모빌리티 회장을 정치권에 소개한 의혹을 받고 있는 광주MBC 사장 출신의 이모 스타모빌리티 대표이사가 구속됐다. 이 대표는 1990년 광주MBC 기자로 입사해 2017년 사장까지 올랐으며, 광주 근무 당시 알고 지내던 김봉현 회장에게 생활비 명목으로 "후원"을 받으면서 평소 친분이 있던 정, 관계 인사들을 김 회장에게 소개해 준 것으로 알려져 있다.

2020년 7월 1일, 금감원 분쟁조정위원회는 무역금융펀드의 부실 여부를 알고서도 판매한 판매사인 우리은행, 하나은행, 신한금융투자, 미래에셋이 손실액을 전액 배상하라는 결정을 냈다. 2018년 11월부터 2019년 7월 17일까지 판매된 플루토 TF-1호 펀드가 대상이며, 해당 금액은 총 1,611억원이였다. 전액 배상 결정은 사상 최초다. 판매 시점에 이미 최대 98%가량 손해가 난 상품을 그 사실을 숨기고 판매하였기에 민법상 "착오에 의한 계약 취소"에 해당한다고 본 것이다. 해당 기간에 판매된 플루토 TF-1호 펀드를 제외한 다른 상품들은 손실이 확정되지 않은 상태라 피해구제에 최소 수년 단위의 시간이 걸릴 것으로 예상된다.

한편, 2022년 5월, 남부지검에 합수단이 재설치되었다. 라임, 옵티머스 재수사에도 나선다고 한다.

최근 차츰 밝혀지고 있는 것처럼 문재인 정권에서 발생했던 라임, 옵티머스의 두 금융 사건은 문재인 정권의 핵심 세력이 깊이 개입하여 발생한 사건이며 국가와 금융기관에 대한 신뢰와 믿음이 추락한 사건이다. 가상 화폐인 루나 사건까지 포함하면 역대 정권에서 발생한 지금까지 금융 사건 가운데 규모가 제일 큰 금융 사건들이다. 즉, 한국의 법치주의 확립 의지가 좌파 정권 또는 우파 정권을 불문하고 지난 몇 대 정권에 걸쳐서 지속적으로 후퇴했다는 것을 반증해 주는 사건들이기도 한 것이다.

자금과 관련된 금융기관의 사건들은 다른 사건에 비하여 정권과 직결된 사건들이 많고 그 실체가 밝혀지기 위해서는 정권교체가 된 뒤에나 가능한 경우가 대부분이다. 또한, 금융기관과 관련한 사건으로 인하여 국민의 신뢰 상실과 불평등이 악화하면서 건전한 투자도 고갈되어 국가의 안정을 해치면서 경제발전에도 심각한 부정적인 영향을 일으킨다. (namu.wiki/ 참고)

3) 자본시장통합법

이 법의 정식 명칭은 "자본시장과 금융투자업에 관한 법률"이라고 하는데 과거의 증권거래법, 간접투자자산운용업법, 신탁업법 등 자본시장 관련 6개 법률을 통합한 "자본시장과 금융투자업에 관한 법률"(2009년 2월 시행)을 말한다. 동 법률의 목적은 자본시장과 금융투자업에 관한 규제를 개편하여 금융혁신과 경쟁을 촉진하고 대형 투자은행 육성과 자본시장 활성화 등 직접금융시장을 확충함으로써 기존 은행 중심의 간접금융체계와 조화를 도모하기 위한 기반을 조성하는 것이었다. 금융투자업을 투자매매업, 투자중개업, 집합투자업, 신탁업, 투자일임업, 투자자문업 등 6개로 구분하고 동 업무를 영위하려는 자로 하여 원하는 업무를 복수 또는 단수로 선택적으로 인가를 받거나 등록을 한 후 영업할 수 있도록 하였다. 이와 관련하여 이해 상충 발생 가능성이 높다고 인정되는 금융투자업 간에는 매매에 관한 정보제공 금지, 임직원의 겸직 제한, 사무공간 등의 공동이용 제한 등을 의무화하였다. 또한 고유자산 및 운용자산이 각각 2조원 이상, 6조원 이상인 금융투자업자는 의무적으로 사외이사를 선임하고 감사위원회를 설치하도록 하였다. 동법은 금융투자상품을 포괄주의에 입각하여 원본 손실이 발생할 가능성이 있는 모든 금융상품으로 정의하였다. 금융투자상품을 증권, 장내파생금융상품, 장외파생금융상품으로 구분하고 증권은 다시 채무증권, 지분증권, 수익증권, 증권예탁증권, 투자계약증권, 파생결합증권 등으로 구분하였다.

즉, 자본시장법은 상법에 비하여 특별법으로 인정된다.

올해로 자본시장법 시행 15주년을 맞았다. 2007년 금융혁신을 통한 자본시장의 가치 제고를 목적으로 제정된 자본시장법이, 금융상품에 대한 포괄주의 도입, 금융업 간 겸영 허용, 기능별 규율 체제를 통한 "금융 Big Bang"의 비전을 제시하며 2009년 시행되게 된 것이다.

자본시장은 양적으로 크게 성장했다. 2008년 2조 3,000억원이었던 5대 증권사 평균자기자본은 7조 4,000억원까지 늘었고, 300조원의 Fund 순자산총액도 1,000조원을 돌파했다. 아울러 자본시장법은 본래의 제정 취지를 살리는 방향으로 계속 수렴 진화했다. 2013년 신설된 종합금융투자사업자는 한국형 투자은행의 탄생을 앞당겼고, 2020년 정보교류 차단장치의 칸막이 규제 등에 부분적으로나마 원칙 중심 규제가 도입됐다. 2013년 대체거래소 설립 근거 마련, 2015년과 2021년 두차례에 걸친 사모 Fund 체제 개편 역시 시장의 역동성을 제고한 주요한 제도 개선으로 꼽힌다.

무엇보다 정부가 자본시장 활성화에 강한 의지를 가지고 있다는 점이 희망적이다. 최근 정부는 "상생의 금융, 기회의 사다리 확대"라는 Moto 아래 자본시장 제도 선진화에 팔을 걷어붙이고 있다. 정부와 시장, 그리고 기업이 같은 방향을 바라보며 고민하는 지금이 자본시장을 한 단계 성장해 Value-Up할 수 있는 최적기일지 모른다. (아시아경제 2024년

2월 21일 유현석 기자 기사 참고)

4) 은행법

　금산분리, 금융지주회사의 모-자회사간의 관계, 금융위원회의 설치 등이 있다. 수산업협동조합중앙회의 신용사업 부문은 특례로 은행법에 의한 금융기관으로 취급한다. 또한 은행, 은행업, 은행 업무, bank, banking 등 누가 보아도 이건 은행이라고 판단할 문자를 은행업 허가를 받지 않은 기관에서 사용하지 못하게 하는 법률조항(은행법 제14조)도 있다.

　이외에 은행법을 적용받는 기관으로, 법적으로 은행 명칭을 쓸 수 있는 기관은 다음과 같다. 이러한 별도 은행들도 특별한 언급이 없으면 은행법 준용이라는 구절이 각 법에 있으므로 은행법상의 은행에 포함되며 나무위키에서도 은행이라고 할 수 있는 은행은 아래 은행까지 포함한다.

　NH농협은행은 농업협동조합법에 규정된 기관이지만, 특별법 우선 원칙에 의거 농업협동조합법에 명시되지 않은 일반적인 내용은 극히 일부를 제외하고 이 은행법을 준용한다.

　수협은행: 원래는 농협은행처럼 별도 법인은 아니지만 신용사업 부문을 "수협은행"이라 지칭할 수 있었으나, 2016년을 기해 수산업협동조합법이 개정되어 제141조의4에 따라 별도 법인 수협은행을 설립하였다.

　KDB산업은행 : 한국산업은행법에 규정된 기관으로, 동법 제3조에 의해 은행법의 규정을 적용받는다.

　IBK기업은행 : 중소기업은행법에 규정된 기관으로, 동법 제3조 3항에 의해 은행법의 규정을 적용받는다. (namu.wiki/ 참고)

5) 금융업의 도덕성과 윤리의식의 중요성

　소위 Moral Hazard로 인한 사회적 파장이 큰 분야가 정치권, 언론계와 마찬가지로 매우 중요한 사회의 한 기둥이 타인의 자금을 관리하는 금융업에 종사하는 사람들인데, 이들에 대한 도덕성과 윤리의식 교육은 취업할 때 배우는 것이 아닌, 어린 시절부터 시작하는 꾸준한 정직성과 윤리의식에 대한 교육으로 인간에게 내재하는 것이다. 즉, 가정, 학교, 사회적 환경 등이 다양한 형태로 한 인간에게 영향을 주어 도덕성과 윤리의식의 향상이 형성되는 것이다.

미국, 유럽을 포함한 세계 곳곳에서 금융권에서 돈과 관련한 크고 작은 Scandal이 끝없이 발생하는 것은 직업에 대한 윤리의식과 도덕성이 부족하기 때문인데, 인간의 사고와 이성이 잘못 작동하게 되면 탐욕으로 변하여 금융권에 종사하는 사람의 경우에는 위탁한 다른 사람의 소중한 재산을 노리게 된다. 앞에서 언급한 사건들도 이러한 경우이며 이 사건들은 사회적 파장이 매우 큰 사건이기에 언론에서 크게 취급하였다. 그러나, 금융권에는 자금과 관련한 사건이 자주 발생하고 있다. 단지, 규모가 작아 언론에서 취급하지 않을 수 있지만.

물론, 많은 금융기관이 자체적으로 다양한 관리체제와 복합적인 관리와 감독체제를 가지고 있지만, 오히려 이러한 관리체제를 이용하여 불법적인 자금 대출이 발생할 가능성이 상존하고 있다. 예를 들면, 부동산을 이용한 불법적인 자금 대출에 대한 경우에는 장부가격으로는 대출이 가능한 지역이지만 실질적인 거래는 거의 없어 만일 대출이 부실화하여 경매를 진행하면 2차, 3차까지 유찰되어 사실상 대출금액의 50% 이하로 낙찰될 수 있게 된다. 물론, 이러한 대출이 가능하려면, 담당자, 결재권자, 심사 담당자, 감독부서 등이 모두 관련되어야 하고, 그렇지 않으면 이러한 상황이 사실상 가능하다.

노무현 대통령 시기인 2006년 1월에 NH농협은행이 당시의 세종증권을 인수하여 현재의 NH농협증권으로 개명하여 지금에 이르고 있는데 이 당시 세종증권을 인수한 과정도 이와 유사한 과정을 거쳐 M&A가 완료되었다. 결국 무리한 인수가 Scandal로 확대하여 "세종증권 Gate" 또는 "형님 Gate"로 사회적 문제가 되었으며 농협회장과 노무현 대통령의 형님이 구속되는 결과를 가져왔다. 앞에서 언급한 두 가지 사건과 마찬가지로 전문지식 부재 문제가 아닌, 도덕성 부재 문제이다.

6) BIS(Bank for International Battlement) 기준

한국의 경우에는 IMF 금융위기 이후 금융기관에 대한 BIS 기준의 중요성을 다시 인식하기 시작하였는데, 이 기준은 은행의 안정성과 건전성을 유지하기 위한 최소의 자본 비율을 의미하며 국제적으로 합의한 최소의 비율이다. 즉, 금융기관 위기를 예방하고 안정성을 유지하기 위한 지표이다. 금융감독원은 30일 공개한 "2024년 3월 말 은행지주회사 및 은행 BIS 기준 자본 비율 현황" 잠정치 자료에 따르면 국내 은행의 3월 말 기준 자본 비율은 15.57%로, 전 분기와 비교하여 0.10% 하락했다. BIS 기준 자본 비율은 총자산(위험자산 가중평가) 대비 자기자본의 비율인데 은행의 재무구조 건전성을 가늠하는 핵심 지표로 꼽힌다. 금감원은 "3월 말 국내은행의 자본 비율은 H지수 ELS 손실 배상 등으로 전분기 말 대비 소폭 하락했으나, 모든 은행이 규제비율을 크게 상회하는 등 안정적인 수준"이라고 평가했다. 5대 금융지주에서는 자본 비율 기준으로 KB금융(16.54%), 신한금융(15.83%), 우리금융(15.81%), 농협지주(15.55%), 하나금융(15.28%) 순으로 비율이 높았다. 금융지주사 소속이 아닌 은행 중에서는 씨티은행(32.74%), SC은행(21.10%) 등 외국계 은행의 자본 비율이 높았다. 인터넷은행은 카카오뱅크(28.82%), 토스뱅크(14.87%), 케이뱅크(13.61%) 순이었다. 금감원 관계자는 "고금리, 고환율 환경 지속 및 대내외 금융시장 불확실성 확대에 따른 예상치 못한 위험에 대비하기 위해 손실흡수능력을 제고할 필요가 있다."며 "금감원은 금융환경 악화 시에도 은행이 충분한 자본여력을 갖출 수 있도록 건전성 현황에 대한 모니터링을 강화하고, 관련 제도의 정비를 지속적으로 추진할 예정"이라고 말했다. 국제기준 8%에 비하여 매우 우량한 상태이다.

참고로 계산 방법은 BIS비율=(자기자본/위험가중자산)*100으로 계산한다.

여기서 위험가중자산이라고 함은 Risk-Weighted Assets, 즉 RWA를 의미하는데 신용위험, 시장위험, 운영위험 등을 고려하여 가중치를 부여한 후에 합산한 총액이다. 따라서, 높은 위험의 자산은 추가적인 자본을

요구하게 된다. (데일리안 2024년 5월 30일 황현욱 기자 기사 참고)

7) 그림자 금융

여기서 한국에서 자주 사회문제로 발생하고 있는 사채와 불법추심 문제, 폭력조직을 동원한 다양한 불법적 행위 등의 후진국형 사채에 대하여 간단하게 살펴보고자 한다. 물론, 사채시장까지 손을 벌릴 수밖에 없는 열악한 경제환경을 맞이하게 된 사람들의 을 부분적으로나마 이해하면서 글을 전개하려고 한다.

즉, 아래와 같이 이자제한법까지 제정하여 서민의 삶과 생활의 일부를 보호하려고 하고 있으나 현실적으로 한계가 있다는 것을 보여주고자 한다.

1 단계, 처음에 100만 원을 빌린다. 여기서 선이자 10%, 10만 원을 뗀다. 그래서 수중에 들어온 돈은 90만 원이다.

2 단계, 기한 내에 100만 원+이자를 갚지 못한다. 그러면 사채업자는 다시 200만 원을 빌려준다. 여기서도 선이자 10%, 20만 원을 뗀다. 그리고 남은 180만 원의 돈에서 1번의 원금+이자를 갚게 한다. 이 금액이 120만 원이라고 할 시 이를 갚고 수중에 들어온 돈은 60만 원이다.
→ 단 한 번의 SHIFT만으로 본인이 실제 만진 돈은 150만 원이지만 갚아야 할 빚은 200만 원으로 늘어나 있다.

3 단계, 기한 내 200만 원을 갚지 못한다. 그러면 다시 500만 원을 빌려준다. 여기서도 선이자 10%, 50만 원을 떼고 2번의 원금+이자를 갚게 한다.

또 다른 예를 들면, 못 갚으면 엄청난 독촉과 협박(불법 추심)이 나온다. 저래서 불법 사채업자가 무섭다. 이자도 무척 높지만 삶을 아예 지옥으로 밀어넣는다. 게다가 무척 꼼꼼한 계획까지 세운다. 괜히 자살하고 싶은 기분이 드는 게 아니다. 그리고 인간관계까지 악영향을 끼쳐 가정 자체를 죽음의 길로 이끈다. 사실 세상에 빚을 지게 하고 싶지 않다고 자살한 송파 세 모녀 자살 사건도 이런 식으로 엮였다. 연 28% 이상의 불법 사채는 갚을 의무가 없지만, 대부분은 그 뒤에 이어질 보복이 두려워 신고조차 못한다.

"여성에겐 무이자", "여성에게 우대"라며 광고하는 대부업체도 최근 많이 늘었는데 이것은 결코 좋은 것이 아니다. 진실은 매춘과 유흥업소 등의 연관성 때문에 강요하면 남자보다 훨씬 쉽게 돈이 회수되기 때문이다. 이처럼 배려를 가장한 덫을 치는 일, 결국은 그게 사채의 본질이라 할 수 있다. 그러니 여성 우대 등은 낚시라고 보면 된다. 최근에는 신문 및 버스 광고로 "대학생 대출"을 광고하는 곳도 있는데, 결국 부모님에게 빚을 보증하도록 유도한다. 엄연한 약취 행위다.

법정 금리의 상한선은 이자제한법에 의해 2014년 1월을 기준으로 연 25%이었고, 대부업자는 연 34.9%이다. 2015년 연내에 대부업 최고 금리를 29.9%로 내릴 예정이었으나 국회의원들이 서로 싸우는 동안 기존의 이자 제한 규정이 2015년 12월 31일이 경과하여 일몰되었다. 관련 기사. 즉 2016년 1월 법정 금리 상한선은 없었다.

2016년 2월 18일 국회 정무위원회에서 2018년 12월 31일까지의 법정 최고 금리를 연 27.9%로 제한하는 내용의 대부업법 개정안이 통과되었다. 본회의를 통과해 공포되는 즉시 시행되지만 2016년 테러법 반대 Filibuster로 인한 여야 대치로 지연되고 있었으나 2016년 3월 2일 국회 법사위를 통과했다. 2018년 2월 8일부터 법정 최고 금리를 24%로 제한하는 "이자제한법의 시행령 개정령안"이 2017년 10월 31일 국무회의에서 통과됐다.

이제 그림자 금융에 대한 이론적 접근으로 방향을 돌려 살펴보면,

한국의 전체 경제 규모를 대비하여 지하 금융 규모는 다른 선진국에 비하여 규모가 큰 편이다. 즉, 조사하는 방식에 따라서 다르게 나오지만, 일본의 경우에는 아시아권에서 제일 낮은 10% 이하인데 반하여, 한국은 23%로 약 230조로 추정하고 있다.

역사적으로 보면 박정희 대통령 시대의 화폐개혁을 통한 지하경제의 양성화 시도와 김영삼 대통령 시대의 금융실명제를 통한 지하 금융의 양성화, 김대중 대통령 시대의 신용카드 활성화, 노무현 대통령 시대의 현

금영수증 제도 등이 모두 지하 금융의 핵심축인 사채시장을 양성화하기 위한 노력이 포함되어 있다. 물론, 박근혜 대통령도 지하경제의 양성화를 통한 세원 확충 마련을 추진하려는 노력을 시도하였다. 이와 같은 꾸준한 노력에도 불구하고 앞에서 언급한 것처럼 사채시장을 포함하여 한국경제 규모의 23%에 달하는 230조 규모의 지하경제가 움직이고 있다.

　사채시장을 포함한 지하경제의 규모가 크다는 것은 소득불평등의 확대와 세수 부족 등의 원인이 되어 국가 경제에 부정적인 영향을 미치는 것과 함께 사회 전반에 악영향을 미치고 있다. (history.com 및 namu.wiki/w 사채업 참고)

10. 무기력한 언론

1) 개관

 자유민주주의 국가에서는 앞에서 언급한 금융기관과 마찬가지로 대부분의 언론이 사기업이지만, 언론에 대한 사회적 영향력이 국가기관 못지않게 중요하기 때문에 정부 조직인 입법 사법, 행정에 이은 제4부로까지 일컬어진다. 심지어 미국의 제3대 대통령이었던 Thomas Jefferson(재임: 1801년 3월 4일-1809년 3월 4일)는 언론의 중요성을 강조하기 위하여 "언론이 없는 정부보다 정부가 없는 언론을 선택하는 것이 더 좋은 것이다."고 하기도 했다.
 그런데, 최근에는 제4차산업의 하나인 Platform과 Connection을 이용한 Network를 활용하여 전 세계의 정보를 실시간으로 알려주기도 하고 이 방법을 활용하여 적대국을 혼란에 빠뜨리거나 교묘하게 선거를 개입하기도 한다.
 특히, 언론은 사실과 사건에 대한 정보를 국민에게 전달하는 것도 중요하지만 언론을 통한 정부에 대한 비판과 견제의 기능 역시 건전한 사회를 유지하기 위하여 필요한 것이다.
 그런데, 기술의 발전에 따라서 사회 모든 분야에서 커다란 변화가 일어나고 있는데 이러한 상황은 언론 분야도 피할 수 없다. 즉, 앞에서 언급한 Network를 이용한 새로운 형태의 언론이 긍정적인 면과 부정적인 면에서 언론의 Paradigm이 크게 변화하고 있다. 따라서, 기존의 언론에 대한 법적 제도를 새로운 형태의 언론에 대해서도 유사한 기준을 적용해야 할 것이다.

유언비어를 이용하여 정권을 획득하거나 정권을 강화하기 때문에 언론-신문, 방송에 더하여 Portal Site, SNS 등을 포함-은 국가의 보호와 적대 세력을 견제하기 위하여 그 중요성이 더욱 절실하게 된 시대이다. 특히 최근의 한국 상황은 언론의 공정성과 권력이나 자본으로부터의 독립, 언론인의 사적 이익의 추구로부터의 독립이 얼마나 중요한가를 여실히 보여주고 있다.

그러나, 경제적으로 선진국의 반열에 들어선 최근에도 한국의 언론은 여전히 국가권력에 대한 감시 역할을 적절하게 하지 못하도록 다양한 방법으로 국가권력으로부터 압력을 받아 굴복하고 있는데 어한 상황을 보여주는 것이 미국의 연구소인 Freedom House의 조사 결과이다. 이 보고서에 의하면, 한국의 언론은 단지 "부분적으로 자유로운" 상태이며, "정보의 내용과 News에 영향을 가하려는 정부의 시도" 등으로 인하여 언론의 자유가 차츰 악화하고 있다고 지적했다. 2017년의 언론자유지수에 의하면, 2017년 한국은 세계에서 67위에 있었으며 2024년 보고서에도 62위를 기록하였다. 이 부분에 대해서는 언론의 자유지수를 언급할 때 자세히 다루기로 한다.

한편, 영국의 BBC 방송의 조사에 따르면, 한국인의 71%가 정부가 언론에 너무 심한 간섭을 하고 있다고 하였으며 55%는 언론을 믿지 않는다고 밝혔다. 또한, 젊은 사람들은 Internet 등을 통한 독립신문에서 정보를 얻거나 Blog를 통해서 정보와 의견을 취득한다고 밝혔다. (Korea The Impossible Country Published by Tuttle Publishing 2012, 2018 by Daniel Tudor 165 page 참고)

2) 언론의 도덕성

(1) 도덕성의 중요성

언론의 중요성에 대한 언급을 부정부패와 관련하여 자세히 언급할 예정이기 때문에 여기서는 새롭게 변화하는 언론의 환경과 함께 도덕성 회복에 대한 긴급한 필요성에 대해서 한국의 언론 상황과 관련하여 언급하고자 한다.

　세계적으로 제4차산업의 핵심 중의 하나인 SNS를 악용하여 가짜뉴스를 양산하고 있는데 이러한 가짜뉴스를 적나라하게, 그리고 교묘하게 이용하여 정권까지 탈취한 세력이 윤석열 대통령 이전의 문재인 정부였다.

　극좌적인 세력이 권력을 획득한 것으로 볼 수 있는 문재인 정부는 2014년 4월 16일 전라남도 진도군 근처에서 발생한 세월호 침몰 사고를 박근혜 정부를 몰락시킬 기회로 보고 당시 극단적인 세력과 밀착된 MBC 방송을 통하여 Tablet PC를 조작하여 소위 "최순실의 국정농단" 사건으로 가짜뉴스를 확대, 재생산하여 박근혜 대통령을 탄핵까지 몰고 갔으며 법치주의 확립이 미흡한 한국의 사법 제도를 비상식적인 여론몰이로 압박함으로써 헌법재판소의 박근혜 대통령에 대한 탄핵 심판을 탄핵 인용으로 결론짓도록 했다.

　그리고, 이 집단은 대통령 선거에서도 다양한 불법적인 행동을 서슴치 않고 자행하여 결과적으로 정권을 획득하였다. 물론, 5년 동안의 집권 기간에 정부 조직 대부분을 포함하여 언론을 철저하게 장악함으로써 결과적으로 지금도 극좌적인 세력이 한국의 언론계를 상당 부분 장악하고 있는 것으로 보인다.

　이에 더하여, 소위 한국의 공영 방송이 이러한 가짜뉴스를 확인하지도 않고 뉴스로 송출하였뿐만 아니라 오히려 자신의 개인적인, 또는 자신이 소속한 집단의 목적을 위하여 조작까지 하였는데, 2022년의 대통령 선거 직전에 소문을 가짜뉴스로 악용한 집단이 기자의 신분을 가진 자들이었다.

　즉, 권력을 감시하여야 할 언론이 오히려 어느 한 정치 세력 또는 개인의 이익을 위하여 기자라는 직업정신에 충실하게 수행하여야 하는 도덕성을 잃어버린 것이다. 물론, 이러한 도덕성의 결여는 한국 사회의 법치주의를 경시하는 문화와 왜곡된 교육에서 기인하며 한국 사회에 전반적으로 물들어 있는 것에서 비롯된 것이지만.

　따라서, Portal Site를 포함하여 국민의 여론을 형성하고 사회적 영향력을 갖고 있는 소위 언론계는 현재 한국 사회가 직면하고 있는 불신의

한 부분에 대한 책임감을 진지하게 인식하여야 하며, 국가가 발전하기 위한 거대한 기둥의 하나라는 점에서 정치인, 관료 집단, 법조계, 금융계 등과 함께 전문성을 넘어서 윤리의식, 도덕성의 중요성을 항상 자각하여야 한다.

지난 정권에서, 그리고 그 이전의 정권에서 이미 언급한 다양한 이유로 인하여 심하게 훼손된 언론의 독립성과 사회적 감시 기능을 회복한다면, 한국경제 발전을 지속하기 위한 튼튼한 밑거름이 될 수 있다.

(2) 국가의 법치주의와 투명성 확보를 위한 언론의 보호

제4차산업의 하나인 Network 시대를 맞이하여 Facebook, Instagram, WeChat, WhatsApp, YouTube 등이 새로운 형태의 언론으로 나타나고 있는데 국가는 이러한 새로운 언론이 국가의 정체성을 보호, 유지하도록 하면서 법치주의와 투명성 확보를 위한 언론의 수준 향상과 보호를 위한 방향으로 나가야 한다.

언론이 국가의 발전에 도움이 되는 방향으로 나가기 위하여

첫째, 영국의 BBC와 같은 높은 수준의 공공 서비스를 유지하여야 한다. 즉, 정치적 문제에 대하여 좌, 우의 편향성을 보이는 것이 아닌 양측의 의견을 모두 적절하게 반영함으로써 중립성을 지키는 것이다. 이러한 중립성을 보장하기 위해서는 정치권이 언론에게 비정상적인 압력을 행사하거나, 비정상적인 압력을 시도하려고 하면 안된다.

둘째, 정치적 홍보물을 아예 취급하지 않는 것이다. 앞에서 언급한 새로운 형태의 Media뿐만 아니라 TV나 Radio 등도 포함한다. 따라서, 국가와 사회의 분열을 선동하는 미국의 Fox New와 같은 극단적인 성향을 띠면서 선동적으로 거짓을 알리는 언론과 새로운 Media의 출현은 엄격하게 금지하는 것이다.

셋째, 높은 수준의 의견과 사고의 다양성을 보이는 것이다. 이 경우에는 각 지방의 방송이 중요한 역할을 할 수 있다. 다양성을 잃으면 민주주의와 자본주의의 발전을 함께 잃어버릴 수 있다. 특히, 한국의 경우에는 집단주의 성향을 포함한 다양한 요인으로 인하여 이 문제에 취약하

기 때문에 주의하여야 한다.

넷째, 새로운 Media의 익명성을 이용한 사회의 분열을 조장하거나 인종차별적인 행위 등을 막아야 한다. 시민사회의 공공성을 저해하는 행위를 원천적으로 차단하여 법치주의와 신뢰성을 높이기 위해서는 불가피한 조치들이다.

다섯째, 높은 수준의 도덕성과 준법정신을 가진 직원이나 집단이 내, 외부에서 YouTube나 Facebook과 같은 새로운 Media의 Algorism을 감시하도록 하여 공공성과 공익성을 유지하면서 정치적 편향성을 저지하여야 한다. (The Crisis of Democratic Capitalism Published by Penguin Random House LLC 2023 by Martin Wolf 342-344 page 참고)

Internet과 Network를 이용한 새로운 Media 환경은 국가 내부뿐만 아니라 국가에 적대적인 외부 세력-새로운 냉전체제로 진입하고 있는 세계정치 구도를 보면, 지정학적으로 매우 중요한 위치에 있는 한국의 경우에는 단지 북한뿐만 아니라 중국, 러시아 등의 독재정권이 집권하고 있는 한국 주변의 국가들도 적대국으로 보아야 한다-의 침투와 사회적 혼란의 조성도 매우 용이하기 때문에 이러한 New Media를 운영하는 기업들은 국가안보 기관과 함께 대응하여야 한다.

3) 언론의 독립을 위하여

(1) 내부의 자본으로부터의 독립-편집권의 독립

미국은 영국으로부터 독립을 선언한 1776년부터 언론의 자유를 보장한 국가다. 심지어 미국 독립선언문의 기초 설계자이자 미국의 3대 대통령인 Thomas Jefferson이 강조한 것처럼, 언론의 중요성과 편집권의 독립성은 그 수준을 한국보다 훨씬 높은 수준을 유지하고 있다. 완벽하지는 않지만.

언론이 사회 각 분야의 부정부패를 최소화하는 감시 역할을 충실히 하여야 할 뿐만 아니라, 한 국가가 어떤 방향으로 가야 하는지 알려주는 방향키 역할을 하기 위해서는 그 스스로 자정 기능을 지켜야 하는데, 그 핵심이 되는 중요한 요소는 자본으로부터의 독립, 즉 언론사 대주주로부터의 편집권 독립이다. 이는 기존 언론뿐만 아니라 Network 시대의 Internet Site의 자본으로부터의 독립 또한 무시할 수 없는 것이다.

(2) 사익 추구 유혹으로부터의 독립

언론인은 금융업을 종사하는 사람과 마찬가지로 자신의 개인적인 정치적, 경제적 목적을 위하여 사실과 진실을 왜곡하게 되면 사회적 파장이 엄청난 문제를 발생하기 때문에 엄정한 도덕성과 법치주의 정신이 유지되어야 한다. 따라서, 흔히들 언론인의 능력으로 언급하는 취재 능력보다는 자신의 이익을 추구하려는 유혹을 극복하고 언론의 사회적 의무를 항상 의식하면서 도덕성을 유지하려는 노력이 취재 능력 못지않게 매우 중요한 것이다. 언론인의 도덕성이 문제가 되어 한국의 정치사에서 비극적으로 발생한 사건이 이명박 대통령 재임 시기의 광우병 사건과 박근혜 대통령 재임 시의 Tablet PC 사건, 세월호 사건 등이다. 즉, 언론인이 사실에 입각하여 정확한 보도를 하지 않고 자신들의 정치적 입장에 따라서 사실을 왜곡함으로써 한국의 정치를 왜곡하고 사회적, 정치적 혼란을 조장하는 데 커다란 역할을 한 것이다.

(3) 국가권력과 외부 자본으로부터의 독립

여기서 얘기하고자 하는 "국가권력과 외부 자본"이라는 것은 한 국가 내의 문제만이 아니다. 세계 곳곳에서 일어나는 세계적인 현상이다.

가장 최근 발생한 적나라한 예로 2016년의 미국의 대통령 선거를 보면 Russia와 Internet 폭로 Site인 Wikileaks.org가 결탁하여 결과적으로는 미국의 대통령까지 바꾸지 않았는가. 이처럼 현대사회는 기존의 언론이든 Internet을 통한 언론이든 여론을 장악하고 왜곡하기 위한 위험한 시도가 끊임없이 계속될 것이기에 한 언론사나 특정 SNS Site의 힘으로는 한계가 있을 수밖에 없다. 즉, 외부 세력에 의한 언론의 조작은 국가의 안보와 체제를 위협하는 중요한 요인인데, 이를 다른 관점에서 보면 국가권력에 의한 언론의 통제는 국가가 독재체제로 향하는 시발점이 될 수도 있다.

이에 더하여 고전적인 문제를 첨부하자면, 언론이 국가와 자본에 예속되어 비판 기능을 상실하는 순간, 더 이상 언론이 아닌 홍보 기관일 뿐인데 이러한 예는 수없이 많다. 중동, Russia 및 동남아시아의 일부 권위주의적 독재국가와 북한, 중국 등의 극좌적인 독재국가 등이 이러한 예인데, 언론이 비판 기능을 상실하는 순간, 부정부패는 필연적으로 심화할 수밖에 없다. 동물 중에 가장 탐욕스러운 동물인 인간이 존재하는 한에는... (국가발전을 위한 구조적 분석, 지식과 감성출판사 2021 by William H S Lee 51-53 page 참고)

4) 언론의 자유 지수

조사하는 기관에 따라서 차이가 나타나지만, 여기서는 "국경없는기자회"의 자료를 참고하여 간단히 살펴보고자 한다.

세계언론자유지수(Worldwide press freedom index)라고도 부른다.

2002년부터 "국경없는기자회"가 매년 발표하는 언론자유지수는 180개 국가의 언론 자유 정도를 나타내며 언론 및 표현의 자유와 관련된 전 세계 18개 비정부기구와 150여 명 이상의 언론인, 인권운동가 등 특파원들이 작성한 설문을 토대로 매년 순위를 정하고 있다. 설문 내용은 다원주의, 권력으로부터의 독립, 자기검열 수준, 제도 장치, 취재 및 보도의 투명성, 뉴스생산구조 등 6개 지표로 구성되어 있다.

"국경없는기자회(Reporters Without Borders)"가 매년 전 세계의 언론보장상황을 점수로 집계하여 발표하는 지수. 기본적으로 0점에서 100점까지인데 점수가 낮을수록 언론의 자유가 보장된 국가이다. 독재국가의 경우에는 150위-170위를 맴돈다.

"국경없는기자회"가 작성하는 언론자유지수는 세계에서 가장 공신력 있는 언론 자유의 지표이며 각종 현안에서 정치적 자유의 척도로 사용된다. 대체로 경제적으로 선진국일수록 높으며 후진국일수록 순위가 낮다. 지역별로 보면 남미국가와 아프리카, 아시아, 동유럽국가들이 가장 낮다.

북한은 이 조사에서 꼴찌를 기록하기도 한다. 가장 높은 순위를 기록하는 국가들은 북유럽, 중부유럽에 몰려있다. 2012년 이전의 자료에서는 수치를 벗어나는 음수도 허용하고 있으며 최하점이 100점을 벗어나 179점까지 기록하는 상황도 벌어졌다. 이때 북한은 178위를 기록하였다.

"국경없는기자회"는 2017년 언론자유지수를 발표하면서 "언론 자유가 이토록 위태로웠던 적은 없었다."고 총평했다. 전 세계 언론 자유 제약과 침해 상황을 보여주는 "세계 지표"가 3872를 기록해 사상 최고치를 나타냈다. 지난 5년간 14%나 상승했는데, 지난해 약 62.2%의 국가에서 상황이 악화된 결과가 반영됐기 때문이다. 반면 언론의 자유 상황이 "양호(good)" 혹은 "꽤 양호(fairly good)"에 속한 국가 수는 같은 기간 2.3% 줄었다.

2017년-2018년 북한이 다시 최하위인 180위로 떨어졌다. 2021년에는 북한이 179위, 에리트리아가 180위가 되어 에리트레아가 다시 꼴등이 되었다.

한국은 참여정부 초반에는 40위권 후반이었으나 중후반에는 30위권으로 상위권을 유지하다가 이명박 정부 때에는 전반적으로 40위권으로 내려갔고, 박근혜 정부 때에는 50위-60위권을 맴돌다가 2016년에는 70위까지 곤두박질쳤다. 박근혜 탄핵 이후인 2017년 4월에는 63위로 "우려스러움" 수준의 단계를 나타냈지만 문재인 정부에 들어서며 2018년 43위, 2019년 41위 등 다시 순위를 복구했다. 이듬해인 2020년에도 42위를 기록하며 아시아 1위 자리를 지켰다. 2021년에는 동일한 42위였으나 점수를 더 낮추는 데 성공했으며, 2022년에는 점수 산정 기준이 바뀌긴 했어도 순위 자체는 43위를 기록했고, 2023년에는 47위로 떨어졌다. 한국은 2005년-2006년, 2019년-2021년 5차례나 언론자유지수 아시아 1위를 기록했으며, 그 외에도 2009년, 2016년, 2022년을 제외하면 언제나 언론자유지수 아시아 2-3위 안에 꼽히고 있다. 그러나, 2024년에 47위에서 62위로 하락하였다고 발표했다. 이로 인하여 "결함"에서 "나쁨" 단계로 악화하였다.

참여정부의 언론자유지수 평균은 약 9.53점이고 이명박 정부는

12.67점을 기록했으며, 점수 기준 변경 후인 박근혜 정부는 26.57점, 문재인 정부는 23.9점 안팎을 기록했다. 평균 순위도 각각 40.2위, 50.5위, 60위, 42.2위이다.

중국은 2018년 176위의 낮은 순위를 기록했다. 중국은 정부에서 언론을 강하게 통제하고 검열하고 있으며 정부에 반대하는 행동을 하거나 글을 쓰면 삭제를 당하고 체포되거나 납치될 수 있다. 2019년엔 177위을 기록했다. 2020년과 2021년 역시 동일한 177위로 중국 밑에는 178위 투르크메니스탄, 179위 북한, 180위 에리트리아로 세 국가뿐이다. 이들 세 국가가 현존하는 최악의 독재국가들로 꼽히고 같은 일당독재 국가인 베트남이나 라오스, 이슬람 근본주의에 입각한 악명높은 인권탄압국인 Iran과 사우디아라비아, 내전 중인 시리아보다도 낮다는 점에서 중국의 언론 탄압이 얼마나 심각한지 알 수 있다. 2024년 중국의 순위는 172위였다. (namu.wiki/w/언론자유지수 참고)

5) 한국언론의 Scandals(사실 왜곡과 과장 보도 포함)

앞에서 언급한 사건을 제외하고도 언론에 대한 수많은 Scandal은 한국언론의 후진성-낮은 도덕성, 낮은 독립성-을 보여주는 좋은 예이다. 그 가운데 언론에 보도된 대표적인 사례를 여기서 언급하려고 한다.

(1) 문재인 정권과 MBC와의 권언유착 관계 해부
여기서는 전북대 신방과 명예교수인 강준만 교수의 저서 "MBC의 흑역사"를 간단하게 언급하겠다.

공영방송이라고 하는 MBC가 특정 정권과 유착관계를 갖고 Journalism의 원칙과 공정성을 훼손하는 것은 언론의 민주화와는 거리가 먼 이야기이다. 민주화라는 말로 포장했을 뿐이며, 정치적 편향성을 강하게 표출함으로써 심판없는 Sports와 같다고 할 수 있다. 즉, 독일의 철학자인 Friedrich Nietzsche가 말한 것처럼 "괴물과 투쟁하는 사람은 그 과정에서 자신마저 괴물이 되지 않도록 주의해야 한다."는 의미와 같다.

현재의 MBC 모습은 괴물과 투쟁하는 과정에서 자신도 괴물이 되어버린 것이며 이것이 곧 MBC의 비극"이라는 것이다. 다시 말하면, 현재의 MBC는 진실을 직시하면서 사회적 비판자로서의 역할을 하는 것이 아니라 진실 여부와 무관하게 한 정당의 대변인으로서의 역할로 전락해 버린 것이다. 문재인 정권 시대의 문재인 정권의 대변인이 된 것이다. "가슴에 손을 얹고 생각해 보라. 지금의 MBC는 양심껏 취재해서 권력을 감시하고 약자의 편을 들고 있는가?" MBC의 불공정성과 편파성은 문재인 정권 내내, 아니 지금도 계속되고 있다.

예를 들면, "조국 사수 집회"는 Helicopter까지 동원하여 Top News로 방송하면서 광화문에서 진행하는 "조국 반대 집회"는 "Coup 선동"이라고 하는 여당 지도부의 목소리도 함께 보도했다. 또한, 2020년 4월 15일에 실시하는 21대 국회의원 선거일을 15일 앞둔 2020년 3월 31일 MBC "뉴스데스크"는 이상한 "보도"를 했다. 이른바 "검언유착" 의혹을 제기한 보도였다. 그러나, 2023년 1월 25일 일명 "채널A 사건"으로 기소된 이동재 전 기자의 무죄가 확정되었지만, MBC는 책임을 인정하지 않았고 반성할 의사도 전혀 없었다. 이처럼 MBC는 부정확한 기사와 의도적인 선동성 보도로 문재인 정권을 위해 도움이 되는 일이라면 물불을 가리지 않는 광기를 보였다.

또한, 2018년 2월부터 2020년 9월까지(총 158편) 당시의 야당인 "국민의 힘" 비판은 80건인데 비하여 당시의 여당인 민주당에 대한 비판 기사는 단 3건뿐 이었다.

또 다른 대표적인 편파성 보도를 얘기하자면, 2022년 9월 21일 New York에서 일어난 의도성이 짙은 오보였다. 윤석열 대통령의 "**들이 ─ 쪽팔려서" 발언 사건은 한동안 한국을 시끄럽게 하였다.

(2) 세월호 사건과 관련하여

(가) 언론의 역할

이번 "세월호 사건"에 대한 언론의 잘못된 처신으로 인해 대다수의 언론사가 한국의 국민뿐만 아니라 다른 해외에서도 비판을 하고 있다.

세월호 사건 보도는 무엇보다도 사람의 생명에 관한 이야기이다. 돈 되는 사업이 아닌 차분하고 진정성 있는 뉴스를 신중하게 보도해야 했다. 언론에 책임을 묻는 이유는 다양하겠지만 대체로 "진실하지 않았다."는 입장과 "피해자에 대한 배려가 없었다."는 두 가지 입장으로 논조를 펼쳐보고자 한다. 결국, 이 두 가지 입장이 나오게 된 계기는 언론의 착각에서 비롯되었다고 할 수 있다. 먼저 진실하지 않았다는 것의 사례로는 KBS의 "수색 중 선내 시신 다수 엉켜있어"라는 내용을 오직 시의성을 위해 별도의 Gate Keeping 과정을 거치지 않고 보도한 한국 주류 방송사 중 하나로 KBS의 만행을 말할 수 있다. 이는 사실 자료의 홍수 속에서 다른 언론사보다 신속하게 보도하려다가 나온 치명적인 실수이다. Internet이 발달하기 이전에는 흔히 말하는 속보 경쟁이란 것이 무시할 수 없는 큰 의미가 있었다. 정보가 한정되어 있고 그 정보에서 나오는 소식이 거짓이든 진실이든 대부분 통용되었기 때문이다. 하지만 과학이 발달함에 따라 소비자들이 정보를 수용하는 것에만 국한되지 않고 생산에 참여하는 일명 "Prosumer"의 등장으로 요즘 시대는 그런 속보 경쟁은 전혀 중요하지 않다. 거짓을 말하더라도 곧 진실이 하나둘씩 드러나므로 쉽게 들통나는 세상이다. 그리고 아무리 "단독"이라는 타이틀을 앞세워 빠른 보도를 한다고 해도 얼마 지나지 않아 금방 평준화되어 버린다. 즉, 언론은 아직도 국민들이 뉴스는 신속하기만 하면 호의적이라는 착각 속에 헤맨다고 생각한다.

　다음으로 피해자에 대한 배려가 없었다는 것의 대표적인 예는 생존자와 인터뷰 도중 "친구가 죽은 것을 알고 있느냐?"는 JTBC 기자의 만행과 피해자와 유가족들이 받을 보험료를 계산하여 보도했던 MBC를 들 수 있다. 이는 피해자들이 받을 정신적인 충격과 이후 감당할 고통을 고려하지 않은 치명적인 실수이다. 흔히 언론은 이성적이어야 하며 감성에 휘둘려서는 안 된다고 생각한다. 하지만 재난 보도는 다르다. 이미 사건에 슬픔이라는 감성이 충분히 녹아 그 무게를 감당할 수 없는 상황에서의 보도와 취재는 이성을 찾으면 안 되는 것이 아닐까? 국민들은 Interview를 보며 생존자가 친구의 사망 소식을 듣고 지을 표정이나 반웅, 유가족들이 받을 보험금의 액수 따위는 사실 알고 싶어 하지 않는다. 그들이 어떻게 생존했는지, 당시 정황이 어땠는지, 지금은 괜찮은지가 궁금한 것이다. 따라서, 국민들이 사건의 치부까지 모두 알고 싶어 한다고 생각하는 언론의 착각에서 비롯된 비극이다.

(나) 언론의 역할에 대한 위기

매체를 통하여 어떤 사실을 밝혀 알리거나 어떤 문제에 대하여 여론을 형성하는 것이 언론의 역할이다. 그리고 사회에 가장 큰 영향을 미치는 곳이 언론이라고 말할 수 있다. 그렇기에 언론은 사실을 자유롭고 객관적으로 보도하여 국민이 올바른 판단을 내릴 수 있게 도움을 주어야 한다. 언론이 잘못된 정보를 제공하면 개인뿐만 아니라 사회, 국가의 의식 결정까지도 잘못된 방향으로 갈 수 있기 때문이다. 그러므로 언론은 정보를 제공한다는 그 자체도 중요하지만 왜곡하지 않고 공정한 보도를 하는 것이 중요하다. 또한, 언론은 단순히 어떤 사실을 기록하고 보도하는 것뿐만 아니라 비판적 시각을 통해 그 사실의 진위 여부를 검증할 수 있어야 언론의 역할을 제대로 한 것이다. 그런데, 최근 언론이 자본, 정치의 영향을 받으면서 단순히 정보를 제공하는 Media로 바뀌어 버렸다. 언론은 국민에게 사실을 알리고 그들에게 영감을 주어 움직이게 할 수 있는 중요한 원동력이며 "어느 상황에서도 믿을 수 있는 것"이어야 하는 점에서 보면, 지금 한국의 언론은 큰 문제점을 가지고 있다. 이러한 문제는 정치적으로 불리한 사건들을 의도적으로 Scandal 기사라든지 사람들의 주목을 끌만한 기사를 내던져 국민들의 알권리를 침해하기도 한다. 언론의 지나친 경쟁은 기사의 질을 떨어뜨리고 국민을 점점 자극적인 내용으로 끌어가는 것은 물론이거니와 언론사들은 시청률과 구독 수에 혈안이 되어 주목을 받기 위해 더 선정적이고 자극적인 기사 제목을 내세우기도 한다. 하지만 정작 내용은 쓸데없고 부실하기 여지없는 경우가 다반사이다. 앞으로도 언론이 자본과 정치의 영향을 꾸준히 받게 된다면 기자들에게도 더 흥미를 끌만한 자극적인 기사를 써야한다는 압박감으로 다가올 수 있다는 점을 말하고 싶다.

세월호 침몰 사고가 일어난 4월 16일 오전 10시 50분. 이런 내용의 문자 메시지가 SNS에 돌았다. "아 진짜 전화 안 터져 문자도 안돼. 지금 여기 배 안인데 사람 있거든 나 아직 안 죽었으니까 안에 사람 있다고 좀 말해줄래." 며칠 후 언론들은 이 문자가 경기도 김포의 한 초등학교 5학년 학생이 발송한 가짜 문자라고 보도했다.

이번 세월호 사건 이후 전개 과정에서 Twitter(X)나 Kakao Story, Facebook과 같은 SNS는 핵심 Kyeword가 아닐까 생각된다.

사건 초기 유포된 허위 정보에서 단원고 한모 양의 이름이 여러 차례 등장했고 "한모 양의 Facebook Message는 조작된 것이 아니다."라고 주장하는 이도 있었다. 어떻게 이러한 사례가 가능했을까? 초기에 발표된 실종자 명단을 근거로 Facebook이 개설되어 있는지 조사 후 한 모 양의 Facebook을 찾아낸 뒤 Profile 사진도 최근에 바꾼 사진을 가져다 썼다. 그 사실을 모르는 한모 양의 아버지나 친인척들은 메시지를 "진짜"로 오인하고 SNS 상에 구조를 요청하는 글을 올렸다.

이러한 SNS의 허위 사실은 왜 일어나는 것일까? 허위로 작성된 구조 요청으로 인해 구조대원이 전력을 다해 찾았다고 했지만 결국에는 SNS에 올라온 위치에는 실종자가 한 명도 존재하지 않았다고 언론은 밝혔다. 세월호 관련으로 SNS에 허위 사실을 유포한 사람들은 10대 미성년자가 많으며, 이들은 "실종자들이 빨리 구조됐으면 하는 마음에 그랬다."며 말했지만 "과연 이 SNS가 구조에 도움이 되었는가?"라고 물음을 던져보고 싶다.

구조에 혼란을 일으키면서도 SNS에 허위 사실을 올리는 이유는 무엇일까? 단지 빨리 구조가 되었으면 하는 마음뿐이였을까? 이러한 글을 Facebook에 게시함으로써 사용자들이 "좋아요"를 많이 누를수록 Facebook 계정 단가가 올라간다는 점이 있으며, 이를 악용하여 자신의 SNS 방문자 수를 늘리고 특정 회사의 광고를 게시하여 이익을 목적으로 하는 사람도 있었을 것이라 생각된다.

허위 사실로 인해 유가족에게 돌아갈 기대감과 좌절감은 상상도 할 수 없을 것이다.

(다) 오보로 빚어진 언론의 실상

세월호가 침몰하고 있는 상황에서 제일 먼저 나왔던 속보가 바로 "학생 전원 구출"이라는 대목이었다. 이는 언론사별 속보에만 급급했던 나머지 사실 확인은 뒤로 한 채 무작정 내놓았다. 언론이란 정확성을 토대로 전해준다는 가장 기본적인 의미를 내포하고 있으나, 이번 사건으로 인해 기본적인 역할을 져버리고 확인되지 않은 사실을 앞다퉈 내보냈다. 이는 Mobile이나 Internet을 통한 기사 유입이 많아지면서 "Click 수"를 높이려는 수작이라고 볼 수 있다. "Click 수"를 높이려는 수작이 결국 자극적인 내용으로 변질되면서 오보에 대한 인식이 낮아졌다고 생각한다.

이때 전원 구출이라는 오보 하나로 모든 사람이 안심하고 있을 무렵 정정 기사가 나왔다. 오보로 인해 국민뿐만이 아니라 관련된 사람들마저도 우왕좌왕하기 시작하면서 구조에 대한 대책이 늦어졌고, 결국은 돌이킬 수 없는 재난이 되었다. 또한 생존자 수에 대한 오보 역시 심각한 혼란을 야기했다. 탑승자 수와 생존자 수를 번복하면서 언론에 대한 불신이 커진 상태였다. 이뿐만이 아니라 아침에 세월호에 산소공급 작업을 시작했다고 밝혔으나, 오후 해양수산부는 산소 공급 장치가 아직 현장에 도착하지 않았다고 발표했다. 처음부터 없던 사실을 언론은 이미 진행 중인 것처럼 보도한 셈이다.

한번 터진 오보는 계속해서 나왔다. MBN에서 민간 잠수부라고 밝힌 홍가혜씨를 인터뷰하였는데, 해당 인터뷰는 사실 확인도 안 될뿐더러 인터뷰한 사람마저도 민간 잠수부가 아니라는 사실이 드러나면서 언론의 치부가 더 적나라하게 드러났다. 공영방송, 즉 국가재난주관방송인 KBS 역시 오보에서 자유롭지 않았다. "선내 엉켜있는 시신 다수확인"이라는 보도가 나가자마자 해경 측에서는 "시체는 확인하지 못했다."라고 정정했다. KBS는 "구조대가 진입해 확인 중이며 시신을 못 봤다."라고 정정하며 은근슬쩍 오보를 넘어가기도 했다.

또 YTN을 포함한 다른 언론들은 "잠수부들이 선내 진입을 성공했다."는 보도를 쏟아 냈다. 그러나, 곧바로 "선내진입이 성공한 게 아니라 실패했다." 정정하자 또 바로 허겁지겁 실패 자막을 올리는 촌극을 보여

주기도 했다. 이런 모습을 볼 때 과연 이런 언론이 위급한 재난이 또다시 왔을 때 제대로 대응할 수 있을지에 의구심이 든다. 결국 이런 오보가 반복되면서 애타게 구조 소식을 기다리는 실종자 가족을 언론이 농락한 셈이며, 헛된 희망으로 더 큰 절망을 안겨줬다.

(라) 국내외 재난 보도 비교를 통한 한국언론의 문제점
"한국언론, 참 못났다."고 생각하게 된 4월 16일 비극의 세월호 침몰 사건으로 나타난 또 다른 한국언론의 문제점을 보면, 외신 언론과 내신 언론은 초기부터 다른 시선에 있었다. 외신에서는 날씨와 조석, 조류로 인한 구조작업 상황과 그로 인해 구조가 순조로울지, 어떻게 사고가 터졌는지에 대해 정확하고 객관적인 보도를 했다. 반면, 한국언론은 보험료 계산, 사건과 연관 없는 실화를 바탕으로 된 재난영화(Titanic)를 보여주며 터무니없는 보도를 했다. 이러한 보도는 실종자 가족과 희생자 가족, 국민에게 전혀 위로가 되지 않고 도움도 되지 않을뿐더러 필요한 정보 제공도 하지 않은 걸로 보였다. 똑같은 사실을 가지고 접근하는데 그걸 풀어가는 방향과 초점이 상반되었 던 것이다.

사건 발생 후 오랜 시간이 흘렀음에도 여전히 외신은 앞으로 힘차게 뛰어나가고 있지만, 내신은 한참이나 그 뒤에서 걸어오고 있었다. CNN, BBC의 경우, 유가족들이 정부와 각지의 사람들에게 하고 싶은 말들을 대변해주듯이 유가족의 애환을 담아냈다. 그리고, BBC는 청와대로 가는 유가족들을 막은 경찰들의 모습을 영상에 실었다. 이러한 보도를 통해 앞서 말한 국민에게 한 사건으로 인한, 또 다른 사건의 후폭풍이 뭐가 있는지, 국민이 무엇을 말하고 싶은지에 대해 좋은 보도를 한 것에 감탄하였다. 하지만 내신은 사건 발생 후 유가족들과 친구들의 심정은 안중에도 없고 취재만을 위해 아픈 심정을 후벼 파는 직접적인 질문, 자극적인 보도 등의 당시에 원하지 않는 비윤리적인 내용을 담고 있다. JTBC의 앵커가 구조 여학생에게 던진 질문, 유가족이 지내는 체육관에 카메라 설치, 정부 측만을 대변하는 기사 등 실질적으로 유가족과 국민에게 반감만 사는 기사들뿐이었고 도움이 될 수 있는 기사는 보이지 않았다.

마지막으로 오보 발생 시, 국내외 주류 언론사의 대처에서도 외신과 내신은 확연히 차이가 났다. 4월 19일 FOX News는 세월호 사건 영상을 사고가 난 서해 대신 동중국해를 보여줬다. 이 일에 LA 한국문화원(원장 김영산)이 항의서한을 보내고 Washington Post도 이를 보도했다. 해외 주류 언론사의 오보 사실은 개인적으로나 사회적으로나 실망스러움을 안겨줬다. 하지만 Fox News는 18일이라는 짧은 기간 만에 잘못을 인정하고 정정 보도를 약속했다. 그리고 고위 책임자인 News Producer로부터 "잘못된 영상이 실수로 보도되어 유감이다. Online에서는 이미 정정했으며 방송을 통해서 바로 잡겠다."고 밝혔다.

반면, KBS는 Fox News와 비슷한 시기 4월 18일 자막과 Anchor를 통해 "구조 당국이 선내 엉켜있는 시신을 다수 발견했다."고 보도했는데 이는 며칠 후 오보임을 드러냈다. 실종자 가족과 희생자 가족, 국민에게 크나큰 충격을 준 사건이라 생각됐다. 하지만 명백한 오보를 했음에도 불구하고 KBS는 거친 항의에 아랑곳하지 않고 있다가 근 한 달 뒤 방송을 통해 공식 사과를 발표했다. 그리고 "잘못한 담당자를 해임하겠다, 임원직 회의를 거쳐 판단하겠다, 사직서를 받아내겠다." 등 언론사 측의 잘못을 뒤로 미루거나 그 공식으로 사과하나 발표하는데 절차가 너무 복잡하다. 그리고 묻어버리고 싶어 하는 모습도 보이지 않았나 싶다. (c-today 2014년 6월 15일 박준혁 자료 참고)

11. 국가지도자의 Populism과 무능력

1) 개관

인간의 역사를 보면, 과거 절대군주 시대의 최고지도자뿐만 아니라 현대사에 들어와서도 한 국가의 국가지도자가 국가의 운명을 송두리째 뒤바꾸는 획기적 변화-좋은 의미 또는 나쁜 의미를 불문하고-를 일으킨 국가는 매우 많이 있었으며, 이러한 예는 현재도 지속적으로 발생하고 있다. 다만, 여기서는 이 글의 제목에서 알려주고 있는 것처럼 한국의 역대 대통령 가운데 한국을 급격하게 후퇴시킨, 또는 시키고 있는 세 사람을 대표적으로 언급하고자 한다.

국가의 제도가 안정되고 법치주의가 어느 정도 자리를 잡은 유럽 국가들이나 북미 국가들의 경우에는 정치, 경제, 사회 등의 각 분야에서 젊을 때부터 경험하고 사색하며 공부를 하면서 나름의 전문가들이 자리를 잡고 10년 내외의 경험을 축적하여 해당 직종의 상층 조직으로 승진하거나 조직의 최고지도자가 되는 경우가 대부분이다.

특히, 정치 분야의 경우는 많은 이해관계자들의 상충하는 이해를 조정하면서 합의를 도출하여 공동체를 유지하고 경제를 발전시키는 원동력이 되어야 하는 중요한 사회조직이다. 미국의 경우를 보면, 재학 시절부터 각종 자원봉사활동을 하면서 사회 경험을 쌓고 있으며, 그 과정에서 자신의 성향이 스스로 정치가 맞다고 생각하면 각종 선거를 자원봉사자로서 참가하면서 경험을 축적하여 지방자치단체의 선출직에서 시작하여 주지사로 상승하거나 연방정부의 상원이나 하원에 참가하여 그 직위에서 정치적 경험을 쌓고 세력을 확대하면서 전국적 지명도를 높여 결과적으로 대통령 후보로 출마하게 된다. 또한, 학교 교육에서도 인종의 다양성과 함께 사고와 의견의 다양성을 존중하는 교육을 하고 있다.

이에 반하여 한국의 경우에는 정부의 고위 공무원으로 재직하였거나 검사와 판사, 변호사 등의 법조인으로서의 경력을 가졌던 집단과 신문사나 방송사 등에 근무한 언론인으로서의 경력을 가졌던 집단, 그리고 대기업이나 금융계에 근무하였던 집단이거나 야당의 경우에는 특이하게도 과거에 독재정권에 반대한 경력을 가진 집단의 사람들이 정치계에 입문하면서 국회의원이나 기타 정당의 대표, 또는 그와 유사한 조직의 고위직을 갖게 되는 경우가 대부분이다. 즉, 대화 상대에 대하여 이해하려는 노력이나 자세가 부족하고 자신의 견해가 맞다고 주장하면서 서로 강하게 충돌하는 경우가 대부분이다. 현재 한국의 야당 정치인 중에는 앞에서 언급한 것처럼 과거 독재정권과의 투쟁 경력으로 정치에 입문하고 국회의원이 된 인물이 상당수인데 이들은 젊은 시절에 독재정권과의 투쟁이라는 이유로 불법행위를 정당화하였는데 정치인이 되어서도 죄의식이 전혀 없이 자신의 사적 이익을 취하기 위하여 부정한 이권 개입과 뇌물 수수, 불법적인 선거 행위 등의 불법행위를 자행하고 있다. 이러한 환경에서는 국가를 진정으로 걱정하고 국가를 위하여 자신을 희생할 각오로 국가의 최고지도자가 되겠다는 훌륭한 국가지도자가 배출되기가 힘든 상황이다.

그에 더하여, 노무현 대통령의 자살 사건 이후에는 거짓 뉴스를 이용하거나 사실을 과대 포장하여 선전과 선동을 통하여 여론을 조작하는 경우가 빈번해 지면서 좌, 우의 대립 상태가 극단적으로 치달아 정치가 오히려 사회의 불안을 조성하고 경제의 안정을 해치고 있다. 이러한 현상이 극단적으로 나타난 사건이 박근혜 대통령 탄핵 사건이다. 물론, 도덕성과 직업의식이 낮은 법조계가 이러한 사태를 맞이하게 한 것도 사실이고

여기서 한국의 역사에서 대통령으로서 실행할 자질이 부족하고 무능력하여-최소한 내가 보기에는-한국에 결정적 피해를 준 대통령과 무능력을 넘어서 국가를 후퇴시키려고 작정한 사람처럼 대통령직을 수행한 대통령에 관한 사례를 들면서 이야기를 진행하고자 한다.

또한, 한국의 전임 대통령들의 재임 기간에 발생한 Scandal에 대하여 이미 언급하였지만, 여기서는 우물 안 개구리와 같이 국제정치의 중요성을 인식하지 못하고 미숙한 경제정책을 운용하여 결국 IMF의 구제금융 도움을 받은, 한국의 현대 경제사에서 가장 치욕적인 사건을 일으킨 김영삼 대통령과 한국에서 극좌적 Populism 정책과 정치를 실행하면서 경제를 포함한 많은 분야에서 국가를 후퇴시킨 문재인 대통령 및 전임 대통령과 같은 Populism 정책을 시행하는 것으로 보이지는 않지만, 사회 경력이라고는 유, 무죄의 이분법적 판단에만 익숙하여 사회의 다양성과 현대사회는 다양한 요소들이 톱니바퀴처럼 어울려서 이러한 요소들이 서로 작용하면서 움직이는 것을 이해하지 못한 것으로 보이는데, 그럼에도 불구하고 스스로 이해할 생각도 없이 일방적인 명령만 지속적으로 하는 현재 재임 중인 윤석열 대통령의 재임 기간을 포함한 두 대통령이 직접 실행한, 또는 고의로 외면한 정책으로 인하여 국가 경제와 사회에 부정적인 영향을 미친 사건들을 중심으로 살펴보고자 한다.

참고로 Populist에 대하여 간단하게 언급하자면, Populist는 극우 또는 극좌라는 그의 정치적 성향과 관계없이 다양한 부정적인 방법을 통하여 개인의 권리와 자유 및 법치주의를 무시하며 반대 세력을 적으로 간주한다. 즉, 다양성을 반대하는 Populism은 자유민주주의 체제의 적이다. 그는 정당한 선거도 불법화하며 법치주의도 가증스럽고 혐오스러운 대상으로 간주하고 언론도 위협의 대상, 의회도 위험한 존재로 간주한다. 다시 언급하자면, 지도자의 행위에 대하여 제한하려는 모든 제도나 사람은 Populist에게 견딜 수 없는 증오의 대상이 된다. (The Crisis of Democratic Capitalism Published by Penguin Random House LLC 2023 by Martin Wolf 181, 185 page 참고)

2) 김영삼 대통령(재임: 1993년 2월 25일-1998년 2월 24일)

(1) 개관

한국이 1인당 GDP US $20,000 이상을 달성한 2006년 노무현 대통령 이후의 정치적, 경제적, 사회적 문제점에 대하여 언급하려고 하고 있지만, 한국이 맞이한 1997년의 IMF 외환위기는 경제적으로뿐만 아니라 사회 전반에 걸쳐 매우 커다란 변화를 일으킨 사건이었으며 그가 시행한 또 다른 단견적 정책인 대학설립 기준의 완화는 결과적으로 장기적 관점에서 한국 교육의 비정상화 진행에 대한 결정적 계기가 되었기에 여기서는 김영삼 대통령 시대의 경제와 교육에 대하여 구체적으로 언급하려고 한다.

그가 재임 중에 한국에 더 이상의 군부독재를 없애겠다는 목표로 군대 내의 사조직인 "하나회"를 청산하고 금융실명제를 실시하여 한국경제의 선진화를 위한 노력을 한 것은 인정하지만, 그는 IMF 외환위기로 인하여 한국경제를 망하도록 한 것과 마찬가지였다. 그것으로 인하여 수많은 사람이 직장을 잃거나 경영하고 있던 사업이 망하였으며 가정이 파괴되고 고통을 견디지 못한 사람들은 스스로 삶을 포기하기도 하였다.

물론, 그는 1996년 한국을 OECD에 가입하여 국가의 위상을 세계적으로 알리는 역할을 한 것은 부인할 수 없는 사실이지만...

(2) IMF 외환위기

외환위기는 단지 한국에서만 발생한 것이 아니라, 1997년부터 아시아지역을 중심으로 발생했던 외환 유동성 위기를 통칭하는 단어이다.

외환위기 사태 발생 직전까지 문민정부의 금융 정책으로 인해 많은 기업은 무분별한 차입에 의존하며 과다한 투자를 벌였다. 동시에 해외에서는 태국의 고정환율제 포기로 인해 환율을 이용한 외국 자본의 차익 실현으로 동남아시아에 통화 위기가 발생하였으며 동북아시아를 거쳐 세계 경제에 불안을 가져왔다. 이러한 경제 불안은 한국뿐만 아니라 아시아 전체에 경제 위기를 불러왔다.

여기서 IMF 외환위기를 전후한 시기에 지표로 나타난 한국 기업들의 부채를 간단히 살펴보면, 1994년의 외환 차입금은 US $885억이었는데 1997년에는 US $1,749억으로 급증하였다. 정부의 자유화 및 세계화를 향한 경제정책은 결과적으로 금융기관들이 단기의 외환 차입금을 기업들에게 장기 대출금으로 지원하게 되었다. 즉, 장기와 단기 자금의 Mismatch가 발생하였다. 또한, 1997년에는 많은 기업이 부채를 이용하여 공격적인 사업 확장을 일으켰는데, 재벌 Group의 평균 부채비율이 519%였다. 당시에 파산한 재벌 Group은 한보 Group, 기아자동차 Group, 대우 Group 등이었다. 그리고, 기업들의 파산은 많은 실업자를 양산할 수밖에 없었는데 실업률이 1996년의 2.2%에서 1998년에는 7.9%로 급격히 악화하였다.

당시, 한국노동조합연맹에서 조사한 자료에 의하면, 응답자의 67%가 IMF 금융위기 발생 요인으로 정치인을 지적했으며 16%가 Chaebol을 지적했다. 현대연구소에서 1999년 실시한 또 다른 조사에 의하면, 한국인의 44.6%가 중산층이라고 생각하였지만 19.7%는 IMF 외환위기로 인하여 중산층에서 추락하였다고 응답했다. 또한, 어린이의 외국 입양은 1987년 이후 처음으로 증가하였다. 한국의 현대경제사에서 가장 치욕스러운 시기였음을 다양한 수치가 보여준 것이다. IMF 외환위기로 인하여 기업의 고용제도도 변화하면서 인건비와 기타 복지비용 등의 절감을 위한 비정규직이 증가하면서 2001년 16.6%에서 2006년의 28.8%로 증가하였으며 2012년에는 3명 가운데 1명이 임시직이었다. (Korea The Impossible Country Published by Tuttle Publishing 2012, 2018 by Daniel Tudor 176-178 page 참고)

한국에서는 단순히 IMF 외환위기로 지칭하는 경우가 많지만 세계적으로는 1997년 아시아 금융위기(1997 Asia Financial Crisis)로 불린다. 이 시기에 한국만 위기를 겪은 게 아니라 아시아 전반에 파급효과를 일으켰기 때문인데 인도네시아와 태국이 타격을 가장 많이 받은 국가였고 philippines, 북한, 라오스, 말레이시아, 한국, 몽골, 캄보디아, 마카오 등도 침체에 시달렸다. Vietnam, 브루나이, 중국, Singapore, Taiwan, 또한 어려움을 겪었지만 그나마 영향을 덜 받았다. 그리고 당시 세계 2위 경제 대국이었던 일본에도 영향을 주었을 정도로 파급효과가 엄청나게 큰 사건이다.

일본은 90년대 첫 새해부터 이미 침체에 들어가 있었기에 영향은 아주 크지 않았지만 1995년을 기점으로 조금이나마 회복세에 접어든 경제 성장률에도 불구하고 소비세를 5%로 인상하면서 소비 심리가 급속히 위축되었고 금융회사들도 잇따라 도산하는 사태가 발생하여 경제 회복에 대한 기대감을 확 꺾여 버리고 말았다. 결국 일본은 1998년도에 마이너스 성장률을 기록하고 잃어버린 10년 초, 중기에 미약하게 증가했던 실질 임금과 가처분소득도 1997년에 고점을 찍고 다시 하락세로 들어서게 되면서 경기 침체를 연장하게 되었다. 따라서 이 금융위기는 경기 불황에서 다시 일어서려던 일본을 끌어내리는 데 한몫했다는 점에서 여파가 크다고 할 수 있으며 장기간의 불황이 일본 우경화의 간접적인 요인이 된다고 볼 수 있다.

이러한 아시아 금융위기 속에서 무분별한 차입으로 의존하던 한국 기업의 외국 자본의 단기부채 만료와 아시아 경제에 불안감을 느낀 외국 자본의 급격한 유출이 발생하면서 외환보유고가 바닥나게 되었고, 충격을 극복할 수 없을 정도로 빠른 속도로 기업의 파산이나 부도, 대량 실직이 일어나게 되었다. 또 경제위기로 인하여 단기부채의 연장도 이루어지지 않았고 상환을 독촉받았다. 한국은 이러한 충격을 극복하기 위해 IMF에 구제금융을 요청하였는데 IMF 구제금융은 1997년 말에 발생하여 2001년 8월까지 약 4년간 지속되었으며 이후에도 "IMF 사태 이후로 힘든 시기"나 "IMF보다 힘든 시기" 같은 표현으로 경제적 고난을 상징하는 대명사로 자리를 잡게 되었다.

많은 사람들이 외환위기 직전을 호황으로 생각하고 있지만 위기 조짐은 전년인 1996년부터 보였다. 1996년의 경제 성장률이 1995년도의 9.6%에서 7.9%로 떨어졌던 것이 그 단초였고 언론에서는 경기 침체 및 전망에 대한 우려를 연이어 보도하고 있었다. 즉, 이미 이전부터 불황 조짐이 서서히 드러나고 있었다.

사실 당대에도 경제 성장률 7% 정도면 전혀 낮지 않은 평균 정도는 되는 수준이었기에 경기 침체로 경고했던 언론의 부채질은 호들갑 수준이라고 봐도 되었다. 1994년과 1995년도의 경제 성장률이 9%대를 계속 기록할 정도로 활황이었기에 성장률이 떨어진 것 자체는 큰 문제가 아니었지만 문제는 이번에는 성장률 감소가 수출액 감소, 대외 채무 폭증 등과 맞물려 있었다는 것이다. 그럼에도 정부와 기업들은 구조 개선 노력을 하지 않았고 결국 경제위기를 초래했다.

당시 대한민국에서 손가락 안에 꼽히는 대기업과 은행마저도 거의 매일 무너지면서 대규모 실업-대량의 부동산 매각-금융 불안 등이 일어나게 되었고, 외환위기가 가시화한 이후에야 IMF의 계획에 따라 전방위적인 경제적 체질 개선과 대규모의 구조조정이 실행되었다.

이는 사실상 대한민국에서 최초로 일어난 경제위기 사태였다. 대한민국의 GDP와 1인당 GDP는 사태 직전까지 감소한 적이 없었으며 국가에서 경제위기 상황을 인정한 적도 없었다. Oil Shock 시기에 잠시 경제가 안 좋아진 적이 있었지만 경제에 심한 타격은 주지 않았다. 그래서 1997년 외환위기 사태는 국민들에게 엄청난 충격을 안겨다 주었으며, 진짜 경제위기가 무엇인지 알려주었다. 현재 많은 사람이 "경제위기" 하면 이때의 모습을 많이 떠올린 것이다. 또 국민들의 경제에 대한 믿음도 완전히 바꿔 놓았는데 한 예로 "평생직장"이라는 개념도 사실 외환위기 이전의 경직된 노동시장에서나 통했던 말이 되었을 정도로 대한민국 경제구조에 큰 영향을 끼쳤다. 고용 시장이 불안정해진 이래 대한민국 사회는 25년이 넘게 지난 현재까지 그 후유증을 극복하지 못하고 있다.

한편, IMF 구제금융을 신청하기 하루 전에도 대통령과 고위 관료들이 직접 나서 한국에는 그러한 일이 발생하지 않을 것이라고 거짓말을 한 것은 결과 여부에 관계없이 정부에 대한 불신을 키우면서 불신 사회를 형성하는데 역할을 한 것은 사실이다. 또한, 김영삼 정부의 서투른 외교도 외환위기를 일으키는 중요한 역할을 하였으며, 그만큼 한국의 정치지도자와 관료들은 세계적 시각을 갖지 못한 우물 안 개구리와 같은 사람들이었다. 지금도 크게 나아진 것은 없는 것으로 보이지만.

1997년 9월경 IMF뿐만 아니라 BIS, OECD, 세계은행 등의 수장들이 불과 며칠 사이에 동일한 취지의 발언을 하였고 이 사실이 다수의 언론에 의하여 보도되었다. 외환위기 발생 가능성이 높다는 취지의 보도를 하였다. 조선일보도 외환위기 발생 가능성이 높다는 취지의 기사를 여러 차례에 걸쳐 보도한 바 있고 1997년 당시 기사들을 찾아보면 알겠지만 1997년에 많은 언론사가 외환위기 위험을 우려하는 보도들을 냈다.

최승기 인하대 교수는 1997년 가을 미국 Law School에 등록한 지 3개월 만에 700원대이던 US $1 대비 원화 환율이 1,900원대로 치솟았을 때 "나라 잃은 국민" 심정을 느꼈다고 회고했다. 당시의 US $1 대비 원화의 최고 환율은 1,962원이었으며 장 중에는 1,999원까지 상승하였다.

물론 이 덕분에 경제가 차츰 회복되기 시작했을 때인 1998년-1999년에 수출경쟁력이 급상승하여 수출액이 반등할 수 있었지만, 이것은 기저효과에 불과했다. (namu.wiki/w/1997년 외환위기 참고)

1997년 12월 IMF와 구제금융 양해각서를 체결하고 US $195억을 지원받았으며, IBRD로부터 US $70억, ADB로부터 US $7억을 각각 지원받았는데 이 과정에서 IMF는 한국의 문화와 정치적, 경제적, 사회적인 깊은 이해가 없이 한국이 안고 있는 금융위기를 극복하기 위하여 신자유주의적 경제정책 입장에서 가혹한 경제정책을 단행했으며, 앞에 언급한 것처럼 한국 정부와 경제계, 국민은 가혹한 경제정책을 받아들이면서 뼈를 도려내는 노력 끝에 빠른 회복을 가져왔다. 그러나, 이 과정에서 1980년대부터 경제학과 경제정책 측면에서 주류로 자리를 잡고 있던 신자유주의 사상이 적용되었다.

따라서, 경제위기에서 발생할 가능성이 농후한 소득불평등과 함께 경제위기를 극복하는 과정에서 실행하는 정책에 의한 소득불평등이 더해지면서 소득불평등이 매우 심화하였으며 당시에 발생한 소득불평등은 현재 한국 정치에서 발생하고 있는 정치적 극단화에도 상당한 영향을 주고 있다. (The Economic Government Of The World Published by Farrar, Straus and Giroux 2023 by Martin Daunton 602 page 참고)

(3) IMF 외환위기 이전의 세계화 정책

결과론적 시각으로 볼 수도 있겠지만, Irony하게도 김영삼 대통령이 취임하면서부터 발표한 경제정책은 "새로운 경제를 위한 5개년 계획 (Five Year Plan for New Economy)"라는 구호 아래에 경제에 대한 규제 해제와 자유화 정책이었다. 이 정책은 결과적으로 재벌이 부채를 기반으로 한 Group 확장을 용이하게 하였으며 그들은 "대마불사(Too Big To Fail)"라는 사고로 단기적, 또는 중, 장기적 사업성에 대하여 판단하는 것이 아니라 많은 부채를 일으켜 사세를 확장하면 결과적으로 정부가 자신의 부채를 책임질 것이라는 도덕적 불감증(Moral Harzard)에 빠져 과다한 부채를 일으켰다. 물론, 금융기관들도 비슷한 생각으로 재무적, 사업적 판단을 하지 않았으며 여기에 정치권의 역할도 한 몫을 하였던 것은 물론이다.

이러한 상황을 구체적인 수치로 살펴보면, 30대 재벌의 전체 대출 대비 단기 자금 대출은 1994년의 48%에서 1996년 64%로 증가하였다. 단 2년 동안에 약 50%가 증가한 것이다. 소위 "관리하지 않는 개방정책(Unmanaged Openness)"이었다. (The South Korean Economy Published by Agenda Publishing 2022 by Sunil Kim and Jonson Porteux 148, 149 page 참고)

(4) 대학교 설립 조건의 급격한 완화

앞에서 언급한 바 있지만, 교육 정책에 대한 접근은 매우 신중하여야 하며, 장기적 안목을 가지고 접근하여야 한다. 그래서 한국의 옛말에 "100년대계"라고 하는 것이다. 농사는 1년, 수목은 10년인데 비하여 그만큼 긴 안목이 필요한 것이다. 그런데, 김영삼 대통령은 어느날 갑자기(?) "대학 입학을 하려는 재수생이 늘어나는 것"을 막기 위하여 대학 인가 조건을 대폭 완화하였다. 참, 세상을 좁은 안목으로, 그리고 짧은 안목으로 교육을 보는 인물이었다. 그의 잘못된 정책이 여러 가지 부정적인 문화와 겹치면서 30년 가까이 흐른 후인 지금 한국에 다양한 후유증을 가져오고 있다. 지방에 있는 기업은 기업이나 생산공장에는 근무하려는 직원이 없어 현장이 제대로 돌아가지 않는다고 아우성이고 수도권에 있는 사람은 직원을 찾는 기업이 없다고 난리다. 젊은이의 80% 이상이 대학을 졸업한 고학력이기에 구인과 구직의 Mismatching이 발생한 것이다. 물론, 본격적인 제4차 산업의 발전으로 AI, 3D를 이용하는 AM 생산 공정 등으로 인하여 제3차산업의 "대량생산 대량고용" 시대가 차츰 지나가고 있는 것도 또 다른 중요한 이유이지만.

이제 자료를 이용하여 김영삼 대통령이 실행했던 대학 설립의 완화에 대하여 구체적으로 살펴보고자 한다.

김영삼 정부의 대학 정책 중 가장 큰 변화를 가져온 것은 대학설립준칙주의였다. 일정한 기준만 충족하면 자유롭게 학교를 설립할 수 있도록 풀어주겠다는 뜻이었다. 다양한 형태의 대학이 있어야 지식 기반 사회에 맞는 다채로운 인재를 키워낼 수 있다는 것이 정책 변화에 대한 주된 논리였다. 그런데 대학설립준칙주의는 대학 설립 인가를 되도록 억제하던 초기 김영삼 정부의 입장을 180도 바꾼 것이었다.

김영삼 정부는 5.31 교육개혁안이 발표된 다음 해인 1996년에 대통령령으로 "대학 설립 운영 규정"을 제정하고 OECD(경제협력개발기구) 기준에도 못 미치는 대학 설립 준칙을 제시했다. 이를테면 인문계는 교원 1인당 학생 25명, 이공계는 교원 1인당 학생 20명을 확보하도록 했다. 당시 OECD 평균은 15명이었다. 기존 대학에는 해마다 따로 지침을 마련해 정원을 늘릴 수 있는 길을 터주었다. 1996년에는 설립 준칙의 63퍼센트 정도만 교수를 확보해도 개교가 가능하도록 하였으나, 이듬해인 1997년에는 80퍼센트로 높였다가 1998년에는 다시 50퍼센트로 낮추었다.

대학설립준칙주의를 적용하면서 대학 수는 크게 증가하였다. 이 준칙으로 인하여 2004년에는 1996년보다 43개교가 늘었고, 입학 정원 역시 83만 명이 늘어났다. 대학의 난립을 부른 대학설립준칙주의는 뒤이은 정부들이 대학 구조조정을 할 수밖에 없는 단초를 제공한 실패한 정책이라는 비판을 받았다.

대학설립준칙주의가 대학 보편화 현상에 부응하는 정책이었음을 알 수 있다.

현재 정원을 못 채워 허덕이는 대학은 어떻게 할 것인가?

5.31 교육개혁안에 따라 대학설립준칙주의와 함께 실시된 자율적인 정원 조정은 대학을 서열화하는 결과를 낳았다. 사립대학의 자율적인 정

원 조정은 교육 여건이 갖춰진 포항공대 등 지방 사립대학 7곳부터 1997년에 시작되었다. 이듬해에는 수도권의 야간 및 지방 사립대학 41곳으로 확대되었다. 1999년부터 지방의 모든 사립대학이 자율적으로 정원을 조정할 수 있었다.

대학설립준칙주의가 도입되면서 2008년 수도권의 대학 수는 1990년과 비교해 19개교가 늘어났다. 비수도권에서는 47개교가 늘어났다. 여기에 대학 정원 자율화 정책이 수도권까지 확대되면서 수도권 대학은 더욱 비대해졌다. 결국 대학 교육의 수도권 집중이 심해졌고, 대학은 SKY-IN SEOUL-수도권 사립대학 또는 지방 국립대학-대형 지방 사립대학-중소 지방 사립대학 순으로 철저하게 서열화되었다. 지방대학에서는 정원 미달 사태가 일어났으나, 수도권 대학에서는 늘어난 정원의 혜택을 톡톡히 누렸다. (namu.wiki/w/김영삼 참고)

그는 대통령 재직 중에 결과적으로 인간의 삶과 국가발전의 기초를 형성하는 중요한 축의 하나인 교육 제도를 단견적인 사고로 망가트렸으며, 이에 더하여 또 다른 중요한 축인 경제를 철저하게 망가뜨린 사람이었다. 김영삼 대통령은 민주화 투쟁을 한 공격적인 투사였는지는 모르지만, 현재 한국 정치에서 일어나고 있는 것과 같은 문재인 대통령이나 윤석열 대통령처럼 대통령으로서의 직무 수행에 대한 준비가 전혀 되지 않은 인물이었다, 최소한 나의 의견으로는.

3) 문재인 대통령(재임: 2017년 5월 10일-2022년 5월 9일)

(1) 극좌적인 Soft 독재정권의 출현

첫째, 문재인은 대통령 선거 전부터 "세월호 사건"을 빌미로 하여 언론과 합세하고 여론을 조작하였으며 국민을 선전, 선동함으로써 결국은 현직 대통령을 탄핵으로 몰아갔으며, 이어서 실시한 12대 대통령 선거 때는 일반 국민에게 익숙하지 않은 Digital 조작을 이용하여 여론을 호도하는 등의 부정선거를 이용하여 대통령에 당선되었다.

둘째, 대통령으로 취임한 후에는 차츰 자신이 직, 간접적으로 개입하여 입법부, 사법부를 통제하였으며 언론사의 경우에는 뉴스를 제공하는 연합통신을 통하여 통제하거나 대형 신문사에 대한 회유와 압력을 통해 문재인 정권에게 불리한 뉴스를 통제하고 방송사의 경우에는 재승인 허가권을 가지고 압박하여 뉴스를 통제하였다. 좋은 예로 지방의 한 방송사는 대담 도중에 대통령에게 불쾌감을 주었다는 이유로 허가권을 스스로 반납할 수밖에 없는 상황으로 몰고 가기도 하였다. 즉, 입법, 사법, 행정이라는 모든 국가권력과 언론을 장악함으로써 자유민주주의 체제를 유지하기 위하여 필요한 견제와 균형이 사라지고 말았으며 일당 독재 체제와 유사한 상황이 된 것이다. 결과적으로 그 후유증은 지금도 진행 중인 것으로 보인다.

셋째, 자유민주주의 체제를 유지하기 위한 매우 중요한 과정인 선거를 공정하게 관리하여야 할 중앙선거관리위원회의 사무총장을 자신의 측근으로 임명하여 선거의 공정성을 크게 훼손하기 시작하였다. 이것은 민주주의의 엄청난 후퇴를 보여주는 상징적인 예이며 한국에서는 박정희 정권의 유신체제 이후 수십 년 만에 출현한 새로운 형태인 "선출된 독재자의 통제받지 않는 권력자"가 탄생하였던 것이며 한국의 자유민주주의 수준을 생각하면 지금도 이러한 위험성은 존재하고 있다.

여기서 논란이 된 부정선거를 살펴보면,

울산시장 선거의 경우 수사가 진행되면서 임동호 전 더불어민주당 최고위원이 2018년 울산시장 선거 당시 후보 공천의 피해자였다는 의혹이 새롭게 일어나고 있다. 임 전 위원이 제7회 전국동시지방선거를 앞두고, 문재인 대통령의 친구인 송철호 현 울산시장을 위해 경선을 포기하는 대신 자리를 주겠다고 청와대로부터 제안받았다는 의혹이 일면서다. 일단 임동호 본인 측은 이를 부정하였으나 관련 의혹은 일파만파로 커지는 상황이었고 검찰은 임 전 위원의 자택에 대한 압수수색에 나섰다. 압수수색 과정에서 한병도 전 청와대 정무수석, 송철호 울산시장, 황운하 전 대전경찰청장이 공직선거법 위반 혐의로 피의자로 입건된 사실이 새로 확인되었다. 현재 황운하 등 13명이 기소되어 재판이 진행 중이다. 2019년 12월 27일 서울중앙지검 공공수사2부는 송병기 부시장에 대해

공직선거법 위반 혐의로 구속영장을 신청하여 기각되기도 하였다. (namu.wiki/ 참고)

그런데, 2025년 2월 4일 울산고등법원 형사2부에서 선고한 항소심 판결 결과는 유죄를 선고한 일심과 달리, 피고인 전원 무죄라는 선고가 나와 대법원 상고까지 가야 최종 확정될 것으로 보인다. 이 재판의 주심 판사는 우리법연구회라는 좌파적 정치 성향이 강한 집단의 소속인 설범식 부장판사로서 지난 정권의 대법원장인 김명수 대법원장의 비서실장을 역임하였다. 즉, 중립적이고 법리에 입각하여 판단하여야 할 판사가 판결에 자신의 정치 성향을 강하게 반영한 것으로 추정되며, 현재 한국이 처한 정치적, 사법적 현실을 보여준 좋은 예가 될 것으로 보인다.

한편 검찰에서는 최근에 전 정권에서 수사한 결과에 대한 미흡함을 지적하면서 재수사를 명령하여 지난 수사에서 기소하지 않았던 민정수석 등의 재수사가 진행될 가능성이 높아졌다.

또한, 2020년 4월 15일에 실시된 21대 국회의원 선거에서 100개가 훨씬 넘는 대규모 선거무효 소송을 진행하게 되었으며, 선거 관련 소송의 중요성 때문에 소를 제기한 날로부터 180일 이내에 1심 판결을 하여야 할 강행규정-불행하게도 이 규정을 위반할 때의 벌칙조항이 존재하지 않은 것을 악용함-에 따른 대법원 단심제인데도 불구하고 매우 이례적으로 3년이 넘은 뒤에 사건을 제대로 심리하지 않고 일괄적으로 무혐의 판결을 하여 많은 국민이 사법부의 행태에 대하여 의심하게 되었다.

참고로 공직선거법 제222조 등에 따르면, "선거소송은 당선인 결정일로부터 30일 이내에 제소할 수 있고, 대법원은 소가 제기된 날부터 180일 이내에 사건을 처리해야 한다."는 강행규정이다. 즉, 대법관들이 법을 어긴 것이다. 그런데 누구의 지시로?

이 밖에도 그의 재임 기간에 법을 무시하면서 COVID-19 전염병을 핑계로 한 선거 직전의 금전 살포와 다양한 불법 선거를 자행하였으며 전 정권을 무리하게 수사하도록 하여 법치주의를 파괴한 행위는 매우 많이 있다.

넷째, 문재인 정권의 탄생은 법치주의를 무시하면서 정권을 장악하였다는 것과 강성노조의 도움과 가짜뉴스, 선동적이고 불법적인 행위, 그리고 이에 부화뇌동한 사법부와 입법부에 의하여 탄생한 태생적 한계로 인하여 그의 집권 내내 불공정 선거와 노동조합의 불법적인 파업을 비롯한 사회 많은 분야에서 법치주의의 후퇴와 신뢰의 추락이 확연하게 나타났으며 이것을 시급하게 치유하지 않으면 한국의 인구 노령화와 인구 감소와 함께 Populism이 고착화함으로써 지난 60년 이상 빠르게 성장하였던 한국이 한 단계 더 발전하는 모습을 볼 수 없게 될 것이다.

한국인들은 현대사에서 많은 국가가 발전 도중에 Populism으로 인하여 어떻게 추락하게 되었는지를 심각하게 받아들여야 한다.

다섯째, 문재인 정권에는 중국을 대한 것과 유사하게 북한 독재정권과의 관계를 필요 이상으로 중시하여 매우 굴욕적인 자세로 접근하였다. 그 대표적인 예로 두 개 사례를 언급하자면, 2019년 11월 2일 어선을 이용하여 탈북한 청년 두 사람을 한국의 헌법과 북한 관련 다양한 법과 형법 등을 위반하면서까지 1919년 11월 7일에 판문점을 통하여 강제로 송환하여 국제적으로 비난받았던 사건과 2020년 9월 해양수산부 공무원이 순시선에서 실족하여 결과적으로 북한 해역에서 북한군에게 사살당할 때까지 손을 놓고 있다가 해당 공무원이 고의로 월북했다고 국민에게 거짓 공개까지 한 사건이었다.

여섯째, 또 다른 심각한 예로 집권 세력에게 불리한 통계를 유리하게 조작하여 발표하는 행위를 하여 중국이나 북한, Russia와 같은 권위주의적 독재국가로서 국제적인 신뢰수준이 낮은 국가에서나 하는 행태를 자행하여 한국 정부에 대한 국내외적인 신뢰를 심각하게 무너뜨린 사건도 있었다.

예를 들면, 조선일보가 2023년 9월 16일 취재한 자료에 따르면, 국토부가 요구한 "협조"란 아파트 가격 통계 조작이었다. 전년도 9·13 부동산 대책 이후 하락세로 접어들었던 아파트 가격이 다시 상승하기 시작했다는 통계가 미리 보고되자, 상승률을 실제보다 낮춰 발표하라고 한 것이다. 국토부는 앞서 청와대로부터 "집값 '상승률' 관리를 철저히 하라."는 지시를 받은 상태였다. 감사원은 청와대가 2017년 6월부터 부동산원의 공표 전 통계를 미리 받으면서, 통계 숫자가 정부에 불리하게 나올 때마다 국토부와 부동산원을 압박했다고 15일 밝혔다. 부동산원은 2019년 6월 말부터 8월 초까지 매주 "서울 아파트 가격이 전주보다 0.02%씩 상승하는 데 그치고 있다."는 조작된 통계를 발표했다. (조선일보 2023년 9월 16일 남경필 기자, 김상윤 기자 기사 참고)

(2) 선동과 부정선거를 이용한 대통령 선거 당선

그는 대통령을 수행하기 위한 준비를 전혀 하지 않고 박근혜 대통령과 이명박 대통령을 향한 복수를 최우선 업무로 삼은 대통령처럼 행동하였다. 즉, 그의 집권 시기는 무자비한 복수의 정치를 시작하여 한국 정치의 몰락이 시작된 시기였으며 경제적으로는 Populism 정책을 실행하여 경제적인 상승효과는 거의 없는 상태에서 국가부채가 급격히 증가한 시대였다.

대통령 선거에 그의 당선을 위하여 김경수라는 정치인이 "드루킹"이라는 비선 선거 조직인 김동원씨 일당과 공모해 2016년 11월부터 더불어민주당 대선 후보였던 문재인 대통령의 당선을 위해 자동화 프로그램(매크로)인 "킹크랩"으로 여론을 조작한 혐의(컴퓨터 등 장애 업무방해)로 재판에 넘겨졌다. 2017년 김씨와 드루킹과 지방선거까지 댓글 조작을 계속하기로 하고 김씨 측에게 일본 센다이 총영사직을 제안한 혐의(공직선거법 위반)도 받았다.

김 지사는 "드루킹" 김동원씨 일당과 공모해 2016년 11월부터 더불어민주당 대선 후보였던 문재인 대통령의 당선을 위해 자동화 Program을 이용한 여론을 조작한 혐의(컴퓨터 등 장애 업무방해)로 재판에 넘겨졌다. 2017년 김씨와 드루킹과 지방선거까지 댓글 조작을 계속하기로 하고 김씨 측에게 일본 센다이 총영사직을 제안한 혐의(공직선거법 위반)도 받았다. 결과적으로 대법원에서 실형이 확정되었다. (한국경제신문 2021년 7월 20일 정진석 기자 기사 참고)

(3) Populism 독재정권의 출현

　대통령으로 취임한 후에는 차츰 자신이 직, 간접적으로 개입하여 입법부, 사법부를 통제하였으며 언론사의 경우에는 뉴스를 제공하는 연합통신을 통하여 통제하거나 대형 신문사에 대한 회유와 압력을 통해 문재인 정권에게 불리한 뉴스를 통제하고 방송사의 경우에는 재승인 허가권을 가지고 압박하여 뉴스를 통제하였다. 좋은 예로 지방의 한 방송사는 대담 도중에 대통령에게 불쾌감을 주었다는 이유로 허가권을 스스로 반납할 수밖에 없는 상황으로 몰고 가기도 하였다.

　또 다른 예로 KBS 방송을 살펴보면, 2018년 1월 문재인 당시 대통령에 의해 KBS 사장직에서 해임된 고대영 전 사장은 5년 5개월이 지난 지난달(6월) 29일 대법원판결을 통해 해임 처분 무효를 확정받았다. 고 전 사장은 대법원판결 이후 이날 발표한 첫 공식 입장문에서 "더불어민주당이 2018년 8월 정기국회를 앞두고 연 Workshop에서 방송 장악 Scenario가 등장한다."면서 "이 Scenario대로 나와 김장겸 MBC 사장의 해임 과정이 계획적이고 치밀하게 실행됐다."고 밝혔다.

　이어 "내가 해임된 이후 KBS는 문재인 정권과 결탁한 민주노총 언론노조 중심의 카르텔에 장악됐다."고 말했다. (파이낸스투데이 2023년 7월 14일 이준규 기자 기사 참고)

　물론, 또 다른 공영 방송인 MBC는 이미 극좌적인 세력에 의해 장악되어 세월호 사건을 확대, 왜곡하여 문재인 대통령 시대가 출범하는데 큰 기여를 하였다.

　즉, 입법, 사법, 행정이라는 모든 국가권력과 언론을 장악하여 자유민주주의 체제를 유지하기 위하여 필요한 견제와 균형이 사라지고 말았으며 일당 독재 체제와 유사한 상황이 된 것이다. 또한, 입법부의 경우에는 2020년 4월 15일 실시한 21대 선거에서 국회의원 정수의 2/3에 가까운 여당 소속의 국회의원을 확보하고 이 의원들을 통하여 국회를 장악하였으며, 사법부의 경우에는 김명수 대법원장을 통하여 간접적인 통제력을 발휘하여 정치적 사건 관련 소송에서는 최대한 자신에게 유리한 판결을 하도록 하고 그것이 불가능할 경우는 판결을 최대한 늦추도록 하여 결과적으로 사법 체계와 법치주의를 심각하게 훼손하였다. 좋은 예가 수십 건에 달하는 21대 선거 무효소송인데 1심판결이 180일 이내에 종결되어야 함에도 대법원은 3년이 넘도록 제대로 진행하지 않았다.

이에 더하여, 국민 주권에 근거한 자유민주주의 체제를 유지하기 위한 매우 중요한 수단인 선거를 공정하게 관리해야 할 중앙선거관리위원회의 사무총장을 자신의 측근으로 임명하여 선거의 공정성을 크게 훼손하기 시작하였다. 이것은 민주주의의 엄청난 후퇴를 보여주는 상징적인 예이며 한국에서는 박정희 대통령의 유신체제 이후 수십 년만에 출현한 새로운 형태인 "선출된 독재자의 통제받지 않는 권력자"가 탄생하였던 것이며 지금도 이러한 위험성은 존재하고 있다. 여기서 논란이 된 부정선거를 살펴보면,

울산시장 선거의 경우 수사가 진행되면서 임동호 전 더불어민주당 최고위원이 2018년 울산시장 선거 당시 후보 공천의 피해자였다는 의혹이 새로 일고 있다. 임 전 위원이 청와대로부터 제7회 전국동시지방선거를 앞두고, 문재인 대통령의 친구인 송철호 현 울산시장을 위해 경선을 포기하는 대신 자리를 주겠다고 제안받았다는 의혹이 일면서다. 일단 임동호 본인 측은 이를 부정하였으나 관련 혹은 일파만파로 커지는 상황이었고 검찰은 임 전 위원의 자택에 대한 압수수색에 나섰다. 압수수색 과정에서 한병도 전 청와대 정무수석, 송철호 울산시장, 황운하 전 대전경찰청장이 공직선거법 위반 혐의로 피의자로 입건된 사실이 새로 확인되었다. 현재 황운하 등 13명이 기소되어 재판이 진행 중이다. 2019년 12월 27일 서울중앙지검 공공수사2부는 송병기 부시장에 대해 공직선거법 위반 혐의로 구속영장을 신청하여 기각되기도 하였다. (namu.wiki/w/ 참고)

이에 더하여 최근에는 전 정권에서 수사한 결과에 대한 미흡함을 지적하면서 재수사를 명령하여 지난 수사에서 기소하지 않았던 민정수석 등의 재수사가 진행될 가능성이 높아졌다.

또한, 2020년 4월 15일에 실시된 21대 국회의원 선거에서 100개가 훨씬 넘는 대규모 선거무효 소송을 진행하게 되었으며, 선거 관련 소송의 중요성 때문에 소를 제기한 날로부터 180일 이내에 1심 판결을 하여

야 할 강행규정-불행하게도 이 규정을 위반할 때의 벌칙 조항이 존재하지 않은 것을 악용함-에 따른 대법원 단심제인데도 불구하고 매우 이례적으로 3년이 넘은 뒤에 일괄 기각판결로 판결하여 많은 국민이 사법부의 행태에 대하여 의심하게 되었다.

앞에서 언급하였지만, 중요한 문제이기에 다시 언급하는데, 참고로 공직선거법 제222조 등에 따르면, "선거소송은 당선인 결정일로부터 30일 이내에 제소할 수 있고, 대법원은 소가 제기된 날부터 180일 이내에 사건을 처리해야 한다."는 강행규정이다. 즉, 대법관들이 법을 어긴 것이다. 그런데 누구의 지시로?

이 밖에도 그의 재임 기간에 법을 무시하면서 COVID-19 전염병을 핑계로 한 선거 직전의 금전 살포와 다양한 불법 선거를 자행하였으며 전 정권을 무리하게 수사하도록 하여 법치주의를 파괴한 행위는 매우 많이 있다.

(4) Populism 경제정책

문재인 대통령 탄생은 법치주의를 무시하면서 정권을 장악하였다는 것과 강성노조의 도움과 가짜뉴스, 선동적이고 불법적인 행위, 그리고 이에 부화뇌동한 사법부와 입법부에 의하여 탄생한 태생적 한계로 인하여 그의 집권 내내 부정선거와 함께 노동조합의 불법적인 파업을 비롯한 사회 많은 분야에서 법치주의의 후퇴와 신뢰의 추락이 확연하게 나타났으며 이것을 시급하게 치유하지 않으면 한국의 인구 노령화와 인구 감소와 함께 Populism이 고착화하면서 지난 60년 이상 빠르게 성장하였던 한국을 더 이상 볼 수 없게 될 것이다.

여기서 문재인 대통령 시대에 펼쳤던 대포적인 Populism 경제정책에 대하여 몇 가지를 언급하자면,

첫째, 급격한 최저임금의 상승이다.

최저임금위원회의 자료를 통해 문재인 대통령 재임 이후에 발생한 시간당 최저임금 변화를 살펴보면, 2017년 6,470원(상승률 7.3%), 2018년 7,530원(상승률 16.4%), 2019년 8,350원(상승률 10.9%), 2020년

8,590원(1.9%), 2021년 8,720원(상승률 1.5%), 2022년 9,160원(상승률 5.1%), 2023년 9,620원(상승률 5.0%), 2024년 9,860원(상승률 2.5%)이었으며 여기서 주목할 연도는 문재인 대통령 집권 초, 중반인 2017년부터 2019년이다. 그는 집권하자마자 한국의 현실에 전혀 맞지 않는 소득주도성장을 강력하게 추진하면서 사회적 약자를 배려한다고 하였지만, 역으로 소득불평등을 확대하는 결과만 가져왔다.

둘째, 풍력 발전과 태양광 발전 등의 소위 친환경 재생 Energy 정책을 추진하면서 발생한 환경파괴는 수십 년이 흘러도 회복하기 어려울 것으로 예상되는데 그 대표적인 예가 새만금의 인공호수를 태양광 Panel을 이용하여 덮은 환경 파괴적 정책이다. 또한, 가장 환경 친화적이면서 한국이 세계적으로 기술적 우위를 가지고 있는 원자력 발전의 산업 생태계를 망가뜨렸으며 한번 파괴된 산업 생태계는 정부 정책에 대한 불신까지 더해지면서 회복하기가 매우 어렵게 되었다.

셋째, 그는 대통령 선거 기간 중에 자신의 재임 중에 정부 관련 비정규직을 모두 없애겠다는 실현이 불가능한 정책으로 국민을 선동하였으며 그 결과로 소위 인국공(인천국제공항공사) 사태가 발생하고 말았다. 문제의 장단점과 사회적 파장, 공사의 예산 분석 등의 문제를 전혀 고려하지 않는 또 다른 Populism 정책 중의 하나였다.

이 사태를 자세히 보면, 인천국제공항공사 보안 요원 정규직 전환을 말하는 것인데 2020년 6월, 인천국제공항공사에서 비정규직 중 일부인 2,143명(공항소방대 211명, 야생 동물 통제 30명, 보안 검색 요원 1,902명)을 자회사 채용 조건에서 "청원경찰" 신분의 자사 정규직으로의 직고용으로 전환한다고 밝히면서 일어난 논란이다. (namu.wiki/w/인천국제공항공사 참고)

넷째, 통계 조작의 문제이다.

이 부분은 "제10장 국가 지도자의 Populism과 무능력"에서 자세히 설명한 것으로 대체하고자 한다.

다섯째, 융통성 없는 근로 시간 문제다.

세계적으로, 특히 OECD 국가들 가운데 근로 시간이 길기로 악명 높았던(멕시코 다음으로 2위였다) 대한민국에서 근로 시간을 본래 근로기준법대로 주 52시간으로 단축하는 것이 20대 국회에서 성사되었다.

정부는 이를 통해서 저녁이 있는 삶 , Wolabel , 불금, 놀토, 휴식과 소비를 통한 내수 활성화를 목적으로 하고 있다.

기업별 단계적으로 축소되어서 2023년에는 모든 기업이 이를 지켜야 한다. (특례업종 운송업, 보건업은 제외)

주 52시간은 기본 최대 근무시간인 주 40시간에 최대 연장 근무시간 12시간을 더한 것이다. 이를 뒤엎는 극악판례가 등장하면서 주 52시간이 어느 정도의 시간인지 이해하기 위하여 예를 들자면 주 6일 동안 8시간 일하고 추가로 2-3회 야근(잔업)을 해야 채워지는 시간이고 주 5일만 일한다면 하루 10시간 넘게 일해야 하는 시간이다. 당연히 각종 휴식 시간, 식사 시간 등은 근무시간에서 제외이다.

본래 근로기준법으로 정한 근로 시간이었으나, 행정해석으로 토요일, 일요일은 52시간 산입과는 별개로 본다는 해석이 나타나, 토요일과 일요일 각각 8시간씩, 16시간을 더해 68시간까지 "해석"에 따라 가능하였던 것을 문재인 정부 때에 정정하고 폐기한 것이다.

2018년 7월에는 300인 이상 기업, 2020년에는 299인-50인 기업, 2021년 7월에는 49인-5인 기업, 다만 30인 미만은 2022년까지 연장 근무가 가능하고 기존의 26개 특례업종들도 2019년 7월부터는 5개 업종으로 축소되고 이대로 시행되어야 한다.

원래 현행도 기본은 주 5일제 40시간이었고 그 이상은 자율 선택이었지만 강압적으로 시키는 회사가 있어서 그동안 문제가 되었다.
프랑스, 영국, 독일은 주 48시간 제한이다. 머니투데이 일본도 한국의 기존 68시간보다는 훨씬 적은 주 55시간 정도만 가능하다.

씨티그룹은 주 52시간 근로 시간이 한국경제에 긍정적일 것이라고 평가했다. 주 52시간 근무로 인한 부작용으로 2018년 2분기-3분기부터 버스 대란이 발생하는 등 문제점이 현실화하고 있다. 이런 문제가 발생하는 이유는 버스 기사들의 근로 시간이 줄어들면서 월급이 적게는 50만 원에서 많게는 100만 원 이상까지 줄어들었기 때문이다. 또 버스 기사라는 직업이 쉬운 직업이 아니기 때문에 신규 채용이 어려운 것도 있다.

결국 버스의 배차간격이 늘어나거나, 운영시간이 전국적으로 단축된 것은 물론이고, 인천-서울 간 광역버스 운영 업체들은 2018년 8월 9일에 전 노선 폐선 신청을 시작했다. 정부와의 협상이 진행되지 않으면 8월 21일부터 바로 폐지될 뻔했으나 일단 자진 철회로 일단락됐다.

2019년 전국 버스 총파업으로 다시 재점화되었다. 2019년 5월 15일부터 상당수 회사들이 파업하지만, 이전에 철회된 적이 있는 만큼 이번에도 철회될 가능성이 있다. (namu.wiki/w/문재인정부 참고)

많은 선진국에서도 의사와 변호사, 연구진 등은 법정 근무시간과 무관하게 신축적으로 적용하고 있는데 문재인 정권에서의 근무시간은 이로 인한 신축적인 근무를 전혀 고려하지 않아 산업 전반에 비효율성이 발생하였다.

(5) 굴욕 외교와 외교 분야에서의 법치주의 파괴

(가) 북한에 대한 저자세 외교

그가 재임 중에 북한에 대한 저자세 외교는 매우 많았지만 여기서는 몇 건의 상징적인 사건에 대하여 앞에서 살펴보았지만 여기서는 더 자세히 살펴보고자 한다.

첫째, 과연 "인간으로서 그렇게 하고 싶었을까?"할 정도의 놀라운 2인의 젊은 탈북선원 강제 북송 사건이다.

2019년 11월 7일, JSA 경비대대장 임의진 육군 보병 중령이 김유근 청와대 국가안보실 1차장에게 보낸 문자가 언론사 카메라에 포착됐다. 북한 주민 2명이 북측에 추방된다는 내용이었다. 국방부 장관은 이에 대해 "보고받지 못했다."고 밝혔다. 다만 군은 "북한 주민 추방"은 군사적 조치가 아닌 만큼 국방부 장관에게 직접 보고할 사안은 아니라고 설명했다.

11월 7일 이상민 통일부 대변인은 브리핑을 통해 "정부는 지난 2일 동해 북방한계선(NLL) 인근 해상에서 나포한 북한 주민 2명을 오늘 오후 3시 10분쯤 판문점을 통해 북한으로 추방했다."고 밝혔다.

문재인 정부는 8일 20대 북한 선원 2명을 추방한 것과 관련하여 "일반 탈북민은 이번 사안과는 별개의 문제"라며 "강제 북송 우려는 대단히 부적절하고 무책임한 주장"이라고 했다. 전날 국회 외교통일위원회 전체 회의에서 일부 야당 의원을 중심으로 "강제 북송을 중단하여야 한다."는 주장이 제기돼 논란이 일었다. 그러나 문재인 정부는 이들이 흉악범죄를 저지른 중대 범죄자로, 보호 대상이 아니며 국제법상 난민으로 인정할 수 없다는 입장이다. 실제로 "난민의 지위에 관한 협약" 32조에는 "국가는 국가의 안전 또는 공공의 질서를 이유로 외국인(난민을 포함)을 자국 영역에서 추방할 수 있다."고 규정되어 있다.

통일부는 11월 11일 16명의 동료를 살해하고 남측으로 도주했다는 북한 선원 2명의 북송을 청와대 국가안보실이 직권으로 결정했다는 일부 보도와 관련하여 "청와대 안보실과 관계 부처가 긴밀히 협의와 소통을 하여 결정한 것"이라고 밝혔다.

북한은 북송된 선원 2명을 50일간 고문하며 조사하다가 실내에서 참수형으로 처형했다는 이야기가 들려왔는데, 정부는 이들이 받은 처분을 공식적으로 확인하지 못하였다 (namu.wiki/w/탈북선원 강제 북송 참고).

둘째, 해양수산부 어업관리단 소속 공무원 사건이다.

현재 1심에서 기소된 사람이 모두 유죄 선고를 받고 항소심이 진행 중인 사건이다. 2020년 9월 22일 21시 40분경 인천광역시 옹진군 소연평도 인근에서 발생한 사건으로 2020년 9월 22일 밤에 서해 소연평도 인근 해역에서 어업지도활동을 한 해양수산부 어업관리단 소속 전라남도 목포시 공무원인 남성 이대준씨가 연평도 인근 해역에서 실종되어, 실종지점에서 북서쪽으로 38km 떨어진 북방한계선 이북의 북한 황해남도 강령군 등산곶 해안에서 조선인민군의 총격에 숨진 사건이다.

2020년 당시 정부였던 문재인 정부는 자진 월북으로 판단된다고 발표했지만, 2022년 6월 윤석열 정부에서 해경과 국방부는 월북 시도를 입증할 만한 증거가 없다며 2년여 만에 결과를 번복하였다. 2023년 12월 7일 감사원은 문재인 정부가 조직적으로 해당 사건을 은폐 및 조작한 혐의가 사실이라고 발표했다. (namu,wiki/w/서해공무원피살사건 참고)

셋째, 대북전단 금지법 및 남북연락사무소 폭파 사건이다.

국회에 대북전단 규제 법안을 처음 발의한 사람은 2008년 18대 국회 당시 민주당 소속 박주선 의원이었다. 박 의원은 당시 발의한 남북교류협력법 개정안에서 "남한의 주민이 북한의 주민과 회합, 통신 그 밖의 방법으로 접촉하거나 전단지를 북한에 살포하고자 할 때에는 통일부장관에게 사전에 신고해야 한다."는 내용의 대북전단 사전신고제를 도입하자고 제안했다. 하지만 여당 한나라당의 반대에 이어 정부에서도 반대 의견을 표명했고 결국 해당 법안은 통과되지 못했다.

2017년 7월 4일, 북한의 첫 ICBM 시험발사 직후 문재인 대통령이 대북전단 살포를 법적으로 막을 방법을 찾으라고 지시한 것이 알려졌다. 참고로 집권여당인 더불어민주당은 전신인 새정치민주연합 시절 2014년에 대북전단 살포 금지법안을 발의한 바 있다.

국제정세가 북한에게 불리하게 돌아가는 현 상황에서 과연 현명한 조치인지는 의문이라는 지적이 있다. 전임 우파 정권이었던 박근혜 정부와 이명박 정부에서도 대북 Risk 관리를 위해 민간의 대북전단살포를 어느 정도 관리하려고 했지만, 문재인 정부처럼 아예 법으로 틀어막으려는 시도는 한 적이 없다.

2020년 민주당은 대북 전단 살포를 아예 금지하는 법안을 발의하여 통과시키는 작업을 하고 있다. 법안 통과를 추진하는 논리는 위와 같으며, 물러설 수 없다는 입장을 보였다. 국민의힘은 정 위험한 요소가 있으면 경찰관 직무집행법 등을 위반하는 경우에는 처벌할 수 있지만, 대북전단 살포를 원천 봉쇄를 하면 안된다면서 아예 법안 통과 시 헌법재판소에 위헌법률심판 제청으로 위헌결정을 통해 무력화하는 방안을 계획하는 등 대립하는 양상을 보였다.

2020년 6월 4일, 김여정은 적대행위를 금지하기로 한 판문점 선언을 근거로 대북전단 살포를 막을 것을 다시 요구하면서 "남조선 당국이 응분의 조처를 세우지 못한다면 금강산 관광 폐지에 이어 개성공업지구의 완전 철거가 될지, 북남(남북) 공동연락사무소 폐쇄가 될지, 있으나 마나 한 북남 군사합의 파기가 될지 단단히 각오는 해둬야 할 것"이라고 발표했다. 김여정이 협박성 담화를 한 후 4시간도 채 지나지 않아 통일부에서 예고도 없는 브리핑을 가지면서 대북전단과 관련한 법률 정비계획을 발표했다.

6월 5일, 청와대와 통일부의 브리핑이 열린 다음 날 북한은 통일전선부 대변인 담화를 통해 "법 제정도 없이 합의하고 속였다."면서 "남북연락사무소부터 결단코 폐지할 것"이라 발표했다. 이어서 6월 9일부터 남북간의 모든 연락 Channel을 끊더니 결국 2020년 6월 16일 남북공동연락사무소 폭파 사건을 저질렀다. (namu.wiki/w/대북전단금지법 참고)

문재인 대통령은 국가의 예산으로 세계를 여행하면서 이런 비상식적인 집단을 위하여 미국 및 UN과 북한이 평화협정을 체결하도록 하고 북한에 대한 UN 제재를 철회해 달라고 하는 비상식적인 행동을 하여 서방의 정상들로부터 이해할 수 없다는 답변을 받기도 하였다. 그러한 제재가 한국의 안전을 위해 필요한 방안이기도 하기 때문이었다.

(나) 중국에 대한 저자세 외교

문재인 대통령 재임 중에 중국에게 과도하게 경도된 외교 행태로 인하여, 중국이 다른 국가의 대학과 연구기관 등에 자연스럽게 침투하여 자신의 독재정권을 옹호하면서 간첩행위를 자행한 공자학원을 세계의 많은 국가 가운데 한국에서 제일 많이 설치하여 운영하고 있으며 중국의 비밀경찰도 한국 정부 모르게 설치, 운영하였다. 즉, 한국의 주권을 심각하게 훼손하면서 한국을 얕잡아 본 것이다.

중국은 앞에서 언급한 공자학원과 비밀경찰뿐만 아니라 한국이 북한을 겨냥하여 방위적으로 설치한 미사일 방어 무기인 SHAAD의 설치에 대하여 중국이 한국 기업인 롯데에게 강한 보복 조치를 하였으나 한국 정부의 무기력한 대응으로 인하여 롯데의 중국 진출 매장들은 모두 커다란 손실을 떠안고 중국에서 철수하였다. 중국의 비상식적인 보복 조치에 한국도 강하게 맞대응을 하지 못한 문재인 정부의 굴종적인 외교가 문제가 되어 한국 기업이 큰 피해를 본 것이다. 더욱이 SHAAD의 설치를 위한 부지는 롯데 Group이 국가 안보 차원에서 제공한 것이며 이에 더하여 현재 중국은 한국을 겨냥한 미사일 기지를 운영하고 있다.

여기서 문재인 정권 때 진행했던 중국에 대한 굴욕적인 외교의 예를 하나 언급하자면,

COVID-19 전염병이 한국에 퍼져 나가면서 중국인 입국금지 목소리가 높아가는 와중에도 문재인 대통령은 시진핑 중화인민공화국 주석에게 "중국의 어려움은 곧 우리의 어려움. 함께 극복해야"이라고 말하면서 중국인 입국 금지를 하지 않을 것임을 시사했다.

2020년 2월 말 COVID-19 전염병 확진자가 대구에서부터 폭발적으로 늘어나면서 대유행을 하기 시작했으며 이에 중국인 입국 금지 여론이 빗발쳤지만 문재인 정부와 더불어민주당은 중국인 입국 금지는 없을 것이라고 못을 박았다.

이에 대해 네티즌들과 언론에서 강도 높은 비판이 있었으며 문재인 정부가 비상식적으로 중국의 눈치를 보는 이유는 오직 시진핑 주석에게 잘 보여 방한을 다짐받으려는 것 때문이라는 말까지 나왔다. 또는 그 이상의 다른 이유도 추정할 수 있다.

급기야 조선일보에서는 "중국이 그리 좋으면 아예 나라를 통째로 넘기든가."라고 강하게 비판하였다.

결국 세계 여러 나라는 물론 중국조차 한국인 입국 제한 및 금지 조치를 취하는데도 불구하고 청와대는 끝까지 의미를 정확하게 알 수 없는 실익 타령을 하며 중국인 입국 금지는 없을 것이라고 확인했다.

하지만 이미 대한의사협회에선 COVID-19 전염병 유행 초창기인 2020년 1월 말부터 "후베이성은 물론 중국 전 지역을 입국 금지하여야 한다."고 수 차례 권고했으며 그 권고를 철저히 무시한 건 청와대였다. "소를 잃고도 외양간을 고치지 않는, 국민의 생명을 지키지 않은 비정상적인 사례를 보여준 것"이었다. (namu.wiki/w/문재인정부/평가/외교/대중외교 참고)

(다) 영부인의 외교에 대한 정치 개입 논란

문재인 대통령이 최근 공개된 회고록에서 지난 2018년 부인 김정숙 여사의 인도 타지마할 방문을 "우리나라 영부인의 첫 단독 외교"라고 하

자 국민의힘이 "대통령 부인에 대해 특검(특별검사)한다면 김정숙 여사가 먼저"라고 비판했다. 야권은 김건희 여사의 명품백 수수를 놓고 특검을 도입해야 한다고 공세를 펴고 있다.

윤상현 의원은 19일 Facebook에 "대통령 부인에 대해 특검한다면 김정숙 여사가 먼저"라고 했다. 그는 "문재인 대통령은 타지마할 세금 낭비에 대해 회고록이 아닌 대국민 사과에 나서야 마땅하다. 국민을 우롱하는 경거망동을 삼가고 자중해야 한다."고 했다. 이어 "전직 대통령으로서 예우를 원하신다면 퇴임 후 잊히겠다던 그 약속부터 지키시기를 바란다."고 말했다.

배 의원은 "타지마할 가서 '단독 외교'를 했으면 외교부가 보고서에 남겼을 텐데 왜 방문일지를 안 썼을까."라며 "국민을 어찌 보고 능청맞게 웬 흰소리인가."라고 했다. 김장겸 당선인도 이를 "김정숙 여사 특검이 필요한 이유"라고 했다.

문 대통령은 최근 대담 형식의 회고록인 "변방에서 중심으로"에서 부인인 김정숙 여사의 2018년 인도 타지마할 방문에 대해 "(정상 배우자의) 첫 단독 외교"라고 설명했다. (조선일보 2024년 5월 19일 박지영 기자 기사 참고).

4) 윤석열 대통령(재임: 2022년 5월 10일-현재까지)

그의 당선은 과거의 정권들처럼 그를 적극적으로 지지한 세력에 의하여 당선된 것이 아니라, 전 정권의 무도함이 싫어서 어쩔 수 없이 지지하는 소극적인 지지를 한 국민들에 의하여 당선되었기 때문에 그의 잘못된 정책이나 정치 행위에 대한 부정적인 평가가 가혹할 수 있다. 그에게 임기 초부터 보여준 여론 조사에 나타난 낮은 지지도는 과거의 대통령과 달리 이러한 이유를 일부 포함하고 있는 것으로 보아야 한다.

또한, 유무죄를 일차적으로 판단하는 검사라는 이분법적인 사고로 살아왔던 사람이 다양한 사고가 필요한, 매우 복잡하게, 그리고 복합적으로 움직이는 세계를 이해하는 것이 쉽지 않을 것이다. 이에 더하여 한국의 검사라는 직업은 정치적 환경에 따라서 본인에게 불편한 진실-나의 개인적인 판단이라고 할 수 있지만-을 애써 외면하는 경향이 있는데, 국가의 최고 통수권자인 자신이 외면한 진실은 Boomerang이 되어 자신에게 돌아와 결과적으로 자신의 불행한 미래뿐만 아니라 한국과 한국인에게 엄청난 부정적인 결말을 가져올 수 있다. 만일 이러한 상황이 도래한다면, 본인의 개인적인 추락을 넘어서 한국이라는 국가의 경제가 추락함과 함께 친중적인 독재정권이 들어서면서 문재인 정권에서의 Populism을 넘어선, 자유민주주의에 입각한 정권교체가 불가능한 사태까지 발생할 수 있다. 한국과 한국인에게는 매우 불행한 일이지만...

한편, 그는 박근혜 전 대통령에 대한 선동적 탄핵에 가담하여 소위 "이익공동체"라는 무리한 법리로 탄핵을 실행하도록 한 실무자였으며 결과적으로 그로 인한 공로로 검찰총장까지 승진하였다는 한계로 인하여 그가 한국 사회에 만연한, 다양한 부정부패의 Cartel을 극복하면서 한국을 획기적으로 발전시키지 않는다면, 그에 대한 역사적 평가는 매우 낮을 것으로 보인다.

이에 더하여, 전 정권에 대한 여러 가지 불법적인 권력 행사에 관한 수사에서 실질적인 최종책임자인 문재인 전 대통령을 수사 대상에서 철저히 배제하면서 보호하고 있는 것이 법치주의의 엄격한 실행을 바라는 국민에게는 매우 비정상적인 국정 진행으로 보일 수 있으며 그의 지지도가 50%를 넘지 못한 것도 이러한 이유에 기인한 것도 있다. 즉, 그는 현재까지 핵심은 건드리지 않고 변죽만 울리고 있는데 이것이 그의 한계이다.

유무죄를 판단하는 이분법적 논리에 빠지기 쉬운 검사로서의 근무 경력 외에는 다른 경력이 거의 없는 그의 삶의 행적도 급변하는 제4차 산업사회에서 다양한 의견을 소화하면서 세상을 폭넓게 보고 다양한 시각을 반영하여 접근하면서 정책을 결정하여야 하는 최종 정책결정권자로서의 능력에 한계를 보일 수밖에 없다. 최근 그의 삶의 행적에서 보여준 한계를 보여주는 또 다른 사건으로 국가 정책 실행 과정에서 확실히 나타난 예가 2024년 3월에 발표하여 각 대학의 의대 정원 수 확대를 일방적이고 강압적으로 진행하는 것이다. 현재 의대의 정원이 3,058명인데

2024년에 일시에 2,000명을 확대하여 5,058명으로 발표함으로써 현재의 정원을 확대 후 40%로 증원한 것이다. 그가 시행하는 정책의 잘못은 종합적인 다양한 요소를 배려한 판단이 아닌 단순한 수치에 집착한 결정이라는 것이다. 마치 그 수치가 절대적인 선인 것처럼...

예를 들면, 의사라는 직업과 병원은 인간의 생명을 직접 다루는 것이기에 오랜 숙련 과정이 필요한 중요한 분야이며 현대 국가에서 국민의 절대적 평등을 확대하기 위한 필수적인 요소이다. 즉, 의사 수의 확대도 중요하지만, 그에 부수하는 다양한 요소-간호사, 의사 양성기관(의대)의 시설 확보, 의료기구, 병원의 수와 규모, 의료에 관한 복지정책, 수도권에 몰려있는 다양한 의료 시설 등-를 함께 고려하여 다양한 의견을 경청하면서 신축적인 사고로 접근하여 정책을 결정하여야 하는데, 일방적인 정책 결정과 이에 반항하는 의사 집단을 단순한 선악의 기준과 유, 무죄의 기준에 의한 악마집단으로 매도하고 형사적, 행정적인 처벌을 앞세우면서 강행하고 있다. 이것이 이분법적 논리에 집착하는 그가 보여준 한계이다. 한편, 그가 부정직함과 권모술수가 난무하는 한국의 정치를 깊이 모른다는 것은 그의 장점이 될 수도 있지만, 그의 재임 중에 위기가 발생할 때 박근혜 전 대통령의 경우처럼 우호 세력이 그에게서 사라질 수 있는 치명적인 약점이 될 수도 있다.

사실, 5년 임기의 대통령이 2년이 조금 넘은 이 시점까지 지지율이 50%를 넘은 적이 없고 야당은 대통령 취임 시작부터 다양한 이유를 내세우면서 탄핵까지 언급하고 있는데 지난 문재인 정부에서 망가뜨린 법치주의를 극복하고 한국에서 자유민주주의가 더욱 견고하게 뿌리내리기에는 매우 어려운 과제라는 현실을 여실히 보여주고 있다. 안타까운 일이지만...

더욱이 그가 소속하고 있는 집권 여당이 국회의원의 수가 야당에 비하여 상대적으로 소수인 면도 있지만, 야당의 국회의원과 비교하면 여당 의원들이 정치적으로 무능력하여 야당의 공격을 효과적으로 대응하기 어려울 것으로 보인다.

그는 2024년 4월 10일로 실시된 제22대 국회의원 선거에서 현재의 여당이 재적의원의 과반수를 차지할 정도의 의원이 당선되어 그의 정치적 행보와 정책을 지원해 주기를 바라는 것으로 보였지만, 그의 지지도와 여당 국회의원들의 소극적이면서 보신주의적 행태를 보면 새로운 정치인이 출마하더라도 그의 희망처럼 진행될 가능성도 높지 않을 것으로 예상되었는데 결과적으로 여당 소속 국회의원이 국회의원 정수의 1/3을 조금 넘는 수준에서 결정되었으며 부정선거에 대한 확실한 수사를 진행하지 않는 한 그의 불명예스러운 조기 퇴진도 조심스럽게 예상할 수 있을 것이다. 한국의 미래와 그 자신의 미래를 보면 매우 우울한 상황이지만... 즉, 어떤 계기로든 지난 박근혜 정권과 같이 탄핵정국까지 가게 되면 한국의 정치는 혼란에 빠지는 상황이 올 가능성이 농후하며 이러한 상황까지 몰리게 되면, 현재 2%대 내외 수준의 경제 성장에 머물고 있어 경제의 성장 잠재력이 한계에 이르고 있는 한국경제가 지난 정권의 Populism과 함께 부정적 효과가 증폭되어 한국경제의 후퇴와 심각한 사회적 혼란이 다가올 것으로 예상된다. (한국경제의 재도약을 위하여, 다솜출판사 2024년 출판, 저자 William H S Lee 참고)

그런데, 그가 내세우고 있는 정치적 수사 중의 하나가 "공정과 상식"을 주장하는 법치주의이지만, 그의 집권 후에도 검찰에 고소 또는 고발되어 있는 부정선거 사건이 수십 건이 되지만, 단 한 건도 제대로 수사하지 않은 것이 그가 생각하고 있는 소위 "법치주의"라는 용어의 한계를 여실히 보여주고 있다.

그러나, 윤석열 대통령의 재임 기간 2년을 넘긴 시점에서 국회에서 2/3에 가까운 의석을 장악하고 있는 야당이 많은 장관과 현재 야당 대표인 이재명을 수사한 검찰의 검사까지 탄핵소추를 실행하고 예산도 대폭 삭감하는 등, 지속이면서도 과도하게 대통령의 국정 수행을 방해하여 대통령으로서의 정상적인 직무 수행이 불가능하게 되자 어쩔 수 없이 부정선거를 주된 이유로 내세우면서 비상계엄을 선포하였다.

이 글을 거의 마무리한 시기인 2024년 12월 3일 밤에 윤석열 대통령은 비상계엄을 선포하고 중앙선거관리위원회에 대한 부정선거에 대한 자료를 확보한 뒤에 국회의원의 과반수 이상의 의결을 받아 계엄을 해제하였는데 비상계엄을 발표한 사유로 인하여 국회의원 2/3 이상 의결로 2024년 12월 14일 탄핵소추가 되어 2025년 4월 4일 헌법재판소의 탄핵 인용 결정으로 2025년 4월 4일 5년 임기의 대통령직을 3년도 채우지 못하고 물러나고 말았으며 한국 정치사에서 발생한 또 다른 불행한 사건이 되고 말았다.

한국의 부정선거 역사를 보면, 1960년에 3.15 부정선거가 발생하여 결과적으로 당시 이승만 대통령이 하야하였으며 그 이유로 인하여 헌법을 개정면서 정치적 중립을 지키면서 선거를 공정하게 관리하는 중앙선거관리위원회를 헌법기관으로 설립하였다. 그런데, 특이하게도 각급 선거관리위원회와 중앙선거관리위원회의 최고직을 대법원과 각급 법원의 판사가 비상근으로 겸임하도록 하였으며 선거관리위원회를 피고로 하는 선거소송이 발생할 경우에 피고와 해당 법원의 판사가 겹치는 이해충돌 현상이 일어날 수밖에 없으며 결국 판사에게 정당하고 합법적인 절차에 의한 판결을 기대할 수 없는 상황이 발생하게 된 것이 윤석열 대통령이 비상계엄을 선포하게 된 상황까지 이르게 된 또 다른 이유 중의 하나이었다.

일부 언론과 야당 및 부정선거와 깊숙이 관련된 여당에 소속한 인사들은 윤석열 대통령의 탄핵을 적극 지지하고 있는 것으로 보인다. 만일, 윤석열 대통령이 임기 초기에 즉시 이러한 조치를 실행하였다면, 이러한 상황까지 몰리지 않았을지도 모른다는 아쉬움이 있지만, 오랜 기간 한국에서 자행되고 있는, Digital 방법을 주로 이용한 부정선거를 지켜본 사람인 나의 견해로는 만약 이번에 부정선거를 해결하지 못한다면 한국은 친중국 성향의 독재국가로 변하면서 정치체제가 송두리째 부정적인 방향으로 변화할 가능성이 매우 높은, 자유민주주의 국가라는 정치체제가 위험에 처할 가능성이 매우 높다. 여기에 더하여, 한국은 중국의 속국으로 전환되는 치욕적인 상황을 겪으면서 국가신뢰도도 함께 하락하여 한국경제의 추락도 함께 발생할 수 있기에 심각한 국가 위기를 맞이하게 될 것으로 보인다. 슬픈 일이지만...

이 글의 1차 초안을 쓰고 있는 시간이 2025년 1월 1일(한국시간 1월 2일)인데 한국의 상황은 문재인 대통령 재임 시에 검찰의 수사권을 약화시키기 위하여 설립한 고위공직자범죄수사처를 신설하였는데 이 수사기관이 신청한 윤석열 대통령의 체포영장이 발부되었으며 국민들은 이 공수처가 경찰을 이용하여 체포영장을 집행하려는 시도를 저지하기 위하여 용산의 대통령실을 보호하고 있으며 대통령 변호인단에서는 체포영장이 불법이라며 권한쟁의 심판 가처분 청구를 신청하겠다고 발표하였으며 1월 15일 아침에 내란죄로 체포되었다. 결국 2025년 1월 19일(일요일 새벽)에 도주와 증거인멸의 가능성을 이유로 하여 구속되었으며, 그는 한국의 현직 대통령으로서 최초로 구속된 불명예(?)를 안게 되었다. 법적인 측면에서는 이러한 상황에 대한 시각이 다양할 수 있지만, 여기서는 그것을 주제로 하여 글을 쓰는 것이 아니기 때문에 추가적인 언급을 하지 않을 것이다.

한편, 나의 그에 대한 인색한 평가와는 달리 일반인이 이해하기 어려운 Digital 방식을 주로 이용하여 10년 가까이 지속된 부정선거를 해결하겠다는 의지로 비상계엄을 선포한 것이 국민에게 차츰 알려지면서 그에 대한 인기가 급증하고 있는 것으로 보여 헌법재판소가 결정하여야 하는 그의 탄핵 심판 인용이 만만하지 않을 것으로 보였지만 2025년 4월 4일 탄핵 인용으로 최종 결정되었다. 2025년 초부터 한국의 정치가 혼돈의 한복판에 서있는 느낌이다.

이러한 상황에서는 한국경제 역시 불투명할 수밖에 없는 것이다, 정치와 경제라는 두 개의 수레바퀴 중에 정치라는 바퀴 하나가 고장이 났는데 수레가 제대로 굴러가기 힘들지 않겠는가. 더욱이 한국의 경제적 악재, 즉 불평등의 악화, 민간, 기업, 정부 등의 부채 급증, 인구 노령화와 감소 등의 악재가 겹쳐있는 상황에서...

물론, 해결책은 항상 있는 것이 인생이고 경제이긴 하지만.

5) 부자들의 한국 탈출

인간의 역사가 시작되면서 전 세계적으로 인간의 국가 이동은 끊임없이 이뤄지고 있었지만, 현대 국가로 들어서면서 비행기와 선박, 기차,

자동차 등을 이용한 이동 수단이 더욱 편리해지고 빨라지면서 이민, 여행, 사업 등의 다양한 이유로 인하여 인간의 이동은 더욱 확대되었다.

그런데, 여기서 기존에 살고 있던 국가를 탈출하는 이유를 살펴보면 Hyperinflation이 수년째 지속되어 정상적인 삶의 질을 유지할 수 없어 아르헨티나, 베네수엘라에 살고 있는 많은 사람은 자신의 국가를 탈출하였으며 최근에는 기후 온난화, 내전 등으로 인하여 아프리카의 많은 국가와 시리아와 이라크 등의 중동 아시아 국가에 살고 있는 국민이 삶의 터전을 버리고 떠나는 경우가 많다. 특히 앞에서 언급한 국가 이외에도 Latin America 지역에 살고 있는 많은 사람이 상대적으로 삶의 질이 높은 미국으로 불법 이민을 시도하는 경우가 급증하여 이러한 영향으로 남부 국경을 접하고 있는 미국 New Mexico 등과 같은 주에서는 불법 이민자들 문제가 대통령 선거에도 영향을 주고 있을 정도이다.

여기에 3년 넘게 전쟁이 지속되고 있는 Russia의 우크라이나 침략 전쟁으로 인하여 두 국가의 국민이 고국을 등지고 있으며, 미중전쟁과 COVID-19 전염병에 더하여 시진핑의 노골적인 독재정권 강화로 인한 빈번한 인권 침해와 장기화하고 있는 불경기가 중국 국민이 국가 탈출에 가담하여 국가를 탈출하는 인간의 수가 갈수록 확대하고 있다. 이에 더하여 지구온난화의 영향으로 더 이상 살기가 힘들어 삶의 터전을 떠나 새로운 국가로 떠나는 국민까지 더하면 그 숫자는 더욱 늘어나고 있다.

그런데, 최근에는 한국에서도 국가 정치와 경제정책, 사회 환경 등에 실망하면서 많은 국민이 국가 탈출에 가담하기 시작하여 저출산 문제와 함께 국부와 인재 유출이 새로운 사회적 문제로 나타나고 있다. 여기에 최근에 기사화된 내용을 소개하면 다음과 같다.

과도한 상속세에 대한 불만과 정치적, 경제적 불확실성으로 "Super Grade" 부자들의 이주가 늘어나는 가운데 한국도 올해 순유출 규모가 세계에서 네 번째로 많을 것이란 전망이 제기됐다.

높은 상속세를 피하려는 자본이 해외로 유출되는 부작용이 점차 커지면서 Canada에 이어 호주, 스웨덴, 노르웨이 등 각국이 상속세를 폐지했다. 하지만, 한국은 고세율 기준으로 경제협력개발기구(OECD) 회원국 중 일본(55%)이 이어 두 번째로 상속세가 높은 국가다.

이런 상황에서 "부자 감세"를 둘러싼 정치권의 부정적인 시각 등으로 상속세 인하에 대한 본격적인 논의조차 이뤄지지 않고 있어 부자들의 자금 해외 유출은 앞으로도 지속될 가능성이 높다는 지적이다.

18일(현지시간) 영국의 투자이민 Consulting 업체는 18일(현지시간) 공개한 "2024년 헨리 개인 자산 이주 보고서(Henley Private Wealth Migration Report 2024)"를 통해 고액순자산보유자(HNWI)의 국가별 유입, 유출 전망을 분석했다. 이 보고서는 자산정보업체 New World Wealth의 자료를 인용한 것이다.

고액순자산보유자 유출입은 유동성 투자 가능 자산을 US $100만(약 14억원) 이상 보유한 부자들이 타국에서 6개월 이상 머문 경우를 기준으로 삼았다.

이 보고서에 따르면 한국의 고액순자산보유자 순유출은 올해 1,200명으로, 중국(1만 5,200명), 영국(9,500명), 인도(4,300명)에 이어 4위를 기록할 것으로 예상된다.

한국의 고액순자산보유자 순유출은 2022년 400명에서 2023년 800명으로 두배가 되며 7위로 올라섰다. 이어 올해는 다시 50% 증가하며, 역대 최대가 될 것으로 보인다.

한국의 부유층들이 향하는 곳은 주로 미국, 호주, Canada 등으로 분석됐다.

Henley & Partners의 개인고객그룹 대표는 "올해 자산가 이주는 총 12만 8,000명으로 지난해 기록 12만 명을 넘어서며 이동의 분수령이 될 것"이라고 했다. 그 이유로는 지정학적 긴장과 경제 불확실성, 사회 격변 등을 꼽았다.

영국은 올해 부유층 순유출이 지난해보다 배 이상 많아질 것으로 예상된다. 영국은 2016년 브렉시트(Brexit: 영국의 EU 탈퇴) 투표 이후로 자산가 이탈 추세가 본격화했다.

지난 수십 년간 세계 각지의 부자들이 영국으로 몰려왔는데, 이제는 거꾸로 "Exodus"가 벌어지면서 2017년부터 6년간 1만 6,500명이 순유출됐다.

　Russia는 올해 순유출이 1,000명으로 5위에 올랐다. 하지만, 우크라이나전쟁이 발발한 2022년 8,500명과 2023년 2,800명에 비하면, 크게 줄어든 수치다.

　또한 Taiwan(400명)은 8위, Vietnam(300명)이 공동 9위였다.

　반면, 아랍에미리트(UAE)는 올해 순유입 6,700명으로 1위이다. 개인소득세가 없으며 Global 기업 유치를 위한 지속적인 노력에 자석처럼 부자들을 끌어들이고 있다. 특히, 우크라이나전쟁 직후 Russia 부자들이 몰려갔고, 이제는 영국과 유럽인 이주가 많아졌다.

　그 뒤를 이어 미국(3,800명), Singapore(3,500명), Canada(3,200명), 호주(2,500명) 등의 순이었다. 또한 COVID-19 전염병 이후 중국 부자들의 이주가 늘면서 일본이 400명으로 10위에 올랐다.

　Gaza 전쟁으로 인해 Israel은 처음으로 순유입국 상위권에서 탈락했다.

　대표는 "고액 자산가가 많이 증가한 국가들은 이들을 유인하는 정책을 적극 펼쳤다."고 말했다. New World Wealth의 연구 책임자는 "자산가가 이주하면 외환 수익이 발생하고, 그들이 새로운 사업을 벌이면 현지에 일자리가 창출된다."고 말했다.

　한편, 한국은 고액순자산보유자가 10만 9,600명으로 세계 15위로 분석됐다. 미국(549만 2,400명), 중국(86만 2,400명), 독일(80만 6,100명), 일본(75만 4,800명), 영국(60만 2,500명)이 상위 5위권이다.

　한국의 US $1억 이상 자산가는 233명, US $10억 이상 자산가는 24명으로 추산됐다. 한국의 고액순자산보유자는 2013년 이후 10년간 28% 증가했다.

　중국(92%), 인도(85%), UAE(77%), 싱가포르(64%), 미국(62%)은 이 기간 큰 폭으로 늘어난 반면 영국과 일본은 각각 8%와 6% 감소했다. (디지털타임즈 2024년 6월 19일 박양수 기자 기사 참고)

　여기서 부자들의 한국 탈출을 살펴본 이유는 전 정권뿐만 아니라 현재의 윤석열 대통령 시대의 한국에서도 국민의 경제적, 사회적, 정치적 불만이 높다는 것을 의미하기 때문이다.

12. 사교육과 과도한 경쟁

1) 개관

　한국이 지금까지의 한국 역사에서뿐만 아니라 세계적으로 놀라울 정도의 빠른 경제 성장을 이룬 중요한 요인 중의 하나가 초대 이승만 대통령이 실행하였던 의무교육이었다. 이 교육을 바탕으로 하여 많은 국민이 산업의 발전 과정과 함께 소득 수준이 향상되었으며 오늘날의 1인당 GDP US $35,000 시대를 맞이한 것이다. 또한, 국가가 출발한 시기인 1948년부터 1960년까지 대학교육기관이 31개에서 62개로 두배가 상승하였으며 등록한 학생 규모도 75%가 증가하였다.

　그러나, 현재 1등을 지향하는 우월주의가 팽배한 한국 사회에서 붕괴 수준에 가까운 공교육의 질적 저하와 사교육의 급증, 그리고 이에 따른 급격한 교육비의 상승 등의 다양한 부정적인 요인이 동시에 발생하게 되었다. 예를 들면, 소득불평등의 확대와 일부 지역에 편중된 집값 상승, 자본주의 사회의 장점 중의 하나인 자신의 노력에 의한 신분 상승 기회의 약화 또는 박탈 등은 새로운 사회적 계층의 고착화를 발생시켰으며 결국은 신생아 감소로까지 이어지는 중요한 요인이 되기도 한다. 물론, 여성들의 사회활동 증가, 주거용 부동산 가격의 급격한 상승, 산업의 급격한 변화로 인한 미래에 대한 불안정성 등의 다른 요인들이 복합적으로 작용하고 있는 것은 당연하다.

　어떤 방식으로 측정하느냐에 따라 다양한 결과를 가져올 수 있지만, 여기서 제시하는 자료에 따르면 선진국 Club이라고 하는 OECD 국가들 가운데 한국은 소득불평등이 가장 빠른 속도로 악화하고 있으며 사회적 신분 상승의 기회가 낮아지고 있는 것으로 나타나고 있다. 이러한 현상을 풍자한 것이 "금수저, 은수저, 흙수저, 가재와 붕어, Hell Joseon" 등이다.

한겨레가 2023년 3월 기준 세계불평등연구소(World Inequality Lab)에서 발표하는 국가별 소득 불평등 Data를 분석한 결과 2007년부터 2021년까지 한국의 소득 최상위 1%가 전체 소득에서 차지하는 비중이 3.3% 증가한 11.7%를 기록했다. 이는 OECD 38개 회원국 가운데 비교가 가능한 30개국에서 멕시코(8.7%)에 이어 두 번째로 큰 증가 폭이다.

또 소득 최상위 10%의 비중도 같은 기간 2.5% 증가한 34.4%를 기록했다. 증가 폭은 OECD 회원국 가운데 네 번째로 크다. 최상위 10%의 소득 비중 증가 폭이 한국보다 큰 나라는 뉴질랜드(4.5%), 덴마크(3.8%), 튀르키예(3.3%)뿐이다.

한 국가의 전체 소득에서 최상위 계층 몫의 증가는 중하위 계층의 몫이 줄었다는 의미로 소득 분배가 고루 되지 않고 있음을 보여준다. 분석에 이용된 소득 비중은 과세 자료와 국민계정 등을 바탕으로 세전 국민소득(Pretax national income)에서 소득 최상위 1%와 10% 등의 몫을 나타낸다. 세계불평등연구소는 Thomas Piketty 파리경제대 교수를 비롯해 100명이 넘는 세계 경제학자들이 공동 작업해 국가별 불평등 Data를 발표하고 있다.

특히, 위기를 거치면서 상위 계층으로 소득 집중이 심화했다. 2007년부터 2011년까지 금융위기로 인한 소득 집중도의 변화를 살펴봤더니 한국의 소득 최상위 10%의 비중이 3.0% 증가해 30개국 가운데 증가 폭이 가장 컸다. 다음으로 튀르키예(2.6%), 뉴질랜드(2.5%), Mexico(1.4%) 순이었다. 같은 기간 최상위 1%의 소득 비중도 1.9% 증가해 Mexico(8.3%), 튀르키예(2.0%)에 이어 세번째로 높았다.

최상위 계층의 소득 집중도가 2000년대 후반 이후 더 커지는 현상은 국세청 과세 자료를 통해서도 확인된다. (한겨레신문 2023년 4월 10일 류이근 기자 기사 참고)

또 다른 부정적인 결과인 출산율 저하에 대하여 살펴보면, 2023년에 전 세계적으로 유례를 찾을 수 없는 기록적인 저출산 현상이 계속되면서 지난해 출생아 수와 합계출산율이 역대 최저 기록을 또 갈아치웠다.

지난해 4분기 합계출산율은 사상 처음으로 0.6명대로 떨어졌고 올해는 연간 기준으로도 0.7명 선이 무너질 것으로 보인다.

정부는 COVID-19 전염병 이후 혼인 건수가 늘어난 점을 향후 출산율 개선 요인으로 꼽고 있지만, 최근 심화하는 출산 기피 현상 등에 비춰 낙관할 수만은 없는 상황이다.

통계청이 28일 발표한 "2023년 출생 및 사망 통계"와 "2023년 12월 인구 동향"을 보면 지난해 출생아 수는 23만명으로 전년(249,200명)보다 19,200명(7.7%) 줄었다. 지난해에 이어서 또 역대 최저 기록이다.

2016년(406,200명)까지 40만 명을 웃돌던 연간 출생아 수는 2017년(357,800명) 400,000명을 하회한 데 이어 2020년(272.300명)과 2022년(249,200명)에 각각 300,000명, 250,000명 선이 무너졌다. (연합뉴스 2024년 2월 28일 민경락 기자 기사 참고)

2) 한국 사회의 변화에 따른 과열된 사교육

(1) 초고령사회로 진입한 한국의 인구 구조

대한민국 주민등록 인구 중 65세 이상 인구가 차지하는 비중이 20%를 넘어서면서 사상 처음으로 초고령사회에 진입했다.

행정안전부는 지난 23일 기준 65세 이상 주민등록 인구가 10,244,550명으로, 전체 주민등록 인구(51,221,286명)의 20%를 차지했다고 24일 밝혔다.

UN은 65세 이상 인구가 전체 인구에서 차지하는 비율이 7% 이상이면 고령화 사회, 14% 이상은 고령 사회, 20% 이상은 초고령사회로 구분하고 있다. 국민 5명 중 1명이 "고령층"으로, "초고령사회"(20% 이상)에 처음 진입한 것이다. (매일경제 2024년 12월 24일 김혜진 기자 기사 참고)

(2) 세계 최고 수준의 노인 자살률과 빈곤율

한국의 노인 자살률과 빈곤율은 OECD 국가들과 비교하면 매우 높은 수준이며 최근 몇 년 동안 이러한 수준을 유지하고 있다. 일본과 비교하면 2배 내외로 높은 수준이며 독일과 비교하면 3배가 높은 수준이다. 또한, 남성과 여성으로 비교하면 남성이 더 높은 수준이다. 최근 경제 상황이 악화하면서 다른 국가에 비하여 상대적으로 높은 수준을 유지하고 있는 한국의 높은 교육 수준과 한국인에게 내재하고 있는 "체면"도 자살을 유발하는 한 요인이 되고 있다. 경제적 현실이 악화하면서 취업 환경이 악화한 상황도 노인의 자살률이 높은 이유 중의 하나이며, 상대적으로 노인에 대한 복지 대책이 부족한 것도 또 다른 요인이 된다. 즉, 노인에 대한 OECD 국가들의 평균 복지 수준에 비하여 매우 낮은 수준인데 1인당 1년의 수령액이 US $4,000보다 약간 낮은 노령연금을 수령하고 있으며 이 금액은 기본적인 삶을 유지하기에는 매우 부족한 것이 현실이다. 이것은 노인 빈곤층이 2018년을 기준으로 할 때 41.4%에 달할 정도로 매우 높은 이유 중의 하나이다. OECD 국가의 노인 빈곤율의 평균은 14.8%이며 한국의 노인 빈곤율은 3배 이상이다.

(3) 높은 사교육 비용의 지출에 의한 부정적인 영향

이러한 사회적 현상은 결국 자녀가 안정적인 직업을 갖도록 하기 위하여 매우 어린 시절부터 치열한 교육 경쟁을 참가하며 사교육비가 매우 높아 결혼한 뒤에도 자녀를 갖는 것을 망설이게 하는 중요한 요인이 되고 있다. 참고로 2019년 기준으로 전적으로 부모가 부담하여야 할 어린이 영어 교육에 소비되는 비용은 1년에 약 US $9,500에 달하며 사립대학 1년 교육비 US $5,850과 비교하면 1.62배 이상이다. 물론, 12년 동안의 의무교육 기간에도 엄청난 교육비를 부담하는 것도 당연하며, 최근에는 외국어 고등학교나 과학 고등학교 등과 같은 사립학교가 우수한, 그리고 부모가 재력이 있는 가정의 자녀를 적극적으로 유치하고 있다. 이것은 곧 자본에 의한 교육의 불평등이 어릴 때부터 확대하고 있으며 불평등 사회가 노골적으로 확대되고 있는 것을 보여주고 있는 좋은 예이다.

이러한 현상이 발생한 이유는 앞에서 언급한 노령인구의 빈곤율에 더하여 한국에서 의사, 변호사, 회계가, 대기업이나 금융회사, 공공기업, 공무원 등의 안정적이면서 높은 임금을 받는 직업의 비율이 전체 근로자의 20% 정도에 불과하며 대기업과 중소기업의 임금 격차도 다른 국가와 비교하여 매우 큰 환경도 중요한 역할을 한다.

　그렇지만, 국가의 교육 예산 지출이 다른 OECD 국가들보다 적은 것은 아니다. 즉, 공공교육 예산이 꾸준히 증가하고 있으며 2019년을 기준으로 하여 살펴보면, GDP의 5%를 교육비로 지출하고 있다. 이 금액은 OECD 평균 교육비 지출보다 높은 예산이다. (The South Korean Economy Published by Agenda Publishing 2022 by Sunil Kim and Jonson Porteux 121-123, 130, 134-135 page 참고)

3) 인성교육과 법치주의를 외면하는 지식교육

(1) 후기산업사회(제4차 산업사회)에 필요한 인간형

　인간을 포함한 모든 동물은 다음 세대에게 그들의 생존을 위한 교육을 본능적으로 가르친다. 그러나, 이성을 가진, 사회적 동물인 인간은 그에 더하여 후세대가 자신의 삶과 비교하여 더 나은 조건의 삶을 살도록 하기 위하여 본능적인 교육과 더불어 인성교육과 지성 교육을 받도록 한다. 그런데, 지성 교육에 치중하여 인성교육을 등한시하면 도덕성을 겸비한 영민한(smart) 인간이 아닌, 다른 사람을 속이고 이중잣대를 당연시하는 간교한(sly) 인간을 사회에 배출하여 결과적으로 국가와 국제사회가 후퇴할 가능성이 높다.

　그러나, 문화가 바람직한 방향으로 자연스럽게 변한다면 사회와 국가 발전을 위하여 가장 강력하고 오랫동안 지속할 수 있기에 교육을 통하여 사회구성원이 스스로 문화에 대한 혁신적 변화의 필요성을 절실하게 인식하고 사고나 행동을 스스로 변화하도록 하는 것이다. 물론, 이것보다 더 강력한 것은 자신의 변화를 느끼지 못하면서 변화하는 것이지만. (The Art Of Social Excellence Published by St, Partin's Essentials

2020 by Menrik Fexeus & Jan Salomonsson 210 page 참고)

여기서 부모의 교육 방법을 억압적이면서 강제적인 방식, 권위적인 방식, 자유분방한 방식, 무관심 등으로 나눌 수 있으며 이 가운데에 가장 효과적인 방식으로 두번째 방식을 얘기할 수 있으나 실질적으로는 자녀의 성향과 문화적 차이에 따라 교육방식이 다양하게 나타날 수 있을 것이다. (Love, Money, And Parenting Published with Princeton University Press 2019 by Matthias Doepke & Fabrizio Zilibotti 40 page 참고)

2000년대 이후 본격적으로 변화하고 있는 후기 산업사회에서는 교육에 의한 신분 상승 가능성이 제3차 산업사회에서보다 낮아졌지만, 교육은 국가와 사회의 발전과 안정을 위하여 매우 중요한 역할을 한다. 작은 씨가 자라서 나무나 채소가 되어 인간에게 유익한 존재가 되기 위해서는 비옥한 토지와 충분한 수분과 밝은 햇볕이 어울려서 씨의 성장을 도와야 하는 것처럼, 이에 비하여 훨씬 복잡한 국가와 사회와 인간이 서로 선순환하면서 지속적으로 성장하기 위해서는 복잡하고 다양한 요소가 서로 복잡하게 상호작용하면서 선순환하여야 하는 것이다. 공동체의 중요성, 법치주의 확립, 도덕, 윤리와 박애정신, 긍정적인 정신, 절제와 창의성 등은 교육을 통하여 선순환의 토양을 형성하여야 하는 것이다.

또한, 교육을 통하여 자연스럽게 품위 있는 자세와 정신적, 물질적 풍요로움을 가지고 올 수 있으며 성공과 행복의 균형을 추구할 수 있는 기본을 배우는 것이 인성교육의 핵심이다. (Compassion INC. Published by Ebury Press 2018 by Gaurav Sinha 43 page 참고)

국가적 시각에서 보면, 예산을 효율적으로 집행하기 위하여 Internet을 이용한 교육을 더욱 활성화하여, 교육을 받고자 하는 후세대가 양질의 교육을 저렴한 비용으로 교육을 받을 수 있는 제도적 장치가 필요한 상황이며, 문화적으로도 과거의 낡은 Campus 위주의 사고를 벗어날 수 있도록 기업체와의 공동 노력을 하여야 한다. 교육이란 공동체의 유지와 국가발전을 위하여 매우 중요한 요소 중의 하나이므로 가족, 사회, 국가 등의 사회 구성원 모두가 함께 노력하여야 한다.

이와 함께 Civilian Conservation Corps of FDR's New Deal 라고 불리는 정책을 시행하여 수익 측면을 고려할 때 상대적으로 수익이 낮아 사기업이 진출하기 쉽지 않은 어린이와 노인을 보호하는 시설에 대하여 정부가 운영하는 시설의 확대와 함께 국민의 건강 보호 제도 확대, 직업 교육 확대, 대학 교육 지원 확대 등을 진행한다. 또한, Pan-Industrials의 세율 인상을 통한 세수를 확대하여 앞에서 언급한 다양한 생산적 복지정책을 적극적으로 시행하여 Populism 현상을 미리 잠재우는 것이다.

사회가 안정적이며 지속적인 성장을 하기 위해서는 소득불평등 극복을 위한 Pan-Industry의 지도자와 정치적 지도자의 지도력과 장기적 안목이 중요한 요소 중의 하나이다. (The Pan-Industrial Revolution Published by HMH(Houghton Mifflin Harcourt) 2019 by Richard D'Aveni 200-201 page 참고)

사회 공동체가 영속성을 유지하면서 경제적 발전을 이루기 위해서는 법치주의를 확립함과 아울러 (좋은) 교육이 이뤄짐으로써 서로 선순환의 상승작용을 하면서 좋은 문화로 발전하는 것인데 이것은 Adam Smith가 이야기한 "경쟁시장과 법적으로 잘 규정된 사유재산권 보장이 사회를 안정화하면서 시장의 "보이지 않는 손"이 기적을 일으킨다는 것과 일맥상통하는 것이다. 즉, 시장이 잘 작동한다면 시장을 통하여 개인의 이익을 추구할 때 자신이 추구하는 이익보다 훨씬 높은 혜택을 사회에 기여하게 되는 결과를 가져온다는 것이다. (The Moral Economy Published with Yale University Press 2016 by Samuel Bowles 15, 18 page 참고)

그러나, 현실적으로 시장이 제대로 작동하기가 결코 쉬운 일이 아니기에 사회적으로 다양한 문제가 발생하기 마련이고 이것을 좀 더 나은 방향으로 가도록 하기 위하여 좋은 정부와 제도, 좋은 법, 좋은 교육이 필요한 것이며 결과적으로 지속적인 국가발전을 위한 문화로 형성되는 것이다. 자유민주주의 체제하에서 살고 있는 대부분의 인간은 교육을 통하여 성장하며, 법의 지배를 받으면서 살아가는데 우리가 역사를 통해서 아는 것처럼 잘못된 교육이나 수준이 낮은 교육을 받으면 국가가 오히려 후퇴할 수 있는 것이다. 여기서 재미있는 예를 하나 이야기하자면, 독일이 통일된 후에 금전과 관련된 사기 사건을 조사하였는데 동독 출신의 범죄자 숫자가 서독 출신의 범죄자 숫자보다 두 배가 많았다는 것이다. 이처럼, 좋은 제도와 법규, 좋은 교육 등이 더 나은 인간을 양성하고, 더 나은 사회로 나아가며 인간의 탐욕을 억제할 수는 있지만, 이것이 어느 정도 가능한가는 교육, 문화, 각 개인의 성향에 따라서 다양하게 나타나기 때문에 수치로 일정하게 제시하기는 용이하지 않다. (상기의 저서 110, 220 page 참고).

(2) 후기산업사회에서 교육의 중요성

사회적 동물이면서 이성을 가지고 있는 인간의 교육은 동물로서의 생존본능 이상의 공동체의 유지와 발전을 위하여 매우 중요한 요소인데 특히 후기산업사회에서 교육의 중요성을 새로운 관점에서 파악하자면, 후기산업사회에서 자리잡고 있는 text messages, 화상통화와 같은 비대면의 대화는 새로운 관점에서 사회적 문제가 제기되고 있다.

특히, 2000년 이후 Internet이 빠르게 발전하고 Facebook, Instagram과 같은 Platform 형태의 비대면 산업이 확대되면서 10대 청소년사회를 중심으로 클럽활동, 운동 등의 사회적 교류가 줄어들어 이로 인한 부작용으로 다른 사람에 대한 무관심이나 정치적, 사회적 문제에 대한 무관심이 빠르게 증가하고 있다.

따라서, 공동체를 유지하고 발전시키기 위하여 필수적인 타인에 대한 사회구성원으로서의 관심, 애타심, 소득불평등 극복, 환경문제 등에 대한 적극적인 대응을 위해서 그 어느 때보다도 교육의 중요성이 부각되고 있다. (The Art Of Social Excellence Published by St, Partin's Essentials 2020 by Menrik Fexeus & Jan Salomonsson 23 page 참고)

좀 더 비판적으로 보면, 인간이 Facebook이나 Youtube와 같은 Platform에 몰입하고 있다는 것이 새로운 형태의 사회적 관계를 형성하는 것이 아닌, 단지 Internrt을 이용한 또 다른 형태의 Game으로 볼 수도 있는 것이다. (상기의 저서 26 page 참고)

(3) 교육에 의한 사악하고 잔혹한 인간성의 확장

비록 교육 자체는 문제가 없을지라도, 잘못되고 편협한 교육을 받음으로써 악마의 본성이 점차 확대하여 이것이 극대화되면 과학의 발전으로 인하여 더욱 잔혹하게 개발된 살상 무기를 이용하여 세계대전까지 발전되는 것이 제2차세계대전이며 이 전쟁을 일으킨 인물이 독일의 Hitler이었다. 이와 함께 세계대전으로까지는 비화하지 않았지만, 오랜 기간의 내전과 소위 문화혁명을 통하여 수많은 동족을 죽인 마오 쩌둥이나, 정권을 잡는 과정과 반대 세력의 숙청을 통해 마오 쩌둥 못지않은 많은 인간을 죽인 Stalin 등은 만일 교육을 받지 않았다면 추종 세력을 확장할 수 없을 것이며, 많은 사상자를 일으키지도 않았을 것이다.

즉, 인간이 다른 동물과 차이가 있는 것은 이성을 가지고 있다는 것인데 이러한 이성이 제대로 작동하지 못하면서 내재하고 있는 악마의 본성이 교육을 통하여 더욱 극악해져 버린 것이다. 만일 이런 자들이 교육을 받지 않았다면 수많은 인간을 죽이는 끔찍한 사건도 발생하지 않았을 것이다. 그런 일을 할 능력이 없으니까. 물론, 지나간 역사에서 가정을 하는 것이 부질없는 일이지만...

(4) 한국의 교육과 입시 제도

교육과 입시 제도는 서로 뗄 수 없는 관계에 있는데 교육열이 매우 높은 한국의 경우에는 더욱 그런 모습을 보인다. 그런데 1인당 GDP US $30,000 이상의 국가 중에는 유난히도 입시 제도가 자주 바뀌면서 학생과 학부모를 괴롭히는 국가가 한국이다. 예를 들면, 내가 이민을 온 이곳은 지난 30년 가까이 입시 제도가 거의 바뀐 적이 없는데 한국의 경우를 살펴보면, 그 사이에 10차례 이상 변경하였다. 국가 제도가 다른 선진국과 비교하여 정착되지 않은 이유가 문화적인 이유와 제도에 대한 불신 등이 복합적으로 작용한 탓이지만. 교육제도를 포함한 대부분의 제도가 장단점이 있는 것이며, 특히, 한국의 경우에는 국가가 지속적인 발전을 하기 위한 핵심 요소인 교육과 입시 제도에 대해서는 국민과 정부가 장기적 관점에서 이것을 인식하면서 사회구성원이 신뢰를 갖고 제도를 안정화시키는 것이 중요할 것으로 보인다.

여기서 한국의 대학 입시 제도 변화를 간단히 살펴보면,

2001학년도부터 국영수 위주의 본고사 금지가 사립대학까지 확대되었다.

2002학년도 대입전형부터 수시에서 내신 이외의 전형이 대폭 늘어났고, 수시 전형으로 28.8%를 뽑게 되면서 수시가 수능과 더불어 양대 입시 제도로 대두되었다.

2005학년도부터 수능 원점수가 폐지되고 영역/과목별 표준점수, 백분위가 도입되었다.

2005년 당시 9등급제 수능 및 내신 실시 도입이 발표되어 큰 논란이 발생했다. 표준점수와 백분위 점수가 표시되지 않고 등급만 표시되는 방식이다. 반발 여론에도 불구하고 노무현 정부는 2008학년도 입시부터 이를 시행하겠다고 못 박았다.

2007학년도 입시부터 입학사정관제 전형 제도가 시행되었다.

2008학년도부터 수능 등급제가 도입되었다.

2009학년도에 등급제 수능이 폐지되고 다시 표준점수, 백분위, 등급을 제공하는 것으로 환원되었다.

2012학년도부터 사회/과학탐구 선택과목 수가 3과목으로 축소되었다.

2014학년도부터 수준별 수능 도입으로 국어·영어·수학이 A/B로 구분돼 출제되었다. 사회/과학탐구 선택과목 수가 2과목으로 축소되었다.

2015학년도부터 영어 수준별 시험이 폐지되었다.

2017학년도부터 국어·수학 수준별 시험이 폐지되었으며, 한국사가 필수과목으로 지정되고 절대평가로 전환되었다. 1컷 40점.

2018학년도부터 영어가 절대평가로 전환되었다. 1컷 90점.

2022학년도부터 제2외국어/한문이 절대평가로 전환되었다. 1컷 45점.

또한, 입시 유형으로는 크게 수시, 정시, 편입학으로 나뉘며, 사관학교 등의 특수대학은 별도의 체계이다. 수시, 정시에서 선발하지 못한 인원은 추가모집으로 이월된다.

앞에서 2001년부터 입시 제도가 변경된 역사를 살펴보았지만, 한국

은 권위주의 정권 시대에도 입시 제도를 정치적으로 이용한 사례가 많이 있기에 여기서 추가로 언급하고자 한다.

경제가 발전하고 소득 수준이 높아지면서 중등교육이 대중화되었고, 더 좋은 직장에 취직하기 위해 고등교육에 대한 수요가 증가하는데 이처럼 대학입시가 바늘구멍을 통과하는 것만큼 어려워지면서 대학입시는 점점 더 과잉 경쟁으로 내몰렸고, 더군다나 고교입시, 예비고사, 본고사를 거쳐야 하는 학습부담은 과중되었다. 이러한 문제를 완화하기 위한 조치로 1970년대 고등학교 평준화 정책이 실시되었으며, 1980년 교육개혁 조치로 본고사가 폐지되고 과외교습이 금지되었다.

1981년 졸업정원제가 처음으로 실시되면서 1980년의 27.2%에서 1981년의 35.3%로 대학 진학률이 1년만에 급격하게 증가했다. 1990년 중반 산업계의 인력 수요 요구를 받아들여 이공계 대학 정원을 늘리고, 대학설립이 쉬워지면서 대학 진학률이 급격하게 증가해 왔는데, 2000년대 중반에는 무려 80%를 넘어서 세계적으로도 유례가 없는 높은 대학 진학률을 달성했다. (namu.wiki/w/대학입시 참고)

이처럼 교육제도와 입시제도가 자주 변화했지만 변화하여야 할 핵심 내용인 판에 박힌 교육과 이를 통한 지식 위주의 교육은 변하지 않고 있어 교육계와 부모, 사회 등이 함께 고민하여야 할 문제로 여전히 남아있다.

13. 문화계와 체육계의 Scandals와 환경의 변화

1) 개관

국가를 구성하는 다양한 조직 중에 국가라는 조직이 사회의 중심 조직으로 탄생하여 구성원, 즉 국민을 보호하고 관리하는 역할을 실행하기 시작한 시기보다 훨씬 전부터 삶의 필수적인 요소이며 조직으로 발전한 부분이 문화와 체육을 담당하는 조직이었다. 즉, 사회적 동물인 인간은 수렵사회 시대부터 조직의 유대감을 증진하면서 삶의 질을 향상하기 위한 가무와 벽화, 다양한 형태의 운동 등이 탄생하였다. 더욱이 "한"과 "흥"이 기저에 있는 한국인의 삶에서 문화계와 체육계는 매우 중요한 조직이며 경제적 측면에서도 무형의 자산으로서 한국경제의 한 축에 해당하는 조직이다.

즉, 문화와 체육은 최근 경제적 측면에서도 중요한 지표로 새롭게 제시되고 있는 국민의 행복지수에 직접적, 간접적으로 많은 영향을 주는 분야이기에 한국에서는 문화체육관광부가 이 분야를 직, 간접적으로 제도적, 금전적 지원을 하고 있다. 이 분야의 중요성은 단순히 수치로 계산할 수 없는 것이며 다른 한편으로는 이 분야에 종사하는 사람들에 대한 기본적인 삶을 살펴볼 필요가 있다. 미국 Hollywood의 영화와 New York Broadway의 연극과 이들을 뒷받침하는 음악을 보면, 미국의 연예산업이 세계로 확대되면서 미국문화를 전파하여 미국의 경제력과 함께하면서 자연스럽게 많은 국가를 친미 성향의 국가로 만드는데 중요한 역할을 하였다.

한국의 경우에는 1987년 IMF 금융위기를 거치면서 대기업 위주의 투자 방식에서 1990년대 이후 Venture Capital, 자산운용사 등의 전문투자기관들이 영화의 투자에 눈을 돌리고 음악의 경우에는 SM, YG, JYP 등의 연예 전문기업들이 등장하여 경영방식을 선진화하면서 영화와 음악을 세계화함으로써 문화산업의 규모가 급격하게 신장하였다. 아시아권에서는 한국이 일본의 J-Pop에 이어서 한국 문화를 세계적으로 널리 알리는 K-Pop을 유행시켰으며 세계인들에게 한국을 우호적인 시선으로 바라보게 하는데 큰 역할을 하였다.

이러한 문화산업의 성장과 함께 문화 부분에서 다른 선진국과 비교하여 Star 급을 제외하면 이 분야에 종사하는 대부분이 평균 수준의 삶을 유지하기 힘든 상황이다. 차츰 나아지고 있기는 하지만...

한편, 국민에게 "흥"을 제공하는 역할을 담당하는 문화계와 체육계의 내부가 뇌물과 성폭행이나 추행으로 얼룩지면 젊은 세대에게 정신적으로 많은 영향을 주기 때문에 이러한 문제는 단순한 체육계 내부 이상의 국가의 혼란을 초래할 가능성이 있다. 최근의 한국 역사에서 박근혜 대통령 시기에 발생한 최순실 Scandal이 좋은 예가 될 수 있다.

박근혜 정권 몰락을 가져온 여러 가지 사건 중의 하나인 삼성 Group과 최순실이 관련된 승마협회가 삼성 소유의 말을 무상으로 사용하여 최순실의 딸-그녀는 국제대회에서 승마 경기에서 수상한 경력이 있었으며 이 경력으로 이화여자대학교를 입학하였으나 Scandal로 비화하자 자퇴하였음-이 사용한 경마 사건은 아직도 법적인 문제가 발생할 가능성이 있어 이 부분은 제외하고 다른 사건들을 살펴보고자 한다.

물론, 이러한 문제는 문화계와 체육계만 직면하고 있는 문제가 아닌, 한국 사회 전체에 스며들어 있는 부정부패, 인맥을 이용한 폐쇄적이며 배타적인 문화 등의 부정적인 용인들이 문화계와 체육계에 깊숙이 영향을 미치고 있는 것이다.

2) 문화계 Scandals

(1) Paper Company를 이용한 탈세와 재산 해외 유출

7일 SBS "8 뉴스"는 승리의 Hong Kong 회사 BC홀딩스에 대해

Paper Company 의혹을 제기했다.

보도에 따르면 BC홀딩스는 승리가 유리홀딩스의 유인석 대표, 국내 컨설팅 대표 류씨와 함께 각 1만 5천원씩 출자해 설립한 Hong Kong 회사다. 하지만 Hong Kong에서는 BC홀딩스의 흔적을 찾을 수 없었고, 현지 한국계 세무법인 직원은 "확인해 드릴 수 있는 사안이 아니다. 등기사무소일 뿐이며 더 이상 얘기할 수 없다."라고 말했다.

과거 주소지에서도 BC홀딩스에 대한 모든 것은 찾을 수 없었고, 이에 Paper Company로 보인다는 의혹을 제기한 것이다.

Hong Kong 세무 당국도 BC홀딩스의 내사에 착수했음을 알렸다. Hong Kong 세무국 조사팀 관계자는 "사건의 규모가 꽤 커 보인다. 조세 회피 혐의가 확인될 경우 재판을 통해 형사 처벌하거나 탈세 금액의 3배를 추징할 수 있다."고 밝혔다.

승리는 버닝썬 게이트와 정준영의 몰카 사건 등 각종 의혹에 휘말리자 연예계 은퇴와 동시에 BC 홀딩스 대표에서도 물러나겠다는 입장을 밝혔다. 이후 그는 일본 측에 지분을 넘긴 것으로 알려졌고, 설립자와 주요 이사도 동시 사임했다. 이에 전문가는 "통상적으로 투자금의 1-2%는 갖추는 게 정상이다. 그런데 100억 원을 운용하면서 자본금이 44,000원이라는 점은 너무 적다."고 지적했다.

또 같은 날 연합뉴스TV는 클럽 버닝썬의 홍보만 맡았다고 주장한 가수 승리가 버닝썬 설립을 주도하고 운영에도 개입한 정황 포착했다며, 버닝썬의 초기 주주명부서를 근거로 승리가 창업한 유리홀딩스의 지분이 무려 40%에 달했다고 보도했다.

승리는 클럽 버닝썬 관련 횡령 혐의와 함께 성매매 알선, 불법 촬영물 유포 그리고 식품위생법 위반 혐의 피의자로 입건된 상태다. 계속해서 또 다른 혐의들이 추가되고 있다. (MBN 2019년 4월 9일 신미래 기자 기사 참고)

(2) 정준영 몰카 Scandal

연예계 "어두운 단면"이 고구마 줄기처럼 줄줄이 엮여 드러나는 형국이다. 오랜 시간 곪아있던 도덕적 해이가 꼬리를 물고 터져나왔다.

　시작은 마약 투약 및 유통, 성범죄 등 각종 "범죄의 온상"으로 지목된 강남 클럽 버닝썬 사건이었다. 빅뱅의 승리가 이 클럽 실소유주란 의혹이 나왔고, 해외 투자자 성 접대 의혹이 추가되며 강한 충격파가 됐다.

　그러자 성 접대 의혹 대화가 오간 승리의 카카오톡 대화방에 포함된 연예인이 정준영이란 사실이 알려지면서 사건은 본격적으로 "승리 게이트"로 불리며 연예계로 번졌다. 정준영이 다른 지인들과 카톡방에서 몰래 찍은 성관계 영상을 공유하는 파렴치한 성범죄가 드러나 사건은 다시 "몰카" 파문으로 국면 전환을 했다.

　상황이 급전개되는 범죄 영화처럼 이번 사건은 연예인들의 심각한 도덕적 해이를 세상 밖으로 꺼냈다. 범죄 행위조차 제대로 인지하지 못했다는 점에서 강력한 사법처리를 통해 재발 방지를 해야 한다는 목소리가 높다.

　정준영도 13일 사과문에서 "저는 동의를 받지 않은 채 여성을 촬영하고 이를 SNS 대화방에 유포했고 그런 행위를 하면서도 큰 죄책감 없이 행동했다."고 말했다.

　정준영 카톡방 참여자들은 여성들을 성 상품처럼 취급하고, 여성에게 수면제를 먹이고 성관계를 하는 등 범죄 행위를 게임처럼 즐겼다. "강간했네.", "살인만 안했지 구속될 일 많아."란 대화는 경악을 금치 못하게 했다.

　당연히 이들의 대화에선 영상 유출로 인한 상대 여성들의 피해에 대한 우려는 찾아볼 수 없었다. 요즘 같은 "비밀보장"이 어려운 SNS 시대에 불법 촬영물을 공유했다는 것은 세상에 대한 무서움조차 없는 모습이었다.

　그 배경에는 자신들이 특별하다고 여기는 연예인의 특권의식과 연예인이 문제를 일으키면 덮기에 급급하고 슬그머니 활동을 재개시키는 기획사들의 일명 "관리" 행태에서 문제를 찾아볼 수 있다.

　14년 경력의 한 홍보사 대표는 "부와 인기를 누리는 스타가 되면 특권의식이 생긴다."며 "나는 안 걸리겠지, 걸려도 알아서 빼주겠지란 생각이다. 누리꾼이 승리 사건을 보며 회사에서 손 써주겠네라고 보는 것도 이미 대중이 그 Mechanism을 안다는 것"이라고 꼬집었다.

기획사들이 말하는 "Risk Management"란 것도 인성교육 등 예방 차원보다는 사건이 터진 뒤 대처가 일반적이다. 연예인 일탈이 소속사 문제와 무관치 않다는 것이다.

정덕현 대중문화평론가는 "소속사 관리란 것은 문제를 막아주는 방식"이라며 "범죄 사실이 덮인다는 것은 또다시 범죄를 저질러도 덮어주겠지란 생각을 갖게 한다. 관리 방향이 잘못됐다."고 지적했다.

실제 승리 사건이 불거지면서 YG엔터테인먼트에 대한 비난이 쏟아진 것도 그 때문이다.

정 평론가는 "아이의 잘못은 그것을 둘러싼 어른들의 문제가 더 클 수 있다."며 "K팝 대표 기획사라는 YG가 방치한 부분이 상당히 있거나 잘못된 Mind가 있다면 그 문화 자체를 바꿔야 한다."고 강조했다.

20여년 경력의 한 가요 관계자도 "YG는 소속 연예인의 도덕성에 대한 지적이 계속됐지만 개선하지 않았다."며 "그것은 결국 대표이사 책임으로 YG는 상장사인데도 그런 책임감조차 없었다. 결국 주가 폭락에 "Owner Risk"가 큰 부분을 차지한 것"이라고 짚었다.

특히 승리와 같은 아이돌 가수의 경우 10대 때부터 연습생 교육을 받는다는 점에서 기획사 역할은 더욱 중요해진다. 청소년기 그릇된 행동을 인지하고 판단할 수 있는 인성교육이 필요하다는 것이다. 그러나 일부를 제외하고 다수 기획사가 관련 교육에 취약하고 방치하는 경향이 있다.

JYP엔터테인먼트 대표 프로듀서 박진영은 지난 2015년 트와이스를 뽑는 엠넷 Reality "식스틴"에서 연습생들에게 실력보다 인성을 강조했다. 그는 진실, 성실, 겸손의 중요성을 꼽은 뒤 "좋은 가수이기 전에 좋은 사람이었으면 좋겠다."고 조언했다. (연합뉴스 2019년 3월 13일 이은정 기자 기사 참고)

2) 체육계 Scandals

(1) 성 추문 폭로 Scandal

2019년에 체육계 곳곳에서 과거의 성 추문이 폭로되면서 생긴 사건들을 정리한 문서다. 대한민국의 미투 운동이 끝나지 않았음을 보여주는 사건이면서, 갖가지 부조리와 폐습이 매우 오랜 기간 적체되었으나 이에 대한 시정은 외면해 온 체육계 권력층에 대한 분노가 곪고 곪아 폭발한 사건이다.

체육계 내의 성 추문과 이를 고발하는 미투 운동은 이미 2018년 1월 29일 서지현 검사의 검찰청 내부 성추문에 대한 고발을 시작으로 각계에서 꾸준히 진행되었다. 무고로 이어지는 부작용이 없지는 않았지만, 명백하게 사실로 드러나 제명되거나 실형을 선고받은 이들도 있었던 것도 사실이다.

2019년 1월 8일 SBS 단독보도로 쇼트트랙 심석희 선수가 조재범 코치에게 2014년부터 지속적으로 강제추행 및 강간을 당했다는 내용의 보도가 방송되었다. 해당 항목은 2019년 체육계 성 추문 전체를 다루는 항목으로, 심 선수의 폭로로부터 촉발되어 다른 스포츠 분야까지 퍼져나갔다. 해당 사건이 폭로된 이후 다른 선수들 역시 잇따라 자신의 성폭행 피해 사실을 언론에 폭로하거나 고소 합의를 취하고 다시 고소를 진행하는 등 스포츠계 전체로 퍼져나갈 조짐을 보였다. 따라서 본 사건이 해당 폭로의 처음이자 이후 이어진 폭로들에 대한 신호탄이라고 할 수 있다. (namu.wiki/w/체육계성추문폭로사건 참고)

(2) 체육계 부정부패 Scandals

스포츠윤리센터는 지난달 "2022년도 제1차 심의위원회"를 열고 학부모로부터 금품을 받은 A학교 체육 지도자 4명에 대해 중징계를 의결했다. 학생 선수의 평가와 지도를 담당하는 운동부 지도자인 이들은 학부모로부터 전지훈련 수고비와 리그 우승 격려비, 설, 추석 명절비 등 명목으로 수십 차례에 걸쳐 2,300만원 상당 금품을 받은 것으로 조사됐다. 최동호 심의위원장은 "일부 학교에서 체육 지도자가 학부모로부터 금품을 받는 행위가 아직도 근절되지 않고 있다."고 지적했다.

지난해 12월 대구지법은 돈을 받고 프로야구 경기 승부조작을 시도하려고 한 혐의(국민체육진흥법 위반)로 구속, 기소된 전 삼성라이온즈 투수 윤성환에 대한 항소심에서 징역 10월과 추징금을 선고했다. 윤성환은 2020년 9월 지인에게서 "주말 경기 때 상대팀에게 1회에 볼넷을 허용하고, 4회 이전에 일정 점수 이상을 실점하는 내용으로 승부를 조작해달라."는 부탁과 함께 5억원을 받은 것으로 알려졌다.

이처럼 학교 운동부부터 프로리그까지 체육계 전반에 걸쳐 금품수수, 승부조작 등 비위가 여전히 빈발하는 가운데 체육인 10명 중 7명 이상이 체육계 부패 문제가 심각하다고 생각한다는 조사 결과가 나왔다.

8일 한국형사·법무정책연구원의 "스포츠계의 부패 실태 및 관련 제도 개선 연구" 보고서에 따르면 지난해 9월-10월 사이에 선수, 지도자, 심판, 스포츠 행정가 등 체육계 종사자 203명 대상으로 설문조사를 진행한 결과 응답자 74.4%가 우리나라 체육계 전반의 부패가 심각하다고 인식하는 것으로 나타났다. 심각하지 않다는 응답은 12.3%로 나타났다.

체육단체 관련 부패행위 중 가장 심각한 유형을 물은 결과 "결정권자 개인 이익에 따른 체육단체 운영"이 51.7%로 가장 높은 응답률을 기록했다. 이어 "특정 인물에 대한 채용 특혜 제공 등 인사 비리"가 18.7%, "공금횡령, 수당 부정 수령 등 회계 비리"와 "체육단체 장, 임원 선임 관련 선거 비리"가 각각 10.3%로 뒤를 이었다.

체육계 현장에서 일어나는 부패행위 중에선 "선수, 지도자 불공정 선발 문제"와 "선수-지도자 혹은 선수 간 갑질 문제"가 각각 35.5%로 가장 심각한 문제로 꼽혔다. 이어 "입시 관련 비리"(10.8%), "편파 판정"(9.9%), "승부조작"(3.9%) 등 순이었다.

그러나 과거 실제 신고한 경험이 있는 이들 중 절반 이상은 신고 효과가 없다고 느꼈다. 부패행위 신고 경험이 있는 17명에게 신고가 효과가 있었는지 물은 결과 52.9%(9명)가 부정적 답변을 내놨다. 긍정 답변은 35.3%(6명)에 그쳤다. 연구진은 "지지부진한 후속 조치와 2차 피해로 신고자들은 시고의 효과성을 크게 느끼지 못하고 있는 것이라고 해석할 수 있다."고 분석했다.

일반적으로 부패행위 신고 효과를 떨어뜨리는 요인을 물은 결과 "명확한 부패행위 증거 확보 (문제)" 응답률이 22.2%로 가장 높았고, 이어 "부패행위자의 체육계 인맥에 의한 조직적인 사건 처리 방해"(17.2%), "신고행위에 대한 직간접적인 보복 공포"(13.8%) 등 순이었다.

  실제 선수 경력이 있는 지방 체육계 행정가 B씨도 연구진과의 심층 면접에서 "(인사 청탁의 경우) 내정자를 위해 완벽하게 구색을 맞추기 때문에 사실상 신고를 해도 "내가 그랬습니다."라고 하지 않는 이상 서류상으로는 99% 하자가 없다."고 말했다.

  연구진은 "종목과 피해자의 특성에 대한 이해를 기반으로 한 명확한 증거 확보, 체육계의 인맥을 이용한 권력 개입이 없는 공정하고 엄격한 조사가 신고 효과 제고를 위한 핵심"이라며 "신고로 인한 불이익과 사건이 종결되기까지 발생할 수 있는 지속적인 피해로부터의 신고자에 대한 각별한 보호조치 또한 필요하다."고 강조했다. (세계일보 2022년 2월 8일 김승환 기자 기사 참고)

3) 문화계와 체육계의 소득불평등 심화

  현대미술계의 빈부격차는 심해지고 있다. 연줄이 있는 작가는 금전 지원과 이론 지원을 받아 잘 나가게 되는 반면, 그렇지 못한 작가는 현대미술계를 떠나게 되는 일이 벌어지는 것이다. Hans Abbing 교수의 주장에 따르면, 이는 "예술이 지닌 높은 가치 때문에 예술가는 희생하는 것이 당연하다는 생각이 있어서"라고 한다. "예술은 좋으니까 작가라면 (돈, 생계, 목숨 걱정은 하지 않고) 무조건 헌신해야 한다는 예술 분야의 "ethos(기풍)"가 머리에 너무 깊게 박혀 있다."라는 것이다. 또한 "(이렇게 부조리한 구조에 항의하기 보다는)예술가는 낮은 수입에도 열심히 예술 활동을 이어가려는 성향이 있다. 경제학자 입장에서는 이렇게 하면 안 된다, 돈으로 (예술 활동을) 환산해야 한다고 말하지만, 그럴 수가 없는 구조이다."라고 말한다. 이는 현대미술계 스스로 상업미술, 대중미술과는 뭔가 다르다는 "구별하기"를 하는 것 때문이라는 점도 생각해야 한다. 음악, 문학 등 다른 예술도 마찬가지지만, 이른바 순수예술, 혹은

Indie 예술을 한다는 사람은 상업성, 대중성과는 다른 그 무언가를 추구한다고 자부하는 경향이 있고 어느 정도는 사실이기도 하다. 하지만 그렇다고 순수예술에 몸담은 사람이 자기 작품으로 돈을 벌지 않느냐 하면 그건 결코 아니다. 돈을 덜 벌 뿐이지 돈을 안 벌려고 하는 것이 아니다. 당연한 얘기이지만 돈을 벌려고 하는 것은 예술노동의 당연한 댓가이지 나쁜 것이 아니다. 적어도 작품이 판매될 때마다 작가에게 이득이 돌아가는 추급권 보장이 필요한 이유이기도 하다.

1970년대 이후로 Art Auction에서 수십억-수백억을 호가하는 미술작품 거래가 시작되면서, 일반인들의 반감도 비례해서 커졌다. 수십만원도 부들부들 떨면서 다뤄야 하는 일반 서민들에게, "점 하나 찍은 그림 한 점"이 수천에서 수억 원에 거래되는 모습은 위화감을 일으키기에 충분하다. (namu.wiki/w/현대미술 참고)

소득불평등의 악화는 앞에서 언급한 미술계뿐만 아니라 음악, 영화, 연극 등의 예술계 전체와 체육계에 지속되고 있는데 이 분야는 대부분 소위 Star를 중심으로 하여 발전하고 있기 때문에 다른 분야에 비하여 소득불평등이 악화할 가능성이 높다. 즉, 이 분야에서는 승자 독식의 환경이 일반화된 것이다. 영화의 예를 들면, 제작비에서 주연배우의 비중이 제작비의 20% 내외인데 반하여 제작진에는 시간당 최저임금을 받는 사람도 있다. 또한, 1년 동안 상영하는 수많은 영화 가운데 단지 5% 이내만 제작비를 추가하는 수입을 올릴 뿐이며 이들이 소위 "대박"이라고 불릴 뿐이다.

4) 한국 영화와 음악 산업의 변화와 성장

(1) 개관

여기서는 독자들의 이해를 쉽게 하기 위하여 음악과 영화로 분리하여 얘기하지만, 두 Genre는 영화가 흥행을 하면 영화의 주제곡이 흥행하는 것처럼 사실상 매우 밀접한 관계를 갖고 있기에 세계 시장에서 한류의 흥행 여부도 흐름을 함께 하는 것으로 보면 된다.

물론, 영화나 음악뿐만 아니라 문학과 같은 다른 예술 분야의 세계 시장 진출도 일어나고 있다. 대표적으로는 신진숙 작가가 출간한 "엄마를 부탁해(Take Care of My Mother)"의 경우는 세계적으로 19개 국가의 언어로 번역되어 100만권 이상이 판매된 Best Seller가 되었다. (Korea The Impossible Country Published by Tuttle Publishing 2012, 2018 by Daniel Tudor 287 page 참고)

이에 더하여 2024년 Nobel 상 수상자 가운데 한국의 한강 작가가 문학상 수상자로 뽑혀 문학 분야에서 한국의 작품들이 세계로 향할 수 있는 길이 더욱 넓어질 것으로 예상된다.

(2) 일본 문화의 개방

한국은 과거의 한일합병이라는 식민시대의 역사 때문에 박정희 대통령 시대에 비록 경제적인 이유로 외교관계를 맺고 있었지만, 일본 문화에 대하여 매우 폐쇄적인 정책을 취하였으나 김대중 대통령의 적극적인 결단으로 한국이 일본 문화에 대한 완전 개방을 단행하였다. 구체적으로 살펴보면, 1998년부터 2004년까지 6년 동안 4차에 걸쳐서 일본 문화의 수입 완화를 실시하였으며 결과적으로 완전히 철폐하였다.

이러한 정책으로 일본 문화가 일시에 한국으로 들어왔지만 일본 문화의 개방은 한국에도 커다란 혜택을 주었으며 한국 문화가 2000년대 중반 이후부터 매년 5%의 성장률을 보여주면서 한국 문화, 즉 한류(Korean Wave)의 수출도 크게 증가한 결과를 가져왔다. 한류는 한국 문화를 통칭한 것이며 그 종류를 나열하면 K-pop, K-drama, K-movie, K-beauty, K-fashion, K-food 등의 다양한 분야를 의미한다.

2014년 이후에는 한류를 기반으로 하여 해외로 수출을 하면서 수입을 창출하고 있다.

또한, 한국 문화의 세계화는 다른 제품과 산업, Service에도 긍정적인 효과를 가져와 2020년에는 US $570억 정도의 상품 생산 효과를 가져온 것으로 추정하고 있으며 2018년 개최한 동계 평창 Olympic과 같은 세계적인 체육 행사에도 긍정적인 영향을 주었다. 특히, 관광업과 호텔업, 요식업 등은 K-culture의 세계적인 유행으로 커다란 혜택을 받았다. 2010년대 중반 이후 한국어를 알고자 하는 유행도 일어나 2019년에는 국가에서 운영하는 한국어 숙련도 시험을 치르는 외국인도 370,000명을 초과했다. (The South Korean Economy Published by Agenda Publishing 2022 by Sunil Kim and Jonson Porteux 159, 170 page 참고)

(3) 한국 영화산업의 세계화

한국 영화의 발전을 간단히 보면, 한국인의 1인당 GDP가 US $100 수준-1969년 1인당 GDP가 비로소 US $243에 도달했다.-에 머물렀던 1960년대에도 한국인은 1년에 6차례를 영화관에 방문할 정도로 영화를 좋아하는 민족이었다. 여기에 1990년대에 들어와 영화와 음악을 포함한 예술의 자유가 이뤄지면서 정치를 포함한 다양한 분야에 대한 소재를 이용하여 제작의 자유가 이뤄지면서 영화, 음악 분야가 내용에서 다양하면서도 빠르게 변화하였을 뿐만 아니라 영화, 음악 등의 제작과 작곡 수준도 향상되었다.

한편, 영화에 대한 투자가 IMF 금융위기 이전에는 주로 대기업 위주로 한정적으로 투자가 형성되었는데 2000년대에 들어서면서 투자자가 Venture Capital, 사모 Fund, 일반 대중 등으로 다양화되어 영화산업이 질적, 양적으로 빠르게 성장하였다. 특히, Internet과 영화가 서로 선순환의 상승효과를 가져오면서 새로운 성장 Frame이 출현하게 되었다. 하나의 예를 들면, simmani.com을 통해 일반인이 쉽게 투자하게 되어 투자자와 영화산업이 밀접하게 연결되어 관객 동원도 자발적으로 형성된 것이다.

2000년대는 영화산업의 국내시장 확대와 함께 음악과 Television Show가 극동아시아와 동남아시아 지역에서 커다란 인기를 얻고 성장하면서 결과적으로 미국을 비롯한 서양에도 진출하여 소위 "한국의 물결 (Korean Wave)"가 발생했으며 이것이 "한류"라는 단어를 만들어내기도 하였다. 이 시점의 수출실적을 수치로 보이면, 2005년의 수출실적은 US $7,500만을 기록하였다. 물론, 2006년에는 US $2,450만으로 줄어들었으며 그 이후에는 연 US $1,400만 이상이 수출실적이 달성하지는 않았지만, "한류"의 영향은 꾸준히 이어졌다.

2020년 말을 기준으로 하면 한국의 영화시장은 세계 4위를 기록하고 있으며 US $8억 9,800만에 달하고 있다.

이와 같은 "한류"의 발전 과정에서 한국인에게 내재하고 있던 "한"과 "흥"을 더욱 실감나게 표출한 것이 중요한 요인의 하나로 보인다. (namu.wiki/w/영화시장 및 상기의 저서 230-233 page 참고)

(4) 한국 대중음악의 발전

한국 음악시장은 US $262억에 달하여 세계 6위에 자리하고 있는데 이것을 분야별로 간단히 살펴보면. Trot는 기존의 민요을 비롯한 한국 전통 음악과 당시 서양 Blues 계통의 음악 문화, 그리고 일본의 근대 대중가요인 엔카 등의 영향을 받으면서 발전한 Genre이다. 뿌리가 비슷하다 보니 일본의 Animation 등에서 한국어로 현지화하여 번역할 때 엔카를 Trot로 번역하기도 한다. 게다가 엔카 또한 한국 민요와 Trot의 영향을 받았다. Trot는 한국의 음악에서 독보적인 위치를 차지하고 있으며 부침을 겪으면서 지금도 한국인의 사랑을 받고 있다.

Ballad의 경우에는 1980년대 후반 태동한 이후부터 한국 가요계의 중심에 자리를 잡고 있는 Genre로서 2000년대까지 최절정기를 달렸고, 오늘날에도 아이돌 Dance 음악과 더불어 여전히 주류 대중음악의 한 Genre로 자리를 잡고 있다. (namu.wiki/w/대중음악 참고)

이제 한국음악이 세계로 진출하면서 영화와 함께 K-Pop과 한류를 유행시켜 한국문화산업의 세계화와 한국경제에서 문화산업의 비중을 큰 폭으로 확대한 한국의 Pop 음악에 대하여 살펴보면, 1950년대와 1960년대를 통하여 신중현은 한국에 Pop의 기초를 다진 한국 Pop 세계의 대부였다. 그는 미국이 한국에 파병한 미군들을 위한 방송인 AFKN을 통해 Pop을 한국에 알리면서 자신도 Pop에 어울리는 음악을 작곡하였다. 그가 작곡한 대표적인 곡으로는 "미인", "님아", "커피한잔" 등이 있다. 이 곡들은 당시 한국의 젊은이들에게 폭발적인 인기를 얻었다. 그리고, 그는 가수 김추자를 만나 그녀에게 음악을 사사하고 "늦기 전에"를 함께 불러 커다란 Hit를 쳤다.

그의 뒤를 이어 김민기, 김광석, 조용필 등이 한국의 Pop 음악을 한국음악의 주류로 확고하게 자리매김하였는데 조용필은 한국 음악계에 등장하기 전에는 미군을 상대로 한 Night Club에서 Pop을 불렀다. 조용필은 다양한 음악을 소화하면서 70세가 넘은 지금도 노익장을 과시하면서 활발한 활동을 하고 있다.

1992년 서태지의 출현으로 한국에 춤과 Rock과 Hip-hop이 함께 어울리는 혁신적인 Pop 음악이 탄생하였으며 그는 소위 "문화계의 대통령"으로 불릴 정도로 Pop Star로서 빠르게 성장하였다.

그 이후 SM, YG, JYP 등의 연예 기업들이 탄생, 성장하면서 1980년대 일본의 J-Pop과 유사하게 K-Pop 시장은 아시아 시장을 넘어 세계 시장으로 성장하였다. 이것은 국가 경제의 성장과 문화산업의 성장 및 세계화가 함께 이루어진다는 것을 보여준 좋은 예이다. 즉, 삼성전자, 현대자동차 등이 세계 시장에서 성공한 것은 국가에 대한 좋은 Image를 심고 영화, 음악, 문학 등의 한국 예술에 접근하게 되며, 이와 반대의 경우도 작용한다. 서로 선순환의 효과를 발휘하는 것이다.

K-Pop Star 가수 중의 하나인 "비"의 경우에는 아시아지역을 넘어서 New York Madison Square Garden에서 수많은 청중을 상대로 공연하였다. 또한, 세계에서 가장 영향력이 있는 인물 중의 한 사람으로 선정되기도 하였다. 한국 영화와 함께 음악도 커다란 세계 시장에 진출한 것이다.

연예 기업인 SM의 매출실적을 보면, 2017년을 기준으로 하여 3,654억원을 기록하였으며 지난 10년 동안 40배 이상 성장하였다. 영화와 음악으로 대표되는 문화산업이 한국경제 성장의 한 축을 담당한 것이다.

한편, Internet을 기반으로 한 기술의 빠른 발전으로 인하여 음악과 영화 등의 예술산업에서도 수입의 다변화와 시장의 확대가 꾸준히 일어나고 있는데, 음악을 예로 들면 MP3와 Youtube 등의 출현으로 인하여 과거에 음악 매출의 한 축을 담당했던 Record의 경우 1990년대에 비하여 수입이 90% 이상 감소하였다. (상기의 저서 238-247 참고)

14. 다양한 요인의 상호 작용과 악순환

1) 개관

　매우 복잡하고 개방적이며 서로 영향을 주면서 변화와 확대가 꾸준히, 그리고 빠르게 일어나고 있는 현대사회는 우리가 지금 언급하고 있는, 한국을 구성하고 있는 각 조직이 서로 다양한 요인들로 상호 작용하면서 부정적 요인 또는 긍정적 요인을 극대화하고 있다. 특히, 한국이 1960년대 이후 50년 이상 진퇴를 거듭하면서 발전하였지만, 노무현 대통령의 비극적인 사건과 COVID-19 전염병 이후 급격히 정치, 경제, 사회 등의 각 분야에서 악화와 양극화가 함께 일어나고 있어 매우 안타까운 상황이다. 또한, 현재 일어나고 있는 국내외 사건의 상호 작용뿐만 아니라 수천 년의 역사를 이어오면서 뿌리내린 문화와 수십 년 전의 정권에서 시행한 정책과 제도가 현재까지 영향을 주는 것은 당연하다. 따라서, 현재 발생하고 있는 특정 사건은 수천 년을 거쳐 내려온 문화뿐만 아니라 수십 년, 또는 수년 전부터 시행된 제도와 법규 등과 밀접하게 연결되어 있기에 특정 사건에 대한 문제해결을 위해서는 다각적, 다층적인 시각과 함께 때로는 국제 관계도 살펴야 적절한 해결책이 도출될 수 있다. 예를 들면 1997년 아시아의 금융위기-한국에서의 IMF 금융위기-를 국제적 시각으로 살펴보면, 1991년 8월 15일 미국의 Nixon 대통령이 Vietnam과의 전쟁, 미국의 경제 규모 확대 등으로 인하여 급격하게 확대하는 재정적자와 무역적자를 감당할 수 없어 금 1 Ounce 당 US $35로 고정한 금본위의 고정 환율 체제인 Bretton Woods System을 일방적으로 폐기하고 변동환율 체제가 도입되었으며, 연이어 발생한 Israel과 아랍국가들과의 전쟁으로 인한 OPEC의 Oil 가격 인상 등으로 높은 Inflation이 전 세계에서 발생하였다. 비록 결과론적이지만, 이것을 국내적 시각으로 대비하여 보면, 1970년대에 한국 대기업들의 부채를 기반으로 한 방만한 투자를 억제하면서 재무 건전성을 강화하고 금융기관들이 BIS가 제시하는 은행 건전성 기준이나 국제 평가기관의 국가 평가에 대한 대응을 적절히 하였다면, 그리고 1990년대 김영삼 대통령이 국제정치에 대한 시각을 갖고 미국과 일본과의 우호적인 관계를 유지하였다면, 금융기관들의 해외부채에 대한 장단기 Miss-Natching을 스스로 극복할 수 있었을 것이다. 한국의 관료나 정치인들의 시각이 그때나 지금이나 큰 변화없이 여전히 "우물 안 개구리"식의 근시안적이며 좁은 시각을 가지고 있는 것으로 보여 안타깝지만...

2) 정치와 경제, 사회, 문화, 국제 관계 등의 상호 작용

한국은 지금까지 정치와 경제, 문화가 서로 밀접하게 작용하면서 지도자와 각 계층이 협력하여 경제적 선순환 굴레를 걸으면서 한국경제를 빠르게 발전시켰다. 그러나, 여기서는 경제발전 과정에서 일어난 부작용과 이러한 부작용의 악순환으로 인하여 발생하는 한국 사회의 다양한 부조리와 난맥상을 살펴보면서 나름의 해결책도 함께 생각해 보고자 한다.

즉, 앞에서 언급한 한국 사회를 구성하는 조직의 다양한 비리들은 한 조직의 비리가 아닌, 여러 조직이 서로 복합적으로 작용하면서 발생한 것이며, 어떤 비리의 경우에는 수천 년, 또는 수백 년을 걸쳐 내려온 문화-예를 들면, 정, 집단주의 문화, 사농공상의 계급문화 잔재, 수십 년 동안 내려온 군대문화 등-로 인하여 발생하는 경우도 있기에 다각적, 다층적인 해결책이 필요한 것이다.

여기서는 이러한 기준과 시각으로 이미 직, 간접적으로 언급한 한국 사회의 문제 중에 최근 주요 문제로 대두하고 있는 원자재 물가 상승에 따른 Inflation 문제, 저출산과 인구의 노령화 및 인구 감소 문제, 정치적 극단화 문제, 소득불평등 문제 등을 살펴보고자 한다. 편의상 이 문제들을 각각 분류하여 살펴보겠지만 이 문제들 역시 매우 밀접하게 관계를 갖고 서로 영향을 미치고 있다는 것을 간과해서는 안 된다.

(1) 원자재, 곡물 가격 상승 등의 Inflation 문제

현재 중국과 일본 등의 극히 일부 국가를 제외하면, 한국을 포함하여 전 세계적으로 발생하고 있는 원자재와 곡물 가격 상승은 한국 내부에서 기인한 것이 아닌, 2018년 1월부터 시작한 미중전쟁으로 인한 세계 경제 공급망의 재편성으로 인한 물가 상승, 2019년 말부터 중국에서 시작하여 전 세계로 전염된 COVID-19 전염병으로 인한 각종 물류 System의 붕괴와 2022년 2월 24일 시작한 Russia의 우크라이나 침략, 이에 더하여 2023년 10월 7일에는 가자지구의 하마스가 이스라엘을 공격한 사건까지 일어나면서 세계 공급망이 동시에 다양한 악재를 만나게 되어 물가 상승을 부채질하였으며 중산층 이하의 삶이 더욱 팍팍하게 돌아가게 되었다. 여기에 최근에는 미국의 제 47대 대통령으로 새롭게 등장한 Trump가 세계를 상대로한 무차별적 관세전쟁으로 인하여 당분간 암울한 경제가 지속될 것으로 보인다.

한국은 미국이나 유럽 국가 등의 다른 선진국에 비하면 상대적으로 물가를 안정적으로 관리하고 있는 셈이지만 쌀을 제외한 대부분의 농작물과 원자재를 수입에 의존하고 있는 한국과 같은 경제 구조에서는 국제 정치와 경제를 지속적으로 주시하여야 한다.

이와 함께, 곡물과 원자재의 자급자족이 매우 부족한 상황을 극복하기 위한 다양한 방법을 전문가 집단과 정부가 협조하여 장기적, 그리고 중, 단기적 방법을 마련하여 지속적인 정책을 시행하여야 하며 국가의 안정적 성장과 밀접한 관계가 있기에 정권의 변화와 무관하게 진행하여야 한다.

장기적인 대책에 대해서는 다음에 자세히 언급하기로 하고 지금은 현재 한국이 안고 있는 Inflation 문제에 대하여 간단히 살펴보겠다, 물론 완벽하지는 않지만. 또한, 한국 정부가 이미 상당한 수준으로 준비한 것으로 알고 있다.

첫째, 곡물과 각종 원자재는 항상 일정 비율 이상의 예비 물량을 비축하고 있어야 하며 이 부분은 민간 부분은 자신에게 필요한 원자재만 집중하면서 자금의 유동성을 유지하여야 하기에 정부가 주도적으로 진행하여 여러 곡물과 주요 원자재를 비축하는 것이다.

둘째, 곡물이 풍부한 국가의 토지를 매입하거나 풍부한 원자재가 매장된 것으로 알려진 국가의 광산 등을 매입하거나 투자하는 정책인데 김대중 대통령과 노무현 대통령 시대에도 해외 자원을 투자하였지만, 적극적인 해외투자는 이명박 대통령 시대에 실시하였다.

최경환 경제부총리 겸 기획재정부 장관은 "역대 정부가 해외자원개발 필요성을 인식했다. 김대중 정부는 2001년 "해외자원개발기본계획"을 수립했고, 노무현 정부도 자주개발률 목표 확대, 석유공사 대형화 전략 등 해외자원개발을 적극적으로 추진했다."면서 "해외자원개발은 성공할 때 이익이 매우 크지만, 실패할 위험도 크다. 특정 실패 사례를 갖고 해외자원개발 정책 전반을 실패로 규정하는 것은 해외자원개발의 특성을 균형 있게 보지 못하는 위험이 있다."는 입장을 밝혔다.

이명박 대통령도 이와 같은 논리로, 본인의 회고록을 통해 "자원외교는 그 성과가 10년에서 30년에 걸쳐 나타나는 장기적 사업"이라며 현재의 수익률을 가지고 판단하는 것은 적절치 않다고 반박했으며, "오랫동안 유전을 개발한 서구 선진국들도 많은 검토 끝에 (유전을) 시추해 기름이 나올 확률은 20%에 불과하다고 한다."면서 실패한 사업만 추려내서 공격하는 것은 적절치 않다는 입장을 보였다. (namu.wiki/w/이명박정부/자원외교 참고)

셋째, 내수보다는 해외와의 무역을 통하여 발전하였던 한국의 산업구조 성격은 곡물과 원자재의 확보뿐만 아니라 한국이 생산하는 반도체, 자동차, 각종 화학 제품 등의 가격 경쟁력을 높이고 생산에 투여해야 하는 원자재를 저가에 확보하기 위하여 1995년 1월 1일 설립한 WTO 가입과 함께 한미 FTA, 한 칠레 FTA 등의 해외 각국과 체결하는 양자 간 또는 다자 간 자유무역을 하고 있는데 최근에는 이 정책을 더욱 적극적으로 실시하고 있다.

예를 들면, 최근 윤석열 대통령이 아랍권 국가와 체결한 첫 사례인 UAE와 체결한 FTA 협정이 좋은 예이다.

넷째, 제4차산업의 빠른 발전, 기후변화와 지구 온난화에 대응하기 위한 기술의 혁신적인 변화는 곡물과 원자재의 안정적인 대응을 위해서도 매우 중요하다. 제4차산업은 친환경적이면서 새로운 지식을 기반으로 한 "다품종 소량화"를 특징 중의 하나로 한다. 또한, 더욱 발전된 AI로 인하여 기후 예측 기술이 향상되면서 쌀을 비롯한 곡물 생산량 증가에 도움을 주며 각종 원자재 사용의 효율성을 높여 최소의 자원으로 최대의 효과를 발휘하여 자원의 낭비를 최소화할 수 있다.

다섯째, 현재의 높은 Inflation 요인은 국제정세가 불안정하다는 것이 가장 큰 요인이기에 UN을 비롯한 WTO, EU, OPEC, NATO 등의 많은 경제적, 군사적 국제기구들이 세계 경제의 안정화를 위한 적극적인 공동 노력을 통하여 Inflation의 완화와 세계 경제를 발전할 수 있으며 결과적으로 소득불평등을 줄이면서 중산층을 강화하여 정치적 극단 세력의 확산을 막을 수 있게 된다.

여섯째, 현재 미국과 유럽 등의 선진국들에 비하여 한국이 농산물과 원자재를 제외하고는 상대적으로 Inflation이 안정적인 이유 중에는 한국에서 발생하고 있는 부정적인 요인들도 있기에 여기서 언급하자면 내수 시장이 매우 위축된 상태이기 때문이다. 한국의 내수 시장이 위축된 핵심적인 요인을 살펴보면, 노령화와 인구 감소, COVID-19 전염병 이후의 중산층 약화와 중국과 유사한 부동산 시장의 약화 등이 한국의 내수 경제에 부정적으로 작용하고 있다. 현재 한국과 유사한 중국의 내수 시장의 약화를 아래의 그림을 통하여 보여주면, 아래의 Graph는 한국보다 더욱 심각한 내수 시장의 위축 현상을 보여주고 있는 중국의 현실이며 중국과 한국이 유사한 요인을 가지고 있다.

중국의 경우는 한국과 비교하여 내수 시장이 더욱 위축된 상황에 직면하여 있기에 Inflation이 아닌 1930년대의 미국과 유럽의 대공황과 유사한 장기적인 Deflation의 현상을 보여줄 가능성이 있는데, 그 주요한 이유를 살펴보면, 미중전쟁과 세계인으로부터의 신뢰 상실, COVID-19

전염병의 후유증, 인구 감소와 노령화 및 부동산 가격 폭락, 정치적 목적과 공산당 독재정권의 유지를 경제보다 우선시하는 정책 등이며 이러한 이유로 인하여 소위 중진국 함정의 나락에서 탈출하는 것이 매우 힘들 것으로 보인다. 특히, 중국의 부동산 가격 폭락은 보유 재산의 90% 내외를 부동산에 투자하는 중국인의 오랜 문화를 고려할 때 부동산 시장이 안정적인 회복을 하지 못한다면 중국의 내수 시장 침체의 주요 요인으로 지속적으로 작용하여 중국 내수 시장 회복의 걸림돌이 될 것이다.

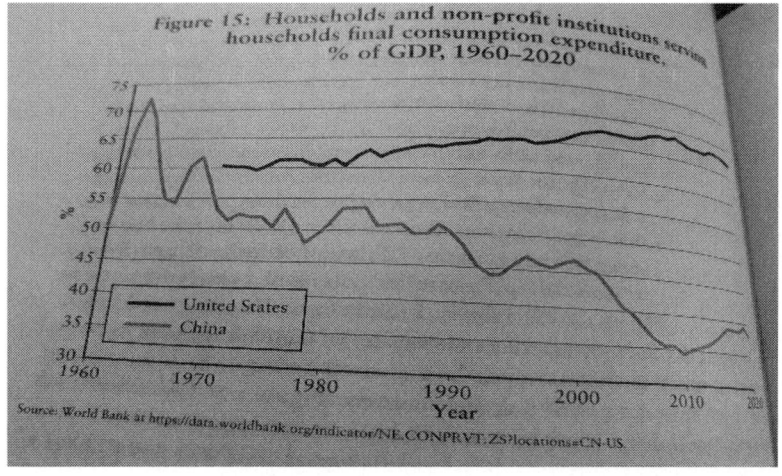

(The Economic Government Of The World Published by Farrar, Straus and Giroux 2023 by Martin Daunton 674 page 참고)

그러나, 최근 미국의 Trump 대통령이 취임하면서 취임 전의 주장대로 관세를 대폭 인상하고 있는데 관세인상을 통한 미국과 유럽의 무역전쟁과 함께 1920년대 제조업의 과잉 생산으로 인한 후유증 등으로 발생한 1930년대 미국과 유럽의 대공황 못지않은 심각한 불경기가 세계를 관통할 수도 있다. 그 당시 이러한 대공황의 후유증으로 인하여 결국 Hitler와 같은 극우적인 세력이 등장하면서 제2차세계대전까지 발발하지 않은가!

(2) 저출산과 노령화 및 인구 감소 문제

저출산은 인구의 노령화 및 인구 감소로 직결되며 이러한 현상은 유럽 국가들을 비롯한 많은 선진국이 직면하고 있는 문제다. 미국, Canada, 호주 등의 이민을 적극적으로 받아들이는 국가들을 제외하면, 한국보다 1인당 GDP 수준, 교육제도, 각종 사회보장제도 등의 복지제도가 잘 갖춰진 국가들도 인구의 노령화라는 문제를 해결하기 위한 다양한 노력을 하고 있으며 한국은 이미 이러한 제도를 도입하거나 도입하기 위하여 검토하고 있다.

세계의 많은 인구학자가 예측한 바에 따르면, 21c 말 이전에 세계 인구가 감소하는 방향으로 돌아설 것으로 보고 있다. 즉, 인구 감소와 노령화에 대한 장기적 대응책 수립을 더 이상 늦출 수 없는 상황이다. (Making Sense of Chaos Published by Yale University 2024 by J. Doyne Farmer 269 page 참고)

여기서는 이 문제에 대하여 한국 특유의 요인과 일반적인 요인을 함께 생각하면서 한국 문화를 고려한 해결 방안도 제시하고자 한다.

먼저 한국의 인구 감소와 관련하여 기재된 두 개의 기사를 소개하면서 이야기를 전개하고자 한다.

국내 주민등록인구가 4년 연속 감소한 가운데 1인 가구는 꾸준히 늘면서 1,000만 세대에 육박한 것으로 나타났다. 행정안전부는 27일 이런 내용을 담은 2024 행정안전통계연보를 발간했다. 지난해 말 기준으로 작성된 통계연보는 행정 안전 분야의 정책 수립, 집행 및 학술 연구 등에 필요한 주요 통계가 종합적으로 담겨 있다.

지난해 주민등록인구는 5,132만 5,329명으로 전년(5,143만 9,038명)보다 0.22%(11만 3,709명) 줄면서 4년 연속 감소세를 이어갔다.

주민등록인구가 줄어드는 가운데 평균 연령은 늘고 있다. 지난해 평균 연령은 전년(44.2세)보다 0.6세가 많은 44.8세가 됐다. 가장 인구가 많은 연령은 1971년생인 52세로 92만 8,584명인 것으로 파악됐다.

반면 1인 가구 확산으로 총 세대수는 증가했다. 전체 주민 등록 세대는 전년(2,370만 5,814세대) 대비 0.88% 늘어난 2,391만 4851세대로 집계됐다. 이 중 1인 세대가 993만 5,600세대로 전체의 41.5%를 차지했다. (동아일보 2024년 8월 28일 이소정 기자 기사 참고)

COVID-19 영향이 차츰 사라지면서 혼인이 늘었지만, 한동안 증가세를 보이던 출생아 수는 3개월 만에 다시 감소한 것으로 나타났다. 올해 2분기 혼인 증가율은 전년 동기 대비 17%를 넘어서면서 역대 최고를 기록했을 정도다. 문제는 결혼을 하더라도 아이를 늦게 갖거나 아예 갖지 않으려는 사람이 점차 늘어나고 있다는 점이다.

통계청이 28일 발표한 6월 인구 동향에 따르면, 올해 6월 출생아 수는 1만 8,242명으로 1년 전보다 1.8% 줄었다. 출생아 수가 4월과 5월에 두달 연속 전년 동월보다 늘었는데, 6월 들어 증가세가 꺾였다.

6월 출생아 수는 관련 통계작성 이래 6월 기준 역대 최소를 기록했다. 6월 출생아 수는 2017년 3만 명 아래로 내려왔고, 2022년에는 1만 8,915명을 기록하면서 2만 명 선마저 무너졌다.

반면 사망자 수는 2만 6,942명으로 1년 전보다 0.5% 늘어 역대 최대치를 찍었다. 임영일 통계청 인구동향과장은 "고령화로 고령층이 많아지면서 사망자도 전반적으로 늘어난 것"이라고 설명했다.

태어나는 사람은 줄고 사망하는 사람은 늘면서 인구가 8,700명 자연 감소했다. 출생아 수에서 사망자 수를 뺀 값이 마이너스일 경우 "자연 감소"라는 표현을 쓴다. 자연 감소는 55개월째 이어지고 있다.

올해 2분기 출생아 수는 5만 6,838명으로 1년 전보다 1.2% 늘었다. 여성 한 명이 평생 낳을 것으로 예상되는 평균 출생아 수를 의미하는 합계출산율은 올 2분기 0.71명으로 집계됐다. 1년 전 같은 기간과 비교하면 비슷한 수준이지만, 올 1분기(0.76명)와 비교하면 0.05명 하락했다.

저출생 추세가 짙어지는 반면, 혼인은 증가세다. 올 6월 혼인 건수는 1만6948건으로 1년 전보다 5.6% 늘었다. 6월 혼인 건수는 2022년 1만 4,897명, 2023년 1만 6,052명, 올해 1만 6,948명으로 최근 꾸준히 늘었다.

분기로 봐도 올해 2분기 혼인 건수는 5만 5,910건으로 지난해 같은 기간보다 17.1% 급증했다. 혼인 건수는 COVID-19 전염병의 영향으로 2022년 4만 7,733건까지 감소했다가 지난해부터는 다시 늘기 시작했다.

이번 증가율은 2분기 기준 역대 가장 높은 수준이다. COVID-19 전염병으로부터의 일상 회복으로 혼인은 늘었지만, 아이를 낳으려는 부부는 점점 줄어들고 있다는 분석이다.

정부는 출생을 장려하기 위한 정책을 전방위적으로 펼치겠다는 입장이다. 전날 정부는 내년 예산안 발표에서 저출생 해소를 위한 일, 가정 양립 예산을 올해 16조 1,000억원에서 내년 19조 7,000억원으로 1조 7,000억원 늘리겠다고 발표했다. 육아휴직 급여 상한을 월 150원에서 최대 250만원으로 올리고 배우자 출산휴가를 5일에서 20일로 확대하는 등 정책을 반영한 결과다.

이에 대해 허준수 숭실대 사회복지학부 교수는 "아이가 태어났을 때 지원금을 지급하는 것도 좋지만 아이를 키울 수 있는 환경을 만드는 것이 더 중요하다."며 "유연근무와 탄력 근무가 지금보다 활성화돼야 할 것"이라고 지적했다.

늦은 나이에 혼인하는 만혼이 대세로 자리를 잡으면서 출산 연령도 높아지고 있다. 통계청이 이날 공개한 2023년 출생 통계를 보면 지난해 아이 엄마의 평균 출산 연령은 33.6세로 전년보다 0.1세 올라가면서 역대 최고를 기록했다. 아빠의 평균 연령 역시 0.1세 상승한 36.1세가 됐다.

35세 이상 산모의 비중은 36.3%로 1년 전보다 0.6%포인트 확대됐다. 엄마의 연령별 출산율(해당 연령 여자 인구 1,000명당 출생아 수)은 30대 초반이 66.7명으로 가장 높았다. 이 외에 30대 후반 43.0명, 20대 후반 21.4명 순이었다. 1년 전과 비교하면 30대 초반(-6.8명), 20대 후반(-2.7명) 순으로 출산율이 내려갔다.

한편 법적으로 혼인이 아닌 관계에서 태어난 아이의 비중이 커진 것으로 조사됐다. 혼인 외의 출생아 수는 지난해 1만 900명으로 전년보다 1,100명 늘었다. 혼인 외 출생아가 전체 출생아에서 차지하는 비중은 4.7%로 전년보다 0.8%포인트 증가했다.

이 또한 관련 통계작성 이래 가장 높은 비중이다. 경제적인 사유로 혼인신고를 하지 않고 결혼 상태를 유지하거나 동거하는 등 사회 현상이 반영된 모습으로 보인다. (매일경제 2024년 8월 28일 이희조 기자 기사

참고)

    제1차세계대전과 제2차세계대전을 거치면서 노동력 부족이 심각해지자 전쟁을 수행하는 남성을 대신하여 여성들이 노동시장에 진출하기 시작하였으며 이와 더불어 여성의 사회적 신분 상승을 위한 사회 활동도 활발해지면서 선거권을 획득하게 되었으며 이에 대한 반작용으로 출산 가능 세대의 여성들이 차츰 출산을 줄이게 되었다. 이에 더하여 의료 기술의 발전으로 영아 사망률이 급격하게 감소하면서 출산을 감소하게 된 요인도 작용하게 되었다. 한편, 한국은 1960년대에 들어오면서 경제발전을 위하여 산아제한 장려 정책을 시행한 결과로 경제는 성장하였지만, 그 후유증으로 인구의 노령화와 인구 감소까지 이어지게 된 중요한 요인이 되었다.

    그러나, 한국의 인구 노령화와 감소가 다른 선진국에 비하여 더욱 빠르게 진행하고 있는 것은 첫째, 어릴 때부터 시작하는 각종 교육으로 인한 과다한 사교육비, 둘째, 소득불평등의 악화와 소위 Crony Capitalism의 영향으로 인하여 "신양반 계급"이라는 기득권 계층이 형성되면서 발생하는 사회적 계층 상승 기회의 약화, 셋째, 최근까지 발생한 주거형 부동산 가격의 급격한 상승, 넷째, 한국 사회에 여전히 있는 사회 활동을 하는 여성이 아이를 갖게 됨으로써 발생하는 직장생활 중단 등의 경력 단절 문제, 다섯째, 소위 MG 세대로 불리는 한국의 젊은 세대가 갖고 있는 사고방식, 즉, "구태여 결혼할 필요가 있는가." 그리고 결혼을 한 이후에는 "과연 아이가 필요한가." 등과 같은 사고방식의 변화, 여섯째, 한국에서 지속되고 있는 불경기와 IMF 경제위기로 인한 직업의 불안정 일반화와 제4차산업으로 인한 후기산업사회로의 변화 과정에서 발생하는 직업환경의 불안정 등이 한국이 갖고 있는 인구 노령화와 감소의 원인이다, 적어도 나의 시각에서 보면.

    이러한 현상을 극복하기 위해서는

    첫째. 공교육의 정상화를 통하여 사교육 비용을 대폭 절감하도록 하여야 한다. 둘째, 법치주의 확립을 통해 소위 신분 상승의 기회를 약화시키는 Crony Capitalism을 최소화하면서 사회적 투명성을 유지하도록 노력하여야 한다. 셋째, 출산 후 여성의 사회 활동을 보장 또는 권장하는 문화로의 변화가 절실하다. 즉, 법적으로는 보장되어 있지만, 문화적으로나 손익을 고려하는 기업에서는 소극적으로 대응하고 있기에 정부와 사회단체가 더욱 적극적인 활동을 하여야 한다. 넷째, 후기산업사회로의 변화에 따른 각종 사회보장 제도의 혁신적 변화-후기산업사회에서는 소위 Gig Job이 활성화하여 정규직보다는 개인이 여러 기업과 계약하여 독립적으로 사업 활동을 하는 경우가 차츰 늘어나고 있기에 이러한 개인사업자를 위하여 의료보험을 포함한 새롭고 다양한 복지제도를 도입하여야 한다. 다섯째, 선진국 수준에 맞는 공공임대주택 공급 확대 및 민간임대주택의 적극적 지원. 예를 들면 서울의 중심가나 강남 지역, 판교 등과 같은 많은 국민이 선호하는 지역에 중형 평수의 임대주택 확대하여 안정적인 주거환경을 제공하여야 한다. 이와 함께 일부 국민이 보여주고 있는 임대주택이 자신들의 주거지 주변에 들어오는 것을 싫어하는 소위 NIMBY 현상을 개선하여야 한다. 여섯째, 이민정책의 활성화를 통하여 다양한 민족을 받아들이면서 다민족, 다문화국가로 거듭나야 하는데, 국가안보 및 한국에 대한 자유민주주의 국가로서의 정체성을 보호하기 위한 방안으로 중국의 은밀한 침략을 방지하기 위하여 중국인에 대한 일정 규모 이상의 이민을 제한하는 정책을 함께 시행하여야 한다.

(3) 정치적 양극화 문제

정치적 양극화는 정치 상대를 정치적 경쟁자가 아닌 적으로 간주함으로써 발생하는데 이러한 현상은 세계적으로 발생하고 있다. 특히, 유럽 국가들과 미국 등은 민주주의와 자유를 위한 긴 투쟁을 통하여 소중한 자유와 법치주의를 획득하였지만, 한국의 경우는 이러한 투쟁을 통한 민주주의의 역사를 갖지 못하고 1948년 8월 15일의 건국과 함께 한국 역사에서 전혀 경험하지 못했던 자유와 평등, 그리고 이러한 소중한 가치를 보호하기 위하여 법치주의를 보장하기 위한 삼권분립 등을 규정한 헌법을 제정하였다. 즉, 자유와 법치주의의 중요성에 대한 인식이 상대적으로 낮은 것이다.

이에 더하여 미국이나 유럽 국가들의 여성은 투표의 권리와 여권 신장을 위하여 수십 년에 걸친 투쟁 끝에 획득하였지만, 이승만 대통령은 자유민주주의 국가의 설립과 동시에 여성의 권리도 남성과 평등한 권리를 갖도록 한, 세계에서 찾기 힘든 획기적인 업적을 가져왔다.

대화와 타협의 과정을 중시하는 민주주의 정치 훈련 과정이 한국 역사에서는 거의 없었으며, 오히려 민주주의와는 맞지 않을 수도 있는 "정"이라는 문화와 집단주의 문화가 매우 강하다. 김영삼 대통령의 후보 시절에 그의 측근이 선거과정에서 보여주었던 "우리"라는 집단주의 성향에는 "남"이라는 배타적 성향도 강하다는 것을 보여준 것이며 역사적으로도 고려시대부터 내려온 지역감정이 지금도 여전히 한국 사회에 깊이 내재하고 있다.

그러나, 한국이 자유민주주의 국가로 설립하는데 크게 기여한 이승만 초대 대통령도 스스로 독재의 길을 걷다가 4.19혁명을 맞아 반강제로 하야하게 되었으며 한국 역사의 또 다른 비극이 시작된 것이다. 만일, 그가 영국에서 발생한 1688년의 명예혁명과 1689년의 권리장전을 참고하고 미국의 초대 대통령인 Washington처럼 임기를 마치고 스스로 물러났다면 진정한 자유민주주의 국가 체제가 확립되면서 4.19혁명과 5.16 Coup D'etat가 발생하지 않고 지금과 같은 정치적 혼란을 맞지 않았을 수도 있었을 것이다. 물론, 역으로 한국경제가 지금과 같은 선진국 수준으로 오지 못했을 가능성도 있지만.

또한, 박정희 대통령의 헌신적인 노력으로 한국이 선진국 수준의 경제발전 기틀을 마련하여 지금에 이르렀지만, 이 과정에서 자유민주주의 가치가 훼손되면서 정권에 반항하는 세력이 확대되어 김대중 대통령과 노무현 대통령, 문재인 대통령 시대가 도래하였다. 그러나, 2008년 한미 FTA와 관련한 광우병 선동 사태와 2009년 5월 23일 노무현 대통령 스스로 목숨을 놓아버린 사건, 그리고 2014년 4월 16일 발생한 세월호 침몰 사건과 이 사건을 정치적으로 이용하여 결국 박근혜 대통령의 탄핵까지 몰고 간 사건 등이 꾸준히 한국 정치를 대화가 없는 좌, 우정권의 첨예한 대결과 일방적인 정책 결정 방식으로 악화시켰다. 그리고, 이후의 대통령 선거에서 당선된 문재인 대통령은 정치적 좌, 우 집단 간의 치열한 대결과 다수를 이용하여 불법적인 행위도 주저하지 않았으며 일방적인 정책 결정 등으로 과거의 어느 정권보다 더욱 법치주의를 크게 후퇴시켰을 뿐만 아니라 Populism 경제정책까지 실행하여 한국이 그동안 힘들게 걸어왔던 경제도 악화의 길을 열어놓았다. 이에 더하여 작금에는 민주당으로 대표되는 야당이 중국과 북한이 걷고 있는 극좌의 길을 걷고 있다. 여기에 무능력하고 무기력한 여당과 부패한 사법부, 중앙선거관리위원회 등의 정부 기관과 일부 언론 등도 한몫하고 있지만.

자유민주주의 국가에서 정치라는 것은 국민이 정부에 정책의 동기를 부여하고 정부가 국민 개개인과 공공의 목적을 위하여 정책을 실행토록 하는 것이다. 즉, 국민이 정부에게 세금을 지급하는 단순한 기부자가 아니라, 세금을 납부하는 대가로 정부는 국민을 위하여 봉사하여야 하는 것이다. 따라서, 정부가 국민 위에 군림하면서 국민을 지배하려고 하면 국민은 선거와 국민투표를 통하여 이에 대한 심판을 내릴 수 있는 것이다.

그러나, 만일 선거가 오염되어 제대로 작동하지 못한다면 저항권, 즉 혁명을 통하여 선거를 포함한 법치주의가 정상적으로 작동되도록 하여야 한다.

이것은 곧 국민으로서의 의무이며 권리인 것이다. 저항권을 포기하면 국가의 제도와 무관하게 새로운 권위주의 독재정권이 출현하게 된다. (From Left To Right Published by University of Regina Press 2022 by Dale Eisler 9page 참고)

또한, 민주주의는 법치주의와 제도에 의해서 뿐만 아니라 글로 표현하기 힘든 관용과 인내심 및 법적으로 보장된 상대 정당과 정치인들의 극단적인 분파적 행위를 포용성으로 받아들이는 자세가 필요한데 이러한 정치 행위가 한국 정치에서 적절하게 작동하지 않는 것이 정치적 양극화의 요인이기도 하다. (The Economic Government Of The World Published by Farrar, Straus and Giroux 2023 by Martin Daunton 824 page 참고)

이러한 타협을 모르는 정치적 갈등은 정치적 양극화를 형성하고 경제의 불안을 조성하게 되며 경제정책에 대한 국제적 신뢰 하락까지 이어질 수 있다. 물론, 다음에 언급할 소득불평등 악화까지 이어지면서 경제적 악순환의 고리를 맞이하게 되면 한국경제의 불안정과 후퇴뿐만 아니라 국가 정체성의 획기적인 변혁으로까지 회오리가 몰고 올 수 있는 것이다.

법치주의의 확립이 아직 미흡한 한국의 정치적 극단화 현상은 국내에 국한하여 보는 것이 아닌, 서로 촘촘하게 연결된 국제경제 상황에서 세계 경제계가 한국을 주목하고 있으며 자칫 정치적 불안정이 경제적 신뢰 상실로 이어지면 한국경제가 지금의 중국경제 이상으로 빠져나올 수 없는 깊은 늪에 빠질 수도 있는 것이다.

내가 "한국경제의 재도약을 위하여"(2024년 출간)에서 언급한 것처럼, 중국과 북한은 이미 지정학적으로 매우 중요한 위치에 있는 한국을 사상적, 정치적, 사회적으로 깊숙이 침투하고 있으며, 완전히 장악하기 위하여 은밀하게 적절한 시점을 노리고 있는 것으로 보인다. 특히 자유민주주의 체제의 핵심인 선거가 오염된 상황에서는 더 이상 "자유"라는 단어를 사용할 수 없는 것이다.

한국의 정치적 양극화의 사례를 소박하게 접근하면서 언급하자면,
조국 법무부 장관 퇴진을 주장하는 시위가 한 장이었던 시기에 광화문과 서초동은 촛불로 가득했다. 그러나 그 안에서 나오는 목소리는 정반대였다. Fast Track 처리 정국이 한창인 국회 앞은 찬반 집회에서 나오는 목소리가 어지럽게 흩어진다. 광장에선 양극단의 목소리가 나온다. Vetocracy(거부권 민주주의)도 더 이상 낯선 말이 아니다. 반으로 분리된 한국, 그리고 정치다.

한국 사회의 정치와 이념의 양극화가 최근 들어 더 극심해지고 있으며 정치권은 "전략적 극단주의"를 통한 세 결집에 힘을 쏟고 있고, 이는 다시 사회 전반의 정치와 이념의 양극화로 이어지며 악순환의 고리를 만든다.

지난 15일 관련 설문조사를 실시한 교수신문에 따르면 공명지조는 "한 몸에 두 개의 머리"를 가진 새로, 어느 한쪽이 없어지면 자기만 살

것이라 서로가 생각하지만 실은 공멸하게 되는 "운명공동체"라는 의미다.

영남대 철학과 최재목 교수는 "한국의 현재 상황은 상징적으로 마치 공명조를 바라보는 것만 같다."며 "서로를 이기려고 하고, 자기만 살려고 하지만 어느 한쪽이 사라지면 죽게 되는 것을 모르는 한국 사회에 대한 안타까움이 들어 선정하게 됐다."고 말했다.

최근 들어 정치, 이념 양극화는 더욱 극단성을 보이고 있다. 여러 사회적, 정치적 이슈에 대한 견해 차이는 광장의 외침에서 머물지 않고, 폭력성을 보이기도 한다.

유남석 헌법재판소장은 10일 인권의 날 기념식 축사에서 "우리나라는 물론이고 전 세계적으로 소득의 양극화뿐만 아니라, 정치적 양극화 역시 전례가 없을 만큼 심각하다."며 "극단적인 양극화는 자신과 다른 사람을 적으로 만들기 쉽다. 자신과 의견을 달리하는 사람을 적으로 취급하는 순간 민주주의는 무너지고 만다."라고 지적했다.

문화체육관광부가 지난 9일 발표한 "2019년 한국인의 의식.가치관 조사" 결과, 국민 91.8%가 진보와 보수 간의 갈등이 크다고 인식하는 것으로 나타났다.

해당 조사의 추이를 살펴보면, 지난 2006년 해당 조사 이후 "갈등이 크다."의 응답 비율이 70~80%를 오르내리며 점차적으로 증가하는 것으로 나타났다. 2019년 조사에서 "갈등이 크다."의 응답 비율(91.8%)은 2006년 대비로는 21.6%, 2016년과 비교해서도 14.6% 높은 수치다.

이러한 인식은 특히 최근에 폭발적으로 증가한 것으로 나타났다. 2019년 조사에서는 "갈등이 매우 크다."는 응답(56.6%)은 2016년 (24.3%) 조사에 비해 32.3%p 늘어난 수치로, 전기 조사들(2006년 18.9%, 2013년 32.3%)의 증가폭에 비해 이례적으로 높았다.(한국갤럽에 의뢰, 8월 27일-9월 27일, 성인 남녀 5,100명 대상, 표본오차 95% 수준에서 ±1.4%)

한국행정연구원의 "2018년 사회통합실태조사"에서도 국민들은 여러 사회갈등의 유형 중 보수와 진보 간 이념 갈등이 가장 심하다고 인식했다. 해당 조사 가운데 "사회갈등 부문"에서 보수와 진보 간 이념 갈등에 대한 인식은 4점 만점에 평균 3.3점으로 가장 높았다.

　이 같은 정치와 이념의 양극화는 문재인 대통령 개인에 대한 지지율에서도 드러났다. 19일 리얼미터가 TBS의 의뢰로 문재인 대통령 개인에 대한 지지 여부를 조사한 결과, 1년 전인 올해 1월에 실시한 조사에 비해 강한 지지층(6.5%p 증가, 1월 34.6%→12월 41.1%)과 강한 반대층(6.8% 증가, 19.5%→26.3%) 모두 큰 폭으로 늘었다. 반면, 약한 지지층(9.0% 감소, 25.3%→16.3%), 약한 반대층(6.2% 감소, 19.5%→13.3%)로 크게 줄었다.(18일 전국 19세 이상 성인 1만 1,663명에게 통화 시도, 최종 501명이 응답, 응답률 4.3%, 표본오차는 95% 신뢰수준에서 ±4.4%, 자세한 사항은 리얼미터 홈페이지 참조)

　이처럼 정치, 이념 양극화와 그에 따른 진보-보수 간의 갈등은 우리 사회에서 오랫동안 자리를 잡아 왔으며, 과거에 비해 최근 들어 급격하게 갈등이 심화되고 있다는 인식이 늘어나고 있다.

　이 같은 정치와 이념 양극화는 비단 한국만의 얘기는 아니다. 미국은 물론, 유럽, 남미 등에서도 경제 양극화의 심화에 이어, 정치, 이념 양극화 역시 심화되는 추세다.

　정치와 이념 양극화의 발단에 대해 서강대 정치외교학과 하상응 교수는 미국의 양당제 의회정치에서 출발한 정치와 이념 양극화라는 개념이 2000년대 후반부터 확산되기 시작했다고 설명했다.

　이러한 의원들 간 이념의 양극화는 양 정당 간 합의의 여지가 줄게 돼 입법 교착상태에 빠질 위험이 커져, 시의적절한 입법을 가로막는 방해 요인이 되고, 의회에 대한 유권자들의 신뢰수준을 더 낮추게 된다는 설명이다. 이 같은 의회 내 이념 양극화는 결국 유권자들의 정치와 이념 양극화에 영향을 미친다.

　이화여대 정치외교학과 유성진 교수는 논문 "Obama 이후 미국의회, 양극화는 완화되었나?(2012)"에서 정당의 양극화와 이에 수동적으로 반응하는 유권자들의 존재는 의사결정과정에서 대화와 타협이 개입할 공간을 줄이게 돼 결국 분열과 갈등만이 남게 되는 상황으로 이어질 수 있다고 지적했다.

이외에도 극우정당과 극좌정당이 공존하는 유럽과 남미 등에서도 정치, 이념 양극화는 심화되는 추세라는 평가가 나온다. 이 같은 정치, 이념 양극화의 세계적인 추세에 대해 경희대 정치외교학과 임성호 교수는 "불확실성"을 그 이유로 들었다. 불확실성이라는 거대한 시대 흐름과 함께 이를 "전략적 극단주의"로 악용하는 정치권의 행태로 인해 악순환되고 있다는 설명이다.

임 교수는 "세계가 급변하면서 점점 더 불확실해지고 있다. 이런 가운데 불안한 사람들이 중도적이고 온건한 생각보단 현실적이기보단 이념에 입각한 강력한 메시지에 혹하는 경향을 보이게 된다."며 "그걸 정치인들이 악용해 악순환되는 게 전 세계적으로 대부분의 나라에서 보여지는 현상"이라고 말했다.

이러한 정치, 이념 양극화의 문제점으로는 첫째, 사회적 합의 방해 둘째, 쟁점에 대한 균형 있는 접근과 합리적 사고 방해 셋째, 사회 통합 저해 등이 지적된다.

인하대 사회교육과 정동준 교수는 논문 "2018년 지방선거 이후 유권자들의 정치 양극화: 당파적 배열과 부정적 당파성을 중심으로(2018)"에서 지난 2018년 지방선거 직후 실시된 설문조사와 이전에 실시한 조사 결과를 비교 분석한 결과, 국정농단 사태를 전후해 당파적 지지자들 사이의 양극화는 더 심화됐다고 설명했다.

정 교수는 이 같은 한국 사회의 당파적 양극화가 단순히 이슈 차원에만 머물고 있지 않다는 점을 우려했다.

그는 첫째, 지지 정당은 없더라도 반대 정당은 있고, 반대 정당에 대한 부정적 감정이 지지 정당에 대한 선호보다 크다는 점 둘째, 실제 투표에서도 부정적 당파성이 더 큰 영향력을 미친다는 점을 지적하며 한국 사회의 당파적 양극화가 감정적 양극화로 이미 진행됐다고 했다.

이러한 감정적 차원의 분열은 사회적 합의를 방해하고, 다양한 쟁점에 대한 균형 잡힌 접근과 합리적인 사고를 막아 효과적인 정책 마련을 어렵게 만들 수 있다는 것이다.

앞서와 같이 정치와 이념의 양극화는 시대의 흐름에 따른 세계적인 추세라고 볼 수 있다. 그리고 이 시대적 흐름을 정치권이 "전략적 극단주의"라는 지지층 결집 노선을 통해 악용하는 것이 현재 정치.이념의 양극화가 심화되는 원인 중 하나라는 지적이 나온다. 전략적 극단주의는 중도로 지지세를 확장하기보다는 자신을 지지하는 진영에만 초점을 맞춰 그들의 지지를 공고화하는 지지층 결집 전략이다.

임성호 교수는 "정치인들이 전략적 극단주의를 통해 지지를 호소하다보니 정치와 이념 양극화가 더욱 악화된다고 본다."고 설명했다. 아울러 정치권의 전략적 극단주의는 중도에 가까운 온건보수, 온건진보 등도 극보수와 극진보의 이분법으로 나누는 잣대가 된다고 부연했다.

경희대 공공거버넌스연구소 채진원 교수도 "고 노무현 전 대통령 이후 지지층 결집을 위한 갈등이 더 많아진 것 같다."며 "국민들은 중도로 많이 수렴되고 있는데, 이에 비해 언론이나 정치권이 정권을 잡기 위한 지지층 결집 노선을 채택하면서 정치와 이념 양극화가 더 확산된 것으로 보인다."라고 말했다.

채 교수는 우리 사회 전체의 Spectrum으로 봤을 때는 중도가 증가하고 있기 때문에 양극화는 되레 좁아지고 있다고 봤다. 그러나 언론이나 정치권 등 Elite 차원에서 정치와 이념 양극화를 지지층 결집 전략으로 동원하고 있고, 이에 영향을 받아 정치와 이념 양극화가 심화되고 있다고 진단했다.

이와 함께 종편 등 정파성을 띤 언론 매체의 등장도 정치와 이념 양극화 심화에 영향을 미친다는 지적도 나온다.

하상응 교수는 "미국의 맥락에서 정치와 이념 양극화를 연구하는 분들을 보면, 정파성을 띤 언론의 등장과 양극화의 심화 과정이 서로 일치하는 경향을 보인다는 얘기들이 있다."며 "그게 여러 해석 중에서는 가장 많은 사람에게 공감받는 해석"이라고 설명했다.

정치·이념 양극화 완화의 해법과 관련해 하상응 교수는 "보수적인 사람들에겐 진보의 시각을, 진보적인 사람들에겐 보수의 시각을 접하게 해 나와 다른 생각을 하는 사람들이 있다는 걸 인식시키고, 그들의 해석이 내가 원래 알고 있었던 것보다는 바람직하거나 맞는 방향일 수 있다는 인식을 시켜주면 된다."며 "그러나 국가가 나서거나 법제화를 통해 해결할 수 있는 문제가 아니다. 따라서, 언론 매체들의 자성, 유권자들의 개인적 노력에 의존해야 하는 상황"이라고 말했다.

임성호 교수는 현재 정파적 이익을 앞세우고 있는 정치권의 변화를 촉구했다. 그는 "정치권이 눈앞의 이익을 위해 전략적 극단주의에 빠지고 있지만, 장기적인 전체 이익, 공동선 등을 생각한다면 당위적으로는 온건하고 중도 지향적인 모습을 보여야 한다."며 "정치권이 정파적 이익보다는 사회 전체의 이익을 우선시하는 모습을 보여야 한다."라고 지적했다.

이어 "정파적 이익을 취하다보면 진보는 진보끼리, 보수는 보수끼리 기존 고정관념을 강화시키는 쪽으로 치닫게 돼 양극화가 심화된다."며 "이로 인해 우리 사회가 혼란스러워지고 불안해지니, 보다 합의를 지향하는 온건 중도의 정치 풍향이 필요하다."라고 전했다.

채진원 교수는 중도 유권자들이 전략적 극단주의나 진영논리를 통해 극단으로 향하는 정치세력을 견제할 수 있는 중도적 정치공간을 마련해줘야 한다고 밝혔다.

채 교수는 "중도적 유권자층이 어떠한 역할을 해야 한다. 극단에 빠지기 싫어하는 중도 성향들이 목소리를 내줘야 중도로 수렴할 수 있는 정치적 공간이 만들어지는 것"이라며 "이에 부합해 중도 유권자들을 무시해선 안 된다는 정치인들이 등장해 지지층 결집만으로는 정권을 잡을 수 없다.", "중도 유권자를 고려해야 한다."는 목소리가 커지도록 해야 한다."라고 했다.

그러면서 "중도층 유권자들이 상대적으로 합리적 판단을 하니까 더 이상 극으로 갈 수 없게끔 만드는 제어장치가 된다."며 "중도층을 고려하는 정치인들이 등장해 전략적 극단주의나 진영논리를 사용하는 세력들을 견제해야 한다."라고 강조했다.

또한 정파성이 강한 매체와 1인 Media 등의 등장으로 인해 자신이 원하는 성향의 정치 관련 정보를 선택적으로 소비할 수 있게 된 것 역시

이 같은 정치와 이념 양극화를 심화시키는 한 요인으로 분석된다.

한국 역시 내년 총선을 앞둔 상황에서 지지층 결집을 위해 사용되고 있는 전략적 극단주의로 인한 정치와 이념 양극화와 그에 따른 진보-보수 갈등의 위험 신호는 급격하게 증가하고 있다. 이처럼 극심해지는 정치와 이념 양극화가 언제까지 사회적 합의와 사회 통합 등을 저해하며 민주주의를 위협할지는 결국 정치권과 매체, 유권자 개개인의 자성에 달려있다. (투데이신문 2019년 12월 20일 남정호 기자 기사 참고)

토론과 정책 결정 과정의 투명성과 법치주의 등의 교육과 함께 다양한 정당이 출현하여 국가와 사회가 다양한 요구를 합리적으로 반영하는 다양한 정책을 시행함으로써 정치적 양극화를 막아야 하며, 다양하고 임금 수준이 높은 많은 직업을 지속적으로 창출하고 확대함으로써 안정적인 경제 성장을 이뤄야 한다.

이것을 위하여 사회나 국가에서 법치주의 이상의 높은 도덕성이 필요한데 여기서 언급하고자 하는 도덕성이란 인간의 다양성을 인정하고 동시에 모든 인간은 인간으로서의 동등한 존엄성을 가지며 다양성과 함께 동등한 존엄성을 인정하면서 각기 다른 환경 아래에서 개개인의 능력을 최대한 발휘하여 각자가 추구하는 목표를 향해 달려가도록 하는 것이다.

장기적으로 볼 때 이러한 도덕성의 향상과 경제적 효율성이 함께 개선되면 신뢰와 효율성과 소속감이 함께 향상되고 경제발전이 가능한 것이다. 물론, 이와 함께 창의성과 다양성이 함께 하여야 경제가 발전하는 것이긴 하지만...

이와 대조적으로 도덕성이 부족하지만, 약삭빠르고 음험하며 영리한 자가 현명하게 대처하여 단기적으로 성공할 수도 있는데 중장기적으로는 기업과 사회와 국가가 후퇴하는 결정적 역할을 하게 된다. 물론, 우리가 성실함과 진지함, 솔직함, 애타심, 박애 정신 등이 내재된 자세로 세상을 살아가기 위해서는 지속적인 정신적 수양과 교육 등을 통한 삶의 자세가 변화하는 것이 필요하다.

성경에서 언급하는 Samaritan 이야기의 본질은 종족, 계급, 종교, 가족, 이웃을 초월하여 "내가 나를 사랑하는 것처럼 이웃도 사랑하여야 한다."는 것을 표현한 것임을 깨달으면서. (제4차산업(후기산업사회)의 출현과 대응 다솜출판사 출판사 저자 William Lee 2023년 49 page 참고)

정치적 양극화의 개선을 위해서는 이와 같은 교육과 문화의 변화뿐만 아니라 소득불평등의 완화와 사회에 대한 일체감과 소속감, 정치지도자의 지속적인 개선 노력 등이 함께 선순환의 흐름을 형성하여야 한다.

한편, 정치적 극단화의 문제를 통신의 발전에 따른 Internet 산업으로의 변화로 인한 문화의 변화와 관련지어 살펴보면, 21c에 들어와 의견이 다른 사람이나 집단과의 접촉을 활발하게 하면서 정치적 주장이나 사고의 다양성을 수용하는 방향으로 진행되는 사회가 아니라 Internet을 통하여 자신의 정치적 사상이나 사고와 같거나 유사한 사람들이나 집단을 주로 접촉하여 기존의 사고를 정당화하거나 고착화시키면서 자신의 편견을 강화함으로써 정치적 극단화가 발생하는 경향도 무시할 수 없다. (From Left To Right Published by University of Regina Press 2022 by Dale Eisler 240 page 참고)

(4) 소득불평등과 고착화 문제

한국의 문화와 경제계에서의 재벌 문제, 그리고 인구의 노령화와 감소 문제를 언급할 때 지속적으로 언급한 것처럼 한국의 사농공상의 신분사회 문화와 Crony Capitalism, 제4차산업의 빠른 발전, 높은 사교육비 등으로 인하여 "신양반" 계층이 형성되고 고착화하면서 한국의 다음 세대가 "신양반" 계층에 새롭게 진입할 수 있는 기회가 매우 협소하게 되었다.

한편, 1980년까지 대부분 국가에서 중산층의 소득은 향상되었지만, 1980년대 미국의 Reagan 대통령과 영국의 Thatcher 수상이 주도한 신자유주의 경제 정책과 1990년대 후반 아시아 지역의 금융위기, 2008년 미국의 금융위기, 2019년부터 발생하기 시작한 COVID-19 전염병 등 여러 차례의 경제위기를 겪으면서 위기를 회복하는 과정에서 위기에 대한 충격에 상대적으로 약한 중산층 이하 소득 계층이 상대적으로 소외되어 소득불평등이 차츰 확대되었다. 좋은 증거가 바로 세계 인구 70% 이상의 재산이 US $100,000 이하인 반면에, 세계 인구의 8%가 세계 재산의 90%를 차지하고 있다는 것이다.

또한, 2016년에 Forbes가 발표한 자료에 따르면, 세계 10대 부자가 총 US $5,050억을 소유하고 있다고 발표했다. 물론, 소득불평등은 확대되었지만, 많은 국가에서 중산층의 소득이 빠르게 늘어나고 있었으며 50년 전에 비하여 삶의 질은 크게 향상되었다. 그러나, 당신은 행복한가?

여기서 한국의 경우를 보기 위하여 조선일보 조귀동 기자가 통계청의 자료를 인용하여 발표한 2019년 4월 11일 기사를 살펴보면,

한국의 소득불평등 수준이 경제협력개발기구(OECD) 36개 회원국 중 10위권에서 30위권으로 뚝 떨어진 것으로 나타났다. 통계청이 가계금융복지조사 자료를 바탕으로 불평등 지표를 새로 만들어 적용한 결과다.

통계청은 11일 가계금융복지조사를 기반으로 팔마비율(Palma ratio), 소득 10분위 경계값 비율, 중위 소득 60%를 기준으로 한 상대적 빈곤율, 평균 빈곤 갭 등 4개 소득분배지표를 새로 개발해 공개했다. 이 지표들은 OECD 등에서 국가 간 불평등 비교를 위해 사용되는 지표들이다. 이 지표를 적용한 결과 한국의 불평등 순위는 팔마비율 30위, 소득 10분위 경계값은 26위-33위, 상대적 빈곤율 29위, 평균 빈곤 갭 31-33위로 나타났다. 통계청은 "그동안 학계 등 통계 이용자들로부터 소득 분배와 관련한 다양한 지표가 필요하다는 지적이 있었다."며 "전문가 의견 수렴, 국가통계위원회 심의를 거쳐 지표를 개발, 공개하게 됐다."고 밝혔다. 팔마비율은 소득 상위 10%의 소득을 하위 40%까지의 몫으로 나눈 값이다. Alex Korban 영국 조세정의네트워크 대표, Andy Sumner 영국 King's College London 교수가 함께 개발했다. 영국 등에서 불평등을 측정하기 위한 지표로 도입되었고, OECD, UN 등에서 국가별 비율을 분석해 공개한다. 불평등 문제가 주로 소득 상위 10%와 하위 40% 간의 소득 분배에서 발생하고, 상위 11%-60% 중간층의 소득 몫은 안정적으로 유지된다는 연구 결과를 바탕으로 하고 있다.

소득 10분위 경계값 비율은 10분위 별로 구간을 나누었을 때 경계값의 변동을 살펴보는 것이 소득 분배 개선, 악화를 측정하는 데 도움이

된다는 연구 결과를 바탕으로 도입된 지표다. 가령 소득 최하위 10%의 변화를 살피기 위해서는 10% 전체 평균보다 최하위 10%와 하위 11%-20%의 경계에 있는 소득이 어떻게 변했는지 보는 것이 더 유용하다는 얘기다.

통계청은 지금까지 중위 소득(소득을 순서대로 줄 세웠을 때 한 가운데 있는 소득) 대비 50%를 기준으로 상대적 빈곤율 자료를 제공했는데, 이번부터 중위 소득 대비 60%를 기준으로 한 상대적 빈곤율도 함께 제공키로 했다. 평균 빈곤갭은 중위 소득의 50%-60%에 못 미치는 빈곤선 밑 계층(빈곤 인구)의 평균소득과 빈곤선(중위소득 50%-60%)과의 차이를 나타낸 것이다.

그 가운데 가장 관심을 끈 것은 팔마비율이다. 지금까지 통계청은 지니계수, 5분위 분배율(소득 최상위 20%인 5분위와 최하위 20%인 1분위 간 평균 소득 비율), 10분위 분배율 등을 불평등 지표로 제공해 왔다. 불평등 개선 또는 악화의 추이를 살필 수 있는 정량 지표가 새로 추가된 것이다.

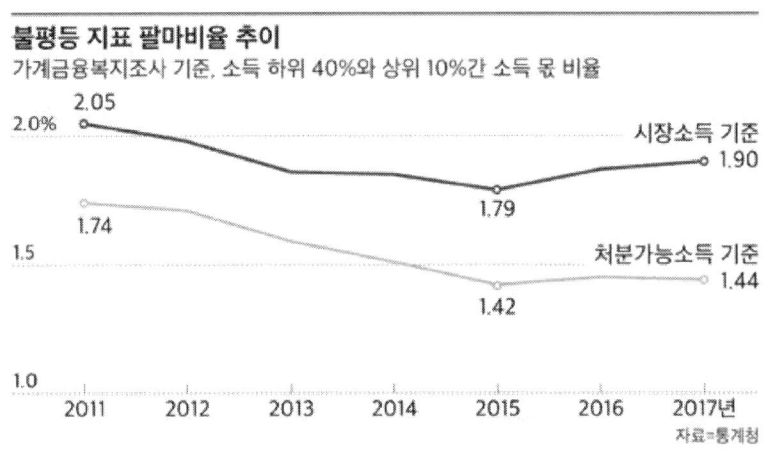

통계청에 따르면 가처분소득(근로나 사업을 통해 벌어들인 소득에 세

금·사회복지 등의 영향을 더해 계산한 실제로 쓸 수 있는 소득) 기준 팔마비율은 2017년 현재 1.44로 나타났다. 그 동안 가계동향조사 소득부문 자료를 이용해 OECD 등이 발표한 1.0보다 크게 악화한 것이다. 이번에 발표된 팔마비율을 기준으로 하면 우리나라는 OECD 38개국 가운데 30번째로 불평등이 심한 나라가 된다. 라트비아(1.38), 뉴질랜드(1.43) 다음이고, 영국(1.45) 바로 위다. 영국이나 뉴질랜드 수준으로 불평등이 심한 나라라는 얘기다.

그나마 이 같은 결과도 2011년-2015년 불평등이 개선됐기 때문에 얻은 성적이다. 2011년 1.73이었던 팔마비율은 2015년 1.42로 급격히 떨어졌다. 2016년-2017년에 소폭 악화됐다. 이명박, 박근혜 정부 시절 사회복지 혜택 강화가 불평등을 그나마 좋게 만들었다는 얘기다. 박상영 통계청 복지통계과장은 "해당 시기 분배 개선에 가장 크게 영향을 미친 것은 고용 지표 개선과 2014년 기초연금 실시"라고 설명했다. 특히 소득 하위층에 몰려있는 노인들을 대상으로 기초연금이 지급된 것이 불평등 개선에 도움을 주었다.

시장소득을 기준으로 한 팔마비율은 2011년 2.05에서 2015년 1.79로 낮아졌다가, 2017년 1.9로 다시 나빠졌다. 근로소득, 자산소득, 사업소득 불평등이 2016년-2017년 다시 심해졌다.

특히 최상위 10%와 최하위 10% 간의 시장소득 불평등이 2016년-2017년에 극심해졌던 것으로 나타났다. 시장소득 기준 10분위 경계값과 1분위 경계값의 비율(P90/10)은 2013년 7.89에서 2016년 8.51, 2017년 9.18로 껑충 뛰었다. 그나마 가처분소득 기준 P90/10은 2011년 6.41에서 2016년 5.73까지 내려간 뒤, 2017년 5.79로 소폭 올랐다. 정부가 완충 역할을 해준 것이다.

이 같은 현상이 발생한 이유는 최하위 10%가 시장에서 벌어들이는 소득이 줄었기 때문이다. 시장소득 기준 10분위 경계값과 5분위 경계값의 비율(P90/50)은 2013년 2.22에서 2017년 2.3으로 소폭 상승했는데, 5분위 경계값과 1분위 경계값의 비율(P50/10)은 2012년 3.53에서 2017년 3.99로 뛰었다. 결국 최하위 10%의 소득 여건이 상대적으로 악화됐다는 의미다. 2018년-2019년 나타났던 소득 최하위 계층의 소득 악화 문제는 이전부터 계속 진행됐던 셈이다.

앞에서 언급한 방법과 함께 Gini 계수를 포함하여 소득불평등을 파악하기 위한 접근방식은 다양하게 접근할 수 있으며 이러한 접근을 복합적으로 실행하는 것이 정책 결정에 더욱 효과적인 결과를 가져올 수 있다. (조선일보 2019년 4월 11일 조귀동 기자 기사 참고)

한편, 여기서 한국 사회에서 발생한 소득불평등이 악화한 사건과 사회적 현상을 간단하게 언급하자면,

첫째, 1997년에 발생한 외환 위기인데, 세계적인 금융위기에 더하여 이로 인하여 국내 기업에 대한 투자가 줄어들고 회사들이 고용을 줄이면서 내수 경제가 침체하고 이러한 원인으로 인해 수출에만 의존하는 경제구조가 강화되면서 위기가 커졌다. 금융위기 전에는 국내 기업들에 대한 투자가 허술했지만, 해당 사건 이후 오히려 정부에서 나서서 특정 기업들에 대한 투자를 증가시키면서 고용을 늘리는 결과가 도출되기도 했다. 즉, IMF 경제위기를 극복하는 과정에서 기업의 고용 방향과 정부의 정책이 IMF가 주도한 신자유주의적 경제사상에 의하여 강한 영향을 받았으며 지금도 이 경제사상이 한국경제를 주도하고 있는 현실이기에 소득불평등이 지속적으로 악화하였다.

둘째, 경쟁 심화라는 사회적 현상인데, 이러한 현상은 실물경제에서 정보의 불균형을 가져와 결과적으로 역선택이나 도덕적 해이를 초래한다. 이로 인하여 발생하는 문제점을 해결하기 위하여 효율 임금 이론을 적용할 수 있다. 따라서 일반적으로 알려진 이야기와 다르게 "일을 많이 하는 사람보다 일을 잘 하는 사람에게 더 많이 돌려주는" 현상이 일어나게 된다. 1등과 2등의 결과가 크게 다르지 않아도 돌려주는 보상은 매우 큰 상황이 발생할 수 있는 예시를 통하여 설명하기 쉽다. 스스로 능력에 대해 자신감이 있는 사람은 "내가 가장 잘할 수 있을 거야."라고 생각해서 보상이 높은 상황을 더 좋아할 것이다. 이런 구조는 경쟁력이 취약하거나 능력이 없는 사람들을 회사 밖으로 내보내고 무한 경쟁을 유도한다. 결과적으로 누가 일을 잘 해결하거나 누가 일을 해결하지 못하는지

에 대하여 평가 점수를 부여하고 그에 따라 보상하면서 양극화가 더 벌어질 수 있다. 이러한 성과주의는 합리적이고 이상적으로 운영된다고 생각할 수 있지만 너무 쉽게 발생하는 문제가 있다. 그리고 격차 심화라는 또 다른 문제를 만들기도 한다.

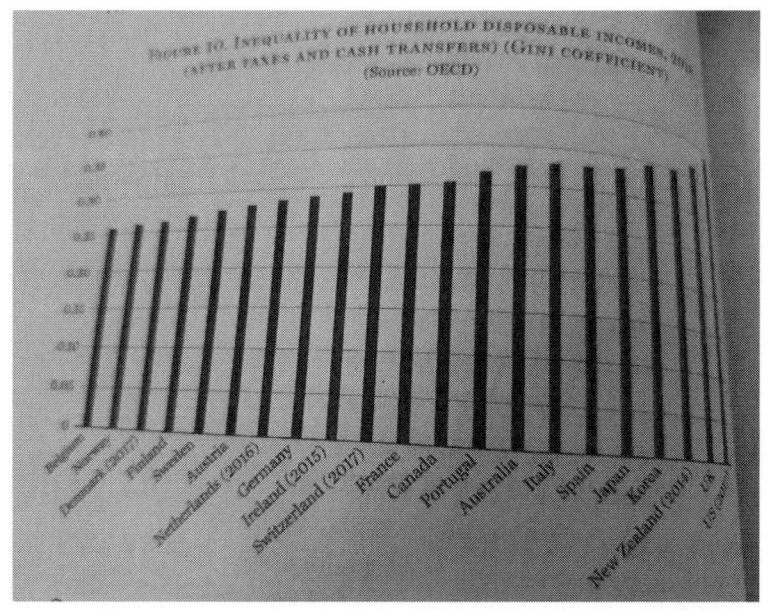

(The Crisis of Democratic Capitalism Published by Penguin Random House LLC 2023 by Martin Wolf 88 page 참고)

셋째, 정치적 불평등인데, Schaedel은 그의 책 "The Great Leveler"에서 경제적 불평등으로 인해 정치적 불평등이 발생한다고 설명했다. 작가는 책을 통해 "역사적으로 국가가 발생한 이후 권력은 항상 특정 사람들에게만 향했다. 계층 구조는 날카로운 피라미드 형태라고 한다. 이런 불평등한 정치적 구조는 다시 경제적 불평등을 낳는다."고 말했다. (이상 ko.wikipedia.org 참고)

여기서 Gini 계수에 의한 한국의 소득불평등을 다시 한번 살펴보면,

상기의 Graph는 한국을 포함한 유럽과 미국 일본 등의 가처분소득을 기준으로 한 Gini 계수로 본 소득불평등의 정도이다.

한국의 경우 Gini 계수가 그동안 0.3 이내였으나 문재인 정부에 들어와 급격하게 악화하면서 2018년에는 0.35에 육박하는 수준까지 이르렀다. 물론, 미국의 경우에는 1인당 GDP의 경우에는 한국에 비하여 2배 이상 높은 수준이지만, Gini 계수로 본 소득불평등의 정도는 한국보다 악화하고 있다.

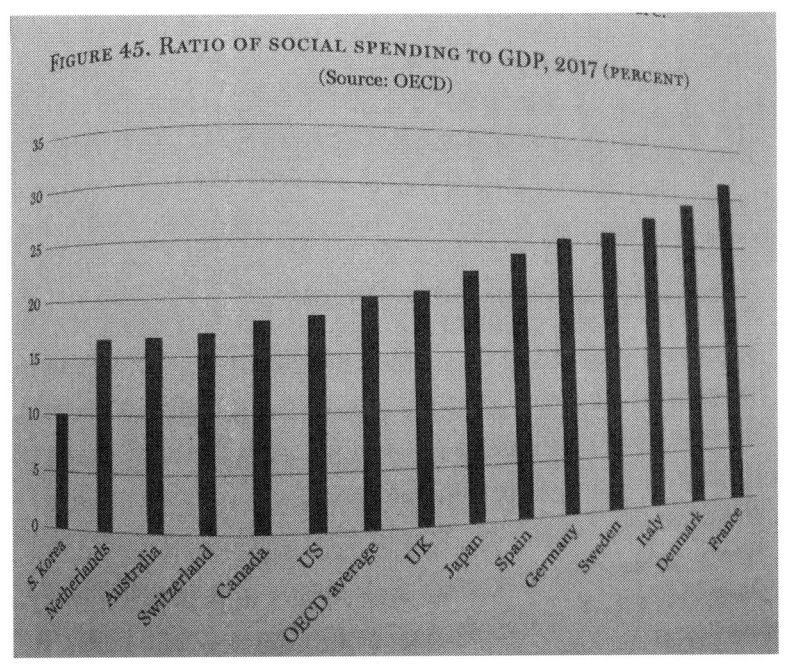

(상기의 저서 277 page 참고)

2017년 OECD가 제시한 회원국의 GDP 국민에 대한 복지 비용을 보여준 상기의 Graph를 보면, OECD 회원국의 평균 복지 비용이 GDP 대비 20%인데 한국은 GDP 대비 10%로 회원국 중에 가장 낮은 수준으로 지출하고 있는 것으로 나타났다. 한국의 경우에는 남과 북이 휴전 상황이기 때문에 국방비용의 지출이 다른 회원국에 비하여 상대적으로 규모가 크게 지출되는 것도 있지만, 다른 한편으로는 낮은 복지 비용은 소득불평등의 한 요인이 되고 있다는 것을 의미하기도 한다.

또한, 소득불평등의 악화를 억제하는 것도 중요하지만, 각 소득 계층 사이의 활발한 이동성(Mobility)도 매우 중요한데, 이것은 정치구조, 국가 청렴도 수준, 산업구조, 문화, 교육 등의 다양한 변수에 의하여 결정되며 자신의 노력에 따라서 상위의 소득 계층으로 갈 수 있는 자유민주주의 정치체제가 독재 정치체제보다 우월한 중요한 이유 중의 하나이다.

소득불평등의 극복을 위해서는 경제 주체의 하나인 개인 스스로의 노력이 제일 중요하지만, 지식사회를 기반으로 한 후기산업사회로 진입하게 되면 소득불평등이 확대될 가능성이 제3차 산업사회보다는 훨씬 농후한데 이것을 사전에 방지할 수 있는 여러 가지 안 중의 하나가 앞에서 언급한 기업에 대한 평가 방식의 변화, 즉, ROI(Return On Investment)를 넘어서 ROE(Return On Empathy)로의 전환이다.

이와 함께 만일 기업과 사회가 이윤추구보다는 윤리와 도덕을 높은 가치로 삼고 이것을 높이기 위하여 노력한다면, 경제적 사회적 발전과 안정을 이룰 수 있을 것이다. 연민(empathy)이란 인간성에 내재하여 있는 것이 무엇인가를 이해하고 사회를 어떻게 조성하여야 하는가의 핵심 문제이므로 관용과 연민에 대한 사고를 조성하는 것이 사회에 긍정적 효과를 주는 것이다. 따라서, 한국을 좀 더 나은 사회로 만들기 위하여 기업의 이익 추구와 함께 인간의 내면에 깊이 내재하고 있는 관용과 자비심, 연민 등이 균형을 이룬다면 더 나은 인간의 가치를 향하여 가는 것이며 이것이 인간에게 의미 있는 삶을 제공하여 행복을 느끼도록 하는 것이다.

기업과 사회가 이러한 방향으로 발전하기 위하여 친환경적인 기술을 도입하고 각종 재단을 설립하거나 지원하며 사회적 기업으로 발전시키는 한편, 기업이 소재하고 있는 지역의 다양한 사회단체와 함께 지역의 일원으로서 지역을 위한 사회활동을 적극적으로 함으로써 결과적으로 경제적 선순환 과정을 확대하고 발전시킬 수 있는 것이다. 이러한 과정이 곧 소득불평등을 해소하기 위한 과정의 하나이다.

또한, 정부의 역할에서 매우 중요한 것은 사회적 안정과 함께 교육의 기회균등과 공교육을 위한 투자 확대, 사회간접자본 확충, 예산의 규모에 적절한 복지 수준의 확대와 다양한 산업을 확장하여 양질의 직업을 양산하는 것이다. 최근 매일경제에서 인용한 교육에 대한 정부의 지출을 OECD 회원국과 비교하면

한국이 경제협력개발기구(OECD) 회원국 가운데 고등교육 이수율은 가장 높은 반면, 경제 규모에 비해 정부가 투입하는 재원의 비중은 하위권에 머물고 있는 것으로 나타났다.

13일 OECD가 발표한 "교육지표 2023"에 따르면 지난해 기준 한국 청년층(25-34세)의 고등교육 이수율은 69.6%로 1위였다.

반면 고등교육 분야에서 국내총생산(GDP) 대비 정부 투자는 0.7%(2020년 기준)로 38개국 중 29위에 그쳤다. 전년(0.6%)과 비교하면 소폭 늘었지만 민간 투자(0.9%)보다도 비중이 낮았다. OECD 회원국 평균은 정부 1%, 민간 0.5%로 정부가 민간보다 고등교육 투자 비중이 높은 것과 대조적이다. 그동안 한국은 사립대가 많고 등록금 부담이 큰 만큼 정부가 고등교육 투자를 더 늘려야 한다는 지적이 이어졌다.

대학에 대한 정부 투자 비중이 가장 높은 국가는 노르웨이(1.8%)였다. 칠레(1.6%), 덴마크(1.6%), 벨기에(1.4%), 핀란드(1.4%) 등의 정부 투자도 비교적 컸다. 영국(0.5%), 콜롬비아(0.5%), 이탈리아(0.6%) 등은 저조한 편이었다.

학생 1인당 공교육비 지출액의 경우 초·중등교육 단계에선 높은 편이었지만 고등교육은 OECD 평균의 70%에도 미치지 못했다. 공교육비는 학부모가 사교육에 쓴 비용을 제외하고 정부와 민간이 사용한 모든 교육비를 의미한다.

1인당 공교육비는 초등교육은 US $1만 3,278, 중등교육(중·고등학교)은 US $1만 738로 집계됐다. 두 항목 모두 OECD 평균(초등 US $1만 658, 중등 US $1만 1,942)보다 높았다. 반면 고등교육(대학)의 1인당 공교육비는 US $1만 2,225로 OECD 평균(US $1만 8,105)의 67.5% 수

준을 기록했다.

이 자료는 한국 정부가 소득불평등 극복을 위한 정책의 하나로 교육에 대한 정책을 어느 방향으로 시행하여야 하는가를 알려주는 좋은 자료가 될 것이다. (매일경제 2023년 9월 14일 이희조 기자 기사 참고)

즉, 신자유주의 경제정책을 기반으로 한 정책의 전환 시점인 1980년대는 소득불평등 문제보다는 물가 인상과 실업률의 문제가 우선적으로 해결하여야 할 문제였던 1970년대의 Stagflation 해결이 선결과제였다. 그러나, 지금은 1980년대 이후 신자유주의정책과 이미 언급한 몇 차례의 금융위기와 미중전쟁, Russia의 우크라이나 침략전쟁, COVID-19 전염병 등의 경제적, 국제정치적 악재로 인하여 소득불평등이 사회적, 정치적으로 심각한 수준까지 확대되었기에 한국 정부가 더 이상 늦출 수 없는 상황이 되었다.

따라서, 앞에서 언급한 해결 방안과 함께 신자유주의에 입각한 경제정책을 포용성의 자본주의(Inclusive Capitalism)과 인본주의적 자본주의(Humanistic Capitalism), 사회적 자본주의(Social Capitalism) 등으로 전환하여야 할 시점이 된 것이다. (The Economic Government Of The World Published by Farrar, Straus and Giroux 2023 by Martin Daunton 833 page 참고)

(5) 최근에 발생한 의료 사태의 문제

2024년 9월5일 현재 6개월 넘게 진행되고 있는 파행적인 의료 사태는 정책결정권자를 포함한 정책입안자들이 의료산업의 본질과 의료산업과 관련된 다양한 직, 간접적인 긍정적, 부정적 요인들을 최대한 고려하여 부작용을 최소화하면서 진행하여야 함에도 불구하고 일방적인 지시와 명령으로 해결하려는 과거 조선시대부터 내려온 한국 사회의 뿌리 깊은 사농공상의 계급문화 군대 문화에서 기인한 것으로 보인다. 즉, 의료 사태의 당사자인 의사 단체와 의료 관련 산업의 연구기관, 전문가와 일반인 등의 다양한 의견을 수렴하면서 점진적인 접근이 필요한 문제이었으며, 국민 전체의 건강 및 의료와 밀접한 관련이 있는 간호사 단체, 제약

회사 단체, 의료기기 관련 단체, 건강보험 관련 보험회사 단체 등의 종합적인 의견을 청취하면서 다각적인 측면에서 접근하면서 단계적인 해결을 모색하였어야 한다.

또한, 의료 교육은 중세 유럽의 Guild 조직에서 내려온 도제식 교육에서 유래하였으며 인간의 생명과 직접 관련된 의료 교육의 중요성 때문에 오랜 기간의 전문적인 훈련이 필요하고 현직 전문의인 교수 1인이 수십 명의 전공의를 교육한다는 것은 교육의 부실화를 유발할 가능성이 매우 높아 국민의 보건과 생명에 부정적인 효과가 발생하게 된다. 즉, 산부인과나, 신경외과 흉부외과 등돠 같이 수술을 수련하여야 하는 전공은 교수 1인당 5명 내외이며, 수술이 필요하지 않는 내과, 정신과, 신경내과 등의 교육도 교수 1인당 전공의 10명이 넘지 않는다. 이러한 교육 방식은 피교육자인 전공의의 실력 향상을 위해서, 그리고 의료 소비자인 환자를 위해서도 중요한 교육 방법이다.

한편, 한국의 의료 발전과 교육의 경우를 보면, 한국에서 서양식 의료 기술의 본격적 도입은 국립의료기관인 광혜원(House of Extended Grace)에서 이루어졌다. 광혜원은 미국 선교사인 Horace N. Allen이 고종의 윤허를 받아 1885년 2월 29일 서울 재동에 설립한 한국 최초의 근대식 병원이다. 의료선교사로 조선에 들어와 활동하던 Allen은 고종에게 근대식 병원을 설립할 것을 건의하였고, 고종이 이를 윤허하여 설립된 것이 광혜원이다. "광혜"는 "널리 은혜를 베푼다."는 뜻으로서 일반 백성의 질병을 치료하는 일을 담당하였으며, 한국 최초의 서양식 국립의료기관으로 기록된다. 같은 해 3월 12일 광혜원은 더 많은 백성들에게 널리 혜택을 주자는 취지 아래 제중원(House of Uni-versal Helpfulness)으로 이름을 바꾼 후, 왕실에서부터 평민에 이르기까지 다양한 사람들을 진료하는 기관으로 성장하게 되었다.

운영비를 부담할 여력이 없었던 정부는 1894년 갑오개혁 때 제중원의 운영권을 미국 장로회 선교부로 넘기게 되었다. 이때부터 제중원은 정부의 지원을 받지 않는 완전한 사립기관이 된다. 1900년 Avison은 미국의 부호 L. H. Severance로부터 병원설립기금 US $45,000를 기부받아 1904년 남대문 밖 복숭아골(현재의 서울역 맞은 편)에 병원을 세우고 제중원 대신 기증자의 이름을 딴 세브란스병원으로 명칭을 바꾸었다. 현재 세브란스병원은 연세대학교 의과대학 소속으로 남아 그 전통을 유지하고 있다.

제중원은 조선에서 단순히 진료뿐만 아니라 근대의학교육의 시초를 열었다는 점에서도 의의를 지니고 있다. 제중원이 성공적으로 운영되자 Allen은 예전부터 계획한 대로 조선 내 의료진 양성을 위해 의학교육을 추진하였고, 1886년 3월 29일 한국 최초의 서양의학교육 기관인 제중원 의학교가 문을 열었다. 첫 해에 학생 16명을 선발하였고 이 중 12명이 본과에 진급하였는데, 이를 한국 근대 의학교육의 시초로 본다. 제중원의 학교는 후에 세브란스의학교로 명칭을 바꾸고 1908년 7명의 1기 졸업생을 배출하였다. 또한 1960년대 이후 경제의 발전과 함께 의료시설의 발전과 확대되고 개별의료보험조합으로 운영되는 것을 2000년 김대중 대통령 시절 건강보험조합을 통합해 재원 문제를 마무리하며 국민건강보험공단으로 대표되는 현재의 골격을 완성하였다. 그 이후 교육제도가 변하여 현재는 대학교 6년(예과 2년과 본과 4년)을 졸업하고 의사 면허 시험을 합격하면 의사 면허를 갖게 된다. 그러나, 소아과, 내과, 산부인과, 흉부외과, 심장외과, 신경외과, 신경내과 등의 전문의 자격을 받으려면 의사 자격을 받은 후에도 모든 전문 과정을 돌아가면서 수련하는 인턴 과정 1년과 각 전문과를 수련하기 위한 레지던트 과정 4년을 마친 후 전문의 자격시험을 통과하면 해당과의 전문의가 된다. 그리고 전문의 자격을 받기 전까지는 비록 의사 자격을 받은 사람이지만 여전히 해당 전공의 수련을 받는 과정이기 때문에 매우 낮은 임금(거의 최저임금 수준?)을 받으면서 5년 동안 이론과 실습을 함께 하면서 엄청난 수련을 한다.

따라서, 일반적으로 대학 4년을 졸업하고 직업을 갖게 되는 다른 분야와 매우 큰 차이가 있는 직업이다.

현재 진행되고 있는 한국 의료 문제의 핵심은 의사 수의 증원에 더하여 소위 신경외과, 흉부외과, 산부인과, 소아과 등의 필수 의료의 의사 부족을 충원하기 위한 것으로 보인다. 그러나, 의사 수의 증가와 함께 앞에서 언급한 필수 의료보험의 의료 수가를 조정하여 이 분야의 의료 비용을 상향 조정하여야 한다. 즉, 수술 시간이 10시간씩 소요되는 신경외과의 수술 비용과 1시간 소요되는 안과 수술 비용이 차이가 있어야 하는 것이다. 물론, 수술에 소요되는 수술실의 규모와 수술에 참여하는 의료진의 규모도 많은 차이가 있는 것도 당연하다.

    이 글을 쓰고 있는 시점에서도 진행되고 있는 의료 사태는 해결하여야 할 시기가 이미 지나고 있어 이 사태가 어떤 형태로 마무리되든 간에 한국의 의료 System은 상당히 망가질 가능성이 높고 의료 사태 발생 이전의 상태로 회복하기 위해서는 최소한 3년 이상이 걸릴 것으로 보인다.

15. 한국경제의 약탈자를 극복하기 위하여

1) 개관

다양한 집단이 서로 협조하면서 한국경제를 좀먹고 있는 한국경제의 약탈자들을 극복하기 위해서는 앞으로 언급할 어느 한 요인만 집중해서는 극복하는 것이 매우 힘들 것이다. 즉, 앞으로 언급할 요소를 포함하여 그 이상의 다양한 요소들이 서로 상승효과를 발휘하면서 지속적인 선순환 과정을 진행하여야 약탈자들을 극복할 수 있을 뿐만 아니라 한국경제의 발전을 위한 필요조건, 즉 기틀을 만들 수 있는 것이다. 특히 그 어느 때보다도 더 촘촘하게 연결된 세계에서는 국내적인 경제 현상과 국제적인 경제 현상들을 함께 고려하면서 직면하고 있는 문제의 해결을 위하여 극복하여야 할 핵심 요소들을 찾아 복합적이고 다층적인 문제 해결을 찾는 것이 중요하다.

예를 들면, 최근 한국 내뿐만 아니라 해외에서도 한국의 인구 노령화 및 인구 감소 등에 대하여 심각하게 바라보고 있는데 이에 대한 다양한 극복 방안을 제시하자면 소득불평등의 완화와 사회적 신분 상승 가능성의 확대, 서울 강남을 중심으로 한 주택가격 상승의 완화를 위하여 이 지역에 대한 장기 임대주택 공급 확대, 사교육비의 감소를 위한 공교육의 질적 향상과 확대, 적극적인 이민정책 및 다양성을 받아들일 수 있는 문화 및 교육 강화, 각 지방자치단체에서의 적극적인 기업 유치 및 각종 세제 혜택, 중앙정부와 지방정부의 협조를 통한 다양한 육아 시설과 어린이를 위한 보건시설 강화 등의 다양한 정책이 함께 하여야 인구 문제를 장기적으로 해결할 수 있는 것이다.

2) 신자유주의 경제를 극복하기 위한 새로운 Paradigm

(1) 개관

제8장 경제계에서 신자유주의 경제정책의 원인과 결과 및 한계를 간단하게 언급하였지만, 이제 "신자유주의를 기반으로 한 정책을 어떻게 극복하고 지속이 가능한 경제발전을 어떻게 하여야 할까."에 대하여 더 자세한 접근을 해보고자 한다.

1980년대 이후 미국의 Reagan 대통령과 영국의 Thatcher 수상이 두 국가가 처한 경제적, 사회적 난제를 극복하기 위하여 실시한 신자유주의 경제정책과 이것을 기반으로 하여 민간 부분의 경제로 확대함으로써 그 이후 최근까지 경제이론의 기본 사상으로 이어져 왔다.

즉, 미국의 경우에는 제2차세계대전 이후 세계 경제의 안정을 위하여 지속되었던 고정환율제도를 1971년 8월 15일 미국 Nixon 대통령의 일방적인 금본위의 고정환율제도 폐기 선언으로 인한 Bretton Woods System 붕괴와 중동전쟁과 Vietnam 전쟁에서의 패배, 이란혁명으로 인한 1, 2차 석유파동 이로 인한 높은 물가 상승 및 실업률 등으로 인하여 미국인이 패배 의식에 빠지게 되었는데, 1981년 1월 20일 Reagan이 제40대 대통령으로 취임하면서 미국인에게 정신적 용기를 불어넣으면서 경제 부흥을 위하여 "Make America Great Again(MAGA)"라는 구호를 사용하였다. 그 핵심 내용은 대폭적인 감세정책과 국방력 강화이었으며 이 결과로 미국은 비록 경제의 회복을 일정 부분 이루어졌지만, 복지정책의 축소와 불평등이 발생하기 시작하였으며 정치권력의 변화와 무관하게 이 정책의 큰 흐름이 지금까지 내려와 OECD 국가 중에 불평등이 가장 심한 국가가 된 중요 요인이 되었다. 물론, Trump와 같은 극우주의자의 출현이 나온 또 하나의 원인인 것은 당연하다.

영국의 경우에는 1960년대와 1970년에 이르면서 영국의 경제 수준을 무시한 채 과도한 복지정책, 과도한 노동조합 친화적인 정책, 기업가 정신의 저하 등으로 인하여 발생한 영국 사회 전체에 깔린 무기력과 높은 Inflation 등을 총칭하여 말하는 소위 "영국병"을 치유하기 위하여 등장한, 철의 여인으로 불렸던 Thatcher 수상의 강력한 경제정책은 미국의 Reagan 대통령의 정책과 같은 신자유주의 경제정책이었다.

이러한 국가의 경제정책이 기업으로 흐르면서 환경 악화와 지구온난화 등의 비용은 기업의 비용에서 배제하면서 사회적 비용으로 넘기고 기업과 주주의 이익 극대화 정책을 수십 년 동안 꾸준히 유지하여 정부의 신자유주의 정책 및 경제의 세계화, 몇 차례에 걸친 세계적인 경제위기 등과 함께 소득 및 자산의 불평등(이 책에서는 소득불평등으로 총칭하였음)이 심화하게 되었다.

이러한 상황을 구체적인 수치로 표현하면, 최근 수십 년 동안 유럽 국가들과 북 America 국가는 최고 소득 계층 1%가 전체 소득 증가의 28%를 차지하였으며 하위 소득 계층 50% 소득의 3배 이상이 증가하였다. 이미 언급한 것처럼, 이러한 현상은 단지 조세제도뿐만 아니라 경제제도, 교육제도, 소유권에 대한 법적 보장, 사업가와 노동자 집단과의 힘의 균형 변화 등의 결과이다. (Free and Equal Published by Alfred A. Knopf 2023, 2024 by Daniel Chandler 45page 참고)

이러한 결과 때문에 사회적 극단화 현상과 정치적 Populism 현상이 세계 각국에서 일어나고 있으며, 국민 사이의 혐오와 반목, 배타적인 감정 등이 증가하고 있다.

따라서, 이제 신자유주의 사상을 뛰어넘는 새로운 정치경제의 Paradigm이 출현할 시기가 되었으며 차츰 출현하고 있다. 그리고, 한국도 이러한 새로운 세계적 흐름과 함께 하면서 정치적, 경제적 위기를 극복하는 혜안이 있는 지도자가 탄생하였으면 좋겠다는 나의 바램이다. 새로운 Paradigm은 꿈을 추구하는 기회를 보장하는 것 이상의 인간의 고귀함과 자존심을 보호하기 위한 근본적인 조건도 보호하는 것이 모두를 위한 새로운 Paradigm이며, 비록 완벽하지 않지만 이것을 위한 도덕적, 철학적 합의를 도출함으로써 각자의 차이를 좁힐 수 있는 것이다. 이러한 노력의 결과로 국가 구성원 사이의 상호 존중을 위한 합의를 유지할 수 있다. (상기의 저서 XI 참고)

신자유주의 경제사상을 극복하는 방법은 포용성의 정치와 경제, 인본주의에 입각한 경제정책 등과 같이 다양하게 나타날 수 있지만 여기서는 Free and Equal Published by Alfred A. Knopf 2023, 2024 by Daniel Chandler의 저서를 참고하면서 몇 가지를 간단하게 언급하고자 하며 이것을 Humanistic Capitalism 또는 Social Capitalism이라고 부를 수 있다.

또한, 이에 더하여 현재 한국을 포함한 선진 국가들 사이에 빠르게 진행하고 있는 제4차산업으로 인한 사회적 변화에 대한 대응을 언급하면서 교육과 지도자의 자세에 대하여 새롭게 언급할 것이다.

(2) 기회의 평등과 차이의 원칙

더 깊은 성찰을 통하여 기회의 평등을 살펴보면, 인종과 성별 등의 직업과 직접적인 관계가 없는 요소를 배제하고 직업에 가장 적합한 사람을 선택하는 "무차별성의 원칙"을 말하는 것이며 때로는 이것을 강제하기 위하여 법의 규정도 필요한 것이다. 즉, 진정한 기회의 평등은 개방된 인생의 행로가 아니라 동일한 출발선에 있어야 하는 것이며 가장 중요한 출발점은 교육이다. 교육을 통하여 빈곤을 감소할 수 있을 뿐만 아니라 불평등도 감소할 수 있으며 수득을 기준으로 한 사회적 신분 상승도 가능하도록 하는 것이다. 이에 더하여 기회의 평등은 공정한 평등의 핵심이기에 기회의 평등을 확대하기 위하여 건강보험 확대, 공정한 사회적, 문화적 활동을 할 수 있는 환경이 소속감과 유대감을 가질 수 있는 건전한 사회를 유지하는 원동력이 된다.

여기서 반드시 언급하여야 할 중요한 내용은 모든 인간의 능력이 같을 수 없다는 것을 인정하면서 공정성을 유지하여야 하는 "차이의 원칙"이다. 즉, "궁극적으로 모든 사람이 혜택을 받게 되며 사회적으로 가장 약자에 속하는 계층이 가장 많은 혜택을 받을 수 있는 상황에서만 사회적, 경제적 불평등을 정당화할 수 있다."는 원칙이다. 이 원칙은 사실상 강력한 평등주의적 사상이다. 이것을 다른 제도와의 비교를 통하여 살펴보면, 지금의 경제 제도 하에서 최저의 생활을 유지하는 집단이 다른 제도와 비교하여 더 나은 삶을 영위할 수 있다는 확신을 갖도록 하는 것이다. 그리고 이러한 상황을 형성하고 유지하기 위해서는 정부의 세금 혜택, 시장의 역할, 기업가와 노동자 집단 사이의 균형된 권력관계, 공권력과 사적 소유권과의 균형 등과 같은 경제체제 전반에 대한 기본 틀을 제공하여야 한다. (상기의 저서 34-41 page 참고)

정치경제학자인 Rawls가 주장한 것처럼, 모든 인간이 같은 능력을 가지고 태어날 수 없는 "자연적인 사실"을 인정하면서 이것은 정당함이나 사회적 문제가 아닌 것을 인지하는 것이다. 즉, 정당함이나 부당함이란 사회가 이러한 사실에 대하여 어떻게 반응하는가의 문제이다.

결론적으로 "차이의 원칙"은 신자유주의의 Paradigm에 대한 하나의 대안으로서 "호혜주의"의 원칙을 제시하는 것이다. 이 원칙에 따라서 모든 사람에게 도움이 되는 방향으로 "자연적인 차이"를 활용하는 것이다. (상기의 저서 45, 46 page 참고)

(3) 경제의 지속성과 세대 간의 공정함과 정의

미래 세대에 대한 우리의 자세는 우리의 앞세대가 우리에게 했던 것과 같은 정신자세로 행동하는 것이 기본이다. 저축과 물질적 부의 축적과 같이. 즉, 지금의 세대가 미래 세대에게 현세대의 잘못된 행동으로 인하여 미래 세대에게 가난하고 궁핍한 환경과 삶을 영위하기 힘들 정도로 악화된 자연환경을 물려주어서는 안된다는 것이다. 특히 청결한 수자원, 깨끗한 공기, 안정적인 기후, 건강한 생태계 등과 같은 우리가 현재 의존하고 있는 "자연적 부(Natural Wealth)"를 미래 세대에게 안정적으로 물려주는 것이 지속 가능한 발전이다.

미래 세대를 위하여 "지속 가능한 발전"을 달성할 수 있는 가장 시급한 것은 앞에서 언급한 다양한 문제들에 대한 긴박함을 느끼고 언급하면서 이에 대한 대응이 가능한 새로운 경제 Model로 전환하며 정책을 실행하는 것이다. (상기의 저서 50, 51 page 참고)

(4) 권위주의 정권의 출현과 대응

이미 신자유주의의 한계와 소득불평등을 언급하면서 민주주의 국가인 미국에서 출현한 Populism의 대표자이면서 극우적인 성향이 매우 강한 권위주의적인 Trump 대통령을 예로 들었지만, France의 Marine De Pen도 Trump와 유사한 성향의 Populist이다. 이처럼 중국과 같은 극좌적인 권위주의 국가뿐만 아니라 민주주의 국가에서도 다양한 형태로 진행되고 있는 권위주의 정권에 의한 자유의 침해는 경제적 자유의 제한으로부터 나오는 것이 아니라 공정함과 평등을 추구하려는 우리의 노력이 실패함으로써 나타나고 있는 것이다. 즉, 신자유주의 정책의 실패가 사회적 소속감을 약화시키고 소득불평등의 악화와 함께 이러한 현상을 이용하는 정치권의 양극화 등으로 인하여 사회가 분열되면서 나타난 것이다.

한 예를 언급하면, 1990년대는 민주주의가 발전한 국가의 국민 2/3가 정치체제에 대하여 만족하였지만, 현재는 과반수 이상이 민주주의 체제에 대하여 불만을 나타내고 있으며 이러한 현상이 나타나는 주요 요인을 보면 빈곤과 불평등, 기후 변화 등이다. 물론, 이러한 현상은 서로 밀접하게 상호작용하면서 불만을 가중시키고 있다. (상기의 저서 137 page 참고)

이러한 현상에 대한 대응으로서 단기적으로는 진보적 조세정책과 기회의 평등을 이룰 수 있는 정책의 강화 등이 필요하며 중장기적으로는 기회의 평등을 달성할 수 있는 공교육의 강화, 직업에서의 공정한 기회, 개인적, 정치적인 자유의 존중, 앞에서 언급한 생태계를 위한 환경의 보존 등이 대응책으로 제시될 수 있다. 즉, 각 국가에 따라서 문화적, 역사적, 인종적 배경의 차이가 나타날 수 있으며 이에 따른 대응이 상이할 수 있지만, 경제적 자유 이상의 공정과 평등을 보장하는 사회가 될 수 있도록 노력하여야 한다. (상기의 저서 83 page 참고)

또한, 우리가 자유민주주의에 대한 신뢰를 회복하기 희망한다면, 민주주의 근본부터 재건축할 필요가 있으며 이를 위하여 개선할 중요한 과제 가운데 하나가 Rawls가 주장한 "평등한 정치적 자유", 즉 "정치적 평등"이며 구체적으로 살펴보면 평등한 투표권, 언론의 자유, 결사의 자유 등이다. (상기의 저서 138, 139 page 참고)

(5) 다양한 조세 및 경제정책

　사회의 분열을 극단적으로 일으킬 수 있는 소득불평등의 악화를 방지하면서 지속적인 경제발전을 유지하기 위해서는 진보적 조세정책뿐만 아니라 교육정책, 다양한 복지정책, 친환경적인 산업으로의 정책 전환과 문화의 변화 등 다양한 정책이 상호보완 작용을 하면서 신자유주의 사상의 한계를 극복하여야 하는데 여기서는 조세정책과 교육, 복지정책 등에 대한 몇 가지 예를 간단히 제시하고자 한다.

　몇몇 선진국에서 지구온난화에 대한 적극적 대응책의 하나로 제시, 시행되고 있는 Caron Tax, 상대적 저소득층을 지원하기 위한 (-) Tax, 호혜주의와 수령자의 자존심을 보호하기 위한 사전적 배분 제도 및 UBI(Unconditional Basic Tax), 모든 국민이 받을 수 있는 최저 상속세, 전 국민을 대상으로 한 의료보험 제도, 노령연금 제도, 저소득자를 위한 의료보험 제도, 직업훈련제도 강화, 현재 대부분의 선진국에서 시행하고 있는 최저임금제, 시민 국부 Fund 제도, 기업에서의 민주화 정책 등의 다양한 제도가 신자유주의적 경제정책의 한계를 극복하기 위하여 단계적으로 실시할 수 있는데 각 국가의 경제적 능력과 사회적, 문화적 환경을 고려하면서 선택적, 단계적으로 진행할 수 있다. (상기의 저서를 바탕으로 한 종합적인 참고)

(6) 현실적인 이상향 세계(Realistic Utopia)의 추구

　독단적이고 비타협적인 사고를 극복하면서 개방적인 마음을 유지하고 우리가 직면하고 있는 다양한 문제에 대한 해결을 위하여 사회구성원들이 토론하여 제도의 혁신을 위한 실험적 태도로 접근하여 새로운 증거에 따른 실용적이고 실질적인 사회가 지속이 가능하도록 노력하는 것이다.

　현실적으로 이러한 사회가 가능하기 위해서는 투표 행위뿐만 아니라 적극적인 정치참여와 정치적 홍보활동과 사회활동 등이 필요하다. (상기의 저서 270 page 참고)

(7) 표현(발언)의 자유

자유스럽게 말할 수 있는 자유는 인간의 삶에서 매우 중요한 기본적 자유이다. 이 자유에는 나의 생각을 자유롭게 말하는 자유이면서 동시에 다른 사람의 생각도 폭넓게 포용할 수 있는 것을 의미한다.

이러한 다양한 사고에 대한 포용성은 우리가 어떻게 삶을 이어가고 사회를 지속적으로 유지할 수 있는가에 대한 우리의 능력을 실행, 발전시킬 수 있는가의 핵심 문제이다.

진보적 관점에서 보면, 철학자인 Corey Brettschneider가 주장했던 것처럼, 정부는 예외적 상황에서 강제적 힘을 발휘하면서 표현의 자유를 제한하여야 하지만, 소수자에 대한 동등한 표현의 자유를 거부하지 않아야 하며, 민주주의 제도에서 시민은 정부의 정책을 거부할 수 있는 힘을 가지고 있어야 한다. 이것이 기본적인 자유이며 관용의 가치와 상호 존중의 정신을 증진하는 것이다. (상기의 저서 114, 116, 117 page 참고)

이와 상반되는 문화로서 "거부의 문화(Cancel Culture)"가 있는데, 이것은 정치적 차이를 동의할 수 있는 범위가 매우 협소하며 더욱 좁아지는 경향이 있는 것을 의미한다. 즉, 어떤 사실에 대하여 그들의 관점과 다른 관점을 가진 사람들을 거절하는 경향이 증가하는 것이다. (상기의 저서 119 page 참고)

최근 미국과 유럽에서 조사한 자료에 따르면, 표현의 자유에 대한 중요성에서 매우 중요하다고 생각하는 사람이 75%로 나타났으며 20c 초, 중반의 독재정권을 경험하지 않은 상대적으로 젊은 세대가 민주주의의 가치를 지지하는 정도가 상대적으로 약했다. 또한, 미국에서 1930년대와 1940년대에 태어난 세대는 민주주의가 "매우 중요하다."고 생각하고 있지만 1980년대 이후에 태어난 세대는 민주주의의 중요성에 대한 인식 정도가 1/3 미만 수준으로 낮아지고 있는 것으로 나타났다.

Rawls의 주장에 따르면, 표현의 자유와 같은 기본적 가치에 대한 신념을 회복하려면 사회의 지속 가능한 "안정성"이 중요하다고 하였다. 또한, 이것을 위하여 자신의 목표를 추구할 자유와 평등한 정치적 참여 및 자원의 공정한 배분 등이 중요하다고 하였다. 이것을 달성하기 위한 핵

심적인 역할을 하는 것이 "교육"이다. (상기의 저서 128 page 참고)

(8) 결론

지난 수십 년 동안 주류경제 사상으로 이어온 신자유주의 경제학과 경제정책이 정치적, 사회적, 경제적으로 분열의 단초가 되었으며 사회의 지속성을 유지하기 위하여 우리 사회 깊이 내재하고 있어야 할 공동체 정신의 부족이 지속되었다. 따라서 지금은 신자유주의 사상을 체계적이고 단계적으로 대체할 수 있는 Humanistic Capitalism이나 Social Capitalism과 같은 새로운 정치경제적 사상의 출현이 필요한 시기이다. 먼저 간단하게 Raels의 견해를 인용하자면, 경제적 정의란 공정한 경쟁을 확신하는 것뿐만 아니라 각자의 사회적 위치-소득 계층, 부의 격차, 특권 등-에서 공정한 보상을 받는 것이다. 동시에 최저계층을 포함한 모든 사람이 함께 기회를 가질 수 있으며 발전할 수 있는 기회를 획득하는 것이다. 이것은 미래 세대에 대한 우리의 의무를 포함하면서...

기회의 평등은 두 가지에 의존하고 있는데

첫째, 직업과 지위를 족벌주의나 편견에 근거하지 않고 재능에 기본을 두고 결정하는 것이다.

둘째, 모든 사람이 자신의 능력과 특성을 발전시킬 동등한 기회를 가져야 한다. (상기의 저서 170 page 참고)

그리고, 기회의 평등에 더하여 신자유주의 사상을 극복하기 위한 대안으로서 민주주의와 자유를 추구하는 기업의 행태가 서로 조화를 이루면서 사회주의 Model과 신자유주의 경제 Model 사이에 정착할 가능성도 있지만, 극좌적인 독재정권이나 극우적인 독재정권이 신자유주의 경제정책의 대안으로서 자리매김할 수 없다는 것을 명확하게 제시한다. 즉, 아무런 대안도 없이 혼돈상태로 진행하는 것이 아니며 신자유주의 정책을 완전히 버리고 새로운 경제사상으로의 혁신적 전환을 의미하는 것이 아닌, 신자유주의 이론을 기본으로 하면서 장기적인 관점에서 경제와 지구와 공동체로서의 인간의 삶이 지속 가능토록 하기 위하여 공동체의 인식과 환경의 보존으로 확대하는 것이다. 따라서, 결과적으로 인간으로서의 상호 존중과 존엄성과 공동체에 대한 소속감을 자연스럽게 불러일으키게 된다. 이것이 Adam Smith의 후계자들이 항상 언급하고 있는 자유민주주의를 추구하는 정치제도와 사회적 자유가 밀접하게 연결되는 것이다. (Social Capitalism Published by Austin Macauley Publishers Ltd 2022 by Andrew Blackwood 86, 156 page 참고)

3) 교육

(1) 개관

"11. 사교육과 과도한 경쟁"에서 한국 교육의 문제점을 언급하면서 이러한 문제점을 극복하기 위한 방안으로 "인성교육과 법치주의를 무시하는 지식교육"에서 자세히 언급하였지만, 현재 한국 사회, 특히 정치계의 극단적인 대립 상황과 대법관들을 비롯하여 법을 엄정하게 판단하고 심판하여야 할 집단이 스스로 타락해 버린 법조계, 사실을 정확하게 전달하고 국가기관을 감시하여 타락을 감시할 집단이 스스로 사실을 왜곡, 보도하고 특정 집단의 불법적인 이익에 가담하는 언론계 등에서 직면하고 있는 타락의 근저에는 교육의 부실화와 잘못된 교육에 기인하며 여기에 더하여 한국 사회에 오랫동안 내려온 정과 집단주의 문화 등의 부정적인 요소들이 함께 영향을 미치고 있는 결과이다.

앞에서 언급한 바 있지만, 최근 한국에서 정치적 양극화가 발생하고 있는 중요한 이유 중의 하나가 소득불평등이며, 이러한 소득불평등은 번창하는 사교육과 공교육의 약화로 인한 교육 기회의 불평등에서 시작하여 사회적 신분 상승의 기회가 약화하면서 신분의 고착화가 지속적으로 확대되는 경향이 있다. 결과적으로 정치적 양극화와 소득불평등의 악화가 한국경제의 지속적인 발전을 저해하는 요인이 되고 있으며 심지어 인구 감소의 한 요인으로 작용하고 있기도 한 것이다. 물론, 앞에서 정치학자들이 언급한 불확실성도 부정적인 요인의 하나인 것은 당연하다.

즉, 인간을 포함한 모든 동물은 자신의 다음 세대에게 그들의 생존을 위하여 본능적으로 교육을 시키지만, 이성을 가진 사회적 동물인 인간은 그에 더하여 후손들이 자신의 삶과 비교하여 더 나은 조건의 삶을 영위하도록 도와주기 위하여 본능적인 교육과 더불어 인성 교육과 지성 교육을 받도록 한다.

(2) 교육의 사회적 역할

현재, 세계 대부분의 국가는 모든 국민에게 교육을 받을 권리와 의무를 부여하고 있다. 이 의미는 곧 성적 약자인 여성과 인종적으로 소수민족 등을 포함한다는 것을 의미한다. 그러나, 이러한 교육을 받을 권리와 의무는 1900년대 초반까지만 하더라도 많은 국가가 여성을 교육에서 제외하기도 하였다.

상대적으로 자신의 노력에 따른 사회적 계층(social Ladder)상승의 가능성이 높은 자유민주주의와 자본주의 체제를 지지하는 사회가 태어날 때부터 신분이 정해지는 왕정국가나 중국, 북한, 러시아 등의 독재국가보다 상대적으로 우월한 것은 인간의 자유의지와 함께 잘 살아보고자 하는 욕구(desire)를 인정하면서 그에 따른 부작용을 최소화하기 위하여 각종 사회보장제도를 통하여 국가에서 정책적으로 치유하는 제도가 있기 때문이다.

즉, 교육을 통하여 운동선수, 연예인, 사업, 공무원 등의 다양한 직업군의 사회적 신분 상승의 기회를 획득하고, 직업선택의 자유를 보장하여 삶의 만족도를 높일 수 있으며 두터운 중산층을 형성하여 사회적 안정성을 유지하는 것이다.

따라서, 부와 신분의 세습이 고착화하고, 부정부패가 심한 사회에서는 국민이 합리적인 사고로 인정하기 힘들 정도로 교육 등을 통한 신분 상승의 기회가 극히 희박하며, 교육의 사회적 사다리(Social Ladder) 역할이 미약하기 때문에 국가가 장기적이면서 안정적인 발전을 달성하기가 힘들 수 있다.

(3) (좋은) 교육의 중요성

부정부패가 한 사회를 망가뜨리는 결정적 요소라고 한다면, (좋은)

교육은 한 사회를 유지하고 발전시키며 평등을 극대화하는 중요한 수단의 하나다. 즉, 윤리의식을 포함한 인성교육과 창의적 지성 교육은 사회의 신뢰성을 제고시킬 뿐만 아니라, 제4차산업과 같은 새로운 산업을 창출시키거나 새로운 산업을 빨리 따라잡을 수 있는 기반이 되는 것이며, 다음 세대가 더 나은 사회를 만들 수 있는 원동력이 되는 것이다.

따라서, 교육은 인성 교육을 기반으로 하는 기초 교육뿐만 아니라 지성 교육을 위주로 하는 고등교육도 더불어 중요한 것이다. 따라서, 지성과 인성을 겸비하는 좋은 교육을 지속적으로 유지하기 위하여 가정, 학교, 사회, 직장 등, 국가의 각 조직이 서로 긴밀하게 연결되어 협력하여야 한다.

Computer가 더욱 발달하고 Digital 세계가 본격화되어 AI가 진화하면서 세계가 서로 밀접, 복잡하게 연결되고 있는데 John von Neumann과 Oskar Morgenstern이 도입하고 발전시킨 경제이론의 하나인 Game 이론을 도입하여 얘기를 하자면, 사업에서의 승자나 국가 간의 경쟁에서의 승자는 결국 성실함과 이를 바탕으로 한 호혜적인 협력을 한 자이다.

(4) 교육을 통한 기회의 균등

교육이란, 개인적인 측면에서 보면, 사회적 계층 상승(Move up Social Ladder)의 결정적 요소이기에, 본인이 원하는 한, 사회는 그 기회를 제공할 수 있는 각종 경제적 Program을 제시하여, 소위 "돈이 없어 공부를 하지 못한다."는 말은 사라지도록 하여야 한다. 이것이 곧 사회를 안정적으로 발전시킬 수 있는 기초가 되며, ISIS와 같은 극단주의자의 발생을 최소화할 수 있는 것이다. 따라서, 공교육의 활성화와 이를 보완하는 사교육의 조화, 각종 장학 제도와 다음 세대의 양성을 위한 산학협동 체제 확립 등이 이를 위한 실용적 제도가 될 것이다. 다시 말하면, 각 유전적 인자(gene)에 의한 차이는 상수이지만, 부모의 사회적, 금전적 능력에 따라서 교육을 받을 권리가 차별화되고 이에 의한 사회적 계층이 상당 부분 결정된다면 소득불평등이 더욱 고착함으로써 설사 자유민주주의를 유지하고 있을지라도 사회의 결속력이 약화할 가능성이 매우 높다.

따라서, 사회의 환경과 문화적 영향 등을 종합적으로 고려하면서 교육을 받고자 하는 국민의 대부분이 높은 윤리적, 지적 교육을 받을 수 있도록 고등학교 교육까지는 무상 의무교육을 시행하도록 재정정책을 실시하여야 하며, 비록 이견이 있을 수 있지만, 대학 교육 이상의 재정에 대해서는 일정 부분에 대해서는 본인이 부담하도록 하여야 한다, 물론 이에 대한 보완책으로 산학 협동의 교육을 실시하여 교육비를 절감하도록 하고, 장기적이면서 저금리의 융자 방식으로 교육비를 지원하도록 할 수 있다, 이러한 제도에 대한 투명성 또한 매우 중요하지만…

(5) 인성 교육과 지성 교육의 조화

사회가 유지, 발전하기 위해서는 교육이 워낙 중요하기 때문에 다시 언급을 하지 않을 수 없는데, 인성 교육의 기본은 타인을 배려하고, 타인의 존재가 있음으로써 자신도 존재한다는 공동체적 인식을 갖게 하며, 사회적 약자를 보호함과 아울러, 자신과 다른 의견도 존중하는 것을 아는 것이다.

이러한 인성 교육은 어릴 때부터 진행하여야 하는데, 어쩌면 10세 정도까지는 이러한 교육에 치중하여야 할지도 모르겠다. 어릴 때 버릇은 평생을 간다고 하니까...

사실, 지금처럼 급변하는 사회에서는 어릴 때의 지식이 성인이 된 뒤에는 전혀 필요가 없을 수도 있다.

한편, 사회가 발전하는 과정에서 인간 개개인의 능력은 천부적인 차이가 있기 때문에 어쩔 수 없는 차이(Inequality)가 생기기 마련이며, 이것을 방치할 경우 앞으로 "제4차 산업혁명의 시대"가 본격화되면 이 빈부의 차이는 더욱 가속화될 수도 있다. 이러한 빈부의 차이를 해소하기 위한 상당 부분은 정부가 각종 복지제도를 통하여 해소해야 하겠지만, 이것보다 더욱 중요한 것은 사회구성원 각자가 사회, 아니 세계가 더불어 살아가는 "하나의 공동체"임을 인식하고 사회적 약자나 낙오자에 대한 Humanistic 배려를 하여 이들이 사회구성원으로서의 일체감을 갖도록 하여야 사회가, 아니 세계가 영원히 지속적으로 발전할 것이다.

다시 말하면, 교육을 통하여 합리적인 시민으로서의 자세와 사회구성원으로서 상호 존중의 자세를 갖는 합리적 가치를 함양하여야 한다. 그러나, 최근 신자유주의적 경제사상의 부분적인 영향으로 인하여 교육에 대한 정부의 투자가 약해지면서 한국뿐만 아니라 미국, 영국과 EU 국가들의 시민정신에 대한 교육이 약해지고 있다. 공동체를 지속적으로 유지하기 위해서는 시민정신에 대한 교육은 지식교육보다 훨씬 중요하며 꾸준한 대화와 소통이 필요하다. 시민교육을 통하여 자유와 권리의 중요성과 국가와 사회에 대한 믿음, 지속성이 가능한 국가와 사회에 대한 신념 등을 향상하는 것이 지속 가능한 민주적 사회를 위한 핵심 요소이다. (Free and Equal Published by Alfred A. Knopf 2023, 2024 by Daniel Chandler 129-131 page 참고)

(6) 창조적 교육의 중요성과 평생 교육

한 국가가 발전하기 위해서는, 특히 지금까지의 산업 구조가 근본적으로 급변하는 21c에는, 생존하기 위해서라도 그 어느 때보다도 창조적인 새로운 사고가 필요하기에 엉뚱한 생각이라고 무시하는 것이 아니라 그러한 사고를 존중하고 같이 토론하는 교육이 매우 중요하다. 이러한 토론 문화의 형성이 교육과 새로운 기술의 격차를 줄이는 중요한 역할을 한다.

경제학에서도 Postcapitalism이 나오며, Freakonomics가 태생하고 있는 것처럼, 끊임없이 변화하고 발전하는 사회에서 단순한 정규과정의 학교 교육에만 의존하는 것은 매우 위험한 일이다. 즉, 사회와 직장에서의 담당업무와 신기술을 위한 직업교육이 지속적으로 유지되어야 하며, 이것이 결과적으로는 새로운 직업을 창출하여 각종 사회복지 비용을 절감하는 선순환의 경제구조를 이룰 수 있을 것이다.

제2차세계대전 이후 폐허가 된 독일, 영국, 프랑스 등 대부분의 서유럽 국가가 1인당 GDP US $40,000이 넘는 높은 국민소득 수준을 이룬 중요한 이유 중의 하나는 여러 가지의 질 높은 좋은 교육이 중요한 역할을 한 것이다. (국가발전을 위한 구조적 분석, 지식과 감성출판사 2021

by William H S Lee 69-75 page 참고)

4) 부정부패의 극복

(1) 부정부패 극복의 중요성

국가가 보다 투명한 사회로 향하기 위해서는 법치주의 확립과 함께 신뢰 사회의 형성, 소득불평등의 완화, 사회적 신분 상승 가능성 확대, 국가의 사회적 안정화 등이 서로 밀접하게 상호작용하면서 사회적 선순환의 고리가 지속적으로 이어져야 한다.

특히, 한국과 같이 민주주의 역사가 매우 짧고, 오랫동안 내려온 "정"과 사농공상의 계급문화로 인하여 다른 선진국에 비하면 상대적으로 법치주의 확립이 약한 환경에서는 사회적, 경제적으로 지속적인 발전을 위한 선순환의 고리를 형성한 노력을 배가하여야 하며 한국은 이러한 관점에서 부정부패를 극복하여야 하는 것이다. 여기서 살펴볼 예정인 투명성의 수준과 1인당 GDP 수준과의 관계에서 한국이 동일한 2단계 유지한다는 것은 비록 완벽하지는 않지만, 과거 수십 년 동안 전 국민이 엄청난 노력을 하여 세계 역사에서 찾아보기 쉽지 않은 경제성장과 법치주의 수준을 획기적으로 발전시켰다는 것을 의미한다.

한편, 부정부패인식지수(투명성)(CPI:Corruption Perceptions Index)는 10개 기관이 조사한 13개 종류의 설문 조사 보고서를 통계 처리하여 생성하였다. 이 지수는 가장 깨끗한 상태를 의미하는 10에서 가장 부패했다고 느끼는 것을 나타내는 0의 범위에서 평가되고 있으며, 70%의 국가가 5 미만이며, 개발 도상국에서는 90% 이상의 국가가 5 미만이다.

부패인식지수는 10개 기관이 조사한 13개 종류의 설문 조사 보고서를 근거로 산출하였다. 이 조사를 실행하는 10개 기관은 아시아개발은행, 아프리카개발은행, 베텔스만 기금, 세계은행, 이코노미스트 인텔리전스 유닛, 프리덤하우스, 글로벌 인사이트 국제경영개발원(IMD), 정치경제 리스크 컨설팅, 세계경제포럼이다. 조사 대상은 전 세계 사업가와 국가 분석 전문가 등으로 하고 있다. (ko.wikipedia.org 자료 참고)

(2) 부정부패인식지수(투명성)와 1인당 GDP의 상관관계의 계량적 분석
 (가) 분석의 근거와 한계
　여기서는 2023년의 자료를 인용하여 2024년 UN 산하의 국가투명성기구에서 발표한 부정부패인식지수(CPI:Corruption Perceptions Index)와 국제금융기관인 IMF에서 같은 해에 작성한 각 국가의 1인당 GDP를 사용하여 분석하고자 한다.

　또한, 각 국가의 1인당 GDP를 집단으로 분류하여 비교, 분석함으로써 국가의 소득수준과 부정부패의 상관관계를 계량화하는 것이므로 2024년 두 기관이 발표한 2023년의 자료를 이용한다. 국가투명성기구에 의한 분류 대상 국가는 180개 국가이며 IMF에 의한 인당 GDP 분석 대상 국가는 189개 국가인데 여기서는 국가투명성기구에 의한 분류 대상 국가 대상 국가인 180개 국가를 기준으로 하여 부정부패인식지수 대상 국가를 함께 살펴보고자 한다.

$(x/18+x/18+x/18+x/18+x/18+x/18+x/18+x/18+x/18+x/18)/10 =$

$0 < A < 1$

　A가 1이면 양자가 완벽한 상관관계를 가진 것이며, 0이면 양자의 관계가 전혀 없다는 것을 의미함.

　x의 의미는 각 단계에서 분석 대상의 18개 국가-하위 단계로 갈수록 공동 순위가 많아져 분모에 해당하는 18이 변화하고 있음-중 양 기관의 분류 단계가 같은 수준의 단계에 있는 국가는 1로 하며 1단계 상위 또는 하위에 있는 국가의 경우에는 0.5로 하며 상, 하 2단계가 차이가 나는 경우는 0.25로 반영하는 숫자임.

　18의 의미는 1인당 GDP와 부정부패를 기준으로 하여 각 단계를 기본적으로 18개 국가로 분류한 것이며, 1단계에서 10단계는 국가 투명성 순위가 상대적으로 높은 국가와 1인당 GDP 순위가 상대적으로 높은 국가들을 10단계로 분류했을 때의 분류임. 그러나 하위 단계로 갈수록 CPI 등급이 동률인 국가가 많아 분모의 수치가 변경된다.

　또한, IMF의 분석에 의하면, 2024년 세계인의 1인당 GDP 중간 소득은 US $13,840으로 발표하였다.

인간의 삶이 대부분 그렇듯이, 모든 과학에서의 연구자료 역시 완벽하지는 않지만, 그것을 바탕으로 또 다른 발전을 하게 되는 것이기에, 그런 의미에서 지금 분석하고자 하는 계량적 방식 또한 객관적으로 이해할 수 있도록 하는 참고 자료로 할 뿐이다.

따라서, 이 분석의 한계를 미리 얘기하는 것은 20c 이후, 특히 21c에 들어와서 세계 경제와 정치, 사회, 문화 등이 서로 밀접하게 연결되어 영향을 주면서 더욱 복잡해지고 이해하기 힘든 상황(Complexity)이 일어나고 있지만 이해를 위한 약간의 단초를 만들고자 하는 것이다.

즉, 앞에서 이야기한 것처럼, 국가는 산업 발전, 교육과 언론, 문화, 종교, 국가의 권력 구조 등에 의해서 서로 복잡하게 영향-좋은 의미든, 나쁜 의미든 간에-을 주면서 변화하고 있지만, 여기서는 그 가운데 중요한, 그리고 부정적인 요인 중의 하나인 부정부패가 어느 정도 경제발전에 영향을 미치는가에 한정하여 분석하면서 이 글의 주제인 한국경제의 약탈자를 최소화하는 방법을 모색하고자 하는 것이다.

(나) 부정부패인식지수(CPI)와 1인당 GDP 상관관계 분석
소수점 3자리 이하 과반수 절상
(14.25/18+14.25/20+7.5/16+7.5/21+6.75/17+8/22+6/15+6.75/15+11/25+5.5/9)/10=(0.79+0.71+0.42+0.33+0.40+0.36+0.4+0.45+0.44+0.61)/10=4.91/10=0.491(49.1%)

분석 대상 국가 중에 CPI 국가의 경우는 하위 단계로 갈수록 같은 순위의 국가 수가 증가하거나 감소(예를 들면, 6단계의 국가 수는 22개국, 7단계의 국가 수는 15개국)하여 분모인 18개 국가의 수치를 달리 처리하였다.

또한, 비록 몇 가지 분석의 한계는 있지만, 1인당 GDP 상위 38개국에 해당하는 국가들의 경우에는 CPI와의 관계가 0.7 이상의 매우 밀접한 관계를 갖고 있어 상위 단계에서는 매우 높은 상관관계를 보여주고 있지만 3단계 이후에는 상관관계가 급격하게 하락한다. 중요한 이유는 2단계까지는 국가를 유지하고 있는 다양한 제도가 법치주의에 입각하여

확립되어 있지만, 3단계 이하에서는 이러한 제도들에 대한 법치주의의 확립을 포함하여 구국가발전에 필요한 건전한 문화로의 변화, 수준 높은 (좋은) 교육, 다양한 산업의 활성화, 국가발전을 위한 지도자의 의지, 기업가정신의 활성화와 창의성 존중 등의 다양한 요소들이 총체적으로 부족한 것이 중요한 이유로 추정되며 부정부패를 포함한 교육 수준, 역사적 배경의 영향, 불충분한 제도 등이 선진국으로 분류할 수 있는 국가보다 훨씬 다양한 부정적인 요인으로 복잡하게 작동하고 있는 것으로 추정할 수 있다.

그리고, 카타르와 사우디아라비아, 쿠웨이트 등과 같은 Oil을 수출하는 국가는 국가 투명성에 비하여 1인당 GDP가 상대적으로 높은 편이며, 국가 인구가 상대적으로 적은 국가의 경우는 대체로 CPI와 GDP가 인구가 많은 국가에 비하여 상대적으로 높다. 북구 유럽 국가들과 Singapore 등이 대표적인 예이다. 한편, 부정부패인식지수(투명성)와 국가별 1인당 GDP 상관관계 분석에서 하위 단계에서는 국가 제도의 불안정, 국가의 경제와 정치의 지속적인 불안정과 문화적 요인, 지리적 요인 등이 복합적으로 작용하면서 경제적 악영향을 주고 있어 경제발전을 아예 시도하지도 못하였거나 발전 과정에서 중단되거나 후퇴한 경우가 있었다. 즉, 하위 단계로 갈수록 1인당 GDP의 상승과 국가 투명성의 상관관계가 약화한 것이 아니라 다양한 부정적인 요인-문화, 제도의 불안정, 교육 수준, 지리적 영향, 지정학적 영향 등-들이 더욱 악영향을 발휘하고 있다고 보아야 할 것이다. 지정학적으로 특이한 점은 미국과 우호적인 관계를 맺으면서 경제적으로 밀접한 관계를 맺고 있는 파나마(예: 파나마운하)와 멕시코(2018년 9월 30일에 기존의 NAFTA 자유무역협정을 USMCA 자유무역협정으로 변경함)는 CPI에 비하여 1인당 GDP가 상대적으로 높은 수준이다.

또한, 상대적으로 권위주의적이고 공산주의 정치체제를 유지하는 국가인 중국과 Russia, Iran은 GDP 수준이 CPI 수준에 비하여 각각 1 단계 또는 몇 단계씩 높은데, 이것은 국가 발전 초기 단계에는 어느 정도의 수준(1인당 GDP US $10,000 내외)에 도달하려면 국가발전에 대한 의지가 강한 지도자가 있는 권위주의체제나 Oil과 같은 천연자원을 풍부하게 보유한 국가가 유리하다는 것을 의미하는 것이다. 한국의 발전 초기(박정희시대)나 중국의 등소평 등을 생각하면 될 것이다. 즉, 발전 초기는 국가지도자의 산업 발전 의지가 매우 중요하다는 것을 의미한다.

참고로 북한, 시리아, 쿠바 등의 경우는 자료를 제출하지 않아 1인당 GDP를 표기할 수 없었으며 CPI(북한의 CPI 순위는 공동 172위, 시리아 177위임)와의 분석 대상에서 제외하였다. (국가발전을 위한 구조적 분석 지식과 감성출판사 2021년 저자 William H S Lee 54-57 page 참고) 분석 대상의 국가를 부록으로 추가한다.

(3) 부정부패가 미치는 부정적인 영향

지금까지 살펴본 CPI와 법치주의와의 상관관계 외에도 부정부패가 사회 전반에 미치는 부정적인 영향이 매우 심각하기 때문에 여기서는 역사를 포함하여 좀 더 다각적인 시각으로 부정부패를 살펴보고자 한다. 먼저, 한국의 역사를 보면, 고구려와 백제의 멸망, 통일 신라의 멸망, 고려의 멸망에 이어 결국에는 일본의 지배까지 받게 된 조선 멸망과 같이 한국의 역사를 장식했던 대부분의 왕조 국가가 멸망한 요인은 각 왕조의 왕권을 포함한 지배계층의 부정부패와 이로 인한 피지배계층의 민심 이반이 핵심 요인으로 작용하였다. 이러한 현상은 한국뿐만 아니라 전 세계 모든 국가에 적용되는 불변의 진리와 같이 작용하고 있다. 즉, 로마의 멸망과 Soviet Union의 멸망, 중국의 국공내전에서 패배한 국민당 등도 부정부패가 중요 요인으로 작용한 것이다. 이러한 예는 인간의 역사에서 무수히 많지만, 세계 최강의 군사력을 보유하고 있다고 평가받는 미국이 월등히 높은 수준의 군사력을 투입했음에도 불구하고 1973년의 평화협정 후 패전을 자인하고 물러난 Vietnam과의 전쟁, 2001년 9.11 Terror로 인하여 미국이 아프가니스탄에서 시작한 탈레반과의 전쟁이 20년간의 긴 전쟁에도 불구하고 탈레반을 제압하지 못하고 2021년 8월 30일 종전한 전쟁 등에 대한 패배의 중요한 원인도 결국에는 집권 세력의 부정부패로 인하여 민심이 기득권세력을 떠났기 때문이다.

또한, 한국 역사에서 부정부패가 국가와 사회에 어떻게 (-) 효과로 작용하는가를 일본의 지배를 받게 된 조선시대 말을 기준으로 하여 구체적으로 살펴보면, 1882년의 임오군란, 1884년의 갑신정변, 1894년부터 1895년까지 이어진 동학혁명, 1896년과 1897년의 아관파천, 1905년의 을사조약 등은 조선 말 왕족과 그들을 둘러싼 집권 세력의 부정부패와 무능으로 인하여 발생한 것이며, 결국 2010년 8월 29일 한일합병으로 이어지면서 국가라는 존재가 사라지게 된 것이다.

앞에서 언급한 역사를 부정부패의 악순환 측면에서 더 깊이 살펴보면, 부정부패로 인하여 자신의 노력에 의한 정당한 방법으로의 사회적 신분 상승의 기회가 약화함으로써 사회적, 경제적 소득불평등이 고착화되면서 부의 대물림, 가난의 대물림이 되어 결과적으로 인구의 노령화와 인구 감소, 만성적인 내수시장의 약화 현상이 발생하게 된다. 즉, 국가 전반의 사회적 불안정과 경제적 후퇴, 정치적 극단화 등과 같이 부정적인 결과가 다양한 형태로 표출하는 것이다.

(4) 부정부패의 극복을 위하여

이 글에서 규정한 국가를 구성하는 각 조직이 법을 준수하면서, 각자의 위치에서 각자의 역할을 하는 것이 부정부패의 극복을 위한 기본이며 매우 중요하다.

그러나, 우리가 역사를 통하여 배우고 있는 것처럼 간단하게 보이는 법치주의 확립이라는 것을 현실로 적용하면서 실천하는 것은 매우 고난하고 긴 과정을 겪어야 한다. 즉, 인간이라는 동물이 근본적으로 지니고 있는 탐욕을 억제하면서 공동체를 유지하여야 하는 바탕은 교육이며 이와 함께 다른 법적, 제도적 기능도 잘 작동하여야 한다. 먼저, (좋은) 교육은 공동체의 구성원에게 소득과 자산의 불평등을 극복하기 위한 기회의 평등을 제공하면서 동시에 사회적, 문화적으로도 부정부패를 배척하는 긍정적인 역할을 한다. 그리고, 입법, 사법, 행정의 삼권 분립을 통한 견제와 균형의 민주적 제도와 이 제도의 실행에 대한 적절한 감시 기능을 하는 언론의 자유가 보장되도록 잘 가동되어야 하는 것이다. 앞에서 언급한, 멸망한 국가들이 부정부패로 인하여 국가 기능이 제대로 작동하지 않으면서 민심이 이반하고 결과적으로 역사 속으로 사라지고 말았지만, 더욱 핵심적인 이유는 결국 부실한 교육과 삼권 분립을 통한 견제와 균형의 기능, 언론의 권력에 대한 지속적인 감시 기능이 적절하게 작동하지 못했기 때문이었다.

이러한 상황을 앞에서 언급한 과두정치에 비추어 바라보면, 지금까지 언급한 한국의 정치, 경제, 사회, 언론, 문화 등의 많은 분야에서 과두정치로 인한 정실주의(Cronyism)가 작동하면 부정부패가 개입되면서 법치주의가 약화하고 경제의 공정한 경쟁이 차츰 불가능해져 꾸준한 노력을 통한 과실을 얻을 수 있다는 자신감과 사회에 대한 신뢰가 사라지며 사회가 불안정해지면서 다양한 부작용이 발생하게 된다.

따라서, 독과점 규제와 같은 시장에 대한 합리적이고 공정한 규정, 즉, 규제적 자유주의를 강화함으로써 부정부패를 부분적으로 해결할 수 있으며, 이와 함께 기존의 주주 이익을 극대화하는 기업문화에서 주주의 이익뿐만 아니라 근로자, 채권자, 지역사회, 국가 등의 이해관계자 이익 극대화로의 변화를 통하여 소득불평등 완화를 위한 직, 간접적인 노력을 지속적으로 함으로써 부정부패를 극복할 수 있다. 한편, 여기서 언급하는 이해관계자의 이익에는 최근 문제가 되고 있는 환경문제도 당연히 포함되는 것이다. 즉, 소위 공공재로 인식되고 있는 부분도 기업의 손익에 반영하는 것이다.

예를 들면, 한국에서 2024년 9월 중순까지도 계속되고 있는 30oC를 넘는 고온 현상은 지구온난화로 인한 환경문제이며 이로 인한 피해는 상대적 저소득계층과 사회적 약자가 더 힘든 상황을 겪을 수밖에 없는데 환경문제의 공공재 특징으로 인한 소위 "공공재의 비극"이 발생하고 있는 현상이다. 따라서, 부정부패를 극복하기 위한 "규제적 자유주의에 의한 시장" 논리와 앞에서 언급한 관계자 극대화를 도입하면 빈부격차를 줄이는 결과를 자연스럽게 가져올 수 있다.

5) 지도자의 자세 변화

20c를 주도했던 "대량생산, 대량 고용"으로 대표되는 제3차산업에서는 대통령과 참모로 구성되는 1인 또는 소수의 뛰어난 사람들이 주도하는 산업과 경제발전을 발전 Model로 삼았지만-예를 들면, 한국, 타이완, 싱가포르 등-20c 말부터 새롭게 출현한 지식산업을 기반으로 한 제4차산업은 평범한 많은 사람이 서로 협력하여 새로운 Idea와 방법으로 친환경적이면서 지속 가능한 다양한 새로운 기업과 산업이 출현하고 있으며 이러한 산업환경과 문화에 맞는 새로운 지도자 Model이 탄생하여야 한다. 예를 들면, 자신의 잘못과 실수를 솔직히 인정하면서 조직의 계층과 관계없이 많은 대화를 통하여 자신을 포함한 조직원 모두가 소속감을 갖고 의사결정에 적극적으로 참여토록 하여 결정된 산업과 사업, 정책에 대한 지속적인 Feedback을 함께 공유하면서 성공하도록 노력하는 것이다.

또한, 21c에 진입하면서 더욱 본격적으로 변화하고 있는 무형의 지식, Connection, AI, Robot, 친환경, "다품종 소량화" 등의 제4차산업을 기반으로 한 후기산업사회에서는 소득불평등이 악화할 가능성이 매우 높다. 즉, 한국의 경우 선진국 Group에 해당하는 G30 가운데 미국 다음으로 소득불평등이 악화한 상태이며 자칫 안이한 자세로 이 문제를 접근하면 사회적 갈등이 심각하게 확대할 가능성이 높다.

따라서, 국가지도자는 이 문제를 자신의 임기 내에 해결하겠다는 단견적 자세보다는 10년, 20년, 30년의 장기적 안목으로 접근하여 사회 각 분야가 서로 협력하여 선순환 구조를 형성하는 것이 중요하다. 이것을 위해서는 무엇보다도 먼저 망가져 버린 한국의 공교육을 정상화하는 것과 이것을 통한 문화적 변화가 우선되어야 한다. 예를 들면, 현재 한국에서 실행하고 있는 외국어고등학교나 과학고등학교 등의 사립학교는 국가가 교육 예산을 확대하여 국공립학교로 전환함으로써 더욱 많은 후세대가 교육에 대한 공정한 기회를 가질 수 있는 여건을 점진적으로 확대하는 것도 국가지도자가 장기적 안목으로 추진하여야 할 정책 중의 하나이다. 이미 언급한 것처럼 한국은 선진국 중에 미국 다음으로 소득불평등이 심한 국가라는 오명을 벗어나기 위한 첫걸음이 공교육의 강화와 사교육의 축소 및 교육비 지원을 위한 다양한 방법을 모색하는 것이다. 즉, 한국이 세계 역사에서 찾기 힘들 정도로 빠르게 성장하는 과정에서 발생한 많은 문제를 갖고 있지만 소득불평등을 유발하는 한 요인이 되고 있는 교육과 관련하여 언급하자면, 공교육의 강화는 인구 노령화, 인구 감소, 소득불평등, 지속적인 경제발전 등의 다양한 문제를 해결하기 위한 핵심적인 요소의 밑거름이기에 국가지도자와 그를 보좌하고 있는 집단이 이 문제를 해결하지 않고는 한국의 지속적인 발전을 해결하기가 쉽지 않다는 것을 인식하여야 한다.

한국은 이승만 대통령이 1948년 자유민주주의 국가를 설립하면서 새롭게 건국한 국가를 확고하게 다지기 위하여 국민의 의식 개혁과 교육을 노력함으로써 국가의 기틀을 마련했다면 박정희 대통령은 수천 년 동안 이어온 농경문화를 산업문화로 대전환함으로써 선진국으로 진입할 수 있는 기틀을 마련하였다. 따라서, 이제 한국을 위하여 앞으로 출현할 또 다른 훌륭한 지도자는 사농공상의 계급 문화의 잔재를 없애고 소득불평등을 극복하면서 새롭고 다양한 사고와 창조적인 생각과 혁신적인 방안을 장려하여 제4차산업의 흐름을 선점할 세계적인 새로운 산업을 주도할 수 있는 여건을 만들고 지원하는 지도자가 출현하여야 할 것이다.

현재, 한국을 포함한 세계의 많은 국가가 맞이하고 있는 후기산업사회의 약점 중의 하나는 자칫 잘못하면 Populism에 빠질 수 있고, 상황이 더 악화하면 Populism과 함께 폭력성을 띠면서 다양성과 법치주의를 무시하는 극우적인 성향의 Fascist 또는 극좌적인 성향의 Communist가 지도자로 선출되어 국가가 최악의 상황에 빠질 수 있다. 따라서, 한 국가 안에서 다양성과 동질성, 개인주의 성향과 집단주의 성향, 국가주의와 세계주의 등의 극단적인 성향이 지속적으로 출현하면서 충돌할 가능성이 높기에 후기산업사회의 지도자는 이러한 양 극단적인 성향을 조화롭게 관리하여야 한다.

즉, 국가의 지도자는 매우 다양하면서도 복잡한 문제를 해결하기 위하여 가능한 한 많은 국민이나 조직원이 소속감과 삶에 대한 행복감을 느끼도록 하면서 지속적 발전을 유지하기 위한 개방적인 사고와 세계정치와 경제적인 상황에 대한 예측 능력을 지녀야 한다. 후기산업사회에서는 법치주의를 기본으로 하고 이것을 넘어선 Humanism과 도덕성을 갖추면서 동시에 개방적인 사고를 소유하고 세계적인 정세를 읽을 수 있는 지도자가 필요한 것이다. 따라서, 그 어느 때보다도 지도자로서의 역할을 수행하는 것이 무척 어려운 시대이기에, 국민 또한 이러한 관점에서 지도자를 선출하여야 하는 과제가 있는 것이다.

좋은 예를 들자면, 미국의 군사도시였던 South Carolina 주의 Charleston이 군사기지의 이전계획으로 인하여 군사기지를 기반으로 한 다양한 사업이 사라질 위기에 처하게 되었을 때, Tim Scott가 주도한 "도시 되살리기 운동"을 계기로 하여 지금은 미국에서 가장 많은 여행객이 방문하는 관광지로 변화하였을 뿐만 아니라 소득불평등 지수도 가장 낮은 지역으로 성공하였다. 또한, 지역의 지도자들이 단결한 결과로 Charleston에 Boeing 제조공장이 유치되기도 하였다. 즉, Tim Scott을 중심으로 한 사회지도층의 지속적인 노력으로 위기를 새로운 산업을 유인시키는 기회로 전환한 것이다. 특히, Tim Scott는 자신의 개인적인 삶에서도 항상 현재의 위기를 신이 부여한 시험으로 생각하고 이것을 극복하기 위한 노력을 지속하였으며 여러 차례에 걸친 삶의 위기를 극복하고 지금은 미국의 빈민가에서 탈출하여 공화당 출신의 유일한 흑인 연방상원으로 당선되었다.

사실, 그의 인생뿐만 아니라 많은 인간의 삶은 크고 작은 여러 가지의 파도를 극복하기 위하여 실수나 실패의 원인을 찾아 이것을 보완하는 과정을 끊임없이 노력하여 삶에서 성공하는 것이다. 즉, "실패는 인생의 실패가 아니라, 단지 성공이 늦어진 것" 뿐이라는 정신으로 언제, 어떻게, 누구와 함께 할 것인가를 끊임없는 Feedback을 통하여 재도전하는 것인데, 후기산업사회는 이러한 정신이 더욱 강하게 요구되는 것이며 이에 더하여 이러한 노력을 통하여 성공한 사람은 사회적 낙오자가 재기할 수 있도록 도와주고 보호하면서 함께 갈 수 있는 길을 찾아가는 것이다.
(Opportunity Knocks by Hachette Book Group Inc. 2020 by Timothy

Scott 138, 148 page 참고)

한국의 새로운 지도자가 이러한 자세로 한국의 새로운 역사를 그려 나간다면 한국의 지속적인 발전이 충분히 가능한 것이다.

6) 문화의 혁신적 변화

한국은 1948년 7월 17일 한국 역사상 최초로 이승만 대통령(임기: 1948년 7월 24일-1960년 4월 26일)이 주도하여 국민의 주권과 자유, 평등을 보호하기 위한 입법, 사법, 행정의 삼권 분립을 기반으로 한 민주주의 제도를 도입하여 건국함으로써 제도적 기초를 설립하였으며 1961년 5월 16일 Coup D'etat를 통해 집권한 박정희 대통령은 수천년 동안 내려온 한국의 농경문화를 혁신적인 사고로 산업문화로 변화시킴으로써 인류 역사상 전례가 없을 정도로 빠른 경제성장을 달성할 수 있는 기초를 다졌다.

그러나, 이제 한국이 직면하고 있는 새로운 과제는 정치경제학자인 Rawls가 소위 Background Culture라고 갈파한 것처럼 500년 넘게 내려온 사농공상의 조선시대 신분제도가 한국 사회 전반에 뿌리 깊게 내재하고 있어 정치지도자의 뛰어난 정치력이나 수준 높은 교육을 통하여 혁신적인 한국 문화의 변화를 이룸으로써 새롭게 도래한 제4차산업에 적합한 인재와 문화를 한국 사회가 흡수하도록 하여야 한다.

제4차산업에 적합한 문화와 지도자를 구체적으로 언급하면,

산업이 변화하고 사회가 다양화하더라도 인간이 공동체를 구성하고 함께 행복감을 느끼면서 경제적, 정신적으로 발전하고 성숙하기 위해서는 기본 정신인 창의성과 자유와 배려의 정신과 동정심과 법치주의 정신 등은 지속되여야 하며 이러한 정신을 바탕으로 사회에 대한 신뢰를 높이는 것이므로, 사회구성원 모두가 이러한 정신을 함양하기 위한 교육의 중요성을 인지하고 꾸준히 노력하여야 한다.

즉, 우리가 후기산업사회를 더욱 안정적이고 친환경의 사회로 변화, 발전시키기 위해서는 현재, 그리고 앞으로 우리가 직면할 문제에 대한

현명함과 섬세함, 도덕성, 법치주의 확립, 집단지성의 중요성 인식과 확실한 목표 의식과 현실적인 이해 아래에서 사회와 국가를 변화하여야 한다. 이것을 위하여 기독교와 불교에서 얘기하는 자비와 사랑과 감사뿐만 아니라 겸손과 배려 등의 도덕적인 삶이 사회와 국가에 서서히 스며들어 과학과 기술의 발전이 함께 하면서 세계공동체의 삶과 지구의 생존을 중요하고 심각하게 인식하며 후기산업사회의 당면과제로 절실하게 느껴야 한다. (The Economics of The Parables Published by Regnery Gateway 2022 by Robert Sirico 156 page 참고)

우리가 진정으로 성스럽고 신성한 세계관과 경제에 대한 시각을 가지면, 현재 우리가 직면하고 있는 대부분의 고난과 고통과 삶의 고달픔이 우리에게 더욱 확실하게 다가오면서 해결할 수 있을 뿐만 아니라 신성한 경제학(Sacred Economics)의 개념도 성립할 수 있을 것이다. (Sacred Economics Published by North Atlantic Books 2021 by Charles Eisenstein 482 page 참고)

이것은 곧 전쟁과 소요와 각종 천재지변이 도래하더라도 "어둠의 시간은 짧고, 밝은 시간은 길다."는 것이다.

이것을 위하여 한 국가나 사회의 지도자가 산업과 사회가 어떻게 발전하고 변화하는가를 잘 이해하고 적절한 정책을 시행하여야 한다. 이러한 이해가 부족하면, 국가와 사회가 빠르게 후퇴하면서 종국에는 멸망할 수도 있는데 이러한 측면에서 독재국가가 자유민주 국가보다 더 많은 위험성을 내포하고 있는 것이다. 물론, 자유를 추구하는 많은 국가도 지도자의 능력 부족, 인구의 노령화와 축소, 법치주의 의식 부족, 교육의 후진성, 다양한 산업의 발전 부족, 폐쇄적인 문화, 만연한 부정부패 등의 다양한 부정적인 요소로 인하여 경제발전을 시작도 못하거나 발전의 속도가 더딘 경우가 많이 있지만...

후기산업사회는 공동체를 유지, 발전하기 위한 매우 높은 수준의 도덕성과 법치주의 및 교육, 삼권분립 확립, 사상과 언론의 자유, 인구의 꾸준한 증가 등이 필요한 것은 당연하다.

인간의 삶과 마찬가지로 경제발전 과정에서도 도를 넘는 탐욕이 발동하여 집단 사이의 마찰이 발생할 수 있으며 국가 간의 전쟁, 가뭄, 태풍과 홍수 등의 각종 자연 재난 등의 굴곡과 험난한 과정을 헤쳐 나가야 하지만, 역사에서 알려주듯이 인간이 수많은 시행착오와 실패를 거듭하면서 발전하여 온 것처럼 앞으로도 다양한 역경을 극복하면서 경제는 꾸준히 발전하게 될 것이다.

특히, 지금까지 얘기한 것처럼 엄청나게 빠른 속도로 변하면서 수많은 변수가 서로 밀접하게 연결되어 상호작용을 되풀이함으로써 시간과 장소에 따라서 다양한 결과-Serendipity나 Black Swan처럼 COVID-19 전염병과 Russia의 우크라이나 침략, Iran의 시민혁명 사건 등가 나타나는 현상이 일반화되고 있는 한국 사회에서는 자신과 사회와 국가의 생존과 발전을 위하여 자신이 현재 어떤 위치에 있으며 어떤 방향으로 발전하여야 하는가를 스스로 인식하는 것이 중요할 뿐만 아니라, 이것을 계기로 하여 자신의 정체성을 확인하고 자신의 장, 단점을 파악하여 수많은 방향 중에 어떤 방향으로 나아가는 것이 더 나은 선택인가를 끊임없이 고민하는 것이다. 물론, 이러한 발전을 위하여 필요한 배려와 관용과 사랑과 자비와 절제의 정신을 함께 하면서...

즉, 단순한 수치에 의한 경제적 가치 이상의 인간성과 공정, 관대함, 공공의 정신 등이 함께하는 경제적 시각을 가져야 새로운 시대에 직면하게 될 다양한 도전을 우리가 함께, 다양한 과정을 통하여 극복할 수 있는 것이다. (Doughnut Economics Published by Chelsea Green Publishing 2017 by Kate Raworth 110 page 참고)

이와 함께 작금의 Complexity 시대를 살아가고 있는 우리는 첫째, 삶이란 항상 다양한 형태의 위험과 이러한 위험이 또 다른 형태의 위험을 일으키고 있다는 것, 둘째, 각자가 서로 다른 환경과 제도에서 살아가면서 서로에게 다양한 형태의 영향을 주고 있다는 것, 셋째, 전 세계가 매우 복잡하고 다양하게 연결되면서 진행-발전 또는 후퇴, 횡보 등-하고 있다는 것을 이해하면서 살아가는 것이 삶의 자세가 아닐까? (상기의 저서 126 page 참고)

7) 결론

이 글을 작성하면서 반복적으로 언급한 것처럼 1980년대 미국의 Reagan 대통령과 영국의 Thatcher 수상이 국민의 자존심과 경제회복을 위하여 실시하였던 경제정책인 신자유주의 경제정책의 핵심인 감세정책, 복지정책의 축소와 시장의 자율성 존중, 주주 이익의 극대화로 이어지면서 민간 분야로 확대하였으며, 한국의 경우에는 1997년의 IMF 경제위기를 맞으면서 IMF가 주도한 신자유주의 경제정책을 민간 분야까지 확대하게 되었다.

그러나, 이제는 그 효용가치를 다했으며 오히려 그에 대한 부작용으로 인하여 한국과 미국을 포함한 세계의 많은 국가에서 소득불평등의 악화가 지속되었으며, 이와 더불어 2000년 초의 Dot Come Bubble과 2008년 미국의 Subprime Mortgage 위기와 이에 인한 영향으로 발생한 Greece를 비롯한 유럽 남부 국가들의 금융위기, 2018년부터 시작한 미중전쟁, 2020년의 COVID-19 전염병으로 인한 세계적인 경제위기 등의 몇 차례에 걸친 위기를 극복하는 과정에서 소득불평등이 더욱 심화하였다. 이러한 불평등의 악화는 정치적, 사회적으로 좋지 않은 영향을 주게 되어 현재 발생하고 있는 정치적 양극화의 중요한 원인으로 작용하고 있다.

특히, 한국에서는 이러한 결과로 인하여 심지어 자유민주주의의 가치까지 부정하는 집단이 증가하면서 정치적, 사회적 극단주의자가 증가하고 있는 중요한 요인이 되고 있다.

따라서, 한국은 더 늦기 전에 득불평등의 원인을 이 글에 언급한 다양한 요인들을 포함하여 다각적으로 분석함과 동시에 기존의 신자유주의 정책을 뛰어넘는 새로운 경제정책과 사회적 통합 방안을 찾아야 한다.

즉, 한국도 미국이나 영국 등과 유사한 경제적 위기 상황에서 분배보다는 성장을 우선시하여야 할 IMF 경제위기를 맞이한 것이었는데 이제는 다른 국가들과 마찬가지로 소득불평등을 극복하여야 할 새로운 경제적, 정치적, 사회적 현실을 맞이한 것이다. 따라서, 그동안 신자유주의 경제정책과 1995년 출범한 WTO 체제를 계기로 하여 각 국가의 소득불평등을 해소하면서 동시에 전 세계에 빠른 경제성장을 가져왔지만, 이제는 이것으로 인하여 발생한 국가 내의 소득불평등을 개선하는 것이 경제정책의 우선순위로 부상하게 되었다.

이 글에서 지금까지 언급한 다양한 정책을 포함하여 화석원료를 극복할 수 있는 친환경산업, 빠른 기술 및 과학의 발전과 더불어 정부의 적절한 예산 재배분을 통하여 보다 적극적인 교육, 사회간접자본, 건강보험, 노후연금 등을 함께 진행하여야 한다는 것을 강조했다. 물론, 앞에서 언급한 것과 같이 법치주의 정신을 뛰어넘는 애타심과 박애 정신 등이 국민 사이에 널리 스며들 수 있는 문화의 변화도 필요한 것도 당연하다. 특히, 지구온난화의 극복은 소득불평등과 세대 간의 불평등, 국가 간의 불평등을 극복할 수 있는 중요한 정책임을 인식하면서 전 세계가 함께 노력하여야 하며 그동안 기업의 손익에서 배제하였던 사회적 비용을 기업의 손익에 반영하고 신자유주의 경제사상에 바탕을 둔 주주 이익 극대화보다는 기업과 사회관계자, 즉 공동체의 이익 극대화를 위하여 노력하는 것이 더욱 중요하다는 것을 인식하면서 경제적 사상에 무관하게 한국의 현실에 맞는 새로운 경제정책을 찾아가야 한다.

우리가 이미 살펴본 것처럼, 한국은 인구의 노령화와 감소, 경제의 발전 수준과 비교하여 상대적으로 미흡한 노인 복지 등을 시급히 해결해야 할 시기이며 이러한 노력의 전제가 곧 경제정책의 대전환이다.

한편, WTO 체제와 신자유주의 경제사상은 경제의 세계화, 즉, 세계경제공급망을 완성하기에 이르렀지만, 2020년부터 본격적으로 전 세계에 커다란 경제적 타격을 가져온 COVID-19 전염병은 역으로 미국과 한국을 중심으로 한 선진국이 전자제품, 제약 등을 비롯한 국가의 존립과 국민의 생존과 직결된 중요 제품을 중국과 같은 독재국가에 의존한다는 것이 매우 위험하다는 것을 인식하게 되었다. 미국의 경우를 간단하게 살펴보면, 미국은 국민의 건강과 생명에 직접 관련된 소비하는 의약품의 72%가 해외로부터 수입한 약품이었으며 그 가운데 12%는 독재국가인 중국에서 생산한 제품을 수입하고 있었다는 것을 깨닫고 국민의 생명과 국가의 안보에 대한 위험성을 알게 된 것이다. 또한, 한국을 포함한 많은 국가도 이러한 심각성을 알게 되어 의약품뿐만 아니라 국가의 안보를 위해서도 반도체와 같은 국가 산업의 핵심제품에 대한 자국 생산의 필요성을 느낀 것이다. (Boom and Bust in Puerto Rico Published by University of Notre Dame Press 2021 by A. W. Maldonado 209 page 참고)

결국, COVID-19 전염병 이전부터 시작되었던 미중전쟁은 더욱 심화하게 될 것이며 그동안 세계화와 WTO 체제에 따른 혜택을 보았던 중국을 포함한 많은 국가가 차츰 상황의 변화를 느낄 것이다. 그러면서 중국과 같은 독재국가를 유지하고 있는 국가를 제외하고 자유를 기본으로 하는 많은 국가가 중국을 포함한 독재국가체제를 유지하고 있는 국가를 세계경제공급망에서 점진적으로 배제를 하게 될 것이다.

한국도 이러한 세계적인 흐름에 따라 한국의 안보와 직결되는 제품과 국민의 건강과 관련된 의약품 등에 대한 국내 생산 비중을 확대하는 방향으로 나가야 할 것이다. 이 문제는 단순한 손익의 문제를 훨씬 뛰어넘는 문제로서 국가와 국민을 위해서 매우 중요한 문제로 부각한 것이다.

16. 이야기를 마치며

나의 의견으로 마무리하기 전에 한국경제가 성장하기 위한 최소의 조건을 최근 유행하고 있는 AI 중의 하나인 Chat GPT를 이용하여 간단하게 살펴보면, (참고로 최근에 등장한 중국의 Venture 기업인 Deepseek를 사용하지 않는 이유는 중국은 자유민주주의와 법치주의를 추구하지 않는 독재국가이며 중국은 언제라도 자의적으로 개인정보를 탈취할 수 있기 때문이다)

첫째, 혁신과 기술 발전 촉진

R&D 투자 확대: 미래 성장 동력을 확보하기 위해 인공지능(AI), 반도체, Battery, Bio 등 첨단 산업에 대한 연구개발(R&D)을 강화

Start-up 및 Venture 기업 지원: 혁신적인 기업이 성장할 수 있도록 창업 지원, 규제 완화, 투자 유치 등을 적극적으로 추진

Digital 전환 가속화: 전통 산업도 AI, Big-data, Cloud 등의 기술을 활용하여 생산성을 높이고 Global 경쟁력을 확보

둘째, 산업구조 개편 및 고부가가치화

제조업 고도화: 단순 조립, 가공 중심에서 첨단 제조업(Smart Factory, AI 기반 자동화 등)으로의 전환

서비스 산업 강화: 금융, 의료, 교육, Contents 등의 Service 업종 경쟁력을 높여 경제 다각화의 추진

탄소중립 및 친환경 산업 육성: ESG 경영을 강화하고 친환경 기술 및 재생 Energy 산업을 적극적인 육성

셋째, 노동시장 개혁 및 인재 양성

노동 유연성 강화: 빠르게 변화하는 경제 환경에 맞춰 노동시장 제도

의 개혁과 유연한 근무 형태의 도입

　교육 및 직업훈련 개편: AI, Software, Robot 공학 등 미래 산업에 적합한 인재를 육성하기 위한 교육 개편

　외국인 인력 활용: 저출산, 고령화 문제를 해결하기 위해 우수한 외국 인재 유치를 위한 정책 수립

　넷째, 규제 개혁 및 기업 친화적 환경 조성

　불필요한 규제 철폐: 신산업 발전을 저해하는 규제를 개혁하여 기업 활동의 원활화

　공정 경쟁 환경 조성: 대기업과 중소기업이 함께 성장할 수 있도록 공정거래의 강화

　세제 개편 및 지원 정책: 기업이 투자를 확대할 수 있도록 세금 감면, 연구개발 지원 등의 Incentive 제공

　다섯째, 대외경제 전략 강화

　수출 다변화: 특정 국가(예: 중국)에 대한 수출 의존도를 낮추고 동남아, 중동, 아프리카 등 새로운 시장 개척

　공급망 안정화: 반도체, Battery 등 핵심 부품의 공급망 다변화와 국내 생산 능력 강화

　경제 협력 확대: 주요국과의 자유무역협정(FTA) 확대 및 경제동맹을 강화하여 Global 경제위기에 대한 대응

　여섯째, 재정 건전성 유지 및 사회 안전망 강화

　국가부채 관리: 불필요한 재정 지출을 줄이고 지속 가능한 재정정책의 운영

　복지 및 연금 개혁: 고령화 사회에 대비하여 연금 개혁 및 사회 안전망을 효율적으로 운영

　부동산 시장 안정화: 부동산 시장이 과열되지 않도록 정책을 조정하고, 실수요자 중심의 주택 공급을 확대

　이제 Chat GPT에 의한 결론을 살펴보면,

　한국이 지속적으로 성장하려면 기술혁신, 산업구조 고도화, 노동시장 개혁, 규제 완화, 대외 전략 강화, 그리고 재정 건전성을 종합적으로 고

려해야 한다. 정부, 기업, 개인이 협력하여 변화를 수용하고 적극적인 대응 전략을 펼쳐야 경제 후퇴를 방지하고 Global 경쟁력을 유지할 수 있다.

지금까지 언급한 AI의 결론은 매우 부분적인 결론이며 AI가 발전하기 위해서는 여전히 갈 길이 멀다는 것을 보여주고 있다. 물론, 다른 한편으로는 AI와 인간의 협력을 통하여 산업과 학문이 더욱 빨리 발전할 수 있다는 것을 보여주고 있는 것은 확실하다.

이제 나의 관점과 시각으로 이 글을 마무리하자면, 세계의 많은 국가가 부침을 거듭하면서 긴 역사의 행로를 밟고 가는 것인데 결과적으로 발전의 방향으로 걷거나, 또는 후퇴의 길을 걷다가 인간 역사의 한 장을 장식하면서 역사 속으로 사라지기도 한다. 한국도 이러한 역사의 흐름 속에서 예외일 수 없다.

1900년대에 들어와서도 1939년부터 1945년까지 6년간 이어진 제2차 세계대전 이후 미국의 Marshall Plan을 활용하여 미국과 유럽 국가들이 제3차산업을 기반으로 하여 빠른 속도로 발전하였으며 이와 함께 남아메리카 지역의 국가들을 포함한 많은 국가가 가난은 면치 못했던 국가에서 성장의 길을 걸었지만, 경제발전과 함께 개선되어야 할 법치주의와 자유, 규제적 시장경제의 진전 등이 이루어지지 않아 결과적으로 중진국 함정을 극복하지 못하고 중도에서 무너지는 씁쓸한 경험을 하게 되었다.

그러나, 제2차세계대전 후에 건국한 국가 중에 한국은 Singapore, Taiwan 등과 함께 수많은 난관을 겪으면서 극복하고 중진국 함정을 벗어나 1인당 국민소득 US $35,000을 넘는 선진국 대열에 들어선, 많지 않은 국가 중의 하나로서 세계가 놀랄 정도로 빠르게 발전하여 "한강의 기적"을 이룬 국가이다.

그런데, 인간의 역사와 마찬가지로 국가의 역사에서도 소위 국가의 발전을 저해하거나 심지어 멸망의 길을 걷게 되는 많은 요인이 다양한 국가기관이나 사회조직에서 발생하게 되는데, 국가조직이나 사회조직이 흔들리면 외부 세력이 그 틈새를 비집고 들어와 국가를 멸망케 하는 과거와 달리, 현대사회는 건전하게 잘 발전할 수 있는 국가도 외부 세력-적대 국가와 집단-이 개입하여 혼란을 일으키면서 국가를 후퇴시키거나 심지어 멸망의 길을 걷도록 하는 경우도 발생할 수 있다. 즉, 1910년 조선왕조가 멸망했을 때는 이미 국가로서의 존재 의미조차 미미해진, 지배계층의 부정부패로 인하여 민심이 국가기관에서 멀리 이반한 상태였지만, 최근에는 다양한 기술의 발전에 따른 부작용으로 인하여 개인적인 정보나 기술, 자금을 탈취하는데 끝나지 않고 여론을 조작하거나 투표 결과를 위조하여 국가권력을 변화시키거나 내부의 부정한 세력들이 외부세력과 협력하여 국가권력을 탈취하려는 세력까지 등장하고 있다. 즉, 우리는 과거 어느 때보다도 더 대내외적인 정치적, 경제적 위협이 심각한 시대에 살고 있다.

이러한 위험한 시대에 경제가 한번 악순환의 고리에 빠지게 되면, 다시 경제적 선순환의 길을 찾아가기가 매우 힘들기 때문에, 이 글을 통하여, 완벽하지는 않지만, 한국경제의 정체 또는 후퇴를 방어하면서 새로운 도약을 위한 밑거름을 제시하고자 한 것이다. 특히, 소득불평등의 악화와 계속되는 정치적 불안정성과 양극화, 법치주의의 후퇴, 인구 감소와 노령화, 과열되고 왜곡된 교육열 등은 한국의 미래를 암울하게 하면서 미래세대에게 희망을 주기 힘들기 때문에 상황이 더 이상 악화하기 전에 우리 모두가 경각심을 갖고 작금의 부정적인 요인을 극복하여 한국경제의 지속적인 발전을 하였으면 하는 간절한 바램을 보이고자 하였다.

우리가 역사를 통하여 배우고 있는 것처럼, 어느날 갑자기 폭풍우가 몰려와 한국이 멸망의 길로 가는 것이 아니라 우리가 느끼지 못할 정도의 조그마한 정치적, 경제적 흠결들이 모이고 축적되어 Armageddon과 같은 거대한 Tsunami가 되어 일시에 몰려와 한국경제가 침몰하고 국가가 멸망의 길로 가는 것이다. 따라서, 지도자와 기득권층을 포함한 한국인 개개인이 항상 겸손한 자세를 견지하면서 주변의 의견을 경청하고 자신의 판단에 어떤 미흡한 점이 없는지를 지속적으로 Feedback함으로써 개인적인, 사회적인, 국가적인 문제가 더 나은 방향으로 진행할 수 있도록 보살펴야 한다.

미국의 과두정치를 살펴볼 때 이미 언급하였지만, Russia와 Wikileaks가 Putin과 Bromance 관계인 Trump를 당선시키기 위하여 여론을 조작하였으며 결국 Trump가 미국의 제45대 대통령이 되었다. 그 결과로 인하여 미국은 그의 집권 기간에 법치주의가 크게 훼손되었으며 미국 사회가 더욱 분열의 길을 걷게 되었다. 그럼에도 불구하고 2024년에 실시된 미국의 제47대 대통령 선거에서 Trump가 재선되었으며 2025년 1월 20일 대통령으로 취임하자마자 인근의 Canada와 Mexico 대통령과 관세를 통한 무역전쟁을 하겠다고 선포하면서 미국을 포함한 세계 경제를 암울하게 할 가능성이 높아지고 있다. 결국, 제45대 대통령 선거를 개입한 외부 세력의 개입이 미국을 약화시키는 중요한 역할을 한 것이다.

한편, 중국의 경우에는 호주의 선거에 개입하려고 시도하여 발견되기도 하였으며 Canada와 유럽 각국에서도 불법적으로 선거에 개입하거나 정치적 영향력을 행사하기 위하여 끊임없이 노력하는 과정에서 발각되어 외교적으로 크게 마찰이 발생하고 있다. 또한, 세계 각국에 주재국의 허락도 없이 비밀경찰을 침투시켜 현지의 중국인을 납치하기도 하고 공자학원을 이용하여 은밀한 사상적 침투를 실행하고 있다.

최근, 한국의 경우에는 윤석열 대통령이 비상계엄을 단행하면서 발표한 것처럼 외부 세력(중국과 북한으로 추정)이 앞에서 언급한 국가들의 경우보다 훨씬 더 깊이 다양한 방법으로 한국을 침투하려고 노력하였으며 내가 "한국경제의 재도약을 위하여"라는 저서에서 이미 밝힌 것처럼 많은 한국인이 생각하고 있는 것 이상으로 중국은 한국의 행정부, 정치권, 언론계, 학계, 노동계, 사법부, 경제계 등의 다양한 분야에 매우 깊이 침투한 상태이다. 중국의 입장에서 보면, 한국은 앞에서 언급한 어느 국가보다도 지리적으로, 그리고 지정학적으로도 더욱 중요한 국가이기 때문이다.

또한, 한국이 유일하게 적국으로 규정하고 있는 북한의 경제력은 세계적으로 가장 낮은 수준이지만, Internet을 통한 여론 조작과 선거에 대하여 불법적으로 깊이 관여하면서 한국을 정치적으로 혼란에 빠뜨리기 위하여 끊임없이 노력하고 있다. 최근 민주노동조합총연맹 간부들의 간첩 사건도 하나의 좋은 예이다.

이글에서는 사례를 중심으로 하면서 한국의 국가조직이나 기업을 포함한 사회조직에서 경제발전을 저해하는 여러 행태나 문화에 대하여 주로 언급하였지만, 이것은 결국 한국의 정치와 사회 전반에 부정적인 영향을 주면서 한국의 경제발전을 저해하는 것을 넘어 한국의 후퇴를 재촉하는 길이라는 것을 알리면서 한국인들에게 지금까지의 발전에 안주하는 것이 곧 후퇴를 의미하는 것이며 장기적으로는 우리의 후손과 한국의 앞날을 암울하게 만드는 것임을 강하게 알리기 위하여 노력한 것이다.

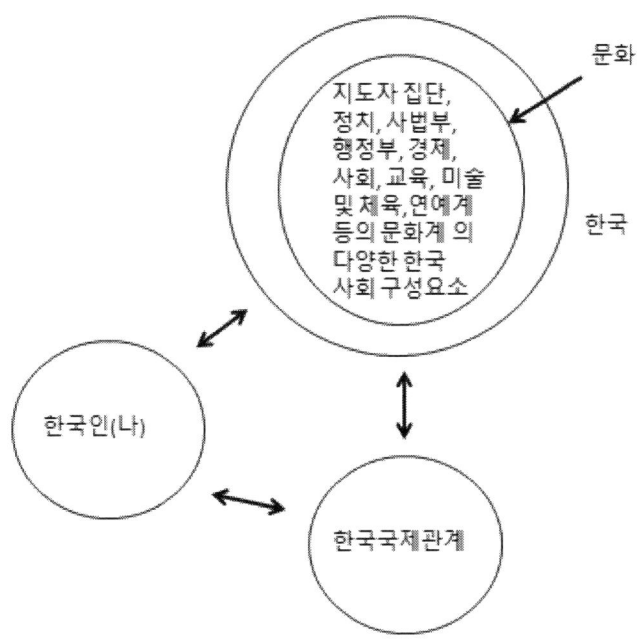

특히, 2025년 2월 1일, 미국의 Trump 대통령이 그동안 진행되었던 미중전쟁뿐만 아니라 세계를 상대로 한 관세전쟁을 선언하고 Canada와 Mexico와의 자유무역협정인 USMCA를 일방적으로 폐기하면서 양국에 대한 관세를 25% 부과하며 중국에 대해서는 104%를 추가로 부과하겠다고 선언하고 Canada와 Mexico-Canada와 Mexico에 대해서는 2025년 2월 3일 현재 1개월 동안 유예하기로 하였지만-는 이에 대한 보복관세를

부과하겠다고 선언함으로써 세계가 새로운 정치적, 경제적 환경을 맞이하게 된 중요한 시점에서 한국이 지속적으로 번영하기를 바라는, 한국을 사랑하는 은퇴한 노인의 한 사람으로서...

위의 Graph는 Complexity 이론을 바탕으로 하여 지금까지 우리가 함께 생각하며 이야기한 내용을 간략하게 정리하여 나타낸 것이다.

즉, 위의 graph를 간단히 설명하면, 지금까지 언급한 한국 사회의 각 구성요소는 국가와 민족에게 영향을 미치는 하나의 문화 내에서 의식적, 무의식적, 가시적, 비가시적으로 문화의 변화를 일으키는 영향을 주고, 받고 있으며 동시에 각 구성요소도 서로 대칭적, 또는 비대칭적으로 영향을 받고 있다. 그리고, 국제관계도 이러한 상호관계의 연장선에서 나를 중심으로 하여 유사한 형태로 진행하고 있다는 것을 보여주고 있다. 따라서, 우리가 직면하고 있는, 그리고 직면하게 될 다양한 경제적, 정치적 문제들은 단선적이고 단견적인 안목으로 접근하는 것이 아니라 다양한 문제를 복합적이고 다층적으로 접근하여야 하며 해결 방법도 다양하게 나올 수 있기에 우리는 법치주의와 자유에 입각하여 항상 개방적이고 적극적인 사고로 접근하여야 한다.

부 록

1) 부정부패 인식 지수 국가(국가 청렴도) 순위

(UN 산하단체 Transparency 2023년 제공 자료)

1위 덴마크, 2위 핀란드, 3위 뉴질랜드, 4위 노르웨이, 5위 싱가포르, 6위 스웨덴, 6위 스위스, 8위 네델란드, 9위 룩셈부르크, 9위 독일, 11위 아일랜드, 12위 캐나다, 12위 에스토니아, 14위 호주, 14위 홍콩, 16위 벨기에, 16위 일본, 16위 우루과이, 19위 아이스랜드, 20위 오스트리아, 20위 프랑스, 20위 시실리아, 20위 영국, 24위 바르바도스, 24위 미국, 26위 부탄, 26위 아랍연맹, 28위 타이완, 29위 칠레, 30위 바하마, 30위 카보베르드, 32위 한국, 33위 이스라엘, 34위 리투아니아, 34위 포르투칼, 36위 라트비아, 36위 세인트빈샌트, 36위 스페인, 39위 보츠와나, 40위 카타르, 41위 체코, 42위 도미니카, 42위 이탈리아, 42위 슬로베니아, 45위 코스타리카, 45위 세인트루치아, 47위 폴랜드, 47위 슬로바키아, 49위 사이프러스, 49위 조지아, 49위 그레나다, 49위 르완다, 53위 피지, 53위 사우디아라비아, 55위 몰타, 55위 마우리티우스, 57위 크로아티아, 57위 말레이시아, 59위 그리스, 59위 나미비아, 61위 바누아투, 62위 아르메니아, 63위 요르단, 63위 쿠웨이트, 63위 몬테네그로, 63위 루마니아, 67위 불가리아, 67위 상투메 프린시페, 69위 자메이카, 70위 베닌, 70위 가나, 70위 오만, 70위 세네갈, 70위 솔로몬제도, 70위 티모르레스테, 76위 바레인, 76위 중국, 76위 쿠바, 76위 헝가리, 76.몰디브, 76위 북마케도니아, 76위 트리니다드토바고, 83위 부르키나파소, 83위 코소보, 83위 남아프리카 공화국, 83위 베트남, 87위 콜롬비아, 87위, 코트디부

아르, 87위 가이아나, 87위 수리남, 87위 탄자니아, 87위 튀니지, 93위 인디아, 93위 카자흐그탄, 93위 레소토, 93위 몰디브, 97위 모로코, 98위 알바니아, 98위 아르헨티나, 98위 벨라루스, 98위 에티오피아, 98위 감비아, 98위 잠비아, 104위 알제리, 104위 브라질, 104위 세르비아, 104위 우크라이나, 108위 보스니아 헤르체코비나, 108위 도미니카공화국, 108위 이집트, 108위 네팔, 108위 파나마, 108위 시에라리온, 108위 태국, 115위 에콰도르, 115위 인도네시아, 115위 말라위, 115위 필리핀, 115위 스리랑카, 115위 튀르키예, 121위 앙골라, 121위 몽골, 121위 페루, 121위 우즈베키스탄, 125위 니제르, 126위 엘살바도르, 126위 케냐, 126위 멕시코, 126위 토고, 130위 지부티, 130위 에스와티니, 130위 모리타니, 133위 볼리비아, 133위 파키스탄, 133위 파푸아뉴기니, 136위 가봉, 136위 라오스, 136위 말리, 136위 파라과이, 140위 카메룬, 141위 기니, 141위 키르키스스탄, 141위 러시아, 141위 우간다, 145위 라이베리아, 145위 바다가스카르, 145위 모잠비크, 145위 나이제리아, 149위 방글라데시, 149위 중앙아프리카공화국, 149위 이란, 149위 레바논, 149위 짐바브웨, 154위 아제르바이잔, 154위 과테말라, 154위 혼두라스, 154위 이라크, 158위 캄보디아, 158위 콩고공화국, 158위 기니비사우, 161위 에리트레아, 162위 아프가니스탄, 162위 부룬디, 162위 차드, 162위 고모로, 162위 공고민주공화국, 162위 미얀마, 162위 수단, 162위 타지키스탄, 170위 리비아, 170위 투르크메니스탄, 172위 기니, 172위 아이티, 172위 니카라과, 172위 북한, 176위 예멘, 177위 남수단, 177위 시리아, 177위 베네수엘라, 180위 소말리아

2) 1인당 GDP 국가 순위 (IMF 2023년 자료 제공)

1위 룩셈부르크, 2위 아일랜드, 3위 스위스, 4위 노르웨이, 5위 싱가포르, 6위 미국, 7위 아이슬랜드, 8위 카타르, 8위 마카오, 9위 덴마크, 10위 호주, 11위 네델란드, 12위 산마리노, 13위 오스트리아, 14위 스웨덴, 15위 벨기에, 16위 핀란드, 17위 캐나다, 18위 독일, 19위 영국, 20

위 아랍에미레이트, 20위 홍콩, 21위 이스라엘, 22위 뉴질랜드, 23위 프랑스, 24위 안도라, 25위 몰타, 26위 이탈리아, 26위 아루바, 26위 푸에르토리코, 27위 키프로스, 28위 바하마, 29위 부루나이, 30위 대만, 31위 한국, 32위 스페인, 33위 슬로베니아, 34위 일본, 35위 사우디아라비아, 36위 에스토니아, 37위 쿠웨이트, 38위 체코, 39위 포르투칼, 40위 바레인, 41위 리투아니아, 42위 가이아나, 43위 슬로바키아, 44위 라트비아, 45위 그리스, 46위 세인트키츠네비스, 47위 바베이도스, 48위 헝가리, 49위 우루과이, 50위 폴란드, 51위 크로아티아, 52위 세이셸, 53위 오만, 54위 앤티가바부다, 55위 트리니다드토바고, 56위 루마니아, 57위 파나마, 58위 코스타리카, 59위 몰디브, 60위 팔라우, 61위 불가리아, 62위 칠레, 63위 멕시코, 64위 카자흐스탄, 65위 러시아, 66위 세인트루시아, 67위 말레이시아, 68위 중국, 69위 모리셔스, 70위 아르헨티나, 71위 튀르키예, 72위 몬테네그로, 73위 투르크메니스탄, 74위 세르비아, 75위 나우루, 76위 그레나다, 77위 도미니카공화국, 78위 브라질, 79위 세인트빈센트 그레나딘, 80위 도미니카 연방, 81위 가봉, 82위 알바니아, 83위 조지아, 84위 아르메니아, 85위 보스니아 헤르체고비나, 86위 페루, 87위 보츠와나, 88위 태국, 89위 북마케도니아, 90위 아제르바이잔, 91위 벨라루스, 92위 몰도바, 93위 콜롬비아, 94위 자메이카, 95위 벨리즈, 96위 리비아, 97위 적도 기니, 98위 마셜제도, 99위 수리남, 100위 에콰도르, 101위 코소보, 102위 피지, 103위 몽골, 104위 투발루, 105위 파라과이, 106위 이라크, 107위 남아프리카 공화국, 108위 통가, 109위 알제리, 110위 과테말라, 111위 우크라이나, 112위 엘살바도르, 113위 이란, 114위 인도네시아, 115위 미크로네시아 연방, 116위 사모아, 117위 나미비아, 118위 요르단, 119위 카보베르데, 120위 베트남, 121위 튀니지, 122위 에스와티니, 123위 지부티, 124위 필리핀, 125위 모로코, 126위 부탄, 127위 볼리비아, 128위 베네수엘라, 129위 바누아투, 130위 온두라스, 131위 스리랑카, 132위 이집트, 133위 상투메 프린시페, 134위 니카라과, 135위 인도, 136위 팔레스타인, 137위 코트디부아르, 138위 우즈베키스탄, 139위 방글라데시, 140위 캄보디아, 141위 파푸아뉴기니,

142위 콩고 공화국, 143위 키리바시, 144위 앙골라, 145위 모리타니, 146위 아이티, 147위 솔로몬제도, 148위 가나, 149위 짐바브웨, 150위 케냐, 151위 라오스, 152위 키르기스스탄, 153위 에티오피아, 154위 세네갈, 155위 카메룬, 156위 기니, 157위 베냉, 158위 파키스탄, 159위 동티모르, 160위 잠비아, 161위 네팔, 162위 코모로, 163위 타지키스탄, 164위 미얀마, 165위 탄자니아, 166위 우간다, 167위 나이지리아, 168위 레소토, 169위 기니비사우, 170위 토고, 171위 차드, 172위 감비아, 173위 르완다, 174위 부르키나파소, 175위 말리, 176위 라이베리아, 177위 소말리아, 178위 콩고민주공화국, 179위 니제르, 180위 모잠비크, 181위 수단공화국, 182위 마다가스카르, 183위 중앙아프리카 공화국, 184위 시에라리온, 185위 예멘, 186위 말라위, 187위 아프가니스탄, 188위 남수단, 189위 부룬디

    모나코, 리히텐슈타인, 바티칸, 쿠바, 북한, 시리아, 에리트레아, 레바논은 통계에서 집계되지 않았다.

참고문헌

1) People, Power and Profits, 2019
2) The Great Divide, 2015
3) The Price of Inequality, 2012
   Three of Them Published by W.W. Norton & Company Inc. by Joseph E. Stiglitz
4) Capital, Published by Belknap & Harvard 2014 by Thomas Piketty
5) Austerity Published by Princeton 2019 by Alberto Alesina, Carlo Favero, Francesco Giavazzi
6) The Business of Platforms Published gy Harper Collins 2019 by Michael A. Cusumano, Annabelle Gawer, David B. Yoffie
7) Not Working Published by Princeton 2019 by David G Blanchflower
8) The Pan-Industrial Revolution Published by HMH(Houghton Mifflin Harcourt) 2019 by Richard D'Aveni
9) Measuring Poverty Around World Published by Princeton 2019 by Anthony B. Atkinson
10) Nudge Published by Penguin Group 2008 by Richard H. Thaler& Cass R. Sunstein
11) The Prosperity Paradox Published by Harper Collins 2019 by Clayton M. Christensen & Efosa Ojomo & Karen Dillon
12) Rebel Talent Published by Harper Collins 2018 by Francesca

Gino

13) 철학이 담긴 M&A 이야기 하이미디어출판사 발간 3015 by William H S Lee
14) The World of Three Zeros Published by Public Affairs 2017 by Muhammad Yunus
15) Blue Ocean Strategy 2005 Published by HBS press by W. Chan Kim & Renee Mauborgne
16) Blue Ocean Shift Beyond Competing Published by HBG(Hachette Book Group) 2017 by W. Chan Kim & Renee Mauborgne
17) Good Economics for Hard Times Published by Public Affairs 2019 by Abhijit V. Banerjee & Esther Duflo
18) Sapiens Published by Penguin Random House 2014 by Yuval Noah Harari
19) Arguing With Zombies Published by W. W. Norton & Company Inc. 2020 by Paul Krugman
20) The Great Deformation Published by Public Affairs 2013 by David A. Stockman
21) Cracking Complexity Published by Hachette Book Group 2019 by David Benjamin & David Komlos
22) Capital and Ideology Published by Belknap & Harvard 2020 by Thomas Piketty
23) The New Environmental Economics Published by Polity Press 2020 by Eloi Laurent
24) The Tipping Point Published by Back Bay Books 2013 by Malcolm Gladwell
25) Quantum Economics Published by Icon Books Ltd 2019 by David Orrel
26) Diversity Inc. Published by Bold Type Books 2019 by Pamela

Newkirk
27) The Economic Case for LGBT Equality Published by Beacon Press Books 2020 by M. V. Lee Badgett
28) Inventing Equality by Published with ST. Martin's Press 2020 by Michael A. Rellesiles
29) Belonging Published by Bloomsbury Publishing Plc 2020 by Kathryn Jacob, Sue Unerman, Mark Edwards
30) The Age of Cryptocurrency Published by Picador 2016 by Paul Vigna & Michael J. Casey
31) The Digital Matrix Published by LifeTree Media Ltd. 2017 by Venkat Venkatraman
32) Breaking Point Published by Humanix Books 2017 by James Dale Davidson
33) The Road To Ruin Published by Penguin Random House LLC 2016 by James Dickards
34) Trillion Dollar Economists Published by Bloomberg Press 2014 by Robert E. Litan
35) Meltdown Published by Pengin Canada 2018 by christopher Clearfield & AndrasTilcsik
36) Money Changes Everything published by Princeton University Press 2017 by William N. Goetzmann
37) Coined Published by Grand central 2015 by Kabir Sehgal
38) The Age of Cryptocurrency Published by Picador 2016 by Paul Vigna & Michael J. Casey
39) The Big Short Published by Norton 2011 by Michael Lewis
40) Complexity Economics Published by SFI Press 2020 by W. Brian Arthur & Eric D. Beinhockir & Allison Stanger
41) Postcapitalism Published by Penguin Random House 2015 by Paul Mason

42) The Price Of Tomorrow Published by Stanley Press 2020 by Jeff Booth
43) Mass Flourishing Published by Princeton University Press 2017 2013 by Edmund Phelps
44) Saving Capitalism Published by Alfred A. Knopf 2015 by Robert B. Reich
45) Predictably Irrational Published by Harper Perennial 2008 by Dan Ariely 2008
46) The Systems Thinker Published by Amazon.ca 2020 by Albert Rutherford
47) Reimagining Capitalism In World On Fire Published by PublicAffairs 2020 by Rebecca Henderson
48) 평등의 역설, 온크씨앤피출판사 발간 2021 by William H S Lee
59) The Seventh Sense Published by Little, Browm and Company 2016 by Joshua Cooper Ramo
50) Misbehaving Published by W. W. Norton & Company Inc. 2015 by Richard H. Thaler
51) The New Great Depression Published by Penguin Random House LLC 2021 by James Rickards
52) The Pandemic Information Gap Published by The MIT Press 2020 by Joshua Gans
53) The Value of Everything Published by PublicAffairs 2018 byMariana Mazzucato
54) The Moral Economy Published by Yale University Press 2016 by Samuel Bowles
55) Sacred Economics Published by North Atlantic Books 2021 by Charles Eisenstein
56) 국가발전을 위한 구조적 분석, 지식과 감성출판사 2021 by William H S Lee

57) ko.Wikipedia.org, namu.wiki.com 등의 인터넷 자료
58) Fall of Giants 2010, The Winter of The World 2013, The Edge of Eternity 2014 등의 3부작 역사소설 Published by New American Library by ken Follett
59) World Without End Published by New American Library 2007 by ken Follett
60) A People's Guide To Capitalism Published by Haymarket Books 2020 by Hadas Thier
61) Licence To Be Bad Published by Penguin Random House UK 2020 by Jonathan Aldred
62) Love, Money, And Parenting Published by Princeton University Press 2019 by Matthias Doepke & Fabrizio Zilibotti
63) Cracking Complexity Published by Nicholas Brealey 2019 by David Benjamin & David Komlos
64) The Deficit Myth Published by Machette Book Group Inc. 2021 by Stephanie Kelton
65) Superpower Showdown Published by HarperCollins Publishers 2020 by Bob Davis and Lingling Wei
66) What To Do When The Bubble pops Published by Gildan Media LLC aka G&D 2020 by Harry S. Dent, JR
67) The End Of Illusions Published by Polity Press 2021 by Andreas Reckwitz
68) The Poetry of Economics, Politics and Compassion Published by Design llc/Fresco Books 2021 by Patrick Pietroni
69) Compassion INC. Published by Ebury Press 2018 by Gaurav Sinha
70) The New Economics Published by Polity Press 2022 by Steve Keen
71) Opportunity Knocks Published by Hachette Book Group Inc.

2020 by Timothy Scott

72) Liberation! Economics of Hope Published by Trine Day LLC 3019-2020 by Paul Hellyer

73) DeFi And The Future Of Finance Published by John Wiley & Sons, Inc 2021 by Campbell R. Harvey, Ashwin Ramachandran, Joey Santoro

74) The Secret Of Home Economics Published by W.W. Norton Company, Inc. 2021 by Danielle Dreilinger

75) On Fire Published by Alfred A. Knopf Canada 2019 by Naomi Klein

76) The Crypto-Currency Published by Kogan Page Limited 2021 by Rhian Lewis

77) The Art Of Social Excellence Published by St, Partin's Essentials 2020 by Menrik Fexeus & Jan Salomonsson

78) The Money evolution Published by John Wiley Sons Ltd. 2022 by Richard Duncan

79) Money Like You Mean It Published by Dundurn Press 2022 by Erica Alini

80) The Culture Code Published by Bantam Books 2018 by Daniel Coyle

81) The Economics of The Parables Published by Regnery Gateway 2022 by Robert Sirico

82) Tarzan Economics Published Little, Brown and Company by Bill Page

83) Doughnut Economics Published by Chelsea Green Publishing 2017 by Kate Raworth

84) Competing In The New World Of Work Published by Harvard Business School Publishing 2022 by Keith Ferrazzi & Kian Gohar & Noel Weyrich

85) Doing Economics Published by Massachusettes Institute of Technology Press 2022 by Marc F. Bellemare
86) Millionaire Success Habits Published by Hay House Inc. 2019 by Dean Graziosi
87) Value(s) Published by Harper Collins 2021 by Mark Carney
88) Consumed Published by Hachette Book Group Inc 2021 by Aja Barber
89) Economics For The Common Good Published by Princeton University Press 2017 by Jean Tirole
90) Don't We Just Print More Money? Published by Cornerstone Press 2022 by Rupal Patel & Jack Meaning
91) Narrative Economics Published by Princeton University Press 2020 by Robert J. Shiller
92) Power and Prediction Published by Harvard Business School 2022 by Ajay Agrawal & Joshua Gans & Avi Goldfarb
93) Prediction Machines Published by Harvard Business School 2022 by Ajay Agrawal & Joshua Gans & Avi Goldfarb
94) Megathreats Published by Little, Brown and Company Hachette Book Group 2022 by Nouriel Roubini
95) These Are The Plunderers Published by Simon & Schuster 2023 by Gretchen Morgenson & Joshua Rosner
96) The Crisis of Democratic Capitalism Published by Penguin Random House LLC 2023 by Martin Wolf
97) 제4차산업(후기산업사회)의 출현과 대응 다솜출판사 출간 2023 저자: William Lee
98) 악마의 경제학 다솜출판사 출간 2021 저자: William Lee
99) Power And Progress Published by PublicAffairs 2023 by Daron Acemoglu & Simon Johnson
100) Beyond Disruption Published by Harvard Business School

Publishing Corporation 2023 by W. Chang Kim & Renee Mouborgne
101) Sold Out Published by Penguin Random House LLC 2022 by James Rickards
102) These Truths Published by Norton 2018 by Jill Lepore
103) From Free To Fair Markets Published by Oxford University Press 2022 by Richard Holden & Rosalind Dixon
104) Five Times Faster Published by Cambridge University Press 2023 by Simon Sharp
105) The Next Age of Uncertainty Published by Poloz Advisory Inc. 2022 by Stephen Poloz
106) The Changing World Order Published by Avid Reader Press 2021 by Ray Dalio
107) Why Nations Fail Published by Currency New York 2012 by Daron Acemoglu & James A. Robinson
108) Capital Published 2010 by Pacific Publishing Studio by Karl Marx (이 책은 Karl Marx의 원본(1867년 독일어 출판)을 영어로 번역하여 재출간한 책임)
109) Confessions of an Economic Hit Man 3rd edition Published by Berrett-Koehlers Publishers Inc. 2023 by John Perkins
110) Chip War Published by Scribner An Imprint of Simon & Schuster Inc. 2022 by Cristopher Miller
111) 한국경제의 재도약을 위하여 다솜출판사 출간 2024 저자: William Lee
112) Korea The Impossible Country Published by Tuttle Publishing 2012, 2018 by Daniel Tudor
113) The Economic Government Of The World Published by Farrar, Straus and Giroux 2023 by Martin Daunton
114) From Left To Right Published by University of Regina Press

2022 by Dale Eisler
115) American Oligarchs Published by Norton Paperback 2020 by Andrea Bernstein
116) Free and Equal Published by Alfred A. Knopf 2023, 2024 by Daniel Chandler
117) The South Korean Economy Published by Agenda Publishing 2022 by Sunil Kim and Jonson Porteux
118) Boom and Bust in Puerto Rico Published by University of Notre Dame Press 2021 by A. W. Maldonado
119) Building A Ruin Published by Havard Univercity Press 2024 by Yakov Feygin
120) Radical Reformation Of Neoclassical Economics Published by Generis 2020 by Dimitrios And Nomidis
121) Making Sense of Chaos Published by Yale University 2024 by J. Doyne Farmer
122) How Sactions Work Published by Stanford University Press 2024 by Narges Bajoghli and Vali Nasr and Djavad Salehi-Isfahani and Ali Vaez
123) Social Capitalism Published by Austin Macauley Publishers Ltd 2022 by Andrew Blackwood

등의 내용을 참고하며

‖ 저자 약력 ‖

▶저자 : William H S Lee

1. 기업 M&A 및 투자유치, IPO Consultant
2. 사모 Fund 설립 및 대표이사 역임
3. 경제학 관련 저서
   (1) 평등의 역설
   (2) 국가발전에 대한 구조적 분석
   (3) 악마의 경제학
   (4) 미중 전쟁의 종말
   (5) 철학이 담긴 M&A 이야기 등
   (6) 제4차산업(후기산업사회)의 출현과 대응
   (7) 미합중국의 붕괴
   (8) 한국경제의 재도약을 위하여
4. 학력: 성균관대학교 행정학과 졸업
        성균관대학교 대학원 이론경제학 수료

한국경제의 약탈자들
- 역사적 사건을 중심으로 하여 -

정가 25,000원

2025년 4월 25일 인쇄
2025년 4월 28일 발행

저 자 : William H S Lee
발행인 : 박   중   열
발행처 : 다 솜 출 판 사
인쇄처 : 효 성 문 화 사

등록번호 : 1994년 4월 22일 제325-2001-000001호
부산광역시 중구 대청로 135번길 10-1
TEL : (051)462-7207/8   FAX : (051)465-0646

ISBN 978-89-5562-812-8   93320

이 책의 무단복제를 금함